Schriftenreihe

Medienpädagogik
und Mediendidaktik

Band 9

ISSN 1611-9347

Verlag Dr. Kovač

Ansgar Batzner

Digitale Medien im Schulbuch

*Der Beitrag von Schulbüchern
zum Erwerb von digitaler Medienkompetenz*

Verlag Dr. Kovač

**Hamburg
2006**

VERLAG DR. KOVAČ

Leverkusenstr. 13 · 22761 Hamburg · Tel. 040 - 39 88 80-0 · Fax 040 - 39 88 80-55

E-Mail info@verlagdrkovac.de · Internet www.verlagdrkovac.de

Bibliografische Information Der Deutschen Bibliothek
Die Deutsche Bibliothek verzeichnet diese Publikation
in der Deutschen Nationalbibliographie;
detaillierte bibliografische Daten sind im Internet
über http://dnb.ddb.de abrufbar.

ISSN: 1611-9347

ISBN-13: 978-3-8300-2327-2
ISBN-10: 3-8300-2327-8

Zugl.: Dissertation, Universität Augsburg, 2005

© VERLAG DR. KOVAČ in Hamburg 2006

Umschlaggestaltung: VDK

Printed in Germany
Alle Rechte vorbehalten. Nachdruck, fotomechanische Wiedergabe, Aufnahme in Online-Dienste und Internet sowie Vervielfältigung auf Datenträgern wie CD-ROM etc. nur nach schriftlicher Zustimmung des Verlages.

Gedruckt auf holz-, chlor- und säurefreiem Papier Alster Digital. Alster Digital ist alterungsbeständig und erfüllt die Normen für Archivbeständigkeit ANSI 3948 und ISO 9706.

„Das Schulbuch, dosiert eingesetzte Arbeitsblätter und der Computer bereichern den Unterricht. Multimediales Arbeiten und die Informationsgewinnung aus Datennetzen ermöglichen neue Formen des Lehrens und Lernens." [1]

„Computer sind nutzlos. Sie geben uns nur Antworten" [2]

Vorwort

Die vorliegende Arbeit trägt den Titel „Digitale Medien im Schulbuch". Beide, die so genannten neuen Medien und das herkömmliche Medium Schulbuch, sind bedeutsam in der Schul- und Lebenswelt von Kindern und Jugendlichen. Gerade in Zeiten, in denen virtuelle Welten, Chatten, Computerspiele und Internet eine immer größer werdende Bedeutung für Kinder und Jugendliche gewinnen, ist der kompetente Umgang mit diesen digitalen Medien wichtig: Medienkompetenz stellt eine Schlüsselkompetenz dar.

Die zunehmende Bedeutung von Computern im Alltag von Jugendlichen, Berichte über die mangelnde Medienkompetenz von Schülern und die Ergebnisse der internationalen Vergleichsstudien bezüglich der unterrichtlichen Nutzung digitaler Medien durch Kinder und Jugendliche ließen mich die Frage stellen, inwieweit für Schüler relevante Themen wie Textverarbeitung, Lernsoftware, Computernutzung in der Freizeit, Internet, E-Mail schreiben, Chatten und Computerspiele ihren Niederschlag im Leitmedium Schulbuch finden und welchen Beitrag Schulbücher zum Aufbau von Medienkompetenz leisten können.

Mein Zugang zu diesem Thema ist dabei vielfältig: Ich wirkte als Autor an mehreren Sprach- und Lesebüchern zu den beiden Hauptschul-Lehrplänen aus den Jahren 1997 und 2004 mit, war zu Beginn des Untersuchungszeitraums, der die Jahre 1997 bis 2005 umfasst, selbst Klassenleiter einer 7. Klasse einer bayerischen Hauptschule und konnte somit viele der in dieser Arbeit untersuchten Schulbücher in der täglichen unterrichtlichen Arbeit einsetzen. Während der Einführung des bayerischen Hauptschullehrplans im Jahr 1997

---
[1] Bayerisches Staatsministerium für Unterricht, Kultus, Wissenschaft und Kunst (1997), S. 15
[2] Pablo Picasso, zitiert nach: http://www.hamburg.ccc.de/ [16.06.2005]

fungierte ich als Multiplikator, kurze Zeit später war ich als Klassenlehrer und als Schulleiter maßgeblich an der Einrichtung von Computerräumen an zwei bayerischen Grundschulen beteiligt.

Darüber hinaus konnte ich als Mitglied der Internationalen Gesellschaft für historische und systematische Schulbuchforschung seit 1998 an mehreren Symposien zu aktuellen Fragen der Schulbuchforschung teilnehmen, war als intel-Masterteacher tätig, um Lehrkräfte im Umgang mit digitalen Medien fortzubilden, führte an der Akademie für Lehrerfortbildung und Personalführung Dillingen Lehrgänge für die Lehrplanberater durch, die den neuen Hauptschullehrplan von 2004 in den Kollegien implementieren sollten, und stehe in meiner Funktion als Abteilungsleiter der Grund- und Hauptschulabteilung der Akademie für Lehrerfortbildung und Personalführung Dillingen in regem Kontakt mit Vertretern des Instituts für Schulqualität und Bildungsforschung, das in Bayern verantwortlich für die Entwicklung neuer Lehrpläne ist.

Mein besonderer Dank gilt dem Prorektor der Universität Augsburg, Herrn Prof. Dr. Dr. Werner Wiater, der mich bei der Auswahl und Definition des Themas, bei der methodischen Arbeit und mit zahlreichen, wertvollen Anregungen unterstützte, und Frau Prof. Dr. Eva Matthes, ebenfalls Universität Augsburg und Vorsitzende der Internationalen Gesellschaft für Schulbuchforschung.

Danken möchte ich auch meinen Kolleginnen und Kollegen von der Akademie für Lehrerfortbildung und Personalführung Dillingen, insbesondere den Referaten Informationstechnologie, virtuelle Lehrerfortbildung und Medienpädagogik.

Diese Arbeit wäre aber auch nicht möglich gewesen ohne die Unterstützung durch meine Familie, meine Frau und meine drei Kinder Simon, Kilian und Matthias, die für meine über Jahre hinweg bestehende Doppeltätigkeit, einerseits beruflich als Schulleiter beziehungsweise Abteilungsleiter, andererseits wissenschaftlich bei der Erstellung dieser Dissertation, viel Verständnis aufbrachten. Ihnen ist diese Arbeit gewidmet.

Inhaltsverzeichnis

	Vorwort	5
	Inhaltsverzeichnis	7
	Einleitung	11
1	Begriffsbestimmung: Schulbücher und digitale Medien	17
1.1	Was sind Schulbücher?	17
1.2	Rolle und Bedeutung des Schulbuchs	19
1.3	Stand der Schulbuchforschung	21
1.4	Schulbuch oder/ und neue Medien?	22
2	Medienpädagogische Aspekte der Schulbuchzulassung	28
2.1	Kriterien zur Begutachtung von Lernmitteln	28
2.2	Analyse der Kriterienkataloge 1994, 2000 und 2004	28
2.3	Rolle der Autoren und Lektorate bei der Schulbuchentwicklung	32
2.4	Zusammenfassung	34
3	Digitale Medien und Medienkompetenz	35
3.1	Digitale Medienkompetenz – Was ist das?	36
3.2	Computernutzung bei Hauptschülern	39
3.3	Bedeutung der digitalen Medien in der Schule	40
3.4	Internetnutzung durch Kinder und Jugendliche	48
3.5	PISA und digitale Medien	52
3.6	Gefahren durch digitale Medien	54
3.7	Zusammenfassung	58
4	Untersuchungsgegenstand und Forschungsmethoden	61
4.1	Untersuchungsgegenstand	61
4.2	Aussagen des Lehrplans von 1997 zum Bereich Digitale Medien und Erwerb von Medienkompetenz	67
4.3	Zielfragen	71
4.4	Forschungsmethoden	72
4.5	Untersuchungszeitraum	74
4.6	Auswahl und Festlegung der Untersuchungsitems	76
4.7	Gesamtübersicht zur Schulbuchanalyse	78

5	Ablauf der Untersuchung	83
5.1	Untersuchung A: Analyse der Schulbücher für die 7. Jgst.	83
5.1.1	Auswertung nach Fächern	83
	Katholische Religionslehre	86
	Evangelische Religionslehre	86
	Ethik	88
	Deutsch-Lesebücher	93
	Deutsch-Sprachbücher	104
	Mathematik	128
	Englisch	133
	Physik/ Chemie/ Biologie (PCB)	141
	Geschichte/ Sozialkunde/ Erdkunde (GSE)	144
	Musik	151
	Kunsterziehung	154
	Arbeitslehre	158
	Kaufmännisch-bürotechnischer Bereich (KbB)	166
	Hauswirtschaftlich-sozialer Bereich (HsB)	174
	Gewerblich-technischer Bereich (GtB)	177
5.1.2	Auswertung aller Schulbücher nach den Untersuchungsitems	180
5.2	Untersuchung B: Lesebücher und Sprachbücher für die Jahrgangsstufen 5 bis 9 der Hauptschule	185
5.2.1	Analyse der Lesebücher	185
5.2.2	Analyse der Sprachbücher	206
5.3	Untersuchung C: Analyse der Schulbücher zum neuen Hauptschullehrplan aus dem Jahr 2004	222
5.3.1	Aussagen des Lehrplans aus dem Jahr 2004 zum Bereich Digitale Medien und Erwerb von Medienkompetenz	222
5.3.2	Vergleich von Lehrwerken aus den Jahren 1997 und 2004/ 2005 unter besonderer Berücksichtigung der Schulbücher für Regelklassen und den Mittlere-Reife-Zug	225
	Mathematik	225
	Geschichte/ Sozialkunde/ Erdkunde (GSE)	231
	Arbeit Wirtschaft Technik (AWT)	234
	Deutsch-Lesebücher	246
	Deutsch-Sprachbücher	260
5.4	Zusammenfassung der Untersuchung C	272

6	Zusammenfassung aller Untersuchungsergebnisse	275
	Vorschläge für die Konzeption, Zulassung und Einführung von Schulbüchern sowie Folgerungen für die Lehrerfortbildung und die Schulbuchforschung	279
7	Schlussbemerkung	285
8	Anhang	286
8.1	Verzeichnis der untersuchten Schulbücher	286
8.2	Verzeichnis der Tabellen	294
8.3	Verzeichnis der Abbildungen	296
8.4	Verzeichnis der Abkürzungen	300
9	Literaturverzeichnis	301

Einleitung

"Die Multimedia-Generation ist mit elektronischen Medien gerüstet wie nie zuvor. Fast zwei Drittel aller deutschen Jugendlichen zwischen zwölf und 19 Jahren haben einen eigenen Fernseher, über die Hälfte einen eigenen Computer. (...) Mit spielerischer Selbstverständlichkeit bewegen sie sich in der Welt der elektronischen Medien. Das sagt jedoch nichts über ihre Medienkompetenz aus, denn die muss gelernt werden wie Lesen oder Schreiben."[3]

Der Umgang mit dem Computer hat in den vergangenen Jahren an Bedeutung gewonnen. Surfen im Internet, E-Mail schreiben und das sichere Beherrschen von Textverarbeitungsprogrammen sind zu einer Selbstverständlichkeit geworden. Die Bedeutung des Computers erstreckt sich sowohl auf die Berufs- und Arbeitswelt der Erwachsenen als auch auf den Bereich der Freizeitgestaltung.

"So belief sich der Anteil der privaten Haushalte, die über einen Internetzugang verfügen, im Jahre 2003 auf rund 42 Prozent. In Haushalten mit Kindern und Jugendlichen liegt dieser Prozentsatz noch höher und hat gerade in den letzten Jahren stark zugenommen."[4]

Für Kinder und Jugendliche stellt der Computer einen wesentlichen Teil ihrer Lebenswirklichkeit dar.

"So gibt es bei 85 Prozent der Jugendlichen von 12 bis 19 und immerhin bei 57 Prozent der Kinder von 6 bis 13 zu Hause einen Internetzugang. 60 Prozent der Kinder geben an, das Internet zu nutzen, gut ein Drittel von ihnen ein- oder mehrmals pro Woche, jeder Zehnte sogar jeden Tag."[5]

Wie aber schaut die Situation in den Schulen aus, die von diesen jungen Computernutzern besucht werden? Inwieweit ist dort der kompetente Umgang mit dem Computer ebenfalls selbstverständlich geworden? Was die Ausstattung der Schulen mit Computern anbelangt, haben sich die Verhältnisse in den letzten Jahren deutlich verändert. Hier beeindrucken die Zahlen, die die *Initiative Schulen ans Netz e.V.* vorlegen kann. Diese Initiative wurde 1995 gegründet, mit dem Ziel, die *„neuen Medien und die Nutzung des Internet im Schulalltag zu*

---

[3] SR online [Saarländischer Rundfunk] (2005). Ratgeber Multimedia vom 28.02.2005. Klicksmomente, zitiert nach: http://www.sr-online.de/ratgeber/63/342412.html [14.03.2005]
[4] Bayerisches Staatsministerium für Unterricht und Kultus (2005). Kinder im Netz. In: Elternzeit 1/2005, zit. nach: http://www.km.bayern.de/imperia/md/content/pdf/els/ez_1_05.pdf [15.04.2005]
[5] Bayerisches Staatsministerium für Unterricht und Kultus (2005), a.a.O.

verankern."⁶ Während 1996 bei Gründung der Initiative erst 800 Schulen in Deutschland Zugangsmöglichkeiten zum Internet hatten, so konnten innerhalb von wenigen Jahren 10 000 Schulen dieses Ziel erreichen, so dass *„bis Ende 2001 alle rund 34.000 allgemein- und berufsbildenden Schulen in Deutschland „ans Netz"*⁷ gebracht werden sollten. Initiativen wie *„Intel® Lehren für die Zukunft"*⁸ und der Aufbaukurs *„Intel® Lehren für die Zukunft – online trainieren und gemeinsam lernen"*, die im Rahmen einer Fortbildungsoffensive bundesweit *über 250 000 Lehrkräfte zwischen 2002 und 2005*⁹ erreicht haben, trugen ebenso wie die Ausbildung von medienpädagogisch informationstechnischen Beratungslehrkräften (MIB)¹⁰ dazu bei, dass für zahlreiche Lehrkräfte der Umgang mit digitalen Medien selbstverständlich geworden ist und dass viele Lehrkräfte über mediendidaktische Konzepte informiert sind.

Was sagen nun eine immerhin zufriedenstellende oder gute Ausstattung der Schulen mit Hardware und eine umfassende Fortbildung der Lehrkräfte über das Ziel der Erreichung einer Medienkompetenz aus, wie sie bereits 1994 als Orientierungsrahmen von der Bund-Länder-Kommission für Bildungsplanung und Forschungsförderung definiert worden ist?

*„Bildungspolitik und Bildungsplanung sind gefordert, angesichts der fachlichen und erzieherischen Auswirkungen von Medienverbreitung und Medieneinfluss, rasch und umfassend im Bereich der Schule zu reagieren und die Voraussetzungen für eine wirksame Medienerziehung zu verbessern. Es gilt, die elektronischen Medien für das schulische Lernen intensiver als bisher zu nutzen, Schülerinnen und Schüler zum verantwortlichen und kreativen Umgang mit Medien zu befähigen, zugleich die kritische Auseinandersetzung mit den Medienbotschaften zu fördern."*¹¹

Seit der Verabschiedung dieses Orientierungsrahmens sind mehr als zehn Jahre vergangen, in denen neue Lehrpläne und neue Schulbücher für die bayerische

---

[6] Schulen ans Netz (2005). Historie des Vereins, zitiert nach http://www.schulen-ans-netz.de/san/historie/index.php [26.07.2005]
[7] Schulen ans Netz (2005), a.a.O.
[8] vgl.: Wolf, Manfred (2002). Von „Intel® Teach to the Future" zu „Intel® Lehren für die Zukunft. Die Adaption des Fortbildungsprogramms für Deutschland. In: Computer + Unterricht Heft 47, S. 12-13. Seelze: Erhard Friedrich Verlag
[9] vgl.: Reinmann, Gabi, Alexander Ganz (2005). „Intel® Lehren für die Zukunft – online trainieren und gemeinsam lernen". Erste Evaluationsergebnisse des Aufbaukurses. PPT-Präsentation. Augsburg: Universität Augsburg, Medienpädagogik
[10] Über die MIB informiert die Homepage: www.mib-bayern.de [26.05.2005]
[11] Bayerisches Staatsministerium für Unterricht, Kultus, Wissenschaft und Kunst (1995). Medienpädagogik/Medienerziehung in der Schule, Beschlüsse der KMK, Sammelwerk Medienzeit, München, Donauwörth, Auer Verlag, S. 33

Hauptschule konzipiert und verfasst wurden. Lehrpläne bilden den für alle Lehrkräfte verbindlichen Rahmen zur Planung von Unterricht und stellen gleichzeitig die Grundlage für die Entwicklung neuer Schulbücher dar. Diese wiederum sind auch im Zeitalter von Computer und Internetanschluss nahezu aller deutschen Schulen weiterhin das wichtigste Mittel für die Hand des Lehrers[12] bei der Planung und Organisation von Unterricht. Die Bedeutung des Schulbuchs betrifft aber auch die Schüler. *„Auch im Zeitalter digitaler Medien ist das Schulbuch noch das zentrale Medium für die Hand der Schülerinnen und Schüler."*[13] Die vorliegende Arbeit will deshalb zum einen versuchen zu klären, inwieweit digitale Medien in Schulbüchern repräsentiert sind und zum anderen der Frage nachgehen, ob und in welchem Umfang Schulbücher Angebote enthalten, die dazu beitragen können, dass Hauptschüler Medienkompetenz im Umgang mit digitalen Medien erwerben.

Zunächst wird auf die Definition des Begriffes *Schulbuch,* die Rolle des Schulbuchs und den Stand der Schulbuchforschung eingegangen. Anschließend erfolgt eine Bestimmung des Begriffs *digitale Medien.*

Das zweite Kapitel geht der Frage nach dem Zulassungsverfahren und den Rahmenbedingungen bei der Entwicklung von Schulbüchern nach. Hierzu werden die Kriterienkataloge für die Begutachtung von Lernmitteln aus den Jahren 1994, 2000 und 2004 auf ihre mediendidaktischen und –pädagogischen Aussagen hin untersucht. Dadurch kann ermittelt werden, inwieweit Aspekte der Medienpädagogik bei der Entwicklung von Schulbüchern und bei der Begutachtung von Schulbüchern berücksichtigt werden sollen.

Anschließend erfolgt eine Definition des Begriffes *digitale Medienkompetenz* sowie die Beschreibung des Stellenwertes, den die digitalen Medien für Kinder und Jugendliche im jeweiligen Zeitraum, als die Schulbücher veröffentlicht und in den Schulen eingesetzt wurden, einnahmen bzw. einnehmen. In diesem Kapitel werden sowohl die Chancen der digitalen Medien und des Lernens mit ihnen erörtert als auch die Gefahren, die mit der Nutzung des Computers verbunden sein können. In einem vierten Schritt wird der Untersuchungsgegenstand eingegrenzt und näher definiert. Grundlage für die vorliegende Arbeit bildet die Analyse von insgesamt 76 Schulbüchern, die zu den Lehrplänen für die bayeri-

---

[12] Aus Gründen der Lesbarkeit wird in dieser Arbeit die männliche Form gewählt. Die Bezeichnung „Lehrer" bzw. „Schüler" wird als neutrale Bezeichnung auch für alle „Lehrerinnen" bzw. „Schülerinnen" verstanden.

[13] Elschenbroich, Hans-Jürgen; Paul Eschbach (2004). Mit den Schulbuchverlagen im Dialog. Forum Multimedia Kön 2004, zitiert nach: http://www.vds-bildungsmedien.de/pdf/werkstatt/w_04/FMM2004-Elschenbroich-Eschbach.pdf, S. 1 [11.04.2005]

sche Hauptschule aus den Jahren 1997 und 2004 erschienen sind. Der Lehrplan (LP) 1997 verliert im Jahr 2006 seine Gültigkeit für die 9. Jgst. und wurde 2004, beginnend mit der 5. und 7. Jgst., durch den überarbeiteten Lehrplan für die bayerische Hauptschule ersetzt. In diesem Zusammenhang wird die Frage geklärt, inwieweit die rasante Entwicklung im Bereich der digitalen Medien und ihre Bedeutung für Kinder und Jugendliche im LP 2004 Berücksichtigung finden und ob sich dies gegebenenfalls in der Gestaltung der neuen Schulbücher zeigt. Zudem soll deutlich werden, ob Schulbücher im Bereich der Medienerziehung den Zielen des Lehrplans Rechnung tragen, ob sie einem *cultural lag* unterliegen oder ob sie aktuell genug sein können, um mit sich verändernden Realitäten im Bereich der Jugendkultur und Medientechnik Schritt halten zu können. Die Vorstellung der Zielfragen dieser Untersuchung und die Darstellung der Forschungsmethoden führen zur Konkretisierung der Untersuchungsitems, wie sie in der Analyse der Schulbücher Anwendung fanden. Diese gliedert sich in drei Untersuchungsbereiche:

- Untersuchung A, die sich auf die 47 Schulbücher bezieht, die zum LP 1997 für die 7. Jgst. erschienen sind und in den Jahren 1997 bis 2004 in den bayerischen Schulen eingesetzt waren,
- Untersuchung B, die mit 10 Schulbüchern[14] jeweils eine Lese-buchreihe und eine Sprachbuchreihe für die Jgst. 5 bis 9 fokussiert
- und Untersuchung C, die 19 Schulbücher[15] untersucht, die zum LP 2004 auf den Markt kamen und aktuell in den Schulen eingesetzt werden.

Das fünfte Kapitel beinhaltet die Analyse der Schulbücher, beginnend mit der Untersuchung A. Die Schulbücher werden nach Fächern geordnet auf die Bereiche Nennung, Chancen und sinnvolle Nutzung digitaler Medien sowie die möglichen Gefahren hin untersucht. Anschließend erfolgt eine Zusammenfassung nach den Untersuchungsitems. Die Untersuchung B mit der Analyse der Lese- und Sprachbücher für die Jahrgangsstufen 5 bis 9 der Hauptschule und die Untersuchung C mit den Lehrwerken für die Regelklassen bzw. den Mittlere-Reife-Zug der Hauptschule zum LP 2004 schließen sich an. Im Kapitel 6 folgen sich daraus ergebende mögliche Konsequenzen für die Entwicklung, Zulassung und Evaluation von Schulbüchern und Desiderata für weitere Arbeiten auf dem Feld der Schulbuchforschung. Hier gab es in den letzten Jahren zahlreiche Arbeiten, die vor allem kulturelle, geographische, historische, politische und gesellschaft-

---

[14] Diese Schulbücher sind zum Teil noch in den bayerischen Hauptschulen im Einsatz.
[15] Diese Lehrwerke sind in den Jahren 2004 und 2005 erschienen.

liche Themen betrafen. Zum Stellenwert der digitalen Medien im Schulbuch und den daraus resultierenden Möglichkeiten des Schulbuchs, zum Erwerb von Medienkompetenz bei Hauptschülern beitragen zu können, liegen keine wissenschaftlichen Arbeiten[16] vor.

---

[16] Die Verwendung von Schulbüchern und elektronischen Medien wird u.a. bei Bamberger et alt. diskutiert; vgl.: Bamberger, Richard, Ludwig Boyer, Karl Sretenovits, Horst Striezl (1998). Zur Gestaltung und Verwendung von Schulbüchern. Mit besonderer Berücksichtigung der elektronischen Medien und der neuen Lernkultur. Wien: OBV Pädagogischer Verlag

1. Begriffsbestimmung: Schulbücher und digitale Medien

Schulbücher und Computer haben ebenso wie Zeitschriften, Landkarten, Gegenstände unterschiedlichster Art und Videoaufzeichnungen etwas gemeinsam: Sie alle sind Medien, d.h. sie sind *„Kommunikationshilfen bzw. Träger von Botschaften, die in unterschiedlicher Form, z.B. verbal, visuell, auditiv oder haptisch kodiert sein können"*[17] (Meschenmoser, 2000), sind *Lernobjekte* (von Martial; Ladenthin, 2002) und *Mittel zur (Selbst- oder Mit-) Gestaltung der Lernprozesse.*[18]

1.1 Was sind Schulbücher?

Die vom Bayerischen Staatsministerium für Unterricht und Kultus herausgegebene Verordnung über die Zulassung von Lernmitteln definiert Schulbücher vor allem unter inhaltlich-funktionalen Aspekten wie Orientierung an den Lernzielen des Lehrplans, Aufbau und Zweck des Schulbuchs und Stofffülle:

"Schulbücher im Sinn von Art. 21 Abs. 2 BaySchFG sind Druckerzeugnisse, die

1. eigens für Unterrichtszwecke zur Erreichung der in den Lehrplänen festgelegten Lernziele herausgegeben sind,

2. die zum Lernergebnis führenden Überlegungen, Ab- und Herleitungen darlegen,

3. als Lehr- und Nachschlagewerk dienen und

4. für ein bestimmtes Unterrichtsfach den gesamten Stoff eines Schuljahres oder Halbjahreskurses enthalten, wenn nicht zwingende fachliche oder pädagogische Gründe einen geringeren oder vermehrten Stoffumfang erfordern (...)."[19]

In Bezug auf die Anordnung der Lerninhalte unterscheidet Wiater (2003c) Schulbücher im engeren Sinne, die einen systematischen Aufbau aufweisen, und Schulbücher im weiten Sinne, die als Sammlungen und Nachschlagewerke den Schülern zur Verfügung stehen:

---

[17] Meschenmoser, Helmut (2000). Medien auf einen Blick. In: @bildung + Medien. Vierte Folge der Verlagssonderbeilage des Friedrich Verlages. Seelze, S. 3
[18] Meschenmoser, Helmut (2000),a.a.O.
[19] Bayerisches Staatsministerium für Unterricht und Kultus (2000a), Verordnung über die Zulassung von Lernmitteln (ZLV) vom 13. September 2000, S. 3, zitiert nach:
http://www.rechtliches.de/bayern/info_ZLV.html [31.03.2005]

„*Unter einem Schulbuch versteht man im engeren Sinne ein überwiegend für den Unterricht verfasstes Lehr-, Lern- und Arbeitsmittel in Buch- oder Broschüreform sowie Loseblattsammlungen, sofern diese einen systematischen Aufbau des Jahresstoffs einer Schule enthalten(...); in einem weiten Sinne zählen zum Schulbuch auch Werke mit bloß zusammengestelltem Inhalt wie Lesebücher, Liederbücher, die Bibel, Atlanten und Formelsammlungen. Als Textart steht das Schulbuch zwischen dem Sachbuch und dem wissenschaftlichen Fachbuch. Seiner Konzeption nach dient es als didaktisches Medium in Buchform zur Planung, Initiierung, Unterstützung und Evaluation schulischer Informations- und Kommunikationsprozesse (Lernprozesse).*"[20]
In der vorliegenden Arbeit werden ausschließlich Schulbücher im engeren Sinne untersucht, wobei – im Gegensatz zu der obigen Definition nach Wiater - diesen die Lesebücher als systematisch aufgebaute Lehrwerke zugerechnet werden.[21] Dass Liederbücher, Atlanten, Bibel und Formelsammlungen nicht berücksichtigt werden, liegt vor allem daran, dass diese Schulbücher in der Regel zu den Neueinführungen von Lehrplänen in den Jahren 1997 und 2004 nicht neu aufgelegt werden, da sie von Lehrplanveränderungen nur wenig oder gar nicht betroffen sind.[22] Schulbücher stehen in einem medialen Kontext, sie werden in ihren Inhalten ergänzt durch andere Unterrichtsmedien und erhalten *Konkurrenz durch die digitalen Medien, wie sie in Form von e-learning-Angeboten, multimedialen Lernumgebungen und CD-ROM zur Verfügung stehen*[23] (Wiater, 2003c). Schulbücher können also nicht isoliert gesehen werden, übernehmen aber im Vergleich zu anderen Medien eine steuernde Funktion.

---

[20] Wiater, Werner (2003c). Das Schulbuch als Gegenstand pädagogischer Forschung, in: Wiater, W. (2003a): Schulbuchforschung in Europa – Bestandsaufnahme und Zukunftsperspektive. Bad Heilbrunn: Klinkhardt, S.12
[21] Die Lesebücher zum Lehrplan für die bayerische Hauptschule aus dem Jahr 1997 und zum Lehrplan aus dem Jahr 2004 sind meist thematisch aufgebaut und orientieren sich überwiegend an den Lernzielen zum Lehrplanbereich Lesen und Mediengebrauch. Die meisten Lesebücher der letzten zehn Jahre enthalten Arbeitsaufträge und enthalten Sequenzen, die zum Teil curricular in Bänden anderer Jahrgangsstufen aufgegriffen werden.
[22] Die Neuauflage von Atlanten erfolgt beispielsweise bei gravierenden geographischen und politischen Veränderungen, wie sie z.B. die Neubildung von Staaten in Südosteuropa nach dem „Mauerfall" im Jahr 1989 darstellen. Weitere Gründe für Neuauflagen von Schulbüchern waren in der Vergangenheit die Einführung der neuen Rechtschreibung (ab dem 01.08. 1998) und Beschlüsse des Landtags zur Erstellung eines Verzeichnisses für in der Schule zu erlernende Lieder und Gedichte.
[23] Vgl.: Wiater, Werner (2003c). Das Schulbuch als Gegenstand pädagogischer Forschung, in: Wiater, W. (2003a): Schulbuchforschung in Europa – Bestandsaufnahme und Zukunftsperspektive. Bad Heilbrunn: Klinkhardt, S.12

1.2 Rolle und Bedeutung des Schulbuchs

Neben den amtlichen Lehrplänen der Länder und den bundesweit gültigen Bildungsstandards stellen Schulbücher einen wesentlichen Orientierungsrahmen für Lehrer dar. Als Bildungsmedium werden Schulbücher kritisch in der Öffentlichkeit hinterfragt, nicht zuletzt auch aufgrund der Rolle, die sie *„vermeintlich oder tatsächlich immer noch (?) in schulischen Unterrichts- und Erziehungspraxis spielen"*[24] (Stein, 2003). Schulbücher werden als heimlicher Lehrplan bezeichnet, gemäß dem *„Stellenwert, den Schulbücher offensichtlich weiterhin für die Unterrichtsvorbereitung (!) und –gestaltung bei professionellen Pädagogen haben"*.[25]

Auf die Mehrdimensionalität des Schulbuchs als *„Politicum, Informatorium und Paedagogicum"* weist Stein (2003) hin:

- *a)* Politicum: Schulbücher haben eine politische Dimension[26], weil Schule, Lehrplan und Schulbuchzulassung in der Hand des Staates liegen[27].
- *b)* Informatorium: Schulbücher haben hier eine doppelte Funktion, da sie zum einen Informationen weitergeben, zum anderen zum Erörtern und Nachdenken über die Informationen anregen.

  „Mediendidaktisch betrachtet wäre wünschenswert, dass sich Schulbücher durch curriculare Offenheit, Polyvalenz in funktionaler Hinsicht und Aufgeschlossenheit für einen Medienverbund auszeichnen. Dies wird umso wichtiger, als mit der Zunahme von computergeschützten neben schulbuchgestützten Lehr- und Lernprozessen in Schulen es nicht um die Frage gehen sollte, ob das Schulbuch oder der Computer zukünftig als didaktisches „Leitmedium" schulischer Bildungsarbeit fungieren muss, sondern wohl eher darum, wie sich Wahl und Einsatz ganz unterschiedli-

---

[24] Stein, Gerd (2003). Schulbücher in berufsfeldbezogener Lehrerbildung und pädagogischer Praxis. In: Wiater, Werner (2003a). Schulbuchforschung in Europa – Bestandsaufnahme und Zukunftsperspektive. Bad Heilbrunn: Klinkhardt, S. 23ff
[25] Stein, Gerd (2003), a.a.O.
[26] vgl.: BayEUG Art. 45: Lehrpläne, Stundentafel und Richtlinien: "(1) ¹Grundlage für Unterricht und Erziehung bilden die Lehrpläne, die Stundentafel, in der Art und Umfang des Unterrichtsangebots einer Schulart festgelegt ist, und sonstige Richtlinien. ²Lehrpläne, Stundentafeln und Richtlinien richten sich nach den besonderen Bildungszielen und Aufgaben der jeweiligen Schulart; sie haben die angestrebte Vermittlung von Wissen und Können und die erzieherische Aufgabe der Schule zu berücksichtigen.", zitiert nach: http://www.km.bayern.de/km/recht/bayeug/eug07.html#Art45 [12.02.2005]
[27] Wiater (2003c) nennt neben der politischen Funktion folgende gesellschaftliche Funktionen des Schulbuchs: *Normierung der Lerninhalte, Konformität mit den obersten Bildungs- und Erziehungszielen, Sicherung des Basiswissens, Gewährleistung von Chancengleichheit, Unterstützung der bildungspolitischen Ziele und Abgrenzung dessen, was zur Kultur in der Gesellschaft zählt*, vergleiche: Wiater (2003c),a.a.O., S. 14

cher Medien – bei Berücksichtigung von deren spezifischen Funktionen didaktisch begründen, ferner, wie verschiedene alte und/ oder neue Medien sich methodisch am jeweiligen Lehr- bzw. Lernort optimal miteinander vernetzen lassen"[28]

c) Paedagogicum:
Auch hier liegt eine zweifache „mediale" Funktion als
„Mittel und Mittler, sowohl für den Inhalts- als auch für den Beziehungsaspekt schulischen Lehrens und Lernens (...). In diesem doppelten Sinne wird das Schulbuch als pädagogisches Hilfsmittel bezeichnet und als ein Medium zur Unterstützung bzw. Entlastung schulischer Informations- und Kommunikationsprozesse definiert. Ausgesagt ist damit bereits, welche mediale Funktion ihm zugeschrieben wird und dass es für den Lehrer allenfalls Hilfe bei, nie jedoch Ersatz für didaktische Planung von Unterricht und Erziehung („heimliche Richtlinie") sein darf."[29]

Inwieweit ein Lehrer das Schulbuch als Hilfsmittel und Medium und nicht als Ersatz für die Unterrichtsvorbereitung nutzt, die Inhalte reflektiert, es im Unterricht einsetzt und welche Methoden er dabei anwendet, ist sehr verschieden. Nach Wiater (2003c) ist die Verwendung *„am ausgeprägtesten in den Fremdsprachen, in Mathematik und Geschichte, am geringsten in Musik, Kunst und Deutsch."*[30]

Neben dem Unterrichtsfach sind für die Häufigkeit und die Art der Verwendung des Schulbuchs möglicherweise folgende Faktoren[31] von Bedeutung:
- die Qualität des Schulbuchs[32], die sich vor allem auf die Möglichkeiten zum unterrichtlichen Einsatz des Schulbuchs bezieht: Aufgabenkultur, Verständlichkeit, Methodenvariation, Schüleradäquatheit und Anspruchsniveau,
- das Angebot an Begleitmaterialien wie Lehrerhandbuch, CD, Schülerarbeitsheft,

---

[28] vgl.:Stein, G. (2003), a.a.O
[29] Stein, G. (2003), a.a.O
[30] Wiater (2003c), a.a.O. S. 14
[31] Die genannten Faktoren spiegeln meine subjektiven Erfahrungen aus über zwei Jahrzehnten Tätigkeit als Grund- und Hauptschullehrer wieder.
[32] Dass Lehrkräfte sich für ein Schulbuch entscheiden und dennoch später nicht mit der Qualität des Schulbuchs zufrieden sind, ist eine Erfahrung, die ich mehrmals in Lehrerkollegien machen musste. Zwischen dem ersten Eindruck bei der möglicherweise zu schnellen oder zu wenig kriteriengeleiteten Schulbuchauswahl und den Erfahrungen aus dem tatsächlichen Einsatz im Unterricht bestehen große Unterschiede. Handreichungen zu Kriterien für die Auswahl von Schulbüchern liegen den Lehrkräften bislang nicht vor.

- die Unterstützung durch Fortbildungen von Seiten der Schulbuchverlage, was vor allem in der Einführungsphase von Lehrplänen geschieht,
- der Möglichkeit der Lehrkräfte, andere Unterrichtsmedien einzusetzen: Kopiervorlagen[33], Lehrwerke anderer Verlage, Zugang der Klasse zu anderen Medien (Zeitung, digitale Medien, Internet)
- und die Passung zur Lehrerpersönlichkeit und der Art, wie die Lehrkraft Unterricht hält: offener Unterricht, lehrerzentrierter Unterricht, materialgeleitetes Lernen.

Angesichts der Bedeutung und der Rolle des Schulbuchs ist die Frage berechtigt, welchen Stellenwert das Schulbuch innerhalb der Schul- und Unterrichtsentwicklung besitzt. Die Fragestellung *Schulbuchforschung - ein Beitrag zur Schulentwicklung?* findet sich bei Thonhauser[34] (1999), während in Deutschland weder Rolff (1990) und Klippert (1994) noch Meyer (1999) den Beitrag des Schulbuchs zur Schul- und Unterrichtsentwicklung betonen.

1.3 Stand der Schulbuchforschung

Schwerpunkte der Schulbuchforschung[35] sind vor allem Bereiche der kulturhistorischen Forschung[36], der historischen Quellenforschung, der Textanalyseforschung, der Schulbuchforschung unter fachwissenschaftlichen und fachdidaktischen Aspekten, und der Schulbuchforschung als Teil der Medienforschung. Letztere beinhaltet Themen wie:

„ - *Schulbuchkonzeptionen in der Vergangenheit und in der Gegenwart*
- *Produktion und Vertrieb der Schulbücher*
- *Rezeptions- und Wirkungsanalysen zur Verwendung des Schulbuchs im Unterricht*
- *Medienpädagogische und mediendidaktische Aspekte des Schulbuchs*

---

[33] Manche Schulen schreiben auf Grund von finanziellen Engpässen im Verwaltungsetat den Lehrern ein bestimmtes Maximalkontingent an Kopien pro Schüler bzw. Klasse zu. Kopien, die die Schüler erhalten, müssen in der Regel von den Schülern bezahlt werden, wobei es Schulen gibt, die einen festen Pauschalbetrag von den Schülern verlangen, unabhängig von der Zahl der erhaltenen Kopien, und Schulen, die entsprechend der gemachten Kopienmenge mit den Schülern abrechnen.
[34] Thonhauser, Josef (1999). Schulbuchforschung - ein Beitrag zur Schulentwicklung? In: Olechowski, Richard; Karl Garnitschnig, K (Hrsg.) (1999). Humane Schule. Frankfurt a.M.: Peter Lang, S. 272 - 295.
[35] vgl.: Wiater (2003c). Zum Stand der Schulbuchforschung, siehe auch Pöggeler (2003), der sich auf Deutschland bezieht, und Boyer (2003), der den Stand der Schulbuchforschung in Österreich beschreibt.
[36] Wiater (2003c) nennt hier als Forschungsthemen unter anderem: Das Bild des Fremden, Europa im Schulbuch der EU-Länder, Faschismus als Thema in europäischen Ländern, Erziehung und Orientierung von Kindern und Jugendlichen durch Schulbücher früher und heute

- *Das Schulbuch im Kontext anderer Unterrichts- und Schulmedien*
- *Die mediale Zukunft des Schulbuchs*
- *Die Finanzierung, Ausstattung und Nutzungsdauer von Schulbüchern und der cultural lag.*"[37]

Zu den Bereichen „*medienpädagogische und mediendidaktische Aspekte des Schulbuchs*" und „*das Schulbuch im Kontext anderer Unterrichts- und Schulmedien*" soll die vorliegende Arbeit Beiträge liefern. Ergänzend sei als ein weiteres mögliches Forschungsthema die Erstellung eines sich an Standards orientierenden, evaluierten Verfahrens der kriteriengeleiteten Schulbuchauswahl genannt.

1.4 Schulbuch oder/ und Neue Medien?

In den letzten Jahren wurde immer wieder die Frage gestellt, wie lange es noch Schulbücher gebe und ob nicht die Zukunft in virtuellen und digitalen Wissenstransfers liege.

„*Das Schulbuch kämpft seit einigen Jahren um seine Daseinsberechtigung; die neuen Informations- und Kommunikationsmedien wie Computersoftware, Internet und Intranet haben es in Legitimationszwänge gebracht, Lernumgebungen und Lernarrangements werden in Fachpublikationen an seine Stelle gestellt.*"[38]

Die Frage Buch oder Software hängt auch mit der Frage nach der Optimierung von Unterrichtsqualität zusammen (Hendricks 2004) und der Kompetenz der Lehrkräfte,

„*digitale Medien und Werkzeuge kompetent in ihrem Unterricht zu verwenden. Denn was nutzt die beste Bildungssoftware, wenn der Unterricht nicht so geplant ist, dass ihr Potenzial freigesetzt werden kann?*"[39]

Die Chancen digitaler Medien und ihres Einsatzes im Unterricht liegen vor allem in den folgenden Bereichen:

---

[37] Wiater (2003c), a.a.O., S.15
[38] Wiater, Werner (2003b). Argumente zugunsten des Schulbuchs in Zeiten des Internet. In: Wiater, Werner (2003a). Schulbuchforschung in Europa – Bestandsaufnahme und Zukunftsperspektive. Bad Heilbrunn, S. 218ff
[39] Hendricks, Wilfried (2004). Buch oder nicht Buch – ist das hier die Frage? Guter Unterricht mit Bildungssoftware. In: Computer + Unterricht, Heft 56, S. 10-11. Seelze: Erhard Friedrich Verlag

- Aktualität
- effiziente Organisation
- Interaktivität
- individuelle Förderung
- weltweite Kommunikation

Unter Bezug auf eine Tagung der Internationalen Gesellschaft für historische und systematische Schulbuchforschung vergleicht Wiater (2003) die jeweiligen Vor- und Nachteile von Schulbüchern und neuen Medien, wie sie Tabelle 1 zeigt. In der Pro- und Contra-Übersicht bezüglich der neuen Medien nennt Wiater (2003b) mehrere Argumente (Tab. 2).

Besonders die Aspekte der Aktualität und des Zugriffs auf Inhalte, die das Schulbuch nicht in ausreichendem Maße liefern kann, sind herausragende Vorteile digitaler Medien. Auf der anderen Seite ließen sich manche der genannten Nachteile der neuen Medien durch geeignete Maßnahmen im Bereich der Lehrerfortbildung[40], der Medienerziehung und der Bereitstellung geeigneter Software ausgleichen. In der Diskussion um Schulbuch oder neue Medien wird auch der Aspekt der Kombination beider Angebote und der damit verbundenen Vorteile erörtert. Wiater (2003b) weist auf schon bestehende „cross-media[41]-Verbünde", wie sie Schulbücher einschließlich Lehrerhandbüchern, Online-Angebote (Internetlinks) und Offline-Angebote (DVD, CD-ROM) in Kombination darstellen, *„wobei das Schulbuch (in veränderter Form und reduziert auf das Basiswissen in einem Fach) das Leitmedium darstellen könnte."* [42]

---

[40] Lehrerfortbildungsmaßnahmen könnten der oben genannten *Überforderung der Lehrer* entgegenwirken und dazu beitragen, dass auch schwächere Schüler mit der Offenheit digitaler Medien zurecht kommen.
[41] Gefördert und beauftragt durch das Bayerische Staatsministerium für Unterricht und Kultus finden seit mehreren Jahren crossmedia-Wettbewerbe statt; vgl.: http://www.crossmedia-festival.de/index2.html [21.06.2005]
[42] Wiater, Werner (2003b): Argumente zugunsten des Schulbuchs in Zeiten des Internet. In: Wiater, Werner (2003a): Schulbuchforschung in Europa – Bestandsaufnahme und Zukunftsperspektive. Bad Heilbrunn, S. 221

Tab. 1: Vorteile und Nachteile des Schulbuchs[43]

Vorteile	Nachteile
- die didaktische Aufbereitung der Lehrinhalte und Lehrziele, was für die Lehrer die Jahresplanung erleichtert - die ständige Verfügbarkeit des Lernstoffes für die Schüler, - die Möglichkeit zu didaktischen Innovationen (z. B. durch Begleitmaterialien), - die Chancen für Schüler zu individuellem und selbstständigem Lernen auf Grund der didaktischen Aufbereitung des Lehrstoffes im Schulbuch, - die Legitimation (Schulbuch „als geeignete Zwischenstufe zwischen Lehrplan und Unterrichtspraxis") durch die Kultusbehörden bei gleichzeitiger Auswahlmöglichkeit[44] durch den Lehrer - Förderung der Konzentration der Schüler - die jederzeitige Einsetzbarkeit des Schulbuchs - die eigene „Ästhetik" und „Körperlichkeit" von Schulbüchern - Orientierung nicht nur für Schüler und Lehrer, sondern auch für Eltern und Nachhilfelehrer über den Unterrichtsstoff.	- Auswahl und Anordnung der Lehrplanziele und -inhalte durch die Schulbuchautoren - bewusste Beeinflussung des Lehrers auf Grund des Zulassungsverfahrens für Schulbücher[45] - Mangel an Aktualität, da die Schulbücher für lange Zeit eingesetzt werden - Verleitung zu lehrerzentriertem Unterricht - je nach Lehrkraft sehr unterschiedlicher Einsatz von Schulbüchern: Ersatz durch Arbeitsblätter und Folien

---

[43] Die Tabelle wurde erstellt nach den von Wiater (2003b) genannten Vor- und Nachteilen von Schulbüchern.
[44] Die Möglichkeit von Lehrern, unter mehreren zugelassenen Schulbüchern auswählen zu können, ist nach eigenen Erfahrungen stark eingeschränkt. In der Regel wird im Bereich der Volksschule ein Lehrwerk für eine bestimmte Jgst. und ein bestimmtes Fach ausgewählt, das dann von allen Lehrkräften, die in dieser Jahrgangsstufe (Oft sind es zwei oder drei Jahrgänge, die ein Lehrer eine Klasse führt: 1./2., 3./4., 5./6. und 7.-9. Klasse) unterrichten, eingesetzt wird. Die Auswahl erfolgt meist entweder durch das jeweilige Jahrgangsstufenteam oder durch das gesamte Lehrerkollegium mit der Schulleitung. Da sich aber im Laufe von mehreren Jahren die Zuordnung von Lehrkräften zu bestimmten Jahrgangsstufen ändert (Mobilität, Altersgründe, Versetzung, Jahrgangsstufenwechsel), ist es normal, dass viele Lehrer mit einem Lehrwerk unterrichten, das sie nicht ausgewählt haben. Üblich ist es darüber hinaus, dass Lehrer neben dem in der Klasse eingesetzten Schulbuch Auszüge in kopierter Form für den Unterricht verwenden. Dieser Tatsache stehen die damit verbundenen Kopierkosten entgegen und die Argumentation der Sachaufwandsträger, dass (fast) ausschließlich das Schulbuch, das eine Schule angeschafft habe, eingesetzt werden solle.
[45] Dies muss nicht unbedingt als Nachteil gewertet werden. Interessant hierzu ist ein Blick in die Schweiz, wo manche Kantone eigene Schulmittelverlage unterhalten und dadurch wesentlich mehr Einfluss auf die Lehrer haben. Außerdem ist es in manchen Kantonen üblich, dass ein Schulbuch für alle Schulen eines Kantons eingeführt wird. Die Schulbücher werden in der Regel vor ihrer Einführung pilotiert und versuchsweise erprobt. Zudem werden in der Schweiz für die Lehrer Fortbildungen speziell zum Einsatz der Schulbücher angeboten.

Tab. 2: Vorteile und Nachteile der neuen Medien[46]

Vorteile der neuen Medien	Nachteile der neuen Medien
- höhere Motivation für Schüler[47] - bessere Visualisierung komplexer Sachverhalte - Möglichkeit zu experimentellem Arbeiten der Schüler durch Simulationen, Selbsttätigkeit, Differenzierung, mehrkanaligem Lernen - Aktualität und universelle Nutzbarkeit der Daten - Zugriff auf Lerninhalte, die das Schulbuch nicht ausreichend anbietet - Förderung des vernetzten Denkens der Schüler - Anknüpfung an das außerschulische Medienverhalten der Schüler (Freizeitgewohnheiten)	- Überforderung schwächerer Schüler durch die Offenheit der Lernumgebung - kognitive Überlastung der Schüler (gleichzeitige Konzentration auf Lerninhalte und Suchstrategien) - zielloses „Surfen" im Internet - mangelnde Effektivität, wenn Wissensmanagement der Schüler fehlt - Reduktion der kommunikativen Kompetenz[48] der Schüler - Überforderung der Lehrer, ungeeignete Software - ungenaue Passung zu den Lehrplänen - juristische Probleme: Autorenrechte, Verwendung im Unterricht

Das Schulbuch als *zentraler inhaltlicher Impulsgeber*[49] übernimmt eine Lotsenfunktion im Medienverbund: *„Das Schulbuch als zentrales Unterrichtsmedium gibt Querverweise auf andere Medien."*[50]

---

[46] Die Tabelle wurden erstellt nach den von Wiater (2003b) genannten Vor- und Nachteilen von neuen Medien.
[47] Hierzu sei kritisch angemerkt, dass sich dieser Effekt möglicherweise abnutzt, sobald sich den Schülern zuhause andere, reizvollere und bessere Möglichkeiten des Umgangs mit digitalen Medien bieten. Im Bereich des Schulfilms konnte dieser Effekt beobachtet werden: Solange Fernsehen und Video noch nicht weit verbreitet waren, war der schulische Filmeinsatz etwas Besonderes, heute wird er von Schülern eher als Abwechslung in der Methodik der Unterrichtsgestaltung eingeschätzt.
[48] Dieses Argument würde meiner Meinung nach allenfalls bei einem ausschließlichen Einsatz der neuen Medien gelten.
[49] Schäfer, Ute (2004). Digitale Medien und ihre Bedeutung für den Schulalltag
Rede zur "*digita*"-Preisverleihung am 10. Februar 2004, zitiert nach: http://www.ibi.tu-berlin.de/diskurs/Vortraege/schaefer_digi04.htm [01.04.2005]
[50] Schlegel, Clemens M. (2003): Rezensionen zu neueren Schulbuchforschungen. In: Wiater, Werner (2003): Schulbuchforschung in Europa – Bestandsaufnahme und Zukunftsperspektive. Bad Heilbrunn: Klinkhardt, S. 209f

Gerhard Michel (1995) weist ebenfalls auf diese Rolle des Schulbuchs hin und betont, dass Schüler ein elementares Interesse daran haben,

> „wie z.B. ein Schulbuch als das zur Zeit immer noch verbreitetste und wichtigste Unterrichtsmedium beschaffen sein muss, damit es ihnen beim Lernen helfen kann.(...) Viele Schüler erwarten Hinweise auf weiterführende Literatur oder andere Medien als Quellen für das Selbststudium oder aber Hilfestellungen zu ergänzenden oder vertiefenden eigenen Arbeiten."[51]

Die angesprochene Hilfestellung durch das Schulbuch bedeutet, dass auch die digitalen Medien und der kompetente Umgang mit ihnen Thema in den Schulbüchern und im Unterricht sein muss. Internetrecherche, Onlinekommunikation und die Auswertung von Informationen aus digitalen Nachschlagewerken, die auf CD-ROM vorliegen, gehören zu den Bereichen, die die Arbeits- und Freizeitwelt der Jugendlichen zum Teil schon heute beschreiben und in der Zukunft noch stärker bestimmen werden, während die Schüler gleichzeitig auch auf die negativen Begleiterscheinungen vorbereitet sein müssen.

> „Die positiven Seiten der Neuen Medien sollten aufgegriffen und sinnvoll genutzt werden. Für die eher schädlichen Folgen, z. B. Wirklichkeitsverlust oder soziale und kommunikative Deformation, müssen den Menschen Vermeidungs- und Begrenzungstechniken vermittelt werden."[52]

Auch diese von Michel (1995) schon vor zehn Jahren formulierte Ansprüche an die Gestaltung von Schulbüchern will die vorliegende Arbeit überprüfen.

Was sind digitale Medien? In der Fachliteratur wird im Zusammenhang von Computer, Internet, CD-ROM und E-Mail oft von den sogenannten „neuen Medien" gesprochen, wobei der Begriff schon seit vielen Jahrzehnten benutzt wird:

> „Als Neue Medien im weiteren Sinne werden heute meist Medien bezeichnet, die auf Daten in digitaler Form zugreifen, also z.B. E-Mail, World Wide Web, DVD, CD-ROM, etc. Im engeren Sinne sind Dienste gemeint, die über das Internet möglich sind. Als Kennzeichen der

---

[51] Michel, Gerhard (1995). Die Rolle des Schulbuchs im Rahmen der Mediendidaktik – Das didaktische Verhältnis des Schulbuches zu traditionellen Lernmedien und Neuen Medien. In: Olechowski, Richard (Hrsg.) (1995). Schulbuchforschung. Frankfurt: Peter Lang Europäischer Verlag der Wissenschaften, S. 108-109
[52] Michel (1995), a.a.O., S. 104

Neuen Medien lassen sich die rechnergestützte Handhabung, das digitale Vorliegen der Daten sowie die Interaktivität beim Umgang mit diesen Daten festhalten. Der Begriff ist allerdings nicht so neu wie es auf den ersten Blick hin scheint, sondern tauchte immer wieder im Wandel der Zeit auf, sei es für neue Medien oder auch nur neue Medientechniken auf. Anfänglich wurde damit das Radio bezeichnet, in den Anfängen des Fernsehens wurde er für dieses gebraucht, und mit dem Aufkommen von Videotext und BTX wurden diese als Neue Medien ausgezeichnet. Seit Mitte der 90er Jahre ist er für die digitalen Medien bzw. die verschiedenen Formen der Internet-Kommunikation gebräuchlich."[53]

Die jahrzehntelange Verwendung des Begriffs „Neue Medien" lässt es sinnvoll erscheinen, nicht mehr von „neu" zu sprechen. Zudem wird die Besonderheit der Digitalisierung von Informationen in diesem Begriff nicht berücksichtigt. Zur besseren Verständlichkeit wird in der vorliegenden Arbeit der Begriff „digitale Medien" verwendet. *„Digitale Medien unterscheiden sich von den klassischen Medien durch ihr Potenzial, Daten nicht nur zu speichern und zu übermitteln, sondern sie auch zu verarbeiten"*[54] (Schelhowe, 2003).

Digitale Medien sind alle Medien, die Daten in digitaler Form abbilden, übermitteln bzw. verarbeiten; eingeschlossen sind Hardware und Software, wie zum Beispiel Computer incl. Monitor, Notebooks, Handhelds, Disketten, CD-ROMs, DVDs, USB-Sticks, Softwareprogramme, Computerspiele, Lernprogramme, Internet, Intranet, E-Mail, WorldWideWeb und Peripheriegeräte wie Digitalcameras, Scanner und Beamer.[55]

---

[53] [Adlexikon.de]. Neue Medien Definition Erklärung Bedeutung Glossar, zitiert nach: http://neue_medien.adlexikon.de/Neue_Medien.shtml [01.04.2005]
[54] Schelhowe, Heidi (2003). Digitale Medien in der Schule - Doing Gender, Erstpublikation in: Beitrag für die Fachtagung "Schwimmen lernen im Netz", Hamburg, zitiert nach: http://beat.doebe.li/bibliothek/t03425.html [30.03.2005]
[55] In der Schulbuchuntersuchung wird auf die Bereiche USB-Sticks, Handhelds und Beamer nicht eingegangen, da sie zum Zeitpunkt der Erstveröffentlichung der Schulbücher im Jahr 1997 keine oder nur eine sehr geringe Rolle spielten.

2 Medienpädagogische Aspekte der Schulbuchzulassung

2.1 Kriterien zur Begutachtung von Lernmitteln

Schulbücher unterliegen in Bayern vor ihrer Zulassung einer schulaufsichtlichen Prüfung, für die das Staatsministerium für Unterricht und Kultus zuständig[56] ist.
> „Zu der Eignung des eingereichten Prüfstücks werden in der Regel zwei Sachverständige, die von der Zulassungsbehörde ausgewählt und bestellt werden, gutachtlich gehört."[57]

Für die Abfassung der Gutachten gilt ein Kriterienkatalog, der vom Bayerischen Staatsministerium für Unterricht und Kultus als Hilfe für den Gutachter erstellt worden ist. Diese Kriterien werden fortlaufend aktualisiert[58].
Schulbücher müssen gemäß § 4 der Verordnung über die Zulassung von Lernmitteln (ZLV) folgende Kriterien erfüllen: Sie müssen
- der Erreichung der Lehrplanziele dienen,
- schlüssig herbeigeführte Lernprozesse anregen,
- als Lehr- und Nachschlagewerk dienen,
- den gesamten Stoff eines Schuljahres enthalten und
- für mehrere Jahre einsetzbar sein. [59]

2.2 Analyse der Kriterienkataloge 1994, 2000 und 2004

Im Kriterienkatalog zur Begutachtung von Lernmitteln aus dem Jahr 1994 werden bezüglich der formalen Vorgaben verschiedene Erläuterungen unter anderem zur Funktion von Bildern und Zeichnungen und zu möglichen Hinweisen auf Literatur und Begleitmaterial gegeben[60]. Als inhaltliche Kriterien bei der Schulbuchbegutachtung werden u.a. folgende Bereiche festgelegt:

---

[56] Bayerisches Staatsministerium für Unterricht und Kultus (2000), a.a.O., S. 6
[57] Bayerisches Staatsministerium für Unterricht und Kultus (2000), a.a.O., S. 7
[58] So wurden in der Fassung vom November 2004 gegenüber der Fassung vom Januar 2004 vor allem zwei Punkte ergänzt und erweitert, darunter der Aspekt des selbstständigen Lernens: „Schulbücher müssen (...) das selbstständige Lernen ermöglichen", vgl.: Bayerisches Staatsministerium für Unterricht und Kultus (2004), Kriterien zur Begutachtung von Lernmitteln, S. 4, zitiert nach: http://www.km.bayern.de/imperia/md/content/pdf/lernmittel/9.pdf [01.04.2005]
[59] vgl.: Bayerisches Staatsministerium für Unterricht, Kultus, Wissenschaft und Kunst (1994a), Kriterien zur Begutachtung von Lernmitteln (Stand Juli 1994), München, unveröff. Dokument
[60] vgl.: Bayerisches Staatsministerium für Unterricht, Kultus, Wissenschaft und Kunst (1994a), a.a.O.

a) Verhältnis Mann und Frau

b) Stand der Fachwissenschaft und Fachdidaktik
"Das Lernmittel muss den neuesten gesicherten Stand der Fachwissenschaft und Fachdidaktik berücksichtigen."[61]

c) Altersgemäßheit
Das Lernmittel muss alters- und schulartgemäß gestaltet sein hinsichtlich seines inhaltlichen Aufbaus, des methodischen Vorgehens (z.B. Anknüpfung an Erfahrungen des Schülers) und der verwendeten Fachsprache.

d) Übereinstimmung mit dem Lehrplan
"Schulbücher müssen alle Ebenen des Lehrplans vom Bildungs- und Erziehungsauftrag der jeweiligen Schulart über fächerübergreifende Bildungs- und Erziehungsaufgaben bis hin zu den einzelnen Zielen und Inhalten der Fachlehrpläne berücksichtigen.(...) Bei Schulbüchern dürfen keine nach dem Lehrplan vorgeschriebenen Inhalte fehlen."

Mediendidaktische und -pädagogische Kriterien wurden bei den *Kriterien bei der Schulbuchbegutachtung* aus dem Jahr 1994 nicht genannt. In der Anlage B zum Kriterienkatalog aus dem Jahr 1994 werden zu 15 Fächern[62] der Hauptschule spezielle Hinweise zur Beurteilung der Schulbücher gegeben. Auch in dieser 19-seitigen Anlage tauchen die Begriffe Medien und Medienkompetenz kein einziges Mal auf. Der Kriterienkatalog wurde erst im Jahr 2000 erneuert, so dass die fehlende Präsenz mediendidaktischer Aspekte in den Vorgaben aus dem Jahr 1994 dann bei der Zulassung der Schulbücher zum LP 1997 besonders ins Gewicht fällt.

Der Kriterienkatalog für die Erstellung von Schulbuchgutachten aus dem Jahr 2000 ist in den meisten Teilen identisch mit dem Kriterienkatalog aus dem Jahr 1994. Wesentliche Änderungen in Bezug auf den Bereich Medienerziehung sind nachfolgend aufgeführt, wobei erstmals in einem Kriterienkatalog der Begriff Medienpädagogik auftaucht.

"Lernmittel sollen neben den Inhalten auch fachbezogene und fachübergreifende Lernstrategien sowie Methodenkompetenz vermitteln. (...) Das

---

[61] Bayerisches Staatsministerium für Unterricht, Kultus, Wissenschaft und Kunst (1994a), a.a.O.
[62] Da für die Zulassung der Schulbücher die Bestimmungen von 1994 gültig waren, fällt auf, dass die neuen Fächer und Fächerverbünde des Lehrplans für die bayerische Hauptschule aus dem Jahr 1997 unberücksichtigt blieben.

Lernmittel soll einer Medienerziehung dienen, die möglichst alle Medien, von den Printmedien bis hin zu Multimedia, gleichermaßen berücksichtigt. Diese Medienerziehung soll Wertorientierung, Wahrnehmungs- und Urteilsvermögen, Verantwortungs-bewusstsein, Kommunikationsfähigkeit und schöpferische Kräfte von Kindern und Jugendlichen ausbilden und entfalten. Die Heranwachsenden sollen sich der Bedeutung und der Wirkung der Medien auf das Individuum und die Gesellschaft bewusst werden und lernen, mit den Medien kompetent umzugehen.(...)" [63]

Dieser Kriterienkatalog wurde bereits bei der Einführung des Lehrplans für die Grundschulen in Bayern im Jahr 2000 angewandt, für die meisten Schulbücher zum Lehrplan für die bayerische Hauptschule aus dem Jahr 1997 kam er aber drei Jahre zu spät.[64] Die Anlage B, die Begutachtungshinweise für die einzelnen Fächer in der Hauptschule enthält, nimmt in sechs Fächern Bezug zu digitalen Medien: bei den Lesebüchern im Fach Deutsch, in Mathematik, in Musik, im Fach Gewerblich-technischer Bereich (GtB), im Fach Hauswirtschaftlich-sozialer Bereich (HsB) und sehr ausführlich im Fach Kaufmännisch-bürotechnischer Bereich (KbB)[65], wie sie nachfolgend in den jeweils relevanten Auszügen wiedergegeben werden:

In den Begutachtungshinweisen zu den Lesebüchern im Fach Deutsch wird explizit das Internet aufgeführt:

„- Orientiert sich die Themenauswahl an der Lebens- und Erfahrungswelt der Schülerinnen und Schüler? - Gibt es Hinweise auf andere Medien, z.B. Film, Fernsehen, Internet und den Umgang mit ihnen? Werden diese Medien exemplarisch auch in eigenen Kapiteln behandelt? Enthält das Lernmittel medienpädagogische Hinweise und Elemente?" [66]

In den Fächern Mathematik, Musik und HsB wird an je einer Stelle auf digitale Medien Bezug genommen, wie Tab. 3 zeigt.

---

[63] Bayerisches Staatsministerium für Unterricht und Kultus (2000b), Kriterien zur Begutachtung von Lernmitteln (Stand: September 2000), o.O.
[64] Bei konsequenter Anwendung des Kriterienkataloges hätten Schulbücher, die den neuen Erfordernissen, insbesondere im Bereich der Medienerziehung nicht Rechnung getragen haben, vom Markt genommen werden müssen.
[65] Jedoch werden weder für Sprachbücher zum Fach Deutsch noch für Fächer wie Englisch, Physik/Chemie/Biologie oder Geschichte/Sozialkunde/Erdkunde Kriterien, die das Einbeziehen von computergestütztem Lernen betreffen, definiert.
[66] Bayerisches Staatsministerium für Unterricht und Kultus (2000d), Kriterien zur Begutachtung von Lernmitteln, Anlage B, 2000

Tab. 3 : Mediendidaktische Zulassungskriterien: Mathematik, Musik, HsB

Mathematik	*„Wird an geeigneten Stellen auf die Möglichkeit computerunterstützten Lernens hingewiesen?"*[67]
Musik	*„Hinweise auf ergänzende, dem Schüler zugängliche und hilfreiche Materialien wie Kassetten, CDs (z.b. Playbacks), Computerprogramme (z.b. Gehörbildungsprogramme), Instrumente sind erlaubt."*[68]
HsB	*„Werden die Schüler angeleitet, für den Bereich Hauswirtschaft und im sozialen Bereich die EDV als Werkzeug der Informationsbeschaffung und -verarbeitung gezielt zu nutzen?"*[69]

Für das Fach GtB ist als computerrelevantes Kriterium aufgeführt, ob CAD einbezogen wird, während für das Fach KbB zahlreiche den Bereich Computer betreffende Fragestellungen genannt werden:

„Erhalten die Schüler grundlegende, programmübergreifende Informationen zum fachgerechten und rationellen Umgang mit Hard- und Software? (...)

- *Sind die Texte altersgemäß und aktuell, orientieren sie sich an den Erfahrungen und Interessen der Schüler, werden sachliche Querverbindungen z.B. auch Textinhalte zu anderen Fächern angeboten? (...)*
- *Werden zu den bürotechnischen Inhalten genügend praktische Beispiele, z.B. zur mündlichen und schriftlichen Telekommunikation, angeboten? (...)*
- *Werden Übungs-, Wiederholungs- und Anwendungsaufgaben aus den Bereichen Textbearbeitung/Textgestaltung und Telekommunikation, z.B. Informationssuche, in andere sachliche Themen integriert? (...)*
- *Entsprechen Skizzen und Bilder einer ergonomischen Arbeitsplatzgestaltung?*
- *Werden gesundheitliche Aspekte berücksichtigt?*
- *Werden die Schüler zu einem verantwortungsbewussten und kritischen Umgang mit Hard- und Software, Multimedia, Internet usw. angeleitet (vgl.: 2.4.6 des Allgemeinen Kriterienkatalogs)?*

---

[67] Bayerisches Staatsministerium für Unterricht und Kultus (2000d), Kriterien zur Begutachtung von Lernmitteln, Anlage B, 2000
[68] Bayerisches Staatsministerium für Unterricht und Kultus (2000d), Kriterien zur Begutachtung von Lernmitteln, Anlage B, 2000
[69] Bayerisches Staatsministerium für Unterricht und Kultus (2000d), Kriterien zur Begutachtung von Lernmitteln, Anlage B, 2000

- *Werden die Schüler zur Aufgeschlossenheit gegenüber neuen Entwicklungen angeregt und wird ihnen die Möglichkeit zum Abwägen von Vor- und Nachteilen der technischen Entwicklung eingeräumt?*
- *Erfahren die Schüler, dass mit EDV zwar viel erreicht werden kann, Computer aber Maschinen sind und bleiben, weshalb der Mensch im Mittelpunkt aller Werte stehen muss?"*[70]

Besonders deutlich fallen hier die kritisch abwägenden Aspekte auf, die die Schulbücher für das Fach KbB enthalten sollen:
- kritischer Umgang mit Multimedia und Internet
- Abwägen von Vor- und Nachteilen der technischen Entwicklung
- der Mensch, nicht der Computer als Mittelpunkt aller Werte

Die Untersuchung der Schulbücher für das Fach KbB wird diese Hinweise aus den Begutachtungskriterien berücksichtigen.

Gegenüber dem September 2000 gibt es in der neuesten Fassung der „Kriterien zur Begutachtung von Lernmitteln, Stand: November 2004"[71] im Bereich der digitalen Medien und des Erwerbs von Medienkompetenz kaum Veränderungen. Lediglich folgender Passus wurde ergänzt:

„Neue Medien zur Schaffung von „Lernumgebungen" (z. B. Materialiensammlungen auf CD-ROM, Visualisierungen oder interaktive Simulation) sollten einbezogen werden."[72]

2.3 Rolle der Autoren und Lektorate bei der Schulbuchentwicklung

Schulbücher werden meist von einem oder von mehreren Autoren verfasst, deren Arbeit durch ein Lektorat des betreffenden Verlages koordiniert wird. Manchmal tritt einer der Autoren als Herausgeber auf. Neben den Autoren, dem Lektorat und gegebenenfalls dem Herausgeber sind an der Entwicklung von Schulbüchern oft auch beratende Mitarbeiter beteiligt, die zu den einzelnen Sequenzen eines Schulbuchs Überarbeitungsvorschläge unterbreiten oder didaktische Kommentare verfassen. Auf den Zeitdruck, den Schulbuchautoren unterliegen, weist Nohn (2000) hin:

---

[70] Bayerisches Staatsministerium für Unterricht und Kultus (2000d), Kriterien zur Begutachtung von Lernmitteln, Anlage B, 2000
[71] Bayerisches Staatsministerium für Unterricht und Kultus (2004d), Kriterien zur Begutachtung von Lernmitteln http://www.km.bayern.de/imperia/md/content/pdf/lernmittel/9.pdf [01.04.2005]
[72] Bayerisches Staatsministerium für Unterricht und Kultus (2004d), a.a.O.

"Schulbücher sind für Schüler und Lehrer das am häufigsten verwendete Arbeitsmittel. Zahlreiche Schulbuchverlage bieten daher unzählige Schulbücher an, die in direktem Wettbewerb stehen und dem Zwang unterliegen, möglichst hohe Verkaufszahlen zu erzielen. Der damit verbundene Verlags- und Zeitdruck, denen Schulbuchautoren oft ausgesetzt sind, steht nicht selten einer Qualitätsförderung der Schulbücher entgegen."[73]

Was die Arbeit in den Autorenteams anbelangt, so liegen mir keine repräsentativen Untersuchungen vor. Dennoch möchte ich auf die Erfahrungen, die ich in meiner jahrelangen[74] Arbeit als Autor für den Westermann Verlag gemacht habe, kurz eingehen, da sie auch in der Retrospektive von Interesse für die Beurteilung von Schulbüchern unter dem Aspekt des Erwerbs von Medienkompetenz sind:

- Weder bei der Arbeit an den beiden Sprachbüchern noch bei der Arbeit an den drei Lesebüchern zum Lehrplan (LP) 1997, an denen ich als Autor beteiligt war, wurde der Aspekt *Medienkompetenz* thematisiert. Bei den Autorentreffen, die in der Regel einmal pro Monat stattfanden und sich pro Schulbuchband auf acht bis fünfzehn Sitzungen erstreckten, wurde die Konzeption der Lehrwerke erarbeitet, die jeweiligen Arbeiten (Sequenzen, Teilbereiche) verteilt und die vorliegenden Fassungen miteinander diskutiert beziehungsweise zur Überarbeitung wieder auf das nächste Treffen verwiesen.

- Der Kriterienkatalog, an dem sich die Schulbuchgutachter orientieren, lag zwar den Lektoraten vor, als Autor hatte ich damals keine Kenntnis davon. Erst im Zusammenhang mit der Erstellung dieser Dissertation konnte ich Einblick in diesen Kriterienkatalog nehmen.

Maßgeblich für die Arbeit als Autor war die Orientierung am Lehrplan für die bayerische Hauptschule aus dem Jahr 1997. Möglichst alle darin enthaltenen Lernziele sollten im zu verfassenden Schulbuch Berücksichtigung finden. Dabei standen nahezu ausschließlich die Aussagen des Fachlehrplans Deutsch im Mittelpunkt. Fast der gesamte Bereich des Kapitels 1 „Grundlagen und Leitlinien" und des Kapitels 2 „Fächerübergreifende und fachbezogene Unterrichts- und Erziehungsaufgaben" wurde in den Sitzungen der Autorenteams, an denen ich beteiligt war, nicht besprochen. Dies ist deshalb interessant, weil der Lehrplan für die bayerische Hauptschule aus dem Jahr 1997 ausdrücklich auf die Verbindlichkeit aller drei Kapitel hinweist:

---

[73] Nohn (2000), S.2
[74] Die Autorentätigkeit dauerte von 1994 bis 2000. Seit 2005 bin ich wieder an der Entwicklung von Schulbüchern beteiligt.

„*Richtungsweisend für die gesamte Arbeit mit dem Lehrplan sind die Aussagen über den Bildungsauftrag der Hauptschule in Kapitel I sowie über die fächerübergreifenden und die fachbezogenen Unterrichts- und Erziehungsaufgaben in Kapitel II. Die Fachlehrpläne in Kapitel III sind jahrgangsweise angeordnet, um den Überblick über die gesamte Arbeit einer Jahrgangsstufe und die Wahrnehmung von Querverbindungen zu erleichtern.*"[75]

2.4 Zusammenfassung

Medienpädagogische Aspekte waren bis zum Jahr 2000 für die Zulassung von Schulbüchern kaum relevant, obwohl es seit 1994 einen Orientierungsrahmen der Bund-Länder-Kommission gibt, der als Ziel festlegt, „*die elektronischen Medien für das schulische Lernen intensiver als bisher zu nutzen, Schülerinnen und Schüler zum verantwortlichen und kreativen Umgang mit Medien zu befähigen, zugleich die kritische Auseinandersetzung mit den Medienbotschaften zu fördern.*"[76] Ab dem Jahr 2000 wird der Bereich Medienpädagogik, darunter auch der Umgang mit digitalen Medien, stärker in den Kriterienkatalogen zur Schulbuchzulassung berücksichtigt.

---

[75] Bayerisches Staatsministerium für Unterricht, Kultus, Wissenschaft und Kunst (1997), S. 9
[76] Bayerisches Staatsministerium für Unterricht, Kultus, Wissenschaft und Kunst (1995). Medienpädagogik/Medienerziehung in der Schule, Beschlüsse der KMK, Sammelwerk Medienzeit, München, Donauwörth, Auer Verlag, S. 33

3 Digitale Medien und Medienkompetenz

Medienerziehung[77] ist ureigenste Aufgabe der Schule (Spanhel; Kleber, 1996):
"Die Schule ist grundsätzlich auf Medien angewiesen. Die Vermittlung der Erziehungsabsichten und der Wissens- bzw. Bildungsinhalte erfordert ein Medium, in dem die zu vermittelnden Sachverhalte symbolisch repräsentiert sind. (...) Sprachförderung, Lesen und Schreiben lernen und die Beschäftigung mit den verschiedensten Formen von Literatur war natürlich immer schon "Medienerziehung."[78]

Da sich durch die neuen Medien die Aufgaben der Schulen verändert haben, ist eine *„integrative Medienerziehung"* nötig, wobei sich und *in fast allen Fächern Möglichkeiten für den Einsatz der neuen Medien bieten*[79]. Medienerziehung ist dabei nicht alleinige Aufgabe der Schule, sondern eine *Gemeinschaftsaufgabe von Schule und Elternhaus*[80]. Doch viele Eltern sind überfordert und unwissend, was das Medienverhalten ihrer Kinder anbelangt. So gibt es Studien, *„die belegen, dass in Deutschland nur dreißig Prozent der Eltern die Internetaktivitäten ihrer Kinder beobachten"*[81] (Trumm, 2005). Medienerziehung ist Teil einer Erziehung, die *den Kindern einen pädagogisch verantworteten Zugang zu der*

---

[77] Im Jahr 1996 erschien das Gesamtkonzept der Medienerziehung in Bayern, ein Jahr zuvor wurde in Bayern das Gesamtkonzept für die informationstechnische Bildung in der Schule verabschiedet.
[78] Spanhel, Dieter; Hubert Kleber (1996). Integrative Medienerziehung in der Hauptschule. Begründung und Merkmale. Quelle: Pädagogische Welt. Heft 8/1996. 1996. S. 359-364, zitiert nach: http://www.mediaculture-online.de/fileadmin/bibliothek/spanhel_medienerziehung/spanhel_medienerziehung.html
[79] vgl.: Spanhel; Kleber (1996), a.a.O. Die Aussagen Spanhels stammen aus dem Jahr 1996, als viele der Schulbücher zum Lehrplan für die bayerische Hauptschule aus dem Jahr 1997 entwickelt wurden. Dass im Jahr 1996 Schulbücher zu einem Lehrplan, der erst ein Jahr später veröffentlicht wird, entwickelt werden konnten, erklärt sich daraus, dass die Schulbucharbeit parallel mit der Entstehung des Lehrplans stattfand. In vielen Autorenteams befanden sich Mitglieder aus den Arbeitsgruppen des Instituts für Schulqualität und Bildungsforschung (ISB), die die jeweiligen Fachlehrpläne entwickelten und die Autoren über den jeweils neuesten Stand der Lehrplanentwicklung informierten. Son konnten die Autoren und Verlage schnell auf Veränderungen reagieren. Andererseits sorgten die zu einem bestimmten Zeitpunkt der Schulbucharbeit noch ungeklärten Sachfragen (wie zum Beispiel der Rechtschreibreform) auch für Verunsicherung. Einen besonderen Fall stellte die Neuschaffung des Faches Geschichte/Sozialkunde/Erdkunde dar, das lange Zeit auf Widerstand von Seiten der Historiker an den bayerischen Universitäten gestoßen war.
[80] Vgl.: Bayerisches Staatsministerium für Unterricht und Kultus (2003), LAN-Partys und gewalthaltige Computerspiele an Schulen in Bayern, KMS III.6 - 5 04161 - 6.76168
vom 28.10.2003, zitiert nach: http://www.alp.dillingen.de/org/info/data/f313.pdf [26.06.2005]
[81] Trumm, Monika [Landeskriminalamt Saarland] (2005). Interviewausschnitt, zitiert nach: "Aktueller Bericht", 28.02.2005, http://av.sr-online.de/index.php?a=2922

ihnen vorgegebenen Wissensgesellschaft[82] (Palme; Friedrich, 2001) ermöglicht, was auch den souveränen Umgang mit den digitalen Techniken impliziert.

3.1 Digitale Medienkompetenz – Was ist das?

„Der Begriff der Medienkompetenz hat Konjunktur."[83] (Peschke; Wagner 2000). Dass die Schule Beiträge zum Erwerb von Medienkompetenz leisten soll, wird von vielen Seiten gefordert. Medienkompetenz müsse *„sich wie ein roter Faden durch alle Bildungs- und Erziehungsfelder ziehen"* [84] (Stewens, 2004) und ist dort *„ eine permanent-aktuelle Aufgabe, wo lernend – wie lehrend – angemessen mit schulischen und/ oder außerschulischen Medien umzugehen, aus pädagogischen wie politischen Gründen, geboten erscheint"*[85] (Stein, 2003). Diese Forderung nach einem angemessenen Umgang mit schulischen und/oder außerschulischen Medien lässt die Frage offen, was unter *angemessen* zu verstehen ist. Der *versierte Umgang* mit Medien, wie ihn van Eimeren (2003) beschreibt, reicht nicht aus:

> *„Begreift man Zukunft auch als den versierten Umgang mit Medien, sind Jugendliche für diese Zukunft bestens gerüstet. Medien sind selbstverständlicher Bestandteil ihrer Welt.*[86]

Diese Einschätzung, dass durch den versierten Umgang die Jugendlichen bestens gerüstet seien, steht im Widerspruch zu Beobachtungen bezüglich der Medienkompetenz dieser Altersgruppe[87]. Die Häufigkeit des Umgangs mit Medien, die Ausstattung mit Medien und die technische Handhabung von Medien allein genügen nicht für die Definition des Begriffes Medienkompetenz. Zudem ist dieser Begriff *„inhaltsleer, sofern nicht genau angegeben wird, welche Fähigkeiten und Fertigkeiten, welches Wissen und welche Einsichten mit diesem Beg-

---

[82] vgl.: Palme, Hans-Jürgen; Björn Friedrich (2001). Kinderspuren im Internet. In: ProJugend Nr. 3/2001. Fachzeitschrift der Aktion Jugendschutz, Ausgabe Bayern. München, S. 24-27
[83] Peschke, Rudolf; Wolf-Rüdiger Wagner (2000). Konzept Medienkompetenz - welchen Weg sollen Schulen gehen? In: Computer + Unterricht Heft 37, S. 6-10. Seelze: Erhard Friedrich Verlag
[84] Stewens, Christa (2004). Bilderwelten und ihre Wirkung - Bayerische Initiativen zur Stärkung des Jugend-Medienschutzes, zitiert nach:
http://www.stmas.bayern.de/familie/kinderschutz/stewens.pdf (05.04.2005)
[85] Stein, Gerd (2003). Vom medien-kritischen Umgang mit Schulbüchern: mehr als nur „eine didaktische Innovation", in: Matthes, Eva u. Heinze, Carsten (2003). Didaktische Innovationen im Schulbuch. Bad Heilbrunn: Klinkhardt
[86] van Eimeren, Birgit: (2003): Internetnutzung Jugendlicher, in: Media Perspektiven 2/2003, zitiert nach: http://www.ard-werbung.de/showfile.phtml/eimeren.pdf?foid=6635 [31.05.2005]
[87] vgl.: Programm Polizeiliche Kriminalprävention der Länder und des Bundes, Zentrale Geschäftsstelle (2004), Klicks-Momente. Stuttgart, zitiert nach: http://www.sr-online.de/ratgeber/63/342412.html, [04.04.2005]

riff umschrieben werden."[88] (Becker, 2000) Pädagogische Aspekte und Zielsetzungen wie Selbstständigkeit, Selbstbestimmung, Kreativität und soziale Verantwortung müssen mit einbezogen werden, da sie zu den Fundamenten der Erziehung gehören. Begriffe wie *Informationskompetenz*[89] (Dresen, 2002), Medienbildung, Medienerziehung und Medienkompetenz werden in der Diskussion nebeneinander verwendet, wobei der Begriff *Medienkompetenz*[90] den umfassendsten Terminus darstellt, der jedoch unterschiedlich definiert wird: Medienkompetenz bedeutet die Fähigkeit,

- *„sich in der Medienwelt zurechtzufinden und die Leistungen und Grenzen der Medien kritisch zu hinterfragen."*[91] (Gräsel, 1998)
- *„Medienangebote sinnvoll auszuwählen und zu nutzen, eigene Medien zu gestalten und zu verbreiten, Mediengestaltungen zu verstehen und zu bewerten, Medieneinflüsse zu erkennen und aufzuarbeiten, Bedingungen der Medienproduktion und -verbreitung zu durchschauen und zu beurteilen."* [92] (Tulodziecki, 2001)
- *„aus Informationen relevantes und persönlich verwertbares Wissen zu gewinnen. Die unbegrenzte Informationsfülle verlangt Medienkompetenz: Schülerinnen und Schüler müssen fähig sein, die relevanten Informatio-*

---

[88] Becker, Gerald (2000). Die „neuen" Medien im Unterricht. Pädagogische Anmerkungen zu ihrer Verwendung. In: Computer + Unterricht Heft 37, S. 11-12. Seelze: Erhard Friedrich Verlag
[89] vgl.: Dresen, Anne (2002). Schwimmen lernen im Info-Meer. Informationskompetenz erwerben und die gesellschaftliche Relevanz neuer Medien erkennen: ein Unterrichtsprojekt. In: Computer + Unterricht Heft 46, S. 11-15. Seelze: Erhard Friedrich Verlag
[90] Dass das Thema Medienkompetenz sogar eine Marktlücke darstellt, zeigen Angebote kommerzieller Unternehmen bzw. nicht-öffentlicher Institutionen; vergleiche hierzu www.deckerlang.de/musterlandkreis.html [30.04.2005]
„Mit zunehmender Ausbreitung des Internet wird es mehr und mehr von Kindern und Jugendlichen genutzt. Weder Eltern, Kinder noch Jugendliche kennen die Gefahren und deren Auswirkungen, denen sie als User ausgesetzt sind. Das Projekt wird durch eine flächendeckende Aufklärung sowohl Erwachsener als auch Kinder effizient auf diese Gefahren vorbereiten. Zwei Vorträge "Kinder im Netz" und "Mit einem Bein im Knast" vermitteln das notwendige Wissen an die Zielgruppen: Kinder, Jugendliche, Eltern, Lehrer und Jugendbeauftragte. (...) Weder Jugendliche noch Erwachsene haben ein Bewusstsein für die Gefahren des Internets. Wir vermitteln dieses und schaffen die Basis für einen Dialog zwischen den beiden Partnern, schaffen Vertrauen für die Arbeit mit dem Internet und stärken die Kompetenz der Partner im Umgang mit den Gefahren bei der Nutzung des Internets."
[91] Gräsel, Cornelia (1998). Neue Medien – neues Lernen? Überlegungen aus der Sicht der Lehr-Lernforschung. In: Mitzlaff Hartmut, Angelika Speck-Hamdan (Hrsg.) (1998): Grundschule und Neue Medien. Beiträge zur Reform der Grundschule Band 103, hrsg. v. Arbeitskreis Grundschule – Der Grundschulverband. Frankfurt, S. 67-84
[92] Tulodziecki, Gerhard (2001), Medienkompetenz als Aufgabe von Unterricht und Schule. Vortrag im Rahmen der Fachtagung „Medienkompetenz" des BLK-Modellversuchsprogramms SEMIK (Systematische Einbeziehung von Medien, Informations- und Kommunikationstechnologien in Lehr- und Lernprozesse) am 8. Mai 2001. In:
http://www.fwu.de/semik/publikationen/downloads/tulo_vortrag.pdf [30.05.2005]

nen zu finden, zu ordnen, zu bewerten, auszuwählen und produktiv zu nutzen."[93] (Schnoor Detlef; Rudolf Peschke, 2001)
- „angemessen, kompetent und sozial verantwortlich mit Medien umzugehen."[94] (Aufenanger, 2002b)
- „selbstbestimmt, kreativ und sozial verantwortlich mit Medien umzugehen."[95] (Pressedienst Polizeiliche Kriminalprävention, 2005)

Medienkompetenz in Bezug auf die digitalen Medien meint nicht nur den kompetenten Umgang mit Hard- und Software, sondern umfasst auch kognitive, soziale und ethische Dimensionen (Aufenanger, 2002a).[96]

Der kompetente Umgang mit digitalen Medien verlangt mehr Medienkompetenz als der Umgang mit traditionellen Medien (Hartmut, 2003):

„Das bezieht sich auf die technische Beherrschung des Geräts, auf die sinnvolle Nutzung von Suchmaschinen, den Umgang mit Links, das Verstehen von Text-Bild-Kombinationen und damit verbundenen Textfragmenten, auf das „Übersehen" störender Werbung usw. Die Sach-, Methoden- und Sozialkompetenz ist bei neuen Medien viel enger mit Medienkompetenz verbunden als bei der Inspruchnahme traditioneller Medien.(...)"[97]

Aufgrund der Spezifika eines kompetenten Umgangs mit digitalen Medien wird in dieser Arbeit der Begriff der *digitalen Medienkompetenz* verwendet und wie folgt definiert:

Digitale Medienkompetenz bedeutet die Fähigkeit, digitale Medien und Medienangebote fachkompetent, selbstbestimmt, kreativ, sinnvoll sowie sozial und ethisch verantwortlich auszuwählen, zu nutzen, zu gestalten und zu beurteilen.

---

[93] Schnoor Detlef; Rudolf Peschke (2001). Zwischen Selbsthilfe und Partnerschaft. Medienorganisation in Schulen. In: Computer + Unterricht Heft 43, S. 6-11. Seelze: Erhard Friedrich Verlag
[94] Aufenanger, Stefan (2002b). Medien als Täter? Gewalthaltige Computerspiele und ihre Wirkungen. In: Computer + Unterricht Heft 47, S. 54-55. Seelze: Erhard Friedrich Verlag
[95] Pressedienst Polizeiliche Kriminalprävention (2005), Polizei zu Chancen und Risiken der elektronischen Medien, zitiert nach: http://www.polizei-beratung.de/presse/pressemitteilungen/2005/klicks_momente/ [10.04.2005]
[96] vgl.: Aufenanger, Stefan (2002a). Miteinander lernen. Interkulturelle Aspekte von Medienkompetenz. In: Computer + Unterricht Heft 45, S. 6-9. Seelze: Erhard Friedrich Verlag
[97] Hartmut, Jonas (2003). Lernmethoden-Kompetenz. Warum Methoden für das Lernen mit neuen Medien so wichtig sind. In: Computer + Unterricht, Heft 52, S. 6-11. Seelze: Erhard Friedrich Verlag

3.2 Computernutzung bei Hauptschülern

In welcher Medienwelt wachsen Kinder und Jugendliche heute auf? Wie gestaltet sich ihre Mediensozialisation? An welche medialen Erfahrungen kann und muss Schule anknüpfen? Auch wenn es *kaum Theorien zu den Sozialisationseffekten* der neuen, digitalen Medien gibt, gibt es *wechselseitige Einflüsse von Kindern und Computern bzw. Internet* (Aufenanger, 2004a):

- *„Einfluss der Computernutzung auf kognitive, soziale, kommunikative, emotionale und motivationale Aspekte der kindlichen Persönlichkeit;*
- *Veränderungen von Weltbildern durch Computer- und Internetnutzung;*
- *Förderung von Medienkompetenz durch Computer- und Internetnutzung;*
- *Veränderung sozialer Beziehungen durch computervermittelte Kommunikation;*
- *lernfördernde Aspekte von multimedialen Lernumgebungen.*[98]

Fest steht, dass die digitalen Medien wie Handy, Internet und Computer zu *wichtigen Sozialisationsgrößen*[99] der Jugendlichen geworden sind (Kerwer; Knoth; Scholz, 2003), wobei es zwischen den Jugendlichen je nach besuchter Schulart Unterschiede gibt. Hauptschüler unterscheiden sich in der Nutzung von Computerspielen deutlich von den Schülerinnen und Schülern anderer Schularten. Sie sind einer Untersuchung[100] zufolge stärker an *Schießspielen* (Bofinger, 2001) interessiert, widmeten sich etwas seltener musisch-kreativen Anwendungen und sind weniger im Internet unterwegs. Auch in der Ausstattung der Familien mit Computern gibt es deutliche Unterschiede zwischen den verschiedenen Schularten. Zwar hatten 81 Prozent der Hauptschüler in der Untersuchung von Bofinger[101] (2001) einen PC zuhause, doch waren insgesamt nur 24 Prozent der Schülerhaushalte mit einem PC mit Internetanschluss ausgestattet. In den Familien der Gymnasiasten war der Anteil mit 37 Prozent mehr als 1,5 mal so hoch.

---

[98] Aufenanger, Stefan (2004a). Mediensozialisation. Aufwachsen in einer Medienwelt: Ergebnisse und Ausblicke. In: Computer + Unterricht Heft 53, S. 6-9. Seelze: Erhard Friedrich Verlag
[99] Kerwer, Jürgen; Uli Knoth; Lothar Scholz (2003). Veränderte Lebenswelten!
In: http://www.hlz.hessen.de/polis/polis37.pdf [11.07.2005]
[100] vgl.: Bofinger, Jürgen (2001). Schülerfreizeit und Medienverhalten. München: Institut für Schulpädagogik und Bildungsforschung,
zitiert nach: http://www.mib-bayern.de/wb/bofinger/slide29.html [05.04.2005]
[101] vgl.: Bofinger, Jürgen (2001), [05.04.2005]

Es besteht zudem das Problem der *digitalen Kluft*[102] (Aufenanger, 2004) zwischen Kindern, die unterschiedliche Zugänge zu neuen Medien haben. Aus diesem Grund ist die Schule und insbesondere die Hauptschule in ihrer kompensatorischen Funktion gefordert. Gerade weil Computer- und Videospiele – neben anderen Medien, aber auch neben sportlichen und kreativen Interessen- zum Alltag heutiger Kinder und Jugendlicher zählen, gehören sie als Thema in die Schule. *„Nur Offenheit gegenüber Video- und Computerspielen bietet die Möglichkeit, einen Einblick in die Medienwelten heutiger Kinder und Jugendlicher zu erlangen"*[103] (Aufenanger, 1999). Ein anderer Grund, sich mit den digitalen Medien in der Schule zu beschäftigen, liegt darin, dass sie ein Alltagsphänomen aus der Welt der Kinder und Jugendlichen darstellen und es eine der zentralen Aufgaben von Schule ist, die Schüler zum *reflektierten Umgang mit Alltagsphänomen* zu befähigen (Mattusch, 1999)[104]

3.3 Bedeutung der digitalen Medien in der Schule

„Der Computer (...) gehört als Lerngegenstand, als Medium und als Werkzeug in den Schulunterricht"[105], wobei es im Unterricht um einen *pädagogisch verantwortlichen und didaktisch gerechtfertigten Einsatz* des Computers gehen muss (Wiater, 1989). Jedoch ist umstritten, ob in der Schule, *insbesondere in der Grundschule und den Anfangsklassen der Sekundarstufe I, der Umgang mit digitalen Medien* gefördert werden soll [106] (Breilmann, 2001). *„Man braucht keinen Computer"* (Spitzer, 2002), ein verfrühter Einsatz des Internet, z. B. für Schüler der 5. bis 7. Klassen, sei kontraproduktiv, *„man lernt nichts durch die Konfrontation mit unaufbereiteten beliebigen Inhalten"*[107]. Besonders die Auswirkungen des Computers auf die Kinder *in ihren sozialen, kommunikativen und gesundheitlichen Belangen* (Hainz, 2001) stehen immer wieder zur De-

---

[102] Aufenanger, Stefan (2004a), a.a.O.
[103] Aufenanger, Stefan (1999). Computer und Videospiele – in die Schule! In: Computer + Unterricht Heft 36, S. 6-10. Seelze: Erhard Friedrich Verlag
[104] vgl.: Mattusch, Uwe (1999). Zwischen Interaktion und Narration. Erzählen in digitalen Medien. In: Computer + Unterricht Heft 36, S. 39-43. Seelze: Erhard Friedrich Verlag
[105] Wiater, Werner (1989). Die Schule – ein Subsystem der Informationsgesellschaft mit pädagogischem Anspruch. In: Kwiran, Manfred; Werner Wiater (1989), Schule im Bannkreis der Computertechnologie. Deutsches Institut für Bildung und Wissen. Beiträge zur Diskussion 6. Paderborn, S. 9-32
[106] vgl.: Breilmann, Sybille (2001). Computer ins Klassenzimmer? In: Computer + Unterricht Heft 41, S. 52-53. Seelze: Erhard Friedrich Verlag
[107] Spitzer, Manfred (2002). Lernen, Gehirnforschung und die Schule des Lebens. Berlin: Spektrum Akademischer Verlag, S. 420

batte.[108] Eine Position, die die Förderung dieser Bereiche in den Blick nimmt, vertritt Aufenanger (2001), der von sogenannten „Learning communities" spricht, in denen Kinder und Erwachsene gemeinsam an Problemen arbeiten. Dabei werden die digitalen Medien die Kinder und Jugendlichen zumindest teilweise unabhängig vom Lernort Schule machen: *„Sie werden eigenständiges und zeit- sowie ortsunabhängiges Lernen ermöglichen und damit zu einer Entinstitutionalisierung von Kindheit verstärkt beitragen."* [109]

Digitale Medien und Schulentwicklung

Dass die Nutzung digitaler Medien noch nicht eine Qualitätssteigerung des Unterrichts bedeuten muss, ist nach dem Ende der Euphorie aus den Zeiten der Einführung von Internet und Multimedia in den Schulen eine nüchterne Einschätzung (Schulz-Zander, 2003).

> *„Entscheidend sind vielmehr innovative didaktische Konzepte, die problemorientiertes, selbstverantwortliches, individualisiertes und kooperatives Lernen fördern und zu einer Veränderung der Lehrer- und Schülerrollen führen."* [110]

Das Institut für Schulentwicklungsforschung (IFS)[111] der Universität Dortmund begleitete mehrere Projekte zur Frage, wie digitale Medien den Schulunterricht und die Organisation der Schulen verändern. In den Jahren 2000-2002 wurden hierzu zwei internationale Studien durchgeführt: *die IEA-Studie „Second Information Technology in Education Study (SITES-M2) und die OECD-Studie „ICT and the Quality of Learning"*[112].

Ergebnisse der Untersuchungen[113] waren, dass die digitalen Medien
- es leistungsschwächeren Schülern ermöglichen, über die Rolle des technischen Experten soziale Anerkennung zu gewinnen,

---

[108] Hainz, Irmgard (2001). Software statt Stoffbär. In: ProJugend Nr. 3/2001. Fachzeitschrift der Aktion Jugendschutz, Ausgabe Bayern. München, S. 3
[109] Aufenanger, Stefan (2001b). Wie die neuen Medien Kindheit verändern. In: ProJugend Nr. 3/2001. Fachzeitschrift der Aktion Jugendschutz, Ausgabe Bayern. München, S. 4-7
[110] Schulz-Zander, Renate (2003), a.a.O.
[111] Das IFS führte 1999 auch die Evaluation der Initiative „Schulen ans Netz" durch und ist Mitherausgeber der Zeitschrift Computer + Unterricht, vgl.: Hunneshagen, Heike; Renate Schulz-Zander; Frank Weinreich (2001a). Wege ins Netz. Empfehlungen für eine wirkungsvolle Nutzung neuer Medien in der Schule. In: Computer + Unterricht Heft 41, S. 44. Seelze: Erhard Friedrich Verlag
[112] vgl.: Schulz-Zander, Renate (2003). Unterricht verändern. Innovative Lehr- und Lernformen mit digitalen Medien. In: Computer + Unterricht Heft 49, S. 6-11. Seelze: Erhard Friedrich Verlag
[113] vgl.: Schulz-Zander, Renate (2003), a.a.O.

- nicht nur zur Wissenskonstruktion[114] genutzt werden, sondern in erheblichem Umfang auf die Präsentation und Veröffentlichung von Arbeitsergebnissen zielen,
- eine tragende Rolle haben, um mehr klasseninterne, klassenüber-greifende und schulexterne Kooperationen zu ermöglichen, die von Lehrkräften, spontan oder von den Schülern initiiert wurden,
- im Kontext innovativer pädagogischer Konzepte aktives und kooperatives Lernen und Schreibkompetenz fördern.

Dieser Kontext innovativer pädagogischer Konzepte bedeutet, dass eine wirkungsvolle Integration der digitalen Medien nur dann erfolgreich ist, wenn sie in den *systematischen Zusammenhang von Schulentwicklung* eingebettet werden und wenn ein *Wandel in der Lern- und Schulkultur* stattfindet (Hunneshagen et alt., 2001).[115] Die Rolle der digitalen Medien im Unterricht wird vor allem als Arbeitsmittel zur Informationsbeschaffung, -präsentation und zur Kommunikation via E-Mail definiert (Schulz-Zander, 2003).

„Genutzt werden Informations- und Kommunikationstechnologien im Unterricht überwiegend als Werkzeuge und Arbeitsmittel zum Erstellen von Texten, Kalkulationen, Grafiken, Multimedia, Präsentationen, zur Kommunikation und Kooperation über E-Mail, zur Informationsrecherche unter Nutzung von Web-Ressourcen und Multimedia, als fachbezogene Software, seltener als Lernsoftware zum Üben und Wissenserwerb."[116]

In Bezug auf die schulbezogene Nutzung des Internet durch Schüler weisen die Ergebnisse einer empirischen Studie[117] darauf hin, dass diese Nutzung weniger von der technischen Ausstattung der Schule, sondern von der Initiative einzelner Lehrkräfte abhängt, die neuen Medien in den Unterricht zu integrieren (Schleicher, 2003).

Einsatz von digitalen Medien im Unterricht

Der Einsatz von digitalen Medien im Unterricht wurde von Anfang an kontrovers diskutiert, wenngleich die Chancen oft im Vordergrund standen und stehen

---

[114] Hier sei kritisch angemerkt, dass Schulz-Zander nicht zwischen Informationsbeschaffung und Wissenskonstruktion unterscheidet.
[115] vgl.: Hunneshagen, Heike; Renate Schulz-Zander; Frank Weinreich (2001a), a.a.O.
[116] Schulz-Zander, Renate (2003). Unterricht verändern. Innovative Lehr- und Lernformen mit digitalen Medien. In: Computer + Unterricht Heft 49, S. 6-11. Seelze: Erhard Friedrich Verlag
[117] Schleicher, Yvonne (2002). Nutzen Schüler geographische Websites? Eine empirische Studie. Geographiedidaktische Forschungen, Band 36. Nürnberg

und die Möglichkeiten der neuen Medien zunächst euphorisch gesehen wurden[118]. Heute werden die neuen Medien in der Schule als *zeitgemäße Arbeitsmittel* gesehen (Bofinger,2005) mit folgenden Funktionen:
- *„Einüben im Umgang mit zukunftsweisenden Arbeitsgeräten (Medientechnik, praktische Medienarbeit),*
- *sind effektive Unterrichtsmittel (?): Einsatz neuer Medien in schulischen Lernprozessen (Mediendidaktik) und*
- *sind diskussionswürdige Unterrichtsthemen: Ziel: Förderung eines überlegten Medienumgangs (Medienerziehung)"*[119]

Die Zielvorstellung zum Einsatz von neuen Medien in der Schule definiert Bofinger (2005) so:

„Neue Medien sollen keine Ausnahme, sondern die Regel in einer modernen Schule sein (Nachhaltigkeit), in möglichst allen Schulen (flächendeckend), Schularten, Fächern, Lernfeldern bzw. fächerübergreifend und Jahrgangstufen in alltäglichen Unterrichts- und Lernsituationen."

Von diesen Zielvorstellungen waren die Lehrkräfte zumindest in den vergangenen Jahren weit entfernt. Eine Lehrerbefragung[120] unter mehr als 5000 Lehrkräften aller Schularten aus dem Jahr 2002 ergab, dass *knapp die Hälfte (49%) der Lehrkräfte neue Medien überhaupt nicht einsetzten, ein gutes Drittel (34%) sie gelegentlich verwendeten und nur 17% häufig neue Medien im Unterricht nutzten* (Bofinger, 2005). Im Bereich der Hauptschule setzten die befragten Lehrkräfte zu 52% überhaupt keine neuen Medien ein.[121] Als Gründe dafür nannten die Lehrkräfte in dieser Befragung: *zu geringer erkennbarer „Mehrertrag", ungenügende Geräteausstattung in der Schule, fehlende/unpassende pädagogische Software, schulische Organisationsprobleme (z. B. Raumbelegung), andere Methoden sind für das eigene Fach geeigneter, zu hoher unterrichtlicher Zeitbedarf, der unmittelbare Lehrer-Schüler-Kontakt ist wichtiger, zu wenig eigene Erfahrung mit der Gerätetechnik und zu große Überforderung/Ablenkung der Schüler* (Tab. 4).[122] In einer weiteren Untersuchung werden drei Ursachen für

---

[118] vgl.: Schlegel, Clemens M. (2003): Rezensionen zu neueren Schulbuchforschungen, in: Wiater, Werner (2003): Schulbuchforschung in Europa – Bestandsaufnahme und Zukunftsperspektive. Bad Heilbrunn: Klinkhardt, S. 209f
[119] Bofinger, Jürgen (2005): Neue Medien im Fachunterricht, http://itworks.schulen-ansnetz.de/dokus/Bofinger_didacta05.pdf [05.04.2005]
[120] vgl.: Bofinger, Jürgen (2005), a.aO.
[121] Im Vergleich dazu sind nachfolgend die Daten der anderen Schularten aufgeführt; genannt ist der Anteil der Lehrkräfte, die in der von Bofinger (2005) zitierten Untersuchung aus dem Jahr 2002 überhaupt keine neuen Medien im Unterricht einsetzten: Fach-/Berufsoberschule 34%, Wirtschaftsschule 38%, Gymnasium 40%, Realschule 47%, Förderschule 51% und Grundschule 62%.
[122] vgl.: Bofinger (2005)

die mangelnde schulische Nutzung digitaler Medien durch Lehrkräfte genannt (Hunneshagen et alt., 2001b): *„mangelnde Kenntnisse über die Nutzungsmöglichkeiten der neuen Medien in der Schule, Unsicherheit und fehlende Fertigkeiten in der Schule, komplizierte (technische) Zugänge"*[123]
Die Lehrkräfte ihrerseits erheben Forderungen, was die Bedingungen zum Einsatz neuer Medien in der Schule anbelangt (Abb. 1). Es fällt auf, dass die Lehrkräfte sich vor allem im Bereich der praktischen Anwendung von neuen Medien anhand von Unterrichtsbeispielen und Materialien Verbesserungen erhoffen, während die Bereiche, die von den genannten Antworten am meisten zum Erwerb von Medienkompetenz beitragen können, nämlich „Informationen über geeignete pädagogische Software" und „medienpädagogische Aus- und Fortbildung" eine eher untergeordnete Rolle spielen.

Abb. 1: Forderungen von Lehrkräften zum Einsatz neuer Medien[124]

Soll-Analyse: Was Lehrkräfte fordern
Die wichtigsten Maßnahmen für einen verstärkten Einsatz neuer Medien im Fachunterricht

- Unterrichtsbeispiele mit Medien, Materialien — 50%
- Bessere Schulausstattung — 44%
- Medien- und fachdidaktische Aus- und Fortbildung — 33%
- Softwarekurse für Lehrkräfte (Anwendungen) — 30%
- Computerkurse für Lehrkräfte (Technik und Grundlagen) — 27%
- Entlastung von anderen Aufgaben — 25%
- Informationen über geeignete pädagogische Software — 24%
- Medienpädagogische Aus- und Fortbildung — 20%

---

[123] Hunneshagen, Heike; Renate Schulz-Zander; Frank Weinreich (2001b). Die Qualität des Unterrichts verbessern. In: Computer + Unterricht Heft 41, S. 45. Seelze: Erhard Friedrich Verlag
[124] Bofinger, Jürgen (2005). Neue Medien im Fachunterricht. München, zitiert nach: http://itworks.schulen-ans-netz.de/dokus/Bofinger_didacta05.pdf [05.04.2005]

Bofinger (2005) formuliert aus der Diskrepanz zwischen den Zielen und der Realität im Einsatz von neuen Medien, die folgenden Einschätzungen und Folgerungen:

Am „Kerngeschäft" der Schule hat sich trotz neuer Medien nichts geändert. Vorrangig ist die Überzeugungsarbeit, wo neue Medien einen „Mehrwert" haben. Schulentwicklung mit medienpädagogischem Konzept hat Priorität vor Technikplan. Es gibt keinen Automatismus zwischen neuen Medien und einer neuen Lernkultur. Der effektive Einsatz neuer Medien setzt geeignete Organisationsformen voraus. Technik muss verlässlich funktionieren und mit geringem Aufwand einsetzbar sein. Die Finanzierung (Anschaffung/Unterhalt) wird immer wichtiger, weil kritischer. Lehrerbildung muss sich verstärkt der Medien(fach-)didaktik und -erziehung widmen.[125]

Tab. 4: Gründe gegen den Einsatz neuer Medien in der Hauptschule[126]

Tabelle 4.3: Die 8 wichtigsten Gründe für einen weitgehenden Verzicht auf neue Medien in den einzelnen Fächergruppen innerhalb der Schularten;
hier: **Hauptschullehrkräfte**
(in % der Lehrkräfte/Fächer; Mehrfachangaben)

Die wichtigsten Gründe für einen Verzicht auf den Einsatz neuer Medien im Fachunterricht von Hauptschullehrern	Deutsch	Mathematik	Moderne Fremdsprache	Naturwissenschaftliche Fächer	Sozial-, Erdkunde, Geschichte	Wirtschaftsfach	Musisches Fach, Werken	Religion, Ethik
Fehlende/unpassende pädagogische Software	33%	36%	34%	36%	30%	30%	36%	34%
Ungenügende Geräteausstattung in der Schule	32%	30%	30%	32%	34%	30%	21%	11%
Schulische Organisationsprobleme (z. B. Raumplan)	27%	26%	28%	31%	26%	32%	23%	23%
Zu wenig erkennbarer Mehrertrag neuer Medien	33%	29%	25%	21%	23%	28%	22%	27%
Andere Unterrichtsmethoden sind geeigneter	15%	18%	15%	17%	12%	19%	31%	27%
Zu große Überforderung/ Ablenkung der Schüler	15%	15%	15%	15%	17%	13%	9%	16%
Lehrer-Schüler-Kontakt ist wichtiger	11%	11%	10%	7%	10%	7%	10%	28%
Zu wenig eigene Erfahrung mit Medientechnik	10%	9%	12%	7%	12%	5%	9%	12%

---

[125] vgl.: Bofinger (2005)
[126] Bofinger, Jürgen (2003). Neue Medien im Fachunterricht. Eine empirische Studie über den Einsatz von neuen Medien im Fachunterricht an verschiedenen Schularten in Bayern, Arbeitsbericht Nr. 275, München: Institut für Schulpädagogik und Bildungsforschung, S. 84

Dass sich die Situation in Bayern bezüglich der materiellen Ausstattung ein Jahr nach der Bofinger-Untersuchung stark verändert hat, zeigen die „*über 130.000 Rechnerarbeitsplätze an den Schulen, unterstützt durch die High-Tech-Offensive der Bayerischen Staatsregierung, und der Internetzugang von fast 100% der weiter führenden Schulen.*"[127] Zudem wurden in Umsetzung einer Bekanntmachung des Bayerischen Staatsministeriums für Unterricht und Kultus vom 28.02.2002[128] in den letzten Jahren für alle Schularten so genannte Medienpädagogisch Informationstechnische Beratungslehrkräfte (MIB) ausgebildet, die vor allem das Ziel verfolgen,

> „*die Gemeinschaftsaufgabe Medienerziehung und die informationstechnische Bildung zu fördern und den Kindern und Jugendlichen im Rahmen einer wertorientierten Persönlichkeitserziehung Medienbildung zu vermitteln, sie zu einem sicheren, verantwortungsbewussten und kreativen Umgang mit allen Medien zu befähigen. Dazu gehört insbesondere auch der kompetente Umgang mit den Informations- und Kommunikationstechniken. Gleichzeitig sollen die Qualität des Unterrichts, das selbstverantwortliche Lernen durch die Nutzung von Medien, insbesondere von neuen Medien und der Telekommunikation, weiter verbessert werden.*"[129]

In jedem Schulamtsbezirk[130] steht ein MIB den Lehrkräften als Berater zur Verfügung[131]. Zu den Aufgaben der MIB gehören u.a.

- „*Vermittlung informationstechnischer Grundkenntnisse,*
- *Erarbeitung von Konzepten der medienpädagogischen Arbeit mit on- und off-line-Medien, insbesondere Konzeptionen zum schulischen Einsatz von neuen Medien und der Telekommunikation (Unterrichtskonzepte mit neuen Medien),*
- *Vermittlung von Kenntnissen der Mediengestaltung,*
- *Entwicklung des e-learning und des virtuellen Unterrichts,*
- *Lehrplanzuordnung von Unterrichtsmedien (pädagogischer Software),*

---

[127] Freller, Karl (2002). Rede des Staatssekretärs im Bayerischen Staatsministerium für Unterricht und Kultus, Karl Freller, anlässlich des Staatsempfangs zur Verleihung des Bayern Online-Preises am 15. Juli 2002 in München, zitiert nach: http://www.km.bayern.de/km/asps/archiv/15_07_bayernonline.pdf
[128] Bayerisches Staatsministerium für Unterricht und Kultus (2002). Bekanntmachung des Bayerischen Staatsministeriums für Unterricht und Kultus vom 28.02.2002 Nr. III/6 - S 1356 - 5/6908; zitiert nach: http://www.mib-bayern.de/wb/kmbek_III-6-S1356-5-6908.html [26.06.2005]
[129] Bayerisches Staatsministerium für Unterricht und Kultus (2002), a.a.O
[130] In Bayern stellen die Schulämter die Schulaufsicht für die Grund- und Hauptschulen dar.
[131] In den anderen Schularten sind die MIB den Regierungen bzw. den Ministerialbeauftragten zugeordnet.

- *Beurteilung und Bewertung neuer Medien und im Netz angebotener Inhalte,*
- *Erstellung medienpädagogisch-informationstechnischen Beratungsmaterials,*
- *pädagogischen Betreuung von Schul- und Bildungsservern, (...)*
- *Verdeutlichung des Zusammenhangs zwischen Medienpädagogik und Schulentwicklung,*
- *prozessbegleitenden Evaluation medienpädagogisch- informationstechnischer Maßnahmen.*"[132]

Inwieweit die MIB von den Schulen nachgefragt werden und ihr Einsatz zu einer Verbesserung der Medienkompetenz der Schüler und Lehrkräfte sowie zur Erfüllung der oben genannten Aufgaben beiträgt, ist noch nicht erforscht. Die Auflistung der oben genannten Aufgaben der MIB zeigt, welch hohe Bedeutung das Bayerische Staatsministerium für Unterricht und Kultus der Medienerziehung und der informationstechnischen Bildung beimisst. Als weitere Bausteine zur Steigerung der Medienkompetenz der Lehrkräfte und zur Steigerung der Unterrichtsqualität sind die Initiativen *„Intel® Lehren für die Zukunft"*[133] und der Aufbaukurs *„Intel® Lehren für die Zukunft – online trainieren und gemeinsam lernen"* zu sehen. Dieser Aufbaukurs ist ein *Blended Learning-Angebot* aus E-Learning und Präsenzlernen und *bietet Lehrkräften mit PC- und Internet-Kenntnissen Bildungsinhalte rund um den Einsatz digitaler Medien im Fachunterricht an* (vgl.: Ganz; Reinmann 2005). Die Teilnehmer[134] des Aufbaukurses *„Intel® Lehren für die Zukunft – online trainieren und gemeinsam lernen"* gaben an, dass

- *sie zu 75 % digitale Medien zur Unterrichtsvorbereitung nutzen,*
- *sie zu 60 % im Unterricht einsetzen,*
- *ihre Schüler nun bessere Software-Kenntnisse hätten (62%), mehr Ideen in den Unterricht einbringen (49%) und motivierter mitarbeiten (72%),*
- *sie zu über 80 %*[135] *digitale Medien einsetzen, um die Unterrichtsqualität zu steigern,*

---

[132] Bayerisches Staatsministerium für Unterricht und Kultus (2002), a.a.O.
[133] vgl.: Wolf, Manfred (2002). Von „Intel® Teach to the Future" zu „Intel® Lehren für die Zukunft. Die Adaption des Fortbildungsprogramms für Deutschland. In: Computer + Unterricht Heft 47, S. 12-13. Seelze: Erhard Friedrich Verlag
[134] Ganz, Alexander; Gabi Reinmann (2005). „Intel® Lehren für die Zukunft – online trainieren und gemeinsam lernen". Erste Evaluationsergebnisse des Aufbaukurses (Arbeitsbericht Nr. 9) Augsburg: Universität Augsburg, Medienpädagogik, S. 15-21
[135] 80 % der befragten Hauptschullehrer im Aufbaukurs stimmten der Aussage zu: *Ich setze digitale Medien ein, um die Unterrichtsqualität zu steigern.* Im Gymnasium sind es über 90 %.

- *sie zu 24 % mit ihren Schülern außerhalb des Unterrichts per digitaler Medien in Verbindung stehen* (vgl.: Ganz; Reinmann 2005)

Außerdem zeigte sich, dass *„bei knapp einem Fünftel der Befragten kein Konzept zum Medieneinsatz an deren Schule vorhanden ist."*[136]

3.4 Internetnutzung durch Kinder und Jugendliche

Um ermessen zu können, welchen Stellenwert Schulbücher zum LP 1997 den digitalen Medien beimessen können und in welchem Maße sie zum Erwerb von Medienkompetenz beizutragen in der Lage sind, muss die *„Auswertung des Datenmaterials als historische Tatsache mit Hilfe hermeneutischer und sozialwissenschaftlicher Methoden"*[137] erfolgen. Dies bedeutet auch, die Situation im ersten Jahr der Gültigkeit des LP für die bayerische Hauptschule aus dem Jahr 1997, daraufhin zu untersuchen, welche Bedeutung Computer, Internet und digitale Medien für Kinder und Jugendliche zu dieser Zeit hatten. Darüber hinaus ist auch die Entwicklung der folgenden Jahre bis 2004 von Relevanz, da in diesen Jahren die 1997 veröffentlichten Bücher in den Schulen zum Einsatz kamen. *„Bereits 1995 hatte in Deutschland etwa ein Viertel aller Kinder ab 10 Jahren einen eigenen Computer"*[138] (Fritz, 1998), zu einer Zeit also, in der die meisten der in der Untersuchung A untersuchten Schulbücher entwickelt wurden. Laut Dammler (2001), der sich auf Studien aus den Jahren 1997 und 2001[139] beruft, waren im Jahr 1997 neun Prozent der Kinder im Alter von sechs bis zwölf Jahren Internetnutzer, während es nur vier Jahre später schon 28 Prozent waren. Was die soziale Herkunft der das Internet nutzenden Kinder anbelangt, gibt es eine Kluft zwischen Kindern mit und ohne Möglichkeit, zuhause Computer und Internet nutzen zu können[140] (Dammler, 2001). Die kompensatorische Funktion der Schulen schätzt Dammler als gering ein.

---

[136] Ganz, Alexander; Gabi Reinmann (2005), S. 25
[137] Wiater, Werner (2003c). Das Schulbuch als Gegenstand pädagogischer Forschung. In: Wiater, Werner (2003a). Schulbuchforschung in Europa - Bestandsaufnahme und Zukunftsperspektive, Bad Heilbrunn.: Klinkhardt, S. 17.
[138] Fritz, Jürgen (1998). Kinder und Computerspiele. Was Computerspiele mit der Lebenswelt der Kinder zu tun haben. In: Mitzlaff Hartmut, Angelika Speck-Hamdan (Hrsg.) (1998): Grundschule und Neue Medien. Beiträge zur Reform der Grundschule Band 103, hrsg. v. Arbeitskreis Grundschule – Der Grundschulverband. Frankfurt, S. 124-138
[139] Dammler bezieht sich auf Untersuchungen „Repräsentativbefragungen von iconkids & youth: Software Monitor (1997) und Multimedia Youth (2001)", zitiert nach:
http://www.familienhandbuch.de/cmain/f_Fachbeitrag/a_Kindheitsforschung/s_747.html [19.04.2005]
[140] vgl.: Dammler (2001), a.a.O

Knapp ein Drittel der 14- bis 19-jährigen Jugendlichen[141] nutzte im Jahr 1999 das Internet, wobei prozentual mehr Jungen als Mädchen davon Gebrauch machten. Besonders stark ist die Onlinenutzung bei Jugendlichen ausgeprägt, die das Abitur anstreben (van Eimeren, 1999).

„Umgekehrt stellen Jugendliche mit (angestrebtem) Hauptschulabschluss lediglich 11 Prozent der 14- bis 19jährigen Onliner, obwohl diese Gruppe unter den bundesdeutschen Jugendlichen einen Anteil von rund 20 Prozent hat."[142]

In Bezug auf die tatsächlich genutzte Zeit mit dem Computer und beim Surfen im Internet war 1999 der Anteil der digitalen Medien im Vergleich zu den Medien Fernsehen und Radio gering:

„Die Beschäftigung mit dem Computer einschließlich des Surfens im Internet macht bezogen auf jeden 14- bis 19jährigen knapp 5 Prozent der Mediennutzung Jugendlicher aus."[143]

Zu den Nutzungsfeldern in Bezug auf digitale Medien lieferte die 13. Shell-Jugendstudie 2000 Ergebnisse, die auf Zusammenhänge mit dem Alter hinweisen: Computerspiele bevorzugen *„eher die Jüngeren, Textverarbeitung, Tabellenkalkulation und Internetnutzung (eher die Älteren)."*[144] In den Jahren 2000 bis 2002 stieg bei der Altersgruppe der 6 bis 13-jährigen Kindern der Internetgebrauch zuhause und in der Schule von 31% auf durchschnittlich 52%, während der Computergebrauch insgesamt in dieser Altersgruppe weitgehend gleich blieb.[145] Fast die Hälfte der 12 bis 13-Jährigen geht allein ins Internet und ein Fünftel der Kinder surft gemeinsam mit Freunden [146] (Pöttinger; Aufenanger, 2004). Bei der Internetnutzung von Kindern und Jugendlichen steht neben der E-Mail-Kommunikation die Nutzung des World Wide Web (WWW) im Vordergrund, wobei es Unterschiede zwischen Jungen und Mädchen und zwischen den verschiedenen Altersgruppen gibt[147] (Aufenanger, 2004b).

Bei Kindern, die den Computer zumindest einmal pro Woche nutzen, stehen in der Altersgruppe der 6 bis 13-Jährigen Computerspiele an erster Stelle der Nut-

---

[141] Im Vergleich zu den 30 Prozent in der Altersgruppe der 14- bis 19-jährigen sind es 17,7 Prozent der bundesdeutschen Gesamtbevölkerung, die das Internet nutzen (van Eimeren, 1999).
[142] van Eimeren (1999), a.a.O.
[143] van Eimeren (1999), a.a.O.
[144] vgl.: Deutsche Shell (Hrsg.) (2000), Jugend 2000. 13. Shell Jugendstudie. Band 1, Opladen: Leske und Budrich, S. 201
[145] vgl.: Pöttinger, Ida; Stefan Aufenanger (2004). Kinder und Jugendliche am Computer. In: Computer + Unterricht Heft 53, S. 33-34. Seelze: Erhard Friedrich Verlag
[146] vgl.: Pöttinger, Ida; Stefan Aufenanger (2004), a.a.O.
[147] vgl.: Aufenanger, Stefan (2004b) Informationssuche im Internet. In: Computer + Unterricht Heft 53, S. 42-43. Seelze: Erhard Friedrich Verlag

zungsweisen (Pöttinger; Aufenanger, 2004): Rund 70 % dieser Kinder nutzen den Computer, um alleine Computerspiele zu spielen, mehr als 50 % spielen mit anderen zusammen PC-Spiele, jeweils mehr als 40 % arbeiten mit einem Lernprogramm und benutzen den PC für die Schule, jeweils über 30 % malen, zeichnen oder schreiben Texte am Computer, immerhin rund 30 % surfen regelmäßig im Internet, rund ein Viertel der Häufignutzer schlägt in einem PC-Lexikon nach, 20 % hören am PC Musik und weniger als 10 % der Kinder programmieren am PC (Pöttinger; Aufenanger 2004).[148] E-Commerce spielt keine nennenswerte Rolle (Dammler, 2001)[149] und die Gefahr, durch die Internetnutzung soziale Kompetenz zu verlieren, bezeichnet Dammler als „absurd", da das Internet „*nie andere Medien und vor allem nie den Kontakt mit anderen Kindern ersetzen" werde."* (Dammler, 2001)[150]

Ähnliche Daten für die Sechs- bis Dreizehnjährigen, die mindestens einmal pro Woche im Netz sind, liefert das Bayerische Staatsministerium für Unterricht und Kultus (2005):

„*• nach Informationen für die Schule suchen (Mädchen: 40%, Buben: 44%)*
• Informationen zu einem bestimmten Thema suchen
(Mädchen: 43%, Buben: 40%)
• E-Mails schreiben (Mädchen: 38%, Buben: 42%)
• Seiten für Kinder nutzen (Mädchen: 34%, Buben: 31%)
• Netzspiele spielen (Mädchen: 13%, Buben: 23%)
• Musikdateien herunterladen (Mädchen: 13%, Buben: 20%)
• Chatten (Mädchen: 12%, Buben: 19%)"[151]

Diese Zahlen beziehen sich nicht auf die Gesamtheit aller Sechs- bis Dreizehnjährigen, sondern nur auf die, die mindestens einmal pro Woche im Netz sind. Was die Internetnutzung anbelangt, so kann davon ausgegangen werden, dass sie für sehr viele Kinder und Jugendliche keine Besonderheit mehr darstellt:

---

[148] vgl.: Pöttinger, Ida; Stefan Aufenanger (2004). Kinder und Jugendliche am Computer. In: Computer + Unterricht Heft 53, S. 33-34. Seelze: Erhard Friedrich Verlag
[149] Dammler (2001); Die Einschätzung in Bezug auf E-Commerce hat sich überholt, Einkaufen im Internet, ebay-Bestellungen und Musikdownloaden gehören mittlerweile zur Normalität in der Welt der Jugendlichen.
[150] Zum Thema Kontaktverlust durch Internet siehe auch: Kaenders, Detlef (1998), Kommunikationsmedium Internet: Sozialpsychologische Aspekte von computervermittelter Kommunikation, Hausarbeit, Köln
[151] Bayerisches Staatsministerium für Unterricht und Kultus (2005b), Elternzeit EZ 1/2005, zitiert nach: http://www.km.bayern.de/imperia/md/content/pdf/els/ez_1_05.pdf [09.05.2005]

„So gibt es bei 85 Prozent der Jugendlichen von 12 bis 19 und immerhin bei 57 Prozent der Kinder von 6 bis 13 zu Hause einen Internetzugang. 60 Prozent der Kinder geben an, das Internet zu nutzen, gut ein Drittel von ihnen ein- oder mehrmals pro Woche, jeder Zehnte sogar jeden Tag."[152] Chatten gehört zu den Lieblingsbeschäftigungen von Kindern und Jugendlichen; nach E-Mail, Informationssuche und Musikhören ist Chatten die viertwichtigste Internet-Nutzung bei Jungen und Mädchen zwischen 12 und 19 Jahren, von denen ein Viertel täglich oder mehrmals die Woche chattet, während immerhin knapp 20 % der Kinder im Alter zwischen 6 und 13 Jahren mindestens einmal pro Woche chatten.[153] Der hohe Anteil von Chattern in dieser Altersgruppe ist erstaunlich angesichts der Anforderungen, die Chatten in Bezug auf die Lese- und Schreibkompetenz und die technische Handhabung mit dem PC stellt[154]. Als Chat-Motive zählen für die Kinder und Jugendlichen vor allem Spaß und die Möglichkeit, andere Menschen kennen zu lernen.[155]

„Die spielerische und freie Kommunikation, die weitgehende Anonymität und das Interesse am Kennenlernen anderer – und auch das Flirten – faszinieren Kinder und Jugendliche. Die Kinder und Jugendlichen reden häufig gerade nicht mit ihren Eltern über ihre Chat-Besuche, insbesondere nicht über unangenehme Erfahrungen, auch aus Angst, dann nicht mehr chatten zu dürfen."[156]

Chatten nimmt also einen großen Raum im Leben von Kindern und Jugendlichen ein, der sich im Unterricht[157] nur selten wiederfindet; ob Schulbücher auf Chatten eingehen, wird Teil der Schulbuchanalyse sein.

---

[152] Bayerisches Staatsministerium für Unterricht und Kultus (2005b), a.a.O.
[153] vgl.: Ueckert, Carmen (2004). Treffpunkt Internet. Wie Kinder und Jugendliche das Chatten nutzen. In: Computer + Unterricht Heft 53, S. 46-48. Seelze: Erhard Friedrich Verlag
[154] jugendschutz.net – Jugendschutz in Telemedien (2005); Chatten ohne Risiko – Zwischen fettem Grinsen und Cybersex, zitiert nach: http://www.jugendschutz.net/pdf/chatten_ohne_Risiko.pdf [03.04.2005]
[155] vgl.: Ueckert, Carmen (2004) a.a.O.
[156] jugendschutz.net – Jugendschutz in Telemedien (2005); Chatten ohne Risiko – Zwischen fettem Grinsen und Cybersex, zitiert nach: http://www.jugendschutz.net/pdf/chatten_ohne_Risiko.pdf [03.04.2005]
[157] Auf E-Mail und Chat-Projekte in der Grundschule wird schon im Jahr 2000 verwiesen, vgl.: Frederking, Volker; Wolfgang Steinig (2000). Früh übt sich. E-Mail- und Chat-Projekte im Deutschunterricht der Grundschule. In: Computer + Unterricht. Heft 40, S. 12-14. Seelze: Erhard Friedrich Verlag

3.5 PISA[158] und digitale Medien

Im Rahmen von PISA 2000 (Programme for International Student Assessment 2000) wurden die Lesekompetenz, die mathematische Grundbildung und die naturwissenschaftliche Grundbildung untersucht, in der Studie von 2003 kam noch der Bereich Problemlösen hinzu. Die Kompetenz der Schüler im Umgang mit dem Computer wurde bisher kaum erfasst, wird aber bei künftigen PISA-Erhebungen einbezogen werden, *„womit das Spektrum der Fähigkeiten, die geprüft werden können, weiter ausgedehnt und der Bedeutung der Informations- und Kommunikationstechnologien (IKT) als Medium moderner Gesellschaften Rechnung getragen wird."*[159]

In der Auswertung der PISA-Ergebnisse 2000 wurden Variablen wie *Computerzugang in der Schule, Computerzugang zuhause und Häufigkeit der Softwarenutzung* in Korrelation gesetzt zu den Mathematikleistungen der befragten Schüler bei PISA 2000. Dabei ließen sich meist nur geringe positive Effekte, zum Teil sogar leicht negative Korrelationen zu den Mathematikleistungen erkennen, so dass eine *gewisse Vorsicht* angebracht scheint, *„was erhoffte „positive Auswirkungen" von Computeraktivitäten auf die Mathematikleistung angeht."*[160]

Das Lernen mit Medien war zwar in den PISA-Studien 2000 und 2003 kein eigener Untersuchungsbereich, dennoch wurde aus den Begleitfragebögen (PISA 2003) der Schülerbefragung zur Nutzung von Computern Folgendes[161] deutlich:
- ein hohes Interesse deutscher Schüler an Computern

---

[158] Zu den Ergebnissen der PISA-Studie nimmt der stellvertretende Vorsitzende der Initiative D21 und Vorsitzender der Geschäftsführung Microsoft Deutschland GmbH Jürgen Gallmann Stellung, zitiert nach: http://bildungsklick.de/serviceText.html?serviceTextId=7138 [02.04.2005]:
„PISA II attestiert Deutschland zwar leichte Verbesserungen in den untersuchten Kernbereichen Mathematik, Naturwissenschaften und Lesen. Insbesondere bei der Nutzung von Computern und der Erfahrung im Umgang mit neuen Medien besteht jedoch erheblicher Nachholbedarf gegenüber Schülerinnen und Schülern in den englischsprachigen und skandinavischen Staaten. Dort werden Computer im Unterricht bereits intensiv und auf vielfältige Weise eingesetzt. In Deutschland dagegen spielt die Schule nur eine geringe Bedeutung bei der Vermittlung von Computerkenntnissen, obwohl das Interesse an Computern bei deutschen Schülern überdurchschnittlich hoch ist: Nur 21% der Schüler nutzen den Computer im Unterricht regelmäßig."
[159] OECD Organisation für wirtschaftliche Zusammenarbeit und Entwicklung (2004) Lernen für die Welt von morgen. Erste Ergebnisse von PISA 2003. Paris: Spektrum Akademischer Verlag
[160] Knoche, Norbert; Detlef Lind (2004). Bedingungsanalysen mathematischer Leistung: Leistungen in den anderen Domänen, Interesse, Selbstkonzept und Computernutzung. In: Neubrand, Michael (Hrsg.) (^{1}2004). Mathematische Kompetenzen von Schülerinnen und Schülern in Deutschland. Vertiefende Analysen im Rahmen von PISA 2000. Wiesbaden: VS Verlag der Sozialwissenschaften, S. 224
[161] vgl.: Schmidt-Dietrich, Monika; Rudolf Peschke (2002). PISA – und die neuen Medien? In: Computer + Unterricht Heft 45, S. 60-61. Seelze: Erhard Friedrich Verlag

- geringe Vertrautheit der Jugendlichen mit dem Computer
- Schüler mit hohen Leseleistungen sind auch Schüler mit hohem Maß an Vertrautheit mit dem PC.

Die PISA-Ergebnisse (PISA-Konsortium Deutschland, 2004) zeigen zudem,
- dass die deutschen Schüler ihre Kenntnisse im Umgang mit PC und Internet höher einschätzen als der OECD-Schnitt (Organisation für wirtschaftliche Zusammenarbeit und Entwicklung),
- dass die deutschen Schüler zu 33 Prozent die digitalen Medien seit mehr als fünf Jahren einsetzen,
- dass in Deutschland der Anteil regelmäßiger Computernutzer in der Schule von 16 auf 21 Prozent gestiegen ist (während die häusliche Internetnutzung der Schüler von 63% auf 78 % stieg),
- dass nur 10 Prozent der deutschen Schüler die Schule als primäre Vermittlungsinstanz von Computerkenntnissen nannten (zum Vergleich: selbst beigebracht 29%, Familie 21%, Freunde 12%),
- dass Deutschland zu den Ländern gehört, in denen eine *regelmäßige schulische Computernutzung am wenigsten verbreitet* ist,
- dass mehr als 20 Prozent der Fünfzehnjährigen nicht wissen, *für welche Zwecke der Computer ein geeignetes Hilfsmittel darstellt bzw. wie man ihn angemessen nutzen könnte.*[162]

Der Schule ist es – so das PISA-Konsortium (2004) – bisher nicht in einem befriedigenden Maße gelungen,

> *„Zugangs- und Nutzungsunterschiede auszugleichen. Schülerinnen und Schülern, denen es an außerschulischen Zugangs- und Nutzungsmöglichkeiten zum sinnvollen Umgang mit dem Computer mangelt und die daher auf die Schule als primäre Vermittlungsinstanz angewiesen sind, verfügen über vergleichsweise schlechtere Chancen."*[163]

---

[162] PISA-Konsortium Deutschland (Prenzel, Manfred; Jürgen Baumert; Werner Blum; Rainer Lehmann; Detlef Leutner; Michael Neubrand; Reinhard Pekrun; Hans-Günter Rolff; Jürgen Rost und Ulrich Schiefele) (Hrsg.) (2004). PISA 2003. Der Bildungsstand der Jugendlichen in Deutschland – Ergebnisse des zweiten internationalen Vergleichs. Münster: Waxmann, S. 177-190
[163] PISA-Konsortium (2004), S. 188

3.6 Gefahren durch digitale Medien

Die Diskussion um mögliche Gefahren, die die Nutzung von digitalen Medien mit sich bringen kann, ist einerseits nicht neu und erinnert an die kulturkritischen Reaktionen[164] (Aufenanger, 2001), die Fernsehen in den 1960er Jahren und Video in den 1980er Jahren ausgelöst hatten. Andererseits beleben die gewalthaltigen Computerspiele sowie die zahlreichen rassistischen[165] und pornografischen Internetseiten die Frage neu, ob und wie Kinder und Jugendliche vor solchen Inhalten geschützt werden können. Dabei ist es Aufgabe der Schule, die Chancen zu nutzen, die die digitalen Medien für das Lernen, die Gewinnung von Informationen, den Wissenszuwachs und für die Entwicklung der Mündigkeit der Schüler bieten können. Es gehört aber auch zur Medienerziehung der Schule, dass die Schüler selbstbestimmt und mündig sich der Gefahren bewusst sind und mit ihnen umgehen können. *„Wie im Umgang mit allen Medien, ist nicht der Computer an sich, sondern die Art des Gebrauchs entscheidend."*[166] (Hainz, 2001),

Schon 1997 hat das Bayerisches Staatsministerium für Unterricht, Kultus, Wissenschaft und Kunst auf die Gefahren hingewiesen und damit insbesondere die Strafbarkeit in Bezug auf *„diskriminierende und politisch extremistische Äußerungen sowie die Publikation sittenwidriger Texte oder Bilder"*[167] betont. Im Jahr 2003 wird von Seiten des bayerischen Kultusministeriums (KM) erneut auf die Gefahren hingewiesen:

> *„Dass Gewalt in den Medien in ihren unterschiedlichen Ausformungen, etwa in den Ego-Shooter-Spielen, sehr schädliche Auswirkungen insbesondere auf Kinder und Jugendliche haben kann, wird kaum noch bestritten. Die im Rahmen von „LAN-Partys" oder sonstigen Veranstaltungen oft stundenlang über vernetzte Computer gespielten Spiele bergen - selbst wenn sie nicht indiziert wurden - zahlreiche plausibel anzunehmende Risikopotenziale."*[168]

---

[164] vgl.: Aufenanger, Stefan (2001). Jugendmedienschutz und Internetverantwortung. In: Computer + Unterricht Heft 42, S. 6-8. Seelze: Erhard Friedrich Verlag
[165] vgl.: Schindler, Friedemann (2001). Rechtsextreme Spieleszene im Internet. In: Computer + Unterricht Heft 42, S. 36-41. Seelze: Erhard Friedrich Verlag
[166] Hainz, Irmgard (2001). Software statt Stoffbär. In: ProJugend Nr. 3/2001. Fachzeitschrift der Aktion Jugendschutz, Ausgabe Bayern. München, S. 3
[167] Bayerisches Staatsministerium für Unterricht, Kultus und Wissenschaft und Kunst (Hrsg.) (1997). Datennetze – Möglichkeiten und Gefahren. Sammelwerk Medienzeit: Basisbaustein Donauwörth: Auer
[168] Bayerisches Staatsministerium für Unterricht und Kultus (2003). LAN-Partys und gewalthaltige Computerspiele an Schulen in Bayern, KMS III.6 - 5 04161 - 6.76168 vom 28.10.2003, zitiert nach: http://www.alp.dillingen.de/org/info/data/f313.pdf [26.06.2005]

Andere Autoren betonen, dass eine einseitige, kausale Wirkung von gewalthaltigen Computerspielen und „*das damit einhergehende Modell eines einseitigen Einflusses von den Medien zu den Menschen hin(...) durch keine theoretische oder auch empirische Studie gestützt*"[169] wird. Entscheidend seien eher indirekte Wirkungen, „*die entweder auf andere Persönlichkeitsmerkmale wie etwa Weltbilder oder Einstellungen bezogen werden oder die erst über andere Faktoren Einfluss üben.*"[170]

Zu den Auswirkungen virtueller Gewaltdarstellungen wurde im Juni 2005 eine Studie veröffentlicht, die besagt, dass das Gehirn nicht zwischen realer und virtueller Gewalt unterscheidet:

„*Das menschliche Gehirn reagiert auf virtuelle Gewaltdarstellungen genauso, wie es auf reale Gewalt reagiert. (...)"Das regelmäßige Spielen von Videospielen könnte bestimmte Abläufe im Gehirn festigen", so Niels Birbaumer von der Universität Tübingen. "Wenn ein regelmäßiger Spieler dann mit realer Gewalt konfrontiert wird, kann es passieren, dass er solch ein verfestigtes Verhaltensmuster anwendet und eher dazu geneigt ist, aggressiv zu reagieren."*[171]

Computerspiele werden in verschiedene Kategorien eingestuft[172], was ihre Jugendfreigabe anbelangt. Die Kennzeichnung „keine Jugendfreigabe" bedeutet aber nicht, dass Kinder und Jugendliche keinen Zugang dazu bekommen könnten. Zum einen werden viele Gewaltspiele auch über das Internet angeboten, zum anderen werden sie von Personen, die schon erwachsen sind gekauft bzw. ausgeliehen, und an Minderjährige weitergegeben.

Weitere mögliche Gefahren werden von Seiten der Polizei thematisiert:

„*So wisse man beispielsweise, dass bei Kindern, die vier und mehr Stunden täglich fernsehen, die schulischen Leistungen gegenüber anderen Kindern deutlich nachließen. (...) Unmittelbare Nachahmungseffekte las-*

---

[169] Aufenanger, Stefan (2002b). Medien als Täter? Gewalthaltige Computerspiele und ihre Wirkungen. In: Computer + Unterricht Heft 47, S. 54-55. Seelze: Erhard Friedrich Verlag
[170] Aufenanger, Stefan (2002b), a.a.O.
[171] Welteroth, Silke [Pressetext Deutschland] (2005). Gehirn unterscheidet virtuelle und reale Gewalt nicht. Brutale Videospiele festigen Verhaltensmuster. Pressemeldung vom 23.06.2005; zitiert nach: http://www.pressetext.de/pte.mc?pte=050623048 [24.06.2005]
[172] Graff (2004) verweist dabei auf neue Zuständigkeiten und Bestimmungen seit dem Massaker von Erfurt im April 2002: „In Deutschland hat sich seit dem Erfurter Massaker einiges bei der Reorganisation der Zuständigkeiten und Bestimmungen für die Einstufung von Computerspielen getan. Seit April 2003 ist nicht mehr die "Bundesprüfstelle für jugendgefährdende Medien" (BPjM) für die Alterskennzeichnung der Spiele zuständig, sondern die Unterhaltungssoftware-Selbstkontrolle (USK).", zitiert nach: Graff, Bernd (2004). Virtuelles Massaker im Kinderzimmer, in:http://www.sueddeutsche.de/kultur/special/95/52043/index.html/kultur/artikel/983/42941/article.html [27.04.2005]

> *sen sich zwar nur selten unmittelbar beweisen, dennoch gibt es genügend mittelbare Folgen. So kann vorhandene Gewaltbereitschaft verstärkt werden (...) Dazu komme die Gefahr, dass die Kinder die Gewalt, die auch in Computerspielen zu finden sei, als Lösung sähen für die Bewältigung eigener Konflikte. (...) Genau hinschauen sollten Eltern vor allem beim Internet. Illegales Kopieren von Musik und Spielen kann teuer werden und jugendgefährdende Inhalte ins Haus bringen."*[173]

Auch in einer Studie des Kriminologischen Forschungsinstituts Niedersachsen wird auf mögliche Leistungseinbrüche bei Kindern und Jugendlichen hingewiesen, die *in großem Umfang fernsehen, Videos und Computerspiele konsumieren.*[174] Diese Studie bezieht sich neben dem Computer auch auf Fernseher, Video und DVD, so dass hier der gesamte elektronische und digitale Medienkonsum von Kindern angesprochen ist. Der Zusammenhang zu schlechteren Schulleistungen wird begründet mit

> *„neuen Forschungserkenntnissen der Hirnforschung über den Zusammenhang von Medienkonsum und Lernverhalten. (...) Demnach kann sich das in der Schule Gelernte dann nicht im Gehirn festsetzen, wenn es von den Fernseh- und Videobildern der Computerspiele, die in den gleichen Gehirnarealen landen wie der Schulstoff, ständig überlagert wird."*[175]

Gerade weil das Internet nahezu grenzenlose Informationen bietet, egal welcher Qualität und Quantität, birgt es neben den erwähnten Chancen auch Nachteile und Gefahren für Nutzer mit mangelnder Medienkompetenz. Neben Problemen der Datensicherheit[176], des Datenschutzes, der finanziellen Belastung durch Dialer oder durch kostenpflichtiges Herunterladen von Klingeltönen[177] spielen vor

---

[173] Programm Polizeiliche Kriminalprävention der Länder und des Bundes, Zentrale Geschäftsstelle (2005). Klicks-Momente, zitiert nach: http://www.sr-online.de/ratgeber/63/342412.html, [04.04.2005]
[174] vgl.: Deventer, Karsten; Eva Schmitz-Gümbel, (2004). Dumm gespielt – Kinder verwahrlosen am Bildschirm, zitiert nach: http://www.zdf.de/ZDFde/inhalt/15/0,1872,2223695,00.html [10.03.2005]
[175] [Jugendmarketing aktuell] (2004), "Medien-Verwahrlosung" bei Kindern und Jugendlichen (29.11.2004), zitiert nach: http://www.jugendmarketing-aktuell.de/index.php?MOD=ARTICLE&id=462 [15.04.2005]
[176] „Nach der Studie Kinder-Online (2004) gibt jedes siebte Kind im Alter von 6 bis 16 Jahren seine Identität im Chat preis. Wenn dies passiert, sei es aus kindlicher Vertrauensseligkeit und entgegen allen pädagogischen und elterlichen Ratschlägen, kann es zur Zusendung von Spam, Viren sowie pornografischen Texten und Bildern kommen.", zitiert nach: jugendschutz.net – Jugendschutz in Telemedien (2005)
[177] vgl. : Bayerisches Staatsministerium für Unterricht und Kultus (2005b), Teure Internetseiten – Warnung vor Dialern, zitiert nach:
http://www.km.bayern.de/imperia/md/content/elternrundbrief/warnung_vor_dialern.pdf [12.04.2005]

allem Gewalt[178], Extremismus[179], Pornografie, sexueller Missbrauch und illegales Herunterladen von Computerspielen eine Rolle. Dabei gibt es aufgrund der unterschiedlichen Interessenslage von Jungen und Mädchen Unterschiede, was die Nutzung des Internet und der besuchten Websites sowie die daraus resultierende Gefährdung der Kinder und Jugendlichen anbelangt.[180] Die Gefährdung durch pornografische Inhalte ist dabei immens:

„Fast jeder zweite Jugendliche ist 2004 im Internet einmal mit pornografischen Seiten in Berührung gekommen, 2000 war es annähernd jeder Dritte.(...) 70 Prozent der Eltern wüssten nicht, welche Internetseiten ihre Kinder anklicken. Dabei hätten vier von fünf Kindern beim Chat anzügliche Angebote erhalten oder seien sexuell belästigt worden."[181]

Eine weitere Gefahr, die in der aktuellen Diskussion um die Auswirkungen des Internets genannt wird, ist die sogenannte Internetsucht[182].

„Was das Internet so attraktiv macht, sind vor allem neue Handlungsmöglichkeiten wie: Realitätsflucht (...) Experimentieren mit der eigenen Identität. Das Fliehen vor der Realität kann Flucht vor persönlichen Problemen bedeuten; vor Problemen mit sich selbst (z.B. Minderwertigkeitskomplexe) oder mit seinem sozialen Umfeld (Integrationsschwierigkeiten, Probleme der Kontaktaufnahme, Einsamkeit etc.). Die darin verborgenen Wünsche werden in der Realität nicht erfüllt, so dass das Internet mit seinen geschützten, anonymen Räumen stellvertretend aufgesucht wird." [183]

---

[178] Das Thema Gewalt in den Medien Fernsehen und Computer wird auch von Spitzer (2005) diskutiert; vgl.: Spitzer, Manfred (2005). Vorsicht Bildschirm! Elektronische Medien, Gehirnentwicklung, Gesundheit und Gesellschaft. Stuttgart
[179] vgl.: Nortmeyer, Matthias (2002). Extremismus im Internet. In: Computer + Unterricht Heft 46, S. 42-43 Seelze: Erhard Friedrich Verlag
[180] vgl.: Bayerisches Staatsministerium für Unterricht und Kultus (2005b), a.a.O. [12.04.2005]
[181] zitiert nach:
http://portal.1und1.de/de/themen/computer/internet/themadestages/953362,cc=000003090100009533 6211fgiO.html (12.05.2005)
[182] Der Begriff Internetsucht, englisch: internet addiction disorder (IAD), wurde 1995 von Ivan Goldberg in die psychologische Fachwelt eingeführt; vergleiche: http://www.m-ww.de/krankheiten/psychische_krankheiten/internetsucht.html
In Deutschland wird *„diese Art der Abhängigkeit nicht von den Kassen als Krankheit anerkannt.(...) Bei fast jedem zehnten bisher befragten Kind sei ein "exzessives Computerspielverhalten" festzustellen, Fernsehen scheine eine Art "Einstiegsdroge" zu sein.",* zitiert nach: Büttner, Grit (2004). Raus aus der Traumwelt. In: http://www.stern.de/computer-technik/computer/index.html?id=532301&q=schule%20computer%20internet [04.04.2005]
[183] zitiert nach: http://www.m-ww.de/krankheiten/psychische_krankheiten/internetsucht.html [24.04.2005]

Die hier genannten Probleme wie Minderwertigkeitskomplexe, Probleme der Kontaktaufnahme[184] und Integrationsschwierigkeiten sind aufgrund der Zusammensetzung der Schülerschaft der Hauptschule gerade bei dieser Schulart stärker als bei Realschulen oder Gymnasien vorhanden, so dass Methoden und Ideen zur Unterrichtsgestaltung, die zum Erwerb von Medienkompetenz bei Hauptschülern führen, vermehrte Bedeutung zukommt.

„Jeder zehnte Teenager nutzt seinen Computer exzessiv - auch zur Trauer- und Stressbewältigung. Das ist das Ergebnis einer Studie von Suchtforschern des Berliner Universitätsklinikums Charité. (...) Sie nutzen stattdessen den PC und TV zur Stressverarbeitung (...) Diese Kinder erlernten keine Alternativen, um mit belastenden Lebenssituationen fertig zu werden."[185]

Mögliche Veränderungen der sozialen Kompetenz gehören ebenfalls zu den Themen, die im Zusammenhang mit den Auswirkungen der Nutzung digitaler Medien durch Jugendliche diskutiert werden.[186] Über allgemeine psychosoziale Auswirkungen des Internets auf Kinder und Jugendliche gibt es bisher kaum repräsentative Studien[187] (Spitczok von Brisinski, 2005)

3.7 Zusammenfassung

Digitale Medien werden in den letzten Jahren immer mehr von Kindern und Jugendlichen genutzt. Die Nutzung des Internets, Chatten, E-Mails, Herunterladen von Musikdateien und das Spielen von Computerspielen gehören zu den Hauptbeschäftigungen von Kindern und Jugendlichen am Computer. Sowohl zuhause als auch in der Schule gibt es eine deutlich gestiegene materielle Ausstattung mit Computern. Die unterrichtliche Nutzung digitaler Medien ist – darauf haben auch die PISA-Befunde hingewiesen- vergleichsweise gering. Fortbildungs-initiativen wie *Intel®-Lehren für die Zukunft* und die Einführung von MIB fördern die Lehrkräfte in ihrer Medienkompetenz. Aufgabe der Schule muss es sein,

---

[184] Interessant ist in diesem Zusammenhang die Frage von Ingo Spitczok von Brisinski (2005) „Beschäftigen sich Menschen, die gering ausgeprägte Sozialkontakte haben, mehr mit Fernsehen und Computerspielen oder führen Fernsehen und Computerspielen zu Vereinsamung?", zitiert nach: http://www.bkjpp.de/computer-internet.htm [21.06.2005]
[185] [3sat] (2004), Jeder zehnte Teenager nutzt Computer exzessiv, zitiert nach: http://www.3sat.de/3sat.php?http://www.3sat.de/nano/news/67676 [15.5.2005]
[186] vgl.: May Wong (2004), Drei Tage ohne Nachricht, zitiert nach: http://www.stern.de/computer-technik/internet/index.html?id=533537&q=schule%20computer%20internet [20.02.2005]
[187] vgl.: Spitczok von Brisinski, Ingo (2005). Chancen und Risiken des Internets aus kinder- und jugendpsychiatrischer Sicht; zitiert nach: http://www.bkjpp.de/computer-internet.htm [21.06.2005]

„*den Jugendlichen also in sehr viel stärkerem Umfang als bisher sinnvolle Nutzungsmöglichkeiten neuer Medien*"[188] nahe zu bringen und die entsprechenden computerbezogenen Kenntnisse und Lernstrategien zu vermitteln (PISA-Konsortium, 2004). Zum Erwerb einer digitalen Medienkompetenz gehört es zudem, neben den Chancen auch die Risiken bei der Nutzung digitaler Medien zu kennen und verantwortlich mit ihnen umzugehen. Ob Schulbücher digitale Medien berücksichtigen und ob sie Angebote zum Erwerb von digitaler Medienkompetenz machen, wird in den folgenden Kapiteln dargelegt.

---

[188] PISA-Konsortium (2004), S. 189

4 Untersuchungsgegenstand und Forschungsmethoden

4.1 Untersuchungsgegenstand

In der vorliegenden Arbeit werden 76 Schulbücher[189] (mit insgesamt 13398 Seiten), die für den Einsatz an bayerischen Hauptschulen entwickelt wurden, untersucht. Es handelt sich um drei verschiedene Untersuchungsbereiche, im Folgenden Untersuchung A, B und C genannt.

Untersuchung A: Analyse der Schulbücher für die 7. Jgst., Lehrplan 1997

Im Mittelpunkt der Untersuchung A stehen Schulbücher für die 7. Jgst. gemäß des Lehrplans für die bayerische Hauptschule aus dem Jahr 1997. Die Fokussierung auf die 7. Jgst. liegt in der Tatsache begründet, dass in dieser Jgst. alle Schüler verpflichtend das Fach Kaufmännisch-bürotechnischer Bereich (KbB) belegen *mussten*[190]. Auf Grund der Lehrplaninhalte und Lernziele aus diesem Fach kamen die Kinder und Jugendlichen in der Schule „automatisch" mit dem Computer in Kontakt. In den Jahrgangsstufen 5 und 6 war für die Schüler der Bereich Informatik nur als Arbeitsgemeinschaft[191] möglich, in den Jahrgangsstufen 8 und 9 war das Fach KbB nicht mehr für alle Schüler verbindlich. Die einzige Jahrgangsstufe, in der alle Schüler mit dem Computer in der Schule Kontakt hatten, war demnach die 7. Jgst..

Als Untersuchungsgegenstand finden alle Schulbücher aus dem Pflicht- und Wahlpflichtbereich[192] für die 7. Jgst., die laut Veröffentlichungen im Amtsblatt zugelassen wurden, Berücksichtigung. Es handelt sich hier um 47 Schulbücher

---

[189] Schulbücher im Sinne der Definition unter 3.1.
[190] Das Imperfekt weist daraufhin, dass der HS-LP 1997 für die siebte Klasse nicht mehr gültig ist. Der neue Lehrplan aus dem Jahr 2004 wurde zum Schuljahr 2004/05 zunächst für die 5. und 7. Jgst. verbindlich eingeführt, im Schuljahr 2005/2006 folgen die 6. und 8. Jgst., im Jahr darauf die 9. und 10. Jgst..
[191] Ob und wenn ja, welche Arbeitsgemeinschaft an einer Schule angeboten wird, hängt unter anderem auch von der räumlichen Ausstattung (z. B. Anzahl der Schülercomputerarbeitsplätze) und der Nachfrage von Seiten der Schüler ab. Die Einführung des Faches KbB und die daraus resultierenden Forderungen bezüglich der Ausstattung von Schulen mit Computern führte zu einem beschleunigten Ausbau von Computerräumen an Hauptschulen, die zunächst gegenüber Gymnasien im Rückstand waren.
[192] In der 7. Jgst. konnten die Schüler zwischen Musik und Kunsterziehung wählen und dieses Fach dann bis zum Ende der Hauptschulzeit belegen. In der 8. Jgst. wählten die Schüler ein Fach aus der Fächergruppe GtB, KbB und HsB ab, in der 9. Jgst. belegten sie schließlich nur noch ein Wahlpflichtfach aus dieser Fächergruppe.

mit insgesamt 7434 Seiten. Die Schulbücher betreffen die folgenden Fächer bzw. Teilbereiche:
- Deutsch/Lesebuch,
- Deutsch/Sprachbuch,
- Mathematik,
- Englisch,
- Arbeitslehre,
- katholische Religion,
- evangelische Religion,
- Ethik,
- Geschichte/ Sozialkunde/ Erdkunde (G/Sk/Ek)[193],
- Physik/ Chemie/ Biologie (Ph/Ch/B),
- Gewerblich-technischer Bereich (GtB),
- Kaufmännisch-bürotechnischer Bereich (KbB),
- Hauswirtschaftlich-sozialer Bereich (HsB),
- Musik und Kunsterziehung.

Nicht berücksichtigt wurde das Fach Sport, da hier keine Schulbücher vorliegen, und das Wahlfach Werken/ Textiles Gestalten (WTG).

Die Fächer Kurzschrift und Informatik wurden im LP 1997 lediglich als Wahlfächer für die 8., 9. und 10. Jahrgangsstufe angeboten[194]. Tabelle 5 zeigt den Gesamtumfang der in der Untersuchung A analysierten Schulbücher, wobei allein auf das Fach Deutsch mehr als 2000 der insgesamt 7434 untersuchten Schulbuchseiten entfallen.

---

[193] Im Hauptschul-Lehrplan 1997 wurden in verschiedenen Bereichen sogenannte Fächerverbünde geschaffen. Ziel dieser Fächerverbünde wie GSE und PCB war es, fächerintegrative und fächerverbindende Aspekte der Unterrichtsgestaltung über die Lehrpläne und die daraus sich ableitenden Schulbücher stärker im Unterricht zu verankern.
[194] vgl.: Bayerisches Staatsministerium für Unterricht, Kultus, Wissenschaft und Kunst (1997), S. 418 und 419

Tab. 5: Gesamtumfang der untersuchten Schulbücher für die 7. Jgst., LP 1997 (Untersuchung A)

Fach bzw. Fachbereich	**Schulbücher**	**Seitenzahl**
Katholische Religionslehre	2	244
Evangelische Religionslehre	1	128
Ethik	1	230
Deutsch-Lesebücher	5	1296
Deutsch-Sprachbücher	4	796
Mathematik	5	818
Englisch	3	464
Physik/Chemie/Biologie	6	930
Geschichte/Sozialkunde/Erdkunde	6	1272
Musik	2	212
Kunsterziehung	1	48
Arbeitslehre	5	408
Kaufmännisch-bürotechnischer Bereich	3	176
Hauswirtschaftlich-sozialer Bereich	2	292
Gewerblich-technischer Bereich	1	120
Summe der Lehrwerke und Schulbuchseiten	**47**	**7434**

Untersuchung B: Analyse der Sprachbücher und Lesebücher für die Jahrgangsstufen 5 bis 9, Lehrplan 1997

In einem zweiten Untersuchungsbereich werden Schulbücher für das Fach Deutsch der Jgst. 5 bis 9 analysiert. Es handelt sich dabei um insgesamt zehn Lesebücher und Sprachbücher (mit insgesamt 2280 Schulbuchseiten), jeweils ein Lesebuch und ein Sprachbuch für die fünf Jahrgangsstufen der Hauptschule[195]. Mit dieser Ausweitung des Untersuchungsgegenstandes soll versucht werden, alle Schulbücher zum Fach Deutsch, mit denen ein Schüler im Laufe seiner Hauptschulzeit in Berührung kommt, zu erfassen. Die Auswahl auf dem Fach Deutsch liegt darin begründet, dass in allen Jahrgangsstufen des Lehrplans für die bayerische Hauptschule aus dem Jahr 1997 der Bereich Lesen und Me-

---

[195] Der Mittlere-Reife-Zug an der Hauptschule (M-Klasse), der bis zur 10. Jgst. führt, bleibt hier unberücksichtigt.

diengebrauch einen von drei Teilbereichen dieses Faches darstellt.[196] Die Nutzung des Computers betrifft darüber hinaus auch die anderen Teilbereiche, was im integrativen Charakter des Lehrplans begründet liegt:

> *„Die Förderung der sprachlichen Fähigkeiten der Schüler bedingt einen integrativen Deutschunterricht, in dem alle Zielsetzungen nur in enger Verflechtung miteinander verwirklicht werden können."*[197]

Tab. 6: Gesamtumfang der Sprachbücher und Lesebücher für die 5. bis 9. Jgst. zum LP 1997 (Untersuchung B)

Fach bzw. Fachbereich	Schulbücher	Seitenzahl
Deutsch-Lesebücher	5	1336
Deutsch-Sprachbücher	5	944
Summe der Lehrwerke u. Schulbuchseiten[198]	**10**	**2280**

Untersuchung C: Analyse der Schulbücher zum neuen Hauptschullehrplan aus dem Jahr 2004

Der dritte Bereich der vorliegenden Untersuchung umfasst einige, ausgewählte Schulbücher, die zum neuen bayerischen Hauptschullehrplan aus dem Jahr 2004[199] erschienen sind. Untersucht wurden 19 Schulbücher zum LP 2004 mit insgesamt 3684 Seiten. Darunter sind auch Lehrwerke zu den Fächern Deutsch (Lesebücher und Sprachbücher) in der 5. und 6. Jgst., da sich durch den neuen Lehrplan die Einführung des Computers[200] in die 5. Jgst. vorverlagerte. So heißt es im Fachprofil für das Fach Werken/Textiles Gestalten (WTG):

> *„Das in der Grundschule angebahnte EDV-Wissen wird geordnet und ergänzt. Notwendige Fachbegriffe und grundlegende Arbeitstechniken wer-*

---

[196] Die anderen Teilbereiche lauten: Sprechen und Schreiben sowie Sprachbetrachtung und Rechtschreiben.
[197] Bayerisches Staatsministerium für Unterricht, Kultus, Wissenschaft und Kunst (1997), S. 38
[198] Zwei Lehrwerke für die 7. Jgst. (DL7.2 und DS7.1) wurden auch in der Untersuchung A berücksichtigt.
[199] Der neue, überarbeitete Lehrplan für die bayerische Hauptschule aus dem Jahr 2004 wird im Folgenden LP 2004 genannt.
[200] Gemeint ist die verpflichtende Einführung, da die Nutzung des Computers nun als verbindliches Lernziel vorgeschrieben ist.

den vermittelt. Dabei soll der Computer innerhalb der Lernbereiche integrativ als Werkzeug eingesetzt werden."[201]

Die Hauptschule knüpft mit dem LP 2004 an den Grundschullehrplan aus dem Jahr 2000 an, der im Bereich der Medienerziehung deutliche Akzente in Richtung *Nutzung des Computers im Unterricht der Grundschule*[202], *Informationsaustausch über Internet, Hypertexte und Verfassen freier Texte*[203] gesetzt hat. Besonders deutlich ist dort der Hinweis auf die Chancen und Risiken des Medienkonsums und die unterschiedliche Nutzung von Medien zur *„Unterhaltung und Vergnügen, Information und Kommunikation, Erwerb von Kenntnissen und Entwickeln von Lernstrategien."*[204]

Außerdem wurden einige Schulbücher der 7. Jgst. (Deutsch-Sprachbuch und Lesebuch, Mathematik, GSE und AWT[205]) analysiert. Berücksichtigt werden sowohl Schulbücher für die Regelklasse als auch für den Mittlere-Reife-Zug der Hauptschule[206]. Angestrebt ist ein Vergleich zu den Lehrwerken zum Lehrplan für die bayerische Hauptschule aus dem Jahr 1997. Dies ist besonders deshalb interessant, weil zwischen den beiden zugrunde liegenden Lehrplänen nur sieben Jahre vergingen[207]. Ziel dieses Teils der Schulbuchanalyse ist es, durch den Vergleich von Schulbüchern, die in ihrer Entstehung nur wenige Jahre auseinander liegen, zu erfassen, wie aktuell Schulbücher sein können und wie schnell sie auf Veränderungen im Bereich der Technik reagieren können.

---

[201] Bayerisches Staatsministerium für Unterricht und Kultus (2004a). Lehrplan für die bayerische Hauptschule, Lehrpläne für die Regelklassen der Hauptschulen Jahrgangsstufen 5 und 6, München: Maiß, S. 67
[202] Hier liegen seit vielen Jahren Erfahrungen mit dem Einsatz von Computern in der Grundschule vor, vgl.: Mitzlaff Hartmut, Angelika Speck-Hamdan (Hrsg.) (1998). Grundschule und Neue Medien. Beiträge zur Reform der Grundschule Band 103, hrsg. v. Arbeitskreis Grundschule – Der Grundschulverband. Frankfurt
[203] vgl.: Bayerisches Staatsministerium für Unterricht und Kultus (2000e), Lehrplan für die Grundschulen in Bayern, Amtsblatt B1234A, Sondernummer 1 vom 25.09.2000, München: Oldenbourg, S. 16
[204] Bayerisches Staatsministerium für Unterricht und Kultus (2000e). Lehrplan für die Grundschulen in Bayern, Amtsblatt B1234A, Sondernummer 1 vom 25.09.2000, München: Oldenbourg, S. 16
[205] AWT steht für das Fach Arbeit Wirtschaft Technik, das das Fach Arbeitslehre ersetzt.
[206] Manche Lehrwerke sind in einer kombinierten Auflage für die beiden Zielgruppen Regelklasse und M-Klasse erschienen.
[207] Zwischen den beiden letzten Lehrplänen für die bayerische Grundschule aus den Jahren 1981 und 2000 lagen 19 Jahre.

Tab. 7: Gesamtumfang der untersuchten Schulbücher zum LP 1997 (Untersuchung C)

Fach bzw. Fachbereich	Schulbücher	Seitenzahl
Deutsch-Lesebücher 5. Jgst.	1	248
Deutsch-Lesebücher 6. Jgst.	1	248
Deutsch-Sprachbücher 5. Jgst.	1	226
Deutsch-Sprachbücher 6. Jgst.	1	224
Deutsch-Sprachbücher 7. Jgst.	4	900
Mathematik 7. Jgst.	5	814
Geschichte/Sozialkunde/Erdkunde 7. Jgst.	3	704
Arbeit Wirtschaft Technik 7. Jgst	3	320
Summe der Lehrwerke und Schulbuchseiten	**19**	**3684**

Eingrenzung

Der Untersuchungsgegenstand ist auf Schulbücher für die bayerische Hauptschule begrenzt. Bei insgesamt 76 Schulbüchern mit 13398 Seiten (siehe Tab. 8) ist auch vom Umfang her eine Grenze der Durchführbarkeit und Überschaubarkeit der Untersuchung erreicht, so dass andere Schularten (Gymnasium, Realschule) und weitere Bundesländer nicht erfasst wurden.

Tab. 8: Gesamtumfang der drei Untersuchungsbereiche A, B und C

Untersuchungsbereich	Anzahl der Schulbücher	Seitenzahl
A: Schulbücher, 7. Jgst., LP 1997	47	7434
B: Deutsch-Lesebücher und Deutsch-Sprachbücher, Jgst. 5-9, LP 1997	10	2280
C: Schulbücher zum LP 2004	19	3684
Summe:	**76**	**13398**

Schülerarbeitshefte finden in der vorliegenden Arbeit keine Berücksichtigung, da sie in Bayern weniger verwendet werden als in anderen Bundesländern. Das liegt unter anderem daran, dass sie nicht lernmittelfrei sind. Eine Untersuchung der Schülerarbeitshefte oder anderer Begleitmaterialien wäre nicht aussagekräftig. Auch auf die Analyse von Lehrerbänden wurde verzichtet, da Schüler nur indirekt mit ihnen in Berührung kommen.

Als Grundlage zur Analyse der Schulbücher dienen zum einen die Lehrpläne für die bayerische Hauptschule aus den Jahren 1997 und 2004 und zum anderen die Verordnungen zur Zulassung von Lernmitteln einschließlich der Kriterien zur Begutachtung von Lernmitteln[208].

4.2 Aussagen des Lehrplans von 1997 zum Bereich Digitale Medien und Erwerb von Medienkompetenz

Der Lehrplan für die bayerische Hauptschule aus dem Jahr 1997 gliedert sich in drei Kapitel:
- Kapitel I, das den Bildungs- und Erziehungsauftrag der Hauptschule, Erziehung und Unterricht in der Hauptschule und das Schulleben darstellt,
- Kapitel II, das die fächerübergreifenden und fachbezogenen Unterrichts- und Erziehungsaufgaben definiert und
- Kapitel II, in dem die Lernziele und Lerninhalte der jeweiligen Jahrgangsstufen und Fächer aufgeführt sind.[209]

In allen drei Kapiteln wird der Bereich Medienerziehung angesprochen. So stehen in Kapitel I folgende Aussagen, die für den Erwerb von Medienkompetenz relevant sind:
- *„Orientierung in der Flut medial vermittelter Informationen, Anleitung zu sinnvoller Auswahl und überlegter Nutzung des Medienangebots"[210]*
- *„Eine neue Aufgabe wächst der Schule mit der Einführung in Grundlagen der Informations- und Kommunikationstechniken zu."[211]*
- *„Das Schulbuch, dosiert eingesetzte Arbeitsblätter und der Computer bereichern den Unterricht. Multimediales Arbeiten und die Informations-*

---
[208] siehe auch: Bayerisches Staatsministerium für Unterricht und Kultus (2004), Kriterien zur Begutachtung von Lernmitteln, zitiert nach:
http://www.km.bayern.de/imperia/md/content/pdf/lernmittel/9.pdf (01.04.2005)
[209] vgl.: Bayerisches Staatsministerium für Unterricht, Kultus, Wissenschaft und Kunst (1997), S.8
[210] Bayerisches Staatsministerium für Unterricht, Kultus, Wissenschaft und Kunst (1997), S. 12
[211] Bayerisches Staatsministerium für Unterricht, Kultus, Wissenschaft und Kunst (1997), S. 14

gewinnung aus Datennetzen ermöglichen neue Formen des Lehrens und Lernens."[212]
- *Sie erhalten Anregungen für vielfältige und sinnvolle Formen der Freizeitgestaltung.*"[213]

Medienerziehung als fächerübergreifende Aufgabe

Dass sich die Untersuchung der Schulbücher für die 7. Jgst. zum Lehrplan für die bayerische Hauptschule aus dem Jahr 1997 auf alle Pflichtfächer und Wahlpflichtfächer erstreckt und sich nicht nur auf mögliche Kernfächer wie Deutsch und Englisch beschränkt, in denen Medienkompetenz erworben werden könnte, liegt vor allem daran, dass es im Fächerkanon der bayerischen Hauptschule kein Fach Medienerziehung und kein Fach Computer gibt, während „*in zahlreichen Ländern (...) der Computer nicht nur als fachbezogenes Lernwerkzeug, sondern als Gegenstand eines eigenen Unterrichtsfaches betrachtet*"[214] wird. Der Erwerb von Medienkompetenz wird im Lehrplan 1997 als eine fächerübergreifende Aufgabe gesehen und beschränkt sich nicht auf ein Fach oder wenige Fächer.
Die Bedeutung des fächerübergreifenden Unterrichts wird im Lehrplan für die bayerische Hauptschule aus dem Jahr 1997 in Kapitel II mit dem Titel „Fächerübergreifende und fachbezogene Unterrichts- und Erziehungsaufgaben" betont:

„*Schule strebt nach Allgemeinbildung. Dazu gehört auch die erzieherische Aufgabe, das Bewusstsein für gesellschaftliche und persönliche Grund- und Zeitfragen zu entfalten und Hilfen für deren Bewältigung zu geben. Dies kann nicht allein im gefächerten Unterricht geschehen. Die Komplexität der Gegenstände und der Zusammenhang der Einzelaspekte erfordern fächerübergreifende Behandlung. (...) Im fächerübergreifenden Unterricht geht es darum, die Komplexität und Vernetzung wichtiger Lebensfragen zu verdeutlichen und die Schüler zu einem Denken in Zusammenhängen anzuleiten.*"[215]

Die fächerübergreifenden Aufgaben des Lehrplans aus dem Jahr 1997 umfassen drei Bereiche[216]:

---
[212] Bayerisches Staatsministerium für Unterricht, Kultus, Wissenschaft und Kunst (1997), S. 15
[213] Bayerisches Staatsministerium für Unterricht, Kultus, Wissenschaft und Kunst (1997); S. 17
[214] Senkbeil, Martin; Barbara Drechsel (2004), S. 177
[215] Bayerisches Staatsministerium für Unterricht, Kultus, Wissenschaft und Kunst (1997), S. 20
[216] vgl.: Bayerisches Staatsministerium für Unterricht, Kultus, Wissenschaft und Kunst (1997), S. 21-26

1. Aufschließen für gesellschaftliche Grund- und Zeitfragen – Politische Bildung (Menschenrechte, Menschenwürde, Frieden, Freiheitliche Ordnung, Interkulturelle Erziehung und Umwelt)
2. Hilfen zur persönlichen Lebensgestaltung (Gesundheit, Rücksichtnahme und Hilfe, Sexualität, Partnerschaft, Familie, Freizeit, Medien, Verkehrserziehung, Sicherheitserziehung) und
3. Vorbereitung auf das Arbeits- und Wirtschaftsleben (Wirtschaft, Technik, Informationstechnische Bildung, Berufliche Orientierung)

Die Bereiche digitale Medien und Erwerb von Medienkompetenz werden an vier Stellen als fächerübergreifende Aufgaben angesprochen:

- Medien

„2.14 Die Schüler werden ermutigt, vielfältige Primärerfahrungen mit Menschen, Natur und Kultur zu machen. Die Medien können diese Erfahrungen ergänzen. Sie bieten die Chance, die eigene Welterfahrung zu erweitern. Die Schüler sollen aber auch Risiken und Gefahren erkennen, denen sie durch wirklichkeitsverfälschende Angebote der Medien und unkritischen Gebrauch ausgesetzt sind. Dazu müssen sie deren Verbreitung und Wirkung, Leistungsfähigkeit und Grenzen kennen, ihren Charakter und Wirklichkeitsgrad beurteilen und die Interessen einschätzen können, die offen oder versteckt hinter den "Botschaften" stehen. Nur dann können sie Medien sinnvoll nutzen statt sich von ihnen beherrschen zu lassen."[217]

- Vorbereitung auf das Arbeit- und Wirtschaftsleben

„2.16 Im täglichen Leben werden Schüler in vielfältiger Weise mit den Erscheinungsformen und Folgen des Wirtschaftslebens und der modernen Technik konfrontiert, sei es im privaten Haushalt, bei Konsum und Werbung, in der Computeranwendung und bei verschiedenen Formen moderner Kommunikation und Medien. Die jungen Menschen sind fasziniert von den Möglichkeiten der Technik, erfahren sie aber auch als komplex und bedrohlich."[218]

- Technik

„2.18 Die Schüler machen sich die Chancen und Risiken moderner Technik bewusst. Dabei geht es z. B. darum, schonend mit den Ressourcen der

---

[217] Bayerisches Staatsministerium für Unterricht, Kultus, Wissenschaft und Kunst (1997), S. 24
[218] Bayerisches Staatsministerium für Unterricht, Kultus, Wissenschaft und Kunst (1997), S. 25

Umwelt umzugehen, die Gesundheit zu erhalten, vernünftige Lösungen im Verkehrswesen zu finden. In den arbeitstechnischen Fächern bearbeiten sie technische Aufgabenstellungen unter gestalterischen, funktionalen, ökonomischen und ökologischen Gesichtspunkten. Dabei werden Bereitschaft und Fähigkeit zu verantwortlichem Umgang mit der Technik angebahnt."[219]

- Informationstechnische Bildung

„2.19 Für die berufliche Zukunft der Schüler ist der Umgang mit elektronischer Datenverarbeitung erforderlich. Informationstechnische Bildung gewährt Einblick in die vielfältigen Einsatzformen und Möglichkeiten des Computers. Die Schüler erwerben grundlegende Kenntnisse, Fertigkeiten und Strategien zur Beschaffung, Verarbeitung, Auswertung und Darstellung von Daten und Informationen; sie erkennen, wie der Computer in unterschiedlichen Bereichen sinnvoll eingesetzt werden kann. Diese Grunderfahrungen sind die Voraussetzung für einen selbstständigen und verantwortungsbewussten Umgang, der auch die Auswirkungen der Informations- und Kommunikationstechniken im gesellschaftlichen, beruflichen und privaten Bereich im Blick hat. Dazu gehören wirtschaftliche, soziale, ethische und politische Fragen z. B. des Arbeitsmarkts, der Wettbewerbsfähigkeit in der Wirtschaft, des Daten- und Persönlichkeitsschutzes. Multimediales Arbeiten und die Informationsgewinnung aus Datennetzen geben neue Möglichkeiten, die Welt zu erschließen und mit anderen Menschen in Verbindung zu treten."[220]

Die oben genannten fächerübergreifenden Aufgaben sind nicht auf einzelne Jahrgangsstufen beschränkt, orientieren sich aber an den Lernzielen der einzelnen Fächer:

„Der fächerübergreifende Unterricht stützt sich auf das Spezialwissen der Fächer; der gefächerte Unterricht wird in der fächerübergreifenden Behandlung zusammengeführt."[221]

Außerdem wird der Raum, den die Behandlung von fächerübergreifenden Aufgaben im Unterricht einnehmen kann, eingeschränkt und auf das exemplarische Arbeiten verwiesen, das sich auch an der Lebenswirklichkeit der Schüler orientieren soll:

---

[219] Bayerisches Staatsministerium für Unterricht, Kultus, Wissenschaft und Kunst (1997), S. 25
[220] Bayerisches Staatsministerium für Unterricht, Kultus, Wissenschaft und Kunst (1997), S. 25
[221] Bayerisches Staatsministerium für Unterricht, Kultus, Wissenschaft und Kunst (1997), S. 20

„Angesichts der Fülle der anstehenden gesellschaftlichen und persönlichen Grund- und Zeitfragen und angesichts der Dichte ihrer Vernetzung kann die Behandlung im Unterricht nur an ausgewählten Themen erfolgen. Als Auswahlkriterien bieten sich neben der grundsätzlichen Bedeutsamkeit die Aktualität, das Interesse und die Betroffenheit der Schüler sowie die Ergiebigkeit für die exemplarische Behandlung an."[222]

4.3 Zielfragen

1. In welchem Maße erfüllen Schulbücher die amtlichen Vorgaben zum Umgang mit digitalen Medien?

Im Kapitel I des LP 1997 heißt es:

„Eine neue Aufgabe wächst der Schule mit der Einführung in Grundlagen der Informations- und Kommunikationstechniken zu."[223]

In den Kriterien für die Begutachtung von Lernmitteln werden die neuen Medien angesprochen:

„Das Lernmittel soll einer Medienerziehung dienen, die möglichst alle Medien, von den Printmedien bis hin zu Multimedia, gleichermaßen berücksichtigt."[224]

2. Welchen Beitrag leisten Schulbücher zum Erwerb von digitaler Medienkompetenz?

In den Kriterien für die Begutachtung von Lernmitteln heißt es hierzu:

„Die Heranwachsenden sollen sich der Bedeutung und der Wirkung der Medien auf das Individuum und die Gesellschaft bewusst werden und lernen, mit den Medien kompetent umzugehen."[225]

Im Kapitel 1 „Grundlagen und Leitlinien" des Lehrplans für die bayerische Hauptschule wird unter der Rubrik „Hilfe zur persönlichen Lebensgestaltung" genannt:

„Orientierung in der Flut medial vermittelter Informationen, Anleitung zu sinnvoller Auswahl und überlegter Nutzung des Medienangebots"[226]

---

[222] Bayerisches Staatsministerium für Unterricht, Kultus, Wissenschaft und Kunst (1997), S. 20
[223] Bayerisches Staatsministerium für Unterricht, Kultus, Wissenschaft und Kunst (1997), S. 14
[224] Bayerisches Staatsministerium für Unterricht und Kultus (2004), Kriterien zur Begutachtung von Lernmitteln, S. 9, zitiert nach: http://www.km.bayern.de/imperia/md/content/pdf/lernmittel/9.pdf [01.04.2005]
[225] Bayerisches Staatsministerium für Unterricht und Kultus (2004), a.a.O.
[226] Bayerisches Staatsministerium für Unterricht, Kultus, Wissenschaft und Kunst (1997), S. 12

Unter dem Punkt „Informationstechnische Bildung" weist der Lehrplan folgende Ziele aus:
> *„Multimediales Arbeiten und die Informationsgewinnung aus Datennetzen geben neue Möglichkeiten, die Welt zu erschließen und mit anderen Menschen in Verbindung zu treten."*[227]

Im Lehrplan heißt es hierzu im Kapitel „Fachbezogene Unterrichts- und Erziehungsaufgaben" im Bereich des Faches Deutsch:
> *„Offene Unterrichtsformen, z. B. Lern- und Übungszirkel und Projekte, sowie handlungsorientierte Arbeitsweisen, auch in Verbindung mit dem Einsatz audiovisueller Medien und des Computers, machen das Gelernte verfügbar und fördern seine Verwendung in neuen Zusammenhängen."*[228]

Außerdem soll der Frage nachgegangen werden, inwieweit Schulbücher einem *cultural lag* in Bezug auf digitale Medien unterliegen und wie aktuell Schulbücher auf kulturelle und technische Entwicklungen reagieren können?

4.4 Forschungsmethoden

Im Bereich der Schulbuchanalysen werden vor allem drei Methoden angewandt:
1. die hermeneutische Methode, bei der die Texte deskriptiv analysiert werden,
2. die quantitative Inhalts- oder Textanalyse, bei der die jeweils zu untersuchenden Items und Themen in ihrer Häufigkeit erfasst werden bzw. darin, welchen Raum diese Items und Themen in den Schulbüchern einnehmen und
3. die qualitative Inhalts- oder Textanalyse[229], bei der das Untersuchungsmaterial anhand von festgelegten Kategorien analysiert und verglichen wird. Diese Methode stammt aus der empirischen Sozialforschung.
> *„Die qualitative Inhaltsanalyse wertet Texte aus, indem sie ihnen in einem systematischen Verfahren Informationen entnimmt(...). Zu diesem Zweck wird der Text mit einem vorher konstruierten Analyseraster auf relevante Informationen hin durchsucht. Ob eine Information relevant ist, hängt von theoretischen Vorüberlegungen, d. h. vom Untersuchungsziel, ab. Die dem Text entnommenen Informationen werden den Kategorien*

---

[227] Bayerisches Staatsministerium für Unterricht, Kultus, Wissenschaft und Kunst (1997), S. 25
[228] Bayerisches Staatsministerium für Unterricht, Kultus, Wissenschaft und Kunst (1997), S. 38
[229] vgl.: Mayring (^{8}2003)

des Analyserasters zugeordnet und relativ unabhängig vom Text weiterverarbeitet, d. h. umgewandelt, mit anderen Informationen synthetisiert, verworfen usw."[230]

Da alle drei Verfahren ihre Vorzüge aufweisen, werden diese Methoden in der Schulbuchforschung auch miteinander verknüpft[231], so dass die Nachteile einer einseitig ausgerichteten Methodenwahl minimiert werden können.

In der vorliegenden Arbeit wurden sowohl quantitative als auch qualitative vergleichende Forschungsmethoden gewählt. Dabei werden verschiedene Aspekte des Bereiches „Digitale Medien" fokussiert. Im Mittelpunkt steht die Frage, ob und wie diese Aspekte im Schulbuch Berücksichtigung finden. Die Untersuchung ist vierdimensional angelegt[232]:

a) als Horizontalanalyse

Die Analyse erstreckt sich auf 47 Unterrichtswerke zu den 14 Pflicht- und Wahlpflichtfächern der 7. Jgst., ausgenommen das Fach Sport. Alle Schulbücher, die im Rahmen des LP 1997 für die 7. Jgst. der Hauptschule für die Fächer zugelassen wurden, wurden erfasst und unter dem Aspekt „Digitale Medien und Erwerb von Medienkompetenz" analysiert.

b) als Vertikalanalyse

Das Thema „Digitale Medien und Erwerb von Medienkompetenz" wird im Bereich Deutsch quer an Hand von insgesamt zehn Lesebüchern und Sprachbüchern untersucht, die im Rahmen des Lehrplans von 1997 für die 5. bis 9. Jgst. der Hauptschule zugelassen wurden.

---

[230] Gläser; Jochen; Grit Laudel (1999). Theoriegeleitete Textanalyse? Das Potential einer variablenorientierten qualitativen Inhaltsanalyse, Berlin, 1999, zitiert nach: http://skylla.wz-berlin.de/pdf/1999/p99-401.pdf [14.11.2004]
[231] vgl.: Mayring (^{8}2003)
[232] vgl.: Bamberger, Richard (1995). Methoden und Ergebnisse der internationalen Schulbuchforschung im Überblick. In: Olschewski, Richard (Hrsg.) (1995). Schulbuchforschung. Frankfurt

c) als Aspektanalyse

Der Aspekt der „Digitalen Medien und Erwerb von Medienkompetenz" wird hervorgehoben und in seiner Umsetzung im Schulbuch betont. Andere Themenbereiche, die im Zusammenhang mit dem Erwerb von Medienkompetenz von Bedeutung sein könnten, werden nicht erfasst: Fernsehen, Radio, Video, Bücher und andere Medien.

d) als vergleichende Analyse

Schulbücher werden in ihren Veränderungen in Bezug auf die Lehrplanentwicklung verglichen und untersucht. Die zeitliche Nähe zwischen den beiden Lehrplänen von 1997 und 2004 lässt es zu, überarbeitete und neu konzipierte Lehrwerke aus den Jahren 2004 und 2005 mit den Lehrwerken aus den Jahren 1997 ff hinsichtlich des Themenbereichs „Digitale Medien und Erwerb von Medienkompetenz" vergleichend zu analysieren. Außerdem werden Vergleiche gezogen zwischen den Lehrwerken für die Regelklassen und den Lehrwerken für die Klassen des Mittlere-Reife-Zugs.

4.5 Untersuchungszeitraum

Der Untersuchungszeitraum umfasst die Jahre 1997 bis 2005. Mit Beginn des Schuljahres 1997/1998 trat der Lehrplan für die bayerische Hauptschule aus dem Jahr 1997 in Kraft, zunächst für die 5. und 7. Jgst., im Jahr darauf für die 6. und 8. Jgst. und im Schuljahr 1999/2000 für die 9. Jgst.. Für die 10. Klasse des Mittlere-Reife-Zuges der Hauptschule gab es keinen eigenen Lehrplan. Der fehlende Lehrplan für die 10. Jgst. war einer von mehreren Gründen[233], die zu einer raschen Überarbeitung des Lehrplans führten. Seit dem Schuljahr 2004/2005 ist in der 5. und 7. Jgst. der neue Lehrplan gültig, im Schuljahr 2005/2006 wird er für die 6. und 8. Klassen verbindlich und im Schuljahr 2006/2007 folgen die Jahrgangsstufen 9 und 10. Der neue Lehrplan ist ab der 7. Jgst. in zwei Lehrpläne gegliedert: einen Lehrplan für die Regelklassen und einen Lehrplan für die Mittlere-Reife-Klassen.[234]

---

[233] vgl.: Göldner, Hans-Dieter (2004). Neuer Lehrplan für die bayerische Hauptschule. In: Schulverwaltung, 27. Jahrgang, Nr. 5, Kronach: Carl Link Verlag, S. 164-170
[234] Bayerisches Staatsministerium für Unterricht und Kultus (2004a-c)

Der Lehrplan für die bayerische Hauptschule aus dem Jahr 1997 war bis zu seiner Ablösung durch den LP 2004 insgesamt sieben Jahre gültig. Die Schulbücher, die in den Jahren 1997 ff zu diesem Lehrplan erschienen sind, werden in den kommenden Jahren in den Schulen sukzessive durch neue Schulbücher ersetzt. Wie schnell dies geschieht, hängt zum einen vom Grad der Überarbeitung bzw. dem Umfang der fachlichen Neuerungen in den überarbeiten Fachlehrplänen statt, zum anderen auch von der finanziellen Situation der Sachaufwandsträger[235].

Ob die Diskussion um das Schulbuchgeld[236], das im Schuljahr 2005/2006 in Bayern eingeführt wird, zu einer vermehrten Neuanschaffung von Schulbüchern führen wird, bleibt abzuwarten. Da aber schon bei der Einführung des Hauptschullehrplans im Jahr 1997 es viele Schulen erst nach Jahren es erreicht hatten, neue Schulbücher in allen Fächern angeschafft zu haben und die finanzielle Situation vieler Kommunen seitdem sich eher verschlechtert als verbessert hat, ist davon auszugehen, dass einige Schulbücher, die zum Lehrplan für die bayerische Hauptschule aus dem Jahr 1997 entwickelt wurden, weiterhin in den Schulen eingesetzt werden. Der Prospektivität von Schulbüchern kommt somit vermehrte Bedeutung zu, da sie – um nicht frühzeitig zu veralten - zum Zeitpunkt ihrer Entstehung sehr aktuell sein müssen und gegebenenfalls sogar Entwicklungen antizipieren müssen. Gleichzeitig müssen Schulbücher auf Fragestellungen zurückgreifen, die von allgemeinem Bildungsgehalt sind und weniger Abhängigkeit von technischen Neuerungen und gesellschaftspolitischem Zeitgeist aufweisen. Die Frage der Medienerziehung und des Erwerbs von Medienkompetenz gehört sicherlich dazu.

---

[235] Sachaufwandsträger der meisten bayerischen Hauptschulen sind die Kommunen.
[236] Ab dem 01.08.2005 wird in Bayern ein Schulbuchgeld an Grund- und Förderschulen in Höhe von 20 Euro, an Gymnasien, Haupt- und Realschulen in Höhe von 40 Euro pro Kind und Schuljahr von den Eltern erhoben. Was die Verwendung der Gelder anbelangt, äußerte sich Staatsminister Siegfried Schneider in der Süddeutschen Zeitung vom 14.06.2005: „Wofür das Geld genutzt wird? Zunächst für Schulbücher. Der Landtag berät gerade, ob man das erweitern kann auf digitale Medien für die Hand des Schülers.", zitiert nach: Süddeutsche Zeitung vom 14.06.2005, S. 46

4.6 Auswahl und Festlegung der Untersuchungsitems

Da sich die Schulbücher am Lehrplan orientieren müssen, finden vor allem die Lehrplanaussagen zum Bereich Medienkompetenz bei der Auswahl der Untersuchungsitems Berücksichtigung. Eine weitere Grundlage bilden die Bestimmungen und Kriterien zur Schulbuchzulassung, es wird also geprüft, inwieweit die Schulbücher den in den Kriterienkatalogen aufgeführten Anforderungen bezüglich der Medienerziehung gerecht werden. Des Weiteren wurde auf die Erkenntnisse aus der Mediendidaktik und Medienpädagogik, wie sie in Kapitel 3 der vorliegenden Arbeit deutlich wurden, in der Festlegung der Untersuchungsitems Bezug genommen. Den Orientierungsrahmen für die Bildung der Untersuchungsitems zeigt Tab. 9.

Tab. 9: Untersuchungsdesign

Orientierungsrahmen zur Bildung der Untersuchungsitems		
amtliche Vorgaben zu dig. Medien und zur Medienerziehung	Lebenswirklichkeit der Schüler	wissenschaftliche Erkenntnisse zu den Bereichen
Lehrplan 1997	Nutzung dig. Medien im Zeitraum 1997-2004	Chancen digitaler Medien
Lehrplan 2004	Nutzung dig. Medien im Zeitraum ab 2004	Gefahren durch digitale Medien
Kriterienkataloge zur Schulbuchzulassung 1994, 2000, 2004	schulische Situation: Ausstattung, Kompetenz der Lehrkräfte	Computerkompetenz (PISA2000, PISA 2003)

So ergaben sich insgesamt 25 Untersuchungsitems, die sich nach folgenden Schwerpunkte gruppieren lassen:
- Nennung bzw. Abbildung digitaler Medien, die wie folgt unterschieden werden:

1. Computer (Rechner, Laptop)
2. Speichermedium: Diskette
3. Speichermedium: CD-ROM
4. Speichermedium: DVD
5. Internet, Intranet
6. E-Mail-Kommunikation
7. Computeranwendung im Arbeits- und Wirtschaftsleben
8. weitere digitale Medien (z. B. Digitalcamera, Beamer)

- Angebote im Schulbuch zu Fragestellungen der sinnvollen Auswahl und überlegten Nutzung des Medienangebots:

9. Hinweise zum technischen Umgang mit dem PC bzw. mit Software-Programmen
10. Auswahl von Computerspielen (Eignung, Verbote)
11. Medienbotschaften kritisch beurteilen können (z.B. Realität vs. Virtualität)
12. Freizeitgestaltung, Zeitmanagement und Selbstkontrolle im Umgang mit dem PC
13. Chatrooms, Diskussionsforen
14. Bewusst werden der Bedeutung und Wirkung der Medien auf die Gesellschaft

- Hinweise auf Möglichkeiten und die sinnvolle Nutzung digitaler Medien:

15. Vorteile wie z.B. Interaktivität, Datenmenge der Informationen, Aktualität
16. Anregungen zum Lernen mit dem Computer, Vorbereitung von Referaten
17. Hinweise auf Lernsoftware
18. Informationsgewinnung aus Datennetzen, Hinweise auf Websites und Internetadressen
19. Umgang mit Suchmaschinen
20. Erweiterung der Ausdrucksfähigkeit (z. B. Homepage erstellen, E-Mails schreiben)

- Hinweise auf Gefahren bei der Nutzung digitaler Medien

21. psychischer Art (z.b. Sucht, Isolation, Gewalt)
22. physischer Art (z.b. Bildschirmstrahlung, mangelnde Bewegung)
23. finanzieller Art (z.b. Dialerprogramme, Viren)
24. rechtlicher Art (Download, Raubkopien, Urheberrecht, Jugendschutz, Datenschutz)
25. sonstige bzw. allgemeine Gefahren

Alle Schulbücher der Untersuchung A werden jeweils in ihren Texten, Abbildungen und Arbeitsaufträgen bzw. Aufgabenstellungen auf diese Untersuchungsitems hin untersucht. Auf eine differenzierte Raumanalyse wurde verzichtet.

4.7 Gesamtübersicht zur Schulbuchanalyse

In der Untersuchung A wurde der in Tab. 10 abgebildete Untersuchungsbogen verwendet. Er erfasst Daten zum untersuchten Schulbuch (u.a. Titel, Fach, Jgst., Verlag, Erscheinungsjahr) und listet die 25 Untersuchungsitems auf, jeweils bezogen auf Texte, Bilder und Aufgaben bzw. Arbeitsaufträge. Bei den Untersuchungen B und C diente der Untersuchungsbogen lediglich als Orientierung, da hier qualitative und vergleichende Aspekte stärker berücksichtigt wurden.

In den Auswertungstabellen der Untersuchung A, wie sie z.B. in Tab. 12, Tab. 13 und Tab. 14 für die Fächer katholische bzw. evangelische Religionslehre und Ethik folgen, wurden aus Gründen der Übersichtlichkeit einzelne Untersuchungsitems zusammengefasst:
- Nr. 2 (Speichermedium: Diskette), Nr. 3 (Speichermedium: CD-ROM), Nr. 4 (Speichermedium: DVD) und Nr. 8 (weitere digitale Medien, z. B. Digitalcamera, Beamer)
- Nr. 9 (Hinweise zum technischen Umgang mit dem PC bzw. mit Software-Programmen) und Nr. 13 (Chatrooms, Diskussionsforen)
- Nr. 10 (Auswahl von Computerspielen: Eignung, Verbote) und Nr. 12 (Freizeitgestaltung, Zeitmanagement und Selbstkontrolle im Umgang mit dem PC)

- Nr. 11 Medienbotschaften kritisch beurteilen können (z.B. Realität vs. Virtualität) und Nr. 14 (Bewusst werden der Bedeutung und Wirkung der Medien auf die Gesellschaft)
- Nr. 16 (Anregungen zum Lernen mit dem Computer, Vorbereitung von Referaten) und Nr. 17 (Hinweise auf Lernsoftware)

Tab. 10: Untersuchungsbogen

Titel des Lehrwerks			Jahrgangsstufe		Fach
Verlag			Erscheinungsjahr		Lehrplan
	Texte	Bilder	Aufgaben, Arbeitsaufträge		Ort
Nennung bzw. Abbildung digitaler Medien:					
1. Computer (Rechner, Laptop)					
2. Speichermedium: Diskette					
3. Speichermedium: CD-ROM					
4. Speichermedium: DVD					
5. Internet, Intranet					
6. E-Mail-Kommunikation					
7. Computeranwendung im Arbeits- und Wirtschaftsleben					
8. weitere digitale Medien (z. B. Digitalcamera, Beamer)					
Angebote im Schulbuch zu Fragestellungen der sinnvollen Auswahl und überlegten Nutzung des Medienangebots:					
9. Hinweise zum technischen Umgang mit dem PC bzw. mit Software-Programmen					
10. Auswahl von Computerspielen(Eignung, Verbote)					
11. Medienbotschaften kritisch beurteilen können (z.B. Realität vs. Virtualität)					

Titel des Lehrwerks	Untersuchungsbogen, Seite 2			
	Texte	Bilder	Aufgaben, Arbeitsaufträge	Ort (ggf. Anzahl)
12. Freizeitgestaltung, Zeitmanagement und Selbstkontrolle im Umgang mit dem PC				
13. Chatrooms, Diskussionsforen				
14. Bewusst werden der Bedeutung und Wirkung der Medien auf die Gesellschaft				
Hinweise auf Möglichkeiten				
15. Vorteile wie z.B. Interaktivität, Datenmenge der Informationen, Aktualität				
16. Anregungen zum Lernen mit dem Computer, Vorbereitung von Referaten				
17. Hinweise auf Lernsoftware				
18. Informationsgewinnung aus Datennetzen, Hinweise auf Websites und Internetadressen				
19. Umgang mit Suchmaschinen				
20. Erweiterung der Ausdrucksfähigkeit (z. B. Homepage erstellen, E-Mails schreiben)				
Hinweise auf Gefahren				
21. psychischer Art (z.B. Sucht, Isolation, Gewalt)				
22. physischer Art (Bildschirmstrahlung, mang. Bewegung)				
23. finanzieller Art (z.B. Dialerprogramme, Viren)				
24. rechtlicher Art (Download, Raubkopien, Urheberrecht, Jugendschutz, Datenschutz)				
25. sonstige bzw. allgemeine Gefahren				

Die Gesamtübersicht der drei Teiluntersuchungen, der Maßstäbe zur Bewertung von Schulbüchern und die Herkunft der Daten, die zur Analyse herangezogen werden, wird aus Abb. 2 deutlich.

Abb. 2: Gesamtübersicht zur Schulbuchanalyse

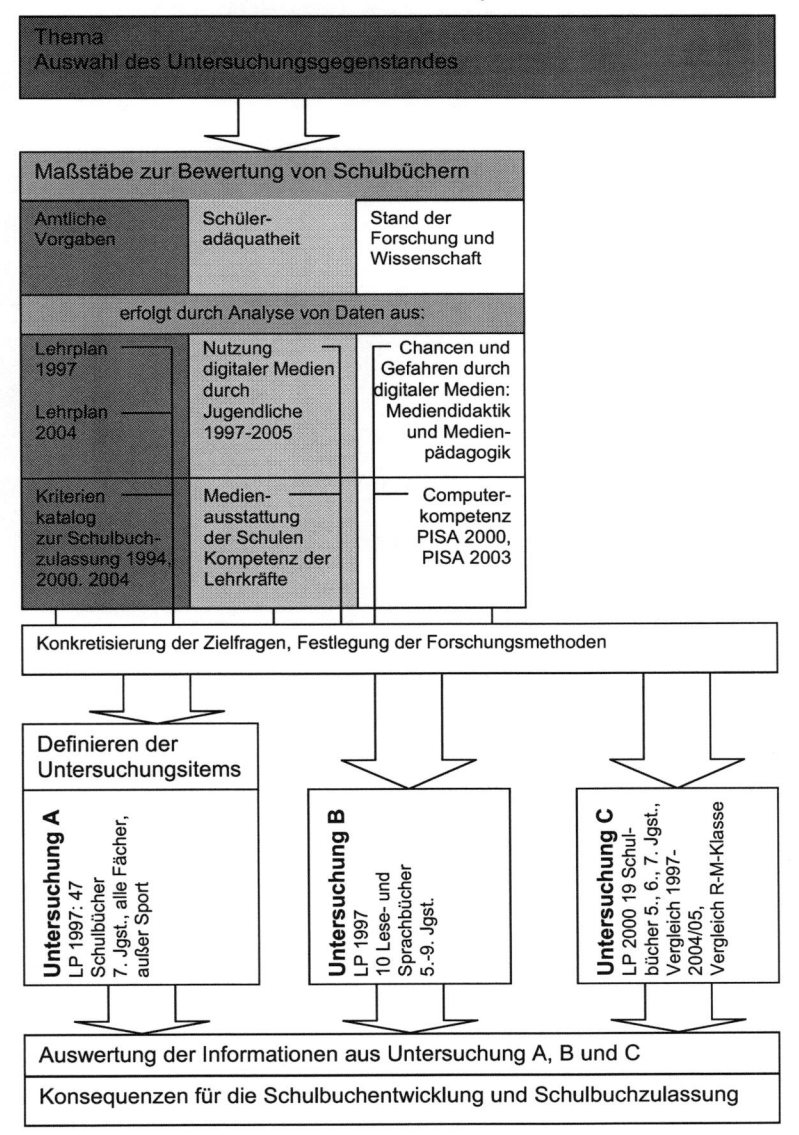

Thema
Auswahl des Untersuchungsgegenstandes

Maßstäbe zur Bewertung von Schulbüchern

Amtliche Vorgaben	Schüleradäquatheit	Stand der Forschung und Wissenschaft

erfolgt durch Analyse von Daten aus:

Lehrplan 1997	Nutzung digitaler Medien durch Jugendliche 1997-2005	Chancen und Gefahren durch digitaler Medien: Mediendidaktik und Medienpädagogik
Lehrplan 2004		
Kriterienkatalog zur Schulbuchzulassung 1994, 2000, 2004	Medienausstattung der Schulen Kompetenz der Lehrkräfte	Computerkompetenz PISA 2000, PISA 2003

Konkretisierung der Zielfragen, Festlegung der Forschungsmethoden

Definieren der Untersuchungsitems

Untersuchung A
LP 1997: 47 Schulbücher 7. Jgst., alle Fächer, außer Sport

Untersuchung B
LP 1997
10 Lese- und Sprachbücher
5.-9. Jgst.

Untersuchung C
LP 2000 19 Schulbücher 5., 6., 7. Jgst., Vergleich 1997-2004/05, Vergleich R-M-Klasse

Auswertung der Informationen aus Untersuchung A, B und C
Konsequenzen für die Schulbuchentwicklung und Schulbuchzulassung

5 Ablauf der Untersuchung

Die drei Teiluntersuchungen wurden zeitlich nacheinander durchgeführt, was vor allem darin begründet liegt, dass manche der in Untersuchung C untersuchten Schulbücher erst im Mai und Juni 2005 entwickelt wurden und sich zum Teil noch im Zulassungsverfahren befinden.

Tab. 11: Überblick: Untersuchungen A, B und C

Schulbücher	Untersuchung A	Untersuchung B	Untersuchung C
Zeitraum, in dem sie eingesetzt wurden bzw. werden	1997-2004	1997-2006	ab 2004
Jahrgangsstufe	7. Jgst.	5. bis 9. Jgst.	5., 6. und 7. Jgst.
Anzahl	47	10	19
Schulbuchseiten	7434	2280	3684
Fächer	alle Fächer und Wahlfächer, außer Sport	Deutsch	Deutsch, GSE, Mathematik, AWT

5.1 Untersuchung A: Analyse der Schulbücher für die 7. Jahrgangsstufe

5.1.1 Auswertung nach Fächern

Die 47 Schulbücher für die 7. Jahrgangsstufe der bayerischen Hauptschule wurden anhand des in Tab. 10 aufgeführten Untersuchungsbogen analysiert. Dabei wurden quantitativ nach den drei Bereichen *Nennung digitaler Medien, Chancen und sinnvolle Nutzung sowie Gefahren durch digitale Medien* unterschieden. Bei der quantitativen Erfassung wurden Inhaltsverzeichnis und Register nicht berücksichtigt. Die in den Auswertungstabellen angegebenen Werte beziehen sich auf die Anzahl der Seiten, auf denen digitale Medien genannt bzw. Anregungen und Hinweise zu ihren Chancen und Gefahren beschrieben werden. Dabei werden die gefundenen Stellen jeweils nach Texten, Bildern und Arbeitsaufträgen getrennt erfasst, beschrieben und bewertet.

Die Reihenfolge der Fächer erfolgte gemäß der Anordnung der Fächer im Lehrplan für die bayerische Hauptschule aus dem Jahr 1997. Da für die Fächer *katholische Religionslehre, evangelische Religionslehre* und *Ethik* jeweils nur ein bzw. zwei Lehrwerke erschienen, wurden die drei Fächer in der Analyse zusammengefasst, so dass Vergleiche möglich wurden. Im Fach Deutsch werden Lesebücher und Sprachbücher getrennt aufgeführt, da es sich um zwei unterschiedliche Schulbuchtypen handelt. Zum Lehrplan 1997 lag kein kombiniertes Sprach- und Lesebuch vor.[237]

Katholische Religionslehre, evangelische Religionslehre, Ethik

Zum LP 1997 sind zwei Schulbücher für das Fach katholische Religionslehre erschienen, „*Reli 7*" (KTR1) und „*Einfach Leben*" (KTR2), sowie ein Lehrwerk für das Fach evangelische Religionslehre: „*Da sein – Wege ins Leben 7*" (EVR1). Für das Fach Ethik wurde das Lehrwerk „*Ethik 7/8*" (ETH1) aus dem Cornelsen Verlag untersucht. Dieses Schulbuch stellt im Rahmen dieser Untersuchung eine Besonderheit dar, weil es das einzige Buch ist, das sich auf zwei Jahrgangsstufen bezieht, die 7. und 8. Klasse. Es ist zudem nicht eigens für den bayerischen Hauptschullehrplan konzipiert oder überarbeitet worden, sondern nur *befristet zugelassen bis zur Erscheinung eines Lernmittels, das den amtlichen Lehrplan vollständig entspricht.*[238]

Aussagen des Lehrplans:
Der Lehrplan nimmt nur im Fach katholische Religionslehre in den fachbezogenen Unterrichts- und Erziehungsaufgaben konkret auf den Bereich Mediengebrauch Bezug: „*Dabei sollen sie sich u. a. mit ihren eigenen Vorstellungen und Erfahrungen zu Freizeitgestaltung, Mediengebrauch, Konfliktbewältigung, Freundschaft und Sexualität auseinander setzen.*"[239] Jedoch ergeben sich aus den Lernzielen der Fachlehrpläne, auch wenn digitale Medien nicht ausdrücklich genannt werden, mannigfaltige Möglichkeiten, auf diese einzugehen.

---

[237] Zum neuen Lehrplan 2004 sind mittlerweile kombinierte Sprach- und Lesebücher für das Fach Deutsch erschienen.
[238] Im Verzeichnis der zum Gebrauch an Schulen zugelassenen Lernmittel (Stand: 29.09.2000) heißt es: „befr. zugel. b.z. Erscheinen eines dem amtl. LP vollst. entspr. Lernmittels", zitiert nach Bayerisches Staatsministerium für Unterricht und Kultus (2000c)
[239] Bayerisches Staatsministerium für Unterricht, Kultus, Wissenschaft und Kunst (1997), S. 2

Auszüge aus dem Fachlehrplan Evangelische Religionslehre (Jahrgangsstufe 7)
„7.1 So möchte ich sein - Leitbilder für das Leben . KR 7.5, Ku 7.7
Auf der Suche nach einer eigenen Richtung ihres Lebens orientieren sich Jugendliche oft an Personen, deren Verhaltensweisen ihren Wünschen entsprechen oder die ihre Ideale verkörpern. Häufig fehlen solche Gestalten im näheren Lebensbereich; umso leichter werden erfolgreiche Menschen (oder auch Parolen) aus der Medien- und Erlebniswelt zu Leitbildern fragwürdiger Vorbilder (z. B. gewalttätige "Supermänner"), Lebensglück verheißender kommerzieller Erfolgskarrieren (z. B. Sportler, Mediengrößen), den Alltag "verschönernder" Traumwelten (Musik, Idole, Drogen) (...)
7.5.2 Menschen gefährden Eigentum - Eigentum gefährdet Menschlichkeit
7.5.3 Eigentum ist uns von Gott anvertraut
- Wir alle haben Mitverantwortung für fremdes bzw. öffentliches Eigentum (Kaufhausdiebstahl, Schwarzfahren, Umgang mit Gefundenem, "Vandalismus" o. Ä)
7.6.1 Eine christliche Gemeinde in einem anderen Erdteil heute
7.6.3 Weltweite Partnerschaft von Christen heute
-Einsatz für mehr Gerechtigkeit: Beispiele für kirchlichen Entwicklungsdienst; "Brot für die Welt"; Möglichkeiten, diese Aktivitäten zu unterstützen, ggf. Patenschaften oder Briefpartnerschaften"[240]

Mögliche Konkretisierungen der oben genannten Lernziele könnten z. B. das illegale Downloaden und Kopieren von Software und Spielen (*Eigentum*), das kritische Hinterfragen von digitalen Erlebniswelten (*So möchte ich sein*) und das Anbahnen von E-Mail-Kommunikation (*weltweite Partnerschaft von Christen heute*) und die Informationsgewinnung aus dem Internet sein.

Auszüge aus dem Fachlehrplan Ethik (Jahrgangsstufe 7):
„Den Schülern soll bewusst werden, von welchen "Werten" sie bei ihren Leitbildern angezogen werden; sie sollen fähig werden, ihre Vorbilder und Leitvorstellungen daraufhin zu befragen, inwieweit sie für ihren eigenen Lebensweg brauchbare Wegweiser sein können. In der Auseinandersetzung mit Lebensentwürfen können sie entdecken, welche Ziele für sie persönlich gute, lebenswerte Ziele sein können.

---

[240] Bayerisches Staatsministerium für Unterricht, Kultus, Wissenschaft und Kunst (1997), S.184

7.1.1 Wovon wir uns leiten lassen
(...)Was bedeuten uns Idole, was Werbung? Was erwarten wir in Wirklichkeit für unsere eigene Zukunft?
7.1.2 Was Leitbilder aus uns machen können (...)
7.3 Maßstäbe ethischer Orientierung: „Die Schüler sollen lernen, ihre Entscheidungen an Maßstäben ethischer Orientierung zu treffen.(...)"[241]

Katholische Religionslehre

In den beiden Schulbüchern zum Fach katholische Religionslehre finden sich nur ganz wenige Hinweise auf digitale Medien. Im Lehrwerk KTR1 wird an einer Stelle[242] die Nutzung des Computers bei der Arbeit als Fernsehpfarrer gezeigt. An einer anderen Stelle werden im Kapitel *„Schuld und Angst – eine Wirklichkeit in unserem Leben"* Computerspiele als Statussymbol von Jugendlichen genannt:
„Außerdem besitzt er eine Stereoanlage, einen Videorekorder, Computerspiele,... Auch mit seinen Freunden kann er nicht viel anfangen. Die kommen immer nur wegen der Computerspiele..."[243]
Hinweise auf die Informationsbeschaffung mittels Internet gibt es im Schulbuch KTR1 überhaupt nicht.
Der einzige Hinweis in KTR2 auf eine Internetadresse bezieht sich auf Informationen zur Arbeit gegen die Lepra-Krankheit in Pakistan:
„Wenn du mehr (...) herausfinden willst, kannst du dich wenden an: „Deutsches Aussätzigen-Hilfswerk (...) e-mail: dahw@geod.geonet.de Internet www.dahw.de"[244]
Über diese Nennung hinaus gibt es fast keine Hinweise auf digitale Medien im Schulbuch KTR2.[245]

Evangelische Religion

Wesentlich mehr Hinweise auf Internet-Adressen von Institutionen finden sich im einzigen für das Fach Evangelische Religionslehre zum LP 1997 zugelasse-

---
[241] Bayerisches Staatsministerium für Unterricht, Kultus, Wissenschaft und Kunst (1997), S.184-187
[242] KTR1, S. 27
[243] KTR1, S. 66
[244] KTR2, S. 115
[245] So heißt es auf S. 11 in KTR2: „In Zeitschriften, Bildern, der Werbung, auf CD-ROM, Disketten und in verschiedenen Äußerungen werden die Träume von Menschen deutlich."

nen Unterrichtswerk „Da sein – Wege ins Leben 7" (EVR1): *„Die nachfolgenden Institutionen findest du auch im Internet: terres des hommes, caritas, Brot für die Welt, Diakonie und unicef"*[246], wobei im Schulbuch an dieser Stelle nicht die URL-Adressen genannt werden, sondern nur die Möglichkeit, sich im Internet zu informieren. Die Alternativen der Informationsbeschaffung mittels Lexikon, realer Begegnung und Internetrecherche zeigt folgendes Beispiel aus EVR1:

„In Lexika könnt ihr mehr über das Leben dieser interessanten Frau herausfinden. Weitere Informationen bekommt ihr von Pfarrerinnen und Pfarrern – oder über das Internet z.B. unter der Adresse: www.wittenberg.de"[247]

Weitere Verweise auf das Internet sind:

„Informiert euch in eurem Pfarramt oder im Internet über ökumenische Projekte. Gute Startadressen für die Suche sind die kirchlichen Homepages www.bayern-evangelisch.de und www.kath.de".[248] oder *„Weitere Infos findest du auch unter www.missionswerk-bayern.de"*[249]

Hilfreich für Schüler ist hier die Nennung von günstigen Startadressen für die Suche im Internet. Auch beim Thema *Islam* und der Klärung von Begriffen wie *Moschee, Mosaik, Imam, Minbar, Mihrab, Minarett* und *Mekka* werden die Schüler auf die beiden Alternativen Lexikon und Internet aufmerksam gemacht: *„Schlagt im Lexikon die oben stehenden Begriffe nach oder sucht sie im Internet."*[250]

Im Schulbuch für den evangelischen Religionsunterricht werden digitale Medien und insbesondere die Informationsgewinnung aus dem Internet deutlich stärker berücksichtigt als in den beiden Schulbüchern für das Fach Katholische Religionslehre.[251] Für den katholischen Religionsunterricht am Gymnasium gibt es mittlerweile das Lehrwerk *Religion vernetzt*, das die virtuellen Räume des Internets sehr stark mit einbezieht, um *„vielfältige Möglichkeiten zur Kommunikation und Materialbeschaffung in Sachen Religionsunterricht"*[252] zu bieten.

---

[246] EVR1, S. 40
[247] EVR1, S. 59. Die Frau, die hier gemeint ist, war Luthers Frau Katharina.
[248] EVR1, S. 64
[249] EVR1, S. 106
[250] EVR1, S. 83
[251] Dies hängt möglicherweise zu einem Teil mit dem späteren Erscheinen der Erstausgabe des Lehrwerks EVR1 im Jahr 2001 zusammen, während die Lehrwerke für den katholischen Religionsunterricht im Jahr 1999 (KTR1) bzw. 2000 (KTR2) erschienen sind.
[252] Kösel Verlag (2005), religionvernetzt.de, zitiert nach: http://www.religion-vernetzt.de/koesel/index.htm [10.06.2005]

Ethik

Das untersuchte Lehrwerk ETH1 ist 1997 erschienen, der Druck im Jahr 2004 stellt die achte, inhaltlich unveränderte Fassung dar. Interessant ist hier der Hinweis auf Seite 2 von ETH1:

> „Die Internetadressen, die in diesem Lehrwerk sind, wurden vor Drucklegung geprüft (Stand: 20.11.2003). Der Verlag übernimmt keine Gewähr für die Aktualität und den Inhalt dieser Adressen oder solcher, die mit ihnen verlinkt sind."[253]

Beispiele für Internetadressen in ETH1 sind: http://www.annefrank.nl , http://www.visioneninferno.de und http://www.hagalil.com/frankl sowie eine ganze Seite mit E-Mail- und Internetadressen von Institutionen aus dem religiösen Bereich wie Deutsche Buddhistische Union http://wwwdharma.de, Islamrat für die Bundesrepublik Deutschland http://www.islamrat.de, Zentralrat der Juden in Deutschland http://zentralratdjuden.de, Sekten-Info Essen e.V. http://www.sekten-info-essen.de. [254]

Auch Alternativen der Informationsbeschaffung werden im Schulbuch ETH1 angesprochen, so z. B. in einem Kapitel zu dem philosophischen Roman „Sofies Welt":

> „Wenn ihr wissen wollt, welche weiteren Fragen Sofie stellt und welche Antworten sie bekommt, könnt ihr mit folgenden Medien arbeiten:
> Buch: Jostein Gaarder, Sofies Welt, dtv, München 1999
> Audio-CDs: DHV Der Hörverlag, München 2003
> Buch mit interaktiver CD-ROM: dtv, München 1999
> Video: VCL Communications, 2001
> Im Internet findet ihr unter http://www.sofies-welt.de weitere Informationen."

Dieser Hinweis ist medienpädagogisch zu begrüßen, da es ein Zeichen von Medienkompetenz ist, die Vielfalt an unterschiedlichen Medien zu kennen, zu beurteilen und zu nutzen.

Bei dem Lehrwerk ETH1 zeigt sich auch die Problematik der Aktualität bei der Nennung von Internetadressen. Auf S. 77 in ETH1 heißt es:

---

[253] Dies zeigt, dass der Verlag die Internetadressen jeweils aktualisiert. Auf Seite 4 findet sich zudem ein Hinweis auf begleitende Unterrichtsmaterialien: http://www.cornelsen-teachweb.de/co/ethik
[254] ETH1, S. 221. Außer den religiösen Institutionen werden dort auch mehrere ökologische und überparteiliche Verbände wie UNICEF, amnesty international, WorldWildlifeFund, Greenpeace und BUND genannt.

> *„Im Internet findet ihr Informationen unter http://home.t-online.de/home/079142612-0001/scholl.htm"*,

doch die genannte Adresse, die auf Informationen zu Sophie Scholl und die „Weiße Rose" verweisen soll, existiert nicht mehr. [255]
Als einziges Lehrwerk im Bereich Religion/Ethik geht ETH1 ausführlich auf die Diskrepanz zwischen Fiktion und Wirklichkeit ein. Unter dem Titel „Vermittler und vermittelte Welten" wird anhand eines Textauszuges aus dem Jugendbuch *„Level 4 – Die Stadt der Kinder"* von Andreas Schlüter die Problematik eines fließenden Übergangs zwischen der realen und der programmierten Welt thematisiert. Ein Arbeitsauftrag zum Textausschnitt behandelt diese Frage:

> *„Stellt die wichtigsten Unterschiede fest, die zwischen der Lebenswirklichkeit und der programmierten Welt eines Computers bestehen. Worin liegen die Reize und worin liegen die Gefahren von „künstlichen" Welten?"*[256]

Eine Karikatur und ein Bild von Keith Haring (siehe Abbildung 3) leiten zu der Frage nach der ausgewogenen Nutzung von Medien hin:

> *„Welche Signale können darauf hinweisen, dass der Umgang mit Medien nicht in einem ausgewogenen Verhältnis zu anderen wichtigen Bedürfnissen steht?"* [257]

Dieser Arbeitsauftrag ist medienpädagogisch sinnvoll, er kann zu einer Auseinandersetzung mit dem eigenen Medienverhalten anregen und somit einen Beitrag zum Erwerb von Medienkompetenz leisten.

Das Schulbuch für das Fach Ethik weist im Vergleich zu den Lehrwerken für die Fächer katholische bzw. evangelische Religionslehre die meisten Bezüge zu digitalen Medien auf und beinhaltet einschlägige Arbeitsaufträge, Texte und Abbildungen zum Erwerb von Medienkompetenz. Dennoch werden auch hier Chancen, die sich aus den Themen des Lehrplans ergeben, nicht genutzt.

So findet sich im LP 1997 das Lernziel 7.3 *Maßstäbe ethischer Orientierung*:

> *„Die Schüler sollen lernen, ihre Entscheidungen an Maßstäben ethischer Orientierung zu treffen. Aufbauend auf den Einsichten der Jahrgangsstufe*

---

[255] Bei Aufruf der Seite erscheint die Mitteilung des Providers T-online: „Die von Ihnen aufgerufene Adresse existiert nicht mehr, da T-Online die Homepages seiner Kunden auf einer neuen Plattform hostet. Darüber wurden unsere Kunden umfassend informiert. Die Inhalte der Homepages wurden von den Kunden daraufhin vielfach auf die neue Plattform und unter neuer Adresse abgespeichert." http://brisbane.t-online.de/toi/html/de/kundenhomepages_old.html [10.06.2005]
[256] ETH1, S. 64
[257] ETH1, S. 65

6 werden sie sich mit Wertvorstellungen, Normen und Tugenden aus dem Erfahrungsbereich der Jugendlichen beschäftigen.(...)"[258]

Abb. 3: Digitale Medien im Schulbuch, ETH1[259]

Keith Haring, Ohne Titel, 1984

Es werden aber in den Schulbüchern dieser Fächer entsprechende Erfahrungsbereiche der Jugendlichen bezüglich ihrer Wertvorstellungen hinsichtlich der Freizeitgestaltung mit digitalen Medien (Internetsucht, reale Kontakte versus virtuelle Kontakte) ebenso wenig angesprochen wie Normverletzungen durch Diebstahl von Computerspielen oder illegales Downloaden aus dem Internet.[260]

Das Thema Menschenwürde, auf das das Lernziel
"*7.3.1 Ethische Orientierungen -Tugenden:*
Was sind Tugenden und wie gewinnt oder verliert man sie?
Welche Bedeutung haben sie für unser Alltagsleben? (...)
Würde des Menschen (Artikel 1 des Grundgesetzes): Was versteht man darunter?
Warum hat jeder Mensch eine Würde?"[261]

---

[258] Bayerisches Staatsministerium für Unterricht, Kultus, Wissenschaft und Kunst (1997), S.188
[259] ETH1, S. 65
[260] Beim Lehrwerk ETH1, das im Jahr 2004 gedruckt wurde, überrascht das Fehlen solcher Bezüge eher als bei den etwas älteren Schulbüchern KTR1, KTR2 und EVR1.
[261] Bayerisches Staatsministerium für Unterricht, Kultus, Wissenschaft und Kunst (1997), S.189

Bezug nimmt, bietet vielfältige Chancen, digitale Medien und den Erwerb von Medienkompetenz zu thematisieren. So könnte der Erfahrungsbereich der Jugendlichen einbezogen werden, indem sich Schulbucheinheiten mit Verletzungen der Menschenwürde durch Gewalt in Computerspielen und durch gewaltverherrlichende bzw. pornografische Inhalte im Internet befassen.[262]

Zusammenfassung

Die Schulbücher für die Fächer katholische Religionslehre und evangelische Religionslehre enthalten nur wenige Bezüge zur Nutzung digitaler Medien. Die im Vergleich dazu hohe Präsenz von medienpädagogischen Hinweisen im Schulbuch für das Fach Ethik relativiert sich, da das Buch zum einen weitaus umfangreicher ist und zum anderen ein Schulbuch für die Doppeljahrgangsstufe 7/8 darstellt. Insgesamt lässt sich für die Fächer katholische bzw. evangelische Religionslehre und Ethik ein Mangel an werterzieherischen Hinweisen zum Medienverhalten konstatieren, trotz entsprechend vorhandener Anknüpfungspunkte in den jeweiligen Fachlehrplänen. Gerade in Schulbüchern zu diesen Fächern hätten die Bereiche Eigentumsverletzungen (illegales Downloaden), Gewaltverherrlichung (Computerspiele), Freizeitgestaltung (Medienkonsum) und psychische Gefahren (Sucht, Isolation) ebenso wie die Chancen digitaler Medien (internationale Kontakte, weltweite Informationsgewinnung) viel stärker berücksichtigt werden können.

---

[262] Auf die Gefahr, dass rund 40 Prozent der Kinder und Jugendlichen im Alter zwischen 12 und 19 Jahren auf pornografische Inhalte stoßen, weist das Institut für Schulqualität und Bildungsforschung (2005) in der Zeitschrift Medienzeit (Ausgabe 1/2005) in einem Bericht über die Studie „JIM 2004. Jugend, Information, (Multi-)Media. Basisstudie zum Medienumgang 12- bis 19-Jähriger in Deutschland" hin: „Der Anteil der Jugendlichen, die mit Computer und Internet umgehen, stagniert auf hohem Niveau. So nutzen 94 Prozent der 12- bis 19-Jährigen mindestens einmal pro Woche einen Computer, davon 71 Prozent mehrmals pro Woche oder täglich. (...) 45 Prozent der jugendlichen Onliner sind beim Surfen bereits auf pornografische Inhalte gestoßen, bei jedem Zehnten kommt dies mindestens einmal pro Woche vor.", zitiert nach:
http://www.isb.bayern.de/isb/download.asp?DownloadFileID=5a963fba93647bcb156397e1d903c4e2 [10.06.2005] Die Daten der Studie wurden von Mai bis Juli 2004 erhoben, im gleichen Jahr, indem das Lehrwerk ETH1 gedruckt wurde. Das Schulbuch nimmt auf diesen Bereich an keiner Stelle Bezug.

Tab. 12: Nennung digitaler Medien, Religion/Ethik

Nennung digitaler Medien in Schulbüchern Katholische Religionslehre, evangelische Religionslehre, Ethik 602 Schulbuchseiten, LP 1997, Jgst. 7						
	Computer, Notebook (incl. Monitor)	Internet, Intranet	E-Mail-Kommunikation	Computerspiele und Software	CD-ROM, DVD, Diskette, weitere digitale Medien	Summe
Texte	2	2	1	2	2	9
Bilder	6	0	1	0	1	8
Arbeitsaufträge	0	9	1	0	0	10
Summe	8	11	3	2	3	27

Tab. 13: Chancen und sinnvolle Nutzung digitaler Medien, Religion/Ethik

Hinweise zu den Chancen digitaler Medien und zur sinnvollen Nutzung Katholische Religionslehre, evangelische Religionslehre, Ethik 602 Schulbuchseiten, LP 1997, Jgst. 7								
	technische Hinweise zur Nutzung von PC, Software, Chatrooms	Freizeitgestaltung, Auswahl von Computerspielen	Medienbotschaften kritisch beurteilen, Bewusstwerden der Bedeutung	Vorteile wie Interaktivität, Datenmenge, Aktualität	Hinweise auf Lernsoftware, Vorbereitung von Referaten	Informationsgewinnung aus Datennetzen, Internetadressen, Umgang mit Suchmaschinen	Erweiterung der Ausdrucksfähigkeit: Textverarbeitung, Tabellenkalkulation E-Mail schreiben, Homepage erstellen	Summe
Texte	0	1	2	0	1	1	0	5
Bilder	0	0	0	0	0	0	0	0
Arbeitsaufträge	0	1	0	0	1	9	0	11
Summe	0	2	2	0	2	10	0	16

Tab. 14: Hinweise zu den Gefahren durch digitale Medien, Religion/Ethik

	psychisch: Sucht, Isolation, Gewalt	physisch: Bildschirmstrahlung, mangelnde Bewegung	finanziell: Dialerprogramme, Viren	rechtlich: Download, Urheberrecht, Jugendschutz, Datenschutz	sonstige und allgemeine Gefahren	Summe
Texte	1	0	0	0	0	1
Bilder	0	0	0	0	0	0
Arbeitsaufträge	0	0	0	0	0	0
Gesamtzahl	1	0	0	0	0	1

Hinweise zu den Gefahren durch digitale Medien
Katholische Religionslehre, evangelische Religionslehre, Ethik
602 Schulbuchseiten, LP 1997, Jgst. 7

Deutsch – Lesebücher

Fünf Lesebücher sind zum LP 1997 für die 7. Jahrgangsstufe erschienen: *Das Hirschgraben Lesebuch 7* (DL7.1), *Zwischen den Zeilen 7* (DL7.2), *Das lesende Klassenzimmer Lesebuch 7* (DL7.3), *Treffpunkte 7* (DL7.4) und *Neue Lesestraße 7* (DL7.5). Während DL7.4 schon 1997 und DL7.3 im Jahr 1998 auf den Markt kam, wurden die Lehrwerke DL7.1 und DL7.2 erst 1999 veröffentlicht und DL7.5 erst im Jahr 2000. Im Rahmen der Untersuchung der Lesebücher wird auch der Frage nachgegangen, ob später erschienene Lesebücher stärker auf den Bereich *digitale Medien* eingegangen sind.[263] Innerhalb der vorliegenden Arbeit nimmt die Untersuchung der Lesebücher eine besondere Stellung ein, da die Lesebücher mit 1296 Seiten die umfangreichste Schulbuchgruppe darstellen und im Lehrplan durch den Themenbereich *Lesen und Mediengebrauch*[264] die Verknüpfung ausdrücklich genannt wird.

---

[263] Die Vermutung liegt nahe, da sich in diesen drei Jahren zwischen 1997 und 2000 das Medienverhalten von Kindern und Jugendlichen stark verändert hat, siehe Kapitel 3
[264] Im Bayerischen Grundschullehrplan aus dem Jahr 2000 lautet der entsprechende Teilbereich *Lesen und mit Literatur umgehen*, der Mediengebrauch wird nicht eigens formuliert. Vgl. Bayerisches Staatsministerium für Unterricht und Kultus (2000e), S. 249

Aussagen des Lehrplans:

Das Kapitel II enthält im Abschnitt B unter den fachbezogenen Aufgaben des Faches Deutsch mehrere Aussagen zur Rolle der Medien:
Mediengeprägte Alltagswelt
> *„Sie lernen Sprache als ein grundlegendes Instrument zum Verstehen und zur Verarbeitung von Eindrücken, vor allem der vielfältigen Bildeindrücke, in einer mediengeprägten Alltagswelt kennen. Die Schüler werden befähigt, die Sprache in ihren Besonderheiten von der "Sprache" der verschiedenen Medien zu unterscheiden und die unterschiedlichen symbolischen Darstellungs- und Ausdrucksformen sinnvoll zu nützen."*[265]

Informationen aus unterschiedlichen anderen Medien
> *„Anregung zum Lesen erhalten sie zudem über andere Medien, z. B. eine Literaturverfilmung im Kino oder Fernsehen. Sie vergleichen literarische Texte mit anderen medialen Darstellungen und lernen auf diese Weise die besonderen Leistungen und Wirkungen der Sprache kennen. Den Schülern sollen Bücher und andere Medien in ihrem ästhetischen Wert bewusst werden und sie sollen lernen, aus dem vielfältigen Angebot kritisch und eigenverantwortlich auszuwählen.(...) Ebenso lernen sie, Informationen aus unterschiedlichen anderen Medien selbstständig zu entnehmen und auszuwerten."*[266]

Nutzung neuer Informations- und Kommunikationstechniken
> *„Wichtige Arbeitstechniken, z. B. das Erstellen einer Stichpunktreihe, das Gliedern von Texten oder das Nutzen neuer Informations- und Kommunikationstechniken, sind im Lehrplan als verbindlich ausgewiesen und werden im Unterricht integriert behandelt."*[267]

Einsatz audiovisueller Medien und des Computers
> *„Offene Unterrichtsformen, z. B. Lern- und Übungszirkel und Projekte, sowie handlungsorientierte Arbeitsweisen, auch in Verbindung mit dem Einsatz audiovisueller Medien und des Computers, machen das Gelernte verfügbar und fördern seine Verwendung in neuen Zusammenhängen."*[268]

Im Fachlehrplan wird, was den Aufbau von Medienkompetenz anbelangt, nur zum Medium Fernsehen Bezug genommen.

---

[265] Bayerisches Staatsministerium für Unterricht, Kultus, Wissenschaft und Kunst (1997), S. 49
[266] Bayerisches Staatsministerium für Unterricht, Kultus, Wissenschaft und Kunst (1997), S. 49
[267] Bayerisches Staatsministerium für Unterricht, Kultus, Wissenschaft und Kunst (1997), S. 50
[268] Bayerisches Staatsministerium für Unterricht, Kultus, Wissenschaft und Kunst (1997), S. 50

„In der Auseinandersetzung mit dem Medium Fernsehen gewinnen die Schüler Informationen über wesentliche Gestaltungsmittel von Fernsehsendungen und lernen, verantwortungsbewusst mit dem Medium umzugehen."[269]

Im Lesebuch DL7.1 wird das Thema Internet am ausführlichsten unter allen Lesebüchern zum LP 1997 behandelt. Die Schüler werden (siehe Abb. 5) zum einen über die Chancen des Internet informiert: weltweit Daten nutzen, sich informieren, sich unterhalten, Post verschicken, Kontakt aufnehmen. Zum anderen wird nach der privaten und schulischen Nutzung des Internet und nach möglichen Gefahren des Internet gefragt. Außerdem erhalten die Schüler konkrete Tipps und Handlungsanweisungen zur Navigation auf der angegebenen Homepage *www.fritz-kids-club.com*.[270]

In DL7.1 finden sich zudem Arbeitsaufträge, die sich direkt auf die Mediennutzung der Schüler beziehen. Gerade solche Arbeitsaufträge (siehe Abb. 4), die ansonsten kaum in den 47 untersuchten Schulbüchern zum LP 1997 zu finden sind, bieten Anregungen für die Schüler zum kritischen, selbst verantworteten Mediengebrauch, weil sie die Erfahrungswelt der Schüler miteinbeziehen (AA 2 und 3), weil sie Gefahren von Medien thematisieren (AA 4) und weil sie zur Diskussion über die aktuelle Bedeutung von Medien ermuntern (AA 5 und 6). In diesem Bereich stellt das Lesebuch DL7.1 eine Ausnahme dar, die anderen vier Lesebücher setzen diesbezüglich keine Schwerpunkte.

Abb. 4: Arbeitsaufträge zur Mediennutzung, DL7.1[271]

2. In der Freizeit werden Medien von unterschiedlicher Art genutzt (vgl. S. 215 f.).
   – Notiere dir, welche du aus eigener Erfahrung kennst: Fernsehen ...
   – Erstelle eine Liste, geordnet nach gedruckten und elektronischen Medien.
3. Schreibe Beispiele dafür auf, wann du welches Medium gerne nutzt.
4. Kann der Gebrauch von Medien auch Nachteile haben?
   Suche Beispiele, an denen du das begründen kannst.
5. Zeichne eine Situation, in der ein Medium eine Rolle spielt.
6. Diskutiert in einer „Expertenrunde" über den heutigen Umgang mit den Medien.

---

[269] Bayerisches Staatsministerium für Unterricht, Kultus, Wissenschaft und Kunst (1997), S. 191
[270] Diese Internetseite existiert aber nicht mehr, der Besucher wird direkt auf eine Werbeagentur umgeleitet. Statt der Kinderseite taucht die Homepage der Werbeagentur P.AD unter http://www.p-ad.de/ auf. [17.06.2005].
[271] DL7.1, S. 14

Den Computer als Arbeitsmittel zu nutzen, fordert das Lehrwerk DL7.1 auf beim Arbeitsauftrag: „Vielleicht findest du sogar in deinem Computer eine Datei mit passenden Piktogrammen."[272] Einen weiteren Akzent in Richtung digitale Medien setzt das Lesebuch DL7.1 in der Einheit *Von Gutenberg zum Internet*[273]. Dieses 14 Seiten umfassende Kapitel thematisiert die „*Medienutzung von Kids*"[274], die Bedeutung des Computers für die Buchherstellung in Druckereien und den Verleih von Büchern in Büchereien[275]. Auch die Buchbestellung per Internet wird in DL7.1 angesprochen. Eine ausführliche Schilderung eines E-Mail-Projektes[276] (siehe Abb. 6) einer Schule weist auf die Möglichkeiten für Schüler hin, per elektronischem Briefverkehr Nachrichten und Meinungen zwischen mehreren Schulen weltweit auszutauschen. In dem Text „*Ein Schneeball vom Baikalsee per E-Mail nach Schwalbach*" wird beschrieben, wie Schüler weltweiten E-Mail-Kontakt pflegen und welche Bedeutung die Ausstattung an der Schule hat (Internetnutzung in der Schulbibliothek[277]). Auch auf die Nutzung des Internets und von CD-ROMs – neben Büchern, Zeitungen und Videofilmen – für die Vorbereitung von Referaten werden die Schüler hingewiesen. Der beschriebene *Medienmix* wirkt als Vorbild und Muster für erwünschtes Medienverhalten der Jugendlichen. Als einziges Lesebuch gibt DL7.1 mediendidaktische Anregungen[278] für Lehrer, indem es betont, dass den Lehrern „*der Zugang zu den Datenbänken Erleichterung*" bringt und so „*ein ganz anderes Unterrichten*" möglich sei. Die *Medienutzung von Kids*[279] bezüglich Fernsehen, Radio, CD, Bücher, PC und anderer Medien wird in DL7.1 durch eine Grafik (Abb. 7) aufgezeigt, wobei die Schüler über Arbeitsaufträge aufgefordert werden, die Daten aus der Abbildung zu lesen und Angaben zu ihrem eigenem Medienverhalten zu machen. Außerdem sollen die Schüler aktiv werden, indem sie eine Umfrage unter den Mitschülern und Lehrern zum Medienverhalten durchführen.[280]

Das Schulbuch DL7.2 enthält zwar einige Abbildungen von digitalen Medien, aber nur einen Text, der sich explizit auf Computer bezieht. Der Auszug aus

---

[272] DL7.1, S. 121
[273] DL7.1, S. 206-219
[274] DL7.1, S. 215
[275] DL7.1, S. 216
[276] DL7.1, S. 217-219
[277] Die Verbindung Internet und Schulbibliothek vermittelt das Bild einer modernen Schulbücherei. Interessant sind auch die Hinweise auf Mütter, die „*derzeit ihren Internet-Führerschein*" machen.
[278] Vergleiche: DL7.1, S. 217
[279] DL7.1, S. 215
[280] Auch in diesem Punkt ist das Schulbuch DL7.1 beispielhaft.

dem Computerkrimi „*Level 4 – Stadt der Kinder*"[281], in dem das Computerspiel eines dreizehnjährigen Jungen plötzlich Realität wird, bietet Anregungen für die Auseinandersetzung mit den Grenzen zwischen Virtualität und Wirklichkeit. In den Arbeitsaufträgen[282] zu dem Jugendbuchauszug werden diese Anknüpfungsmöglichkeiten jedoch völlig ignoriert. Über diesen Text und hinaus finden sich im Schulbuch DL7.2 kaum Hinweise und Arbeitsaufträge zur Nutzung digitaler Medien.[283]

Fast völlig ausgeblendet sind digitale Medien im Schulbuch DL7.3. In einer Übersicht zum Medienverhalten von Kindern bzw. deren Eltern fehlt die Nutzung digitaler Medien[284]. Hier stellt sich die Frage nach der Aktualität von Schulbüchern, wenn ein Lesebuch, das im Jahr 2004 an bayerischen Hauptschulen zum Einsatz kommt, das tatsächliche Medienverhalten von Kindern, Jugendlichen und Erwachsenen im Jahr 2004 nur unzureichend wiedergibt. Die einzige Stelle in dem 256 Seiten umfassenden Lesebuch DL7.3, die auf digitale Medien Bezug nimmt, ist ein Auszug aus einer Jugendzeitschrift. Auf einen Leserbrief „*Hilfe, mein Computer ist krank!*" (Abb. 8) antwortet die Redaktion mit ausführlichen Informationen zu Computerviren und Virenschutz. Unter allen untersuchten Lesebüchern findet sich nur im Lehrwerk DL7.3 ein Hinweis auf Gefahren durch Computerviren.

Das Schulbuch DL7.4 geht auf die Nutzung digitaler Medien durch Jugendliche überhaupt nicht ein. Zwei Abbildungen mit Computern sind neben einem ausführlichen Beitrag zur Bedeutung des Computers in der Landwirtschaft [285] die wenigen Stellen[286] mit Bezug zu digitalen Medien. Zum Text *Horror-Video Vorbild der Kindermörder*[287] fehlen jegliche Arbeitsaufträge, so dass eine Verknüpfung zu möglichen Erfahrungen der Schüler im Bereich der digitalen Medien (Computerspiele mit Gewaltdarstellungen) unterbleibt.

---

[281] DL7.2, S. 233-237; Jugendbuchauszug im Schulbuch aus: Schlüter, Andreas, Level4 – Die Stadt der Kinder, München, 1998: 1998
[282] Vergleiche: DL7.2, S. 241
[283] Auf S. 261 im Lehrwerk DL7.2 findet sich der Auftrag: „Legt die Tabelle mit Hilfe eines Textverarbeitungsprogramms am Computer an."
[284] vgl. DL7.3, S. 128
[285] Meier, Nikolaus: *Bauer Gruber und sein neuer Knecht- der Computer*. In: DL7.4, S. 130-131
[286] Außerdem gibt es noch eine Textstelle zum Energieverbrauch von Computermonitoren und eine Karikatur, die die *Schule in der Zukunft* thematisiert: Unterricht per Telesystem, vergleiche DL7.4, S. 85
[287] DL7.4, S. 162. Der Text bezieht sich auf den Mord eines zweijährigen Kindes durch zwei elfjährige Kinder in Liverpool im Jahr 1993.

Abb. 5: Internet im Lesebuch, DL7.1[288]

Mit dem Computer und einem Internetanschluss kannst du weltweit vernetzte Daten nutzen, um dich zu informieren, dich zu unterhalten, Post zu verschicken oder – wie auf Seite 217 beschrieben – Kontakt mit einer anderen Schulklasse aufzunehmen.

1. Bist du schon im Internet gewesen (zu Hause, in der Schule, …)?
2. Welche Vorteile bietet deiner Meinung nach das Internet?
3. Kann das Internet auch missbraucht werden? Welche Gefahren sind dir bekannt?

Eine Möglichkeit, das Internet für dich sinnvoll zu nutzen, zeigt dir das folgende Beispiel:
Der deutsche Kinderumweltclub Fritz-Kids hat interessante Internet-Seiten für Kinder und Jugendliche gestaltet. Hier findest du Unterhaltung mit dem spaßigen Fritz-Kids-Quartett, Tipps für eine gesunde und natürliche Umwelt und Aktionen zum Mitmachen und Gewinnen.
Er hat die Internetadresse http://www.fritz-kids-club.com/.
Wenn du diese Adresse eingegeben hast, stellt sich der Fritz-Kids-Club mit seiner Homepage vor, der du alle wichtigen Angaben entnehmen kannst.
Möchtest du über eine Person oder ein Thema mehr erfahren, so führst du den Mauszeiger an den Namen. Wenn sich der Mauszeiger in eine Hand verwandelt, klickst du den „Link" an. Nun baut sich eine neue Seite auf, z. B. die folgende:

---

[288] DL7.1, S. 15

Abb. 6: E-Mail-Projekt im Lesebuch, DL7.1[289]

Ein Schneeball vom Baikalsee per E-Mail nach Schwalbach

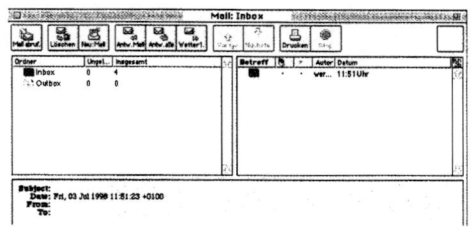

„Das ist ja geil!" Strahlend liest Tanja (11) ihren Mitschülern Julien (12) und Addolorata (12) die Nachricht vor: Am Baikalsee in Sibirien herrscht Frost von minus 47 Grad. Die Schulen sind geschlossen. „Von allen Kontinenten scheint der Schnee zu uns gekommen zu sein", berichtet die Schülerin Valentina aus der sibirischen Kälte. Um das für die deutschen Schüler zu unterstreichen, hat sie einen Buchstaben-Schneeball aufs E-Mail gezaubert.
Wie kommt der Kontakt ins ferne Russland zu Stande? Über die Datenautobahn des Internet. Denn Tanja, Julien und Addolorata gehören zum E-Mail-Projekt der Friedrich-Ebert-Schule. Die Sechstklässler pflegen übers Datennetz den Kontakt zu 15 Schulen auf dem ganzen Erdball. Ob nach Colorado in den USA, nach Sao Paulo in Brasilien oder nach Sibirien – es gilt, Infos übers Schülerleben in Schwalbach in die Welt zu senden. In englischer Sprache, versteht sich. „Wir erzählen von unseren Hobbys, von Fußball oder Tennis", sagt Julien. Auch über das Weihnachtsfest ist per Internet geplaudert worden. Und das Praktische: In acht Sekunden erreicht die elektronische Post aus Schwalbach die Computer-Briefkästen der Partnerschulen.
Dass sich die drei Schüler im Internet zurechtfinden, liegt nicht zuletzt am Angebot ihrer Bibliothek. „Internet zwischen Büchern – Internetnutzung in einer Schulbibliothek" heißt das Projekt, das Günter Schlamp und Heidemarie Bächreiner-Vogt vor knapp einem Jahr ins Leben gerufen haben. Vier Bildschirm-Arbeitsplätze stehen in der Bibliothek zur Verfügung. Täglich können die Seiten von allen Schülern und Lehrern genutzt werden. Und die sechs Mütter, die ehrenamtlich in der Bibliothek arbeiten, machen derzeit ihren „Internet-Führerschein".
„Wir verstehen die Bibliothek als Informationszentrum", erzählt Bächreiner-Vogt. Ob Bücher, Zeitungen, Videofilme, CD-ROMs oder Internet-Seiten – eine umfangreiche Recherche etwa für ein Referat ist mit diesem Medienmix jederzeit möglich: „Wenn wir in der Bibliothek nichts finden, gehen wir ins Internet", erzählen Dennis und Dirk aus der 9. Klasse. Wie etwa beim Thema „Müll", das sie in der Projektwoche behandelten. Oder kurz vor der Klassenfahrt nach Paris, als die Schüler sich die Texteinheit der französischen Hauptstadt aufgerufen hatten. „Wir sind virtuell mit der Metro gefahren und haben uns Museen angeschaut." Auch für die Lehrer bringt der Zugang zu den Datenbänken Erleichterung. Bächreiner-Vogt: „Das ist ein ganz anderes Unterrichten, weil wir viel mehr Möglichkeiten haben." Einziger Wermutstropfen: der Geldmangel. „Unser Konto geht gegen null", so Bächreiner-Vogt. Der Main-Taunus-Kreis will bis Ende Januar entscheiden, ob er das Projekt finanziell unterstützt. Benötigt werden 1500 Mark pro Jahr.

Melanie Stangl

---

[289] DL7.1, S. 218

Abb. 7: Wer nutzt Computer & Co, DL7.1[290]

Wer nutzt Computer & Co?

1. Fernsehen/Video   160 Min.
2. Radio   109 Min.
3. CD/Kassette/Walkman   40 Min.
4. Bücher   23 Min.
5. PC   20 Min.
6. Zeitungen   14 Min.
7. Zeitschriften   9 Min.

Zeitraum: täglich, Basis: 14- bis 19-Jährige.

1. Die Statistik links gibt an, wie viele Minuten die Befragten pro Tag ein Medium nutzen. Formuliere die Angaben der Statistik jeweils in einen vollständigen Satz um.
2. Welche Medien nutzt du am häufigsten? Was kannst du zu deinem Leseverhalten sagen?
3. Mache eine Umfrage an deiner Schule. Befrage deine Mitschüler und Lehrer nach der Zeit, die sie durchschnittlich an Schultagen und am Wochenende für die verschiedenen Medien verwenden. Vergleiche die Ergebnisse mit den auf dieser Seite abgedruckten Statistiken. Welchen Anteil nimmt das Lesen, welchen Anteil die Verwendung des Computers ein?

Dass ein späteres Erscheinungsjahr eines Lesebuchs nicht unbedingt zu mehr Hinweisen auf die neuen, digitalen Medien führen muss, beweist das Schulbuch DL7.5, das im Jahr 2000 als letztes der fünf Lesebücher zum LP 1997 auf den Markt kam. In dem immerhin 304 Seiten umfassenden Buch gibt es – von zwei Computer-Abbildungen abgesehen- lediglich zwei Arbeitsaufträge, die die Schüler auf die Möglichkeiten im Umgang mit dem Computer hinweisen:

„*Satzfehler, also falsche oder fehlende Buchstaben in einem Wort, können beim Computer-Satz ähnlich wie beim PC korrigiert werden.*"[291] und „*Experimentiere mit der folgenden Geschichte am PC: Schneide Wörter und Ausdrücke heraus....*"[292]

Zusammenfassend lässt sich feststellen, dass die Lehrwerke sehr unterschiedlich den Bereich *digitale Medien* abbilden und insgesamt nur wenig auf ihre Nutzung durch Kinder und Jugendliche eingehen. Am meisten kommen digitale Medien und ihre Nutzung im Lehrwerk DL7.1 vor (siehe die dargestellten Texte zu *Mediennutzung, Internet, E-Mailprojekt*).

---

[290] DL7.1, S. 215
[291] DL7.5, S. 160
[292] DL7.5, S. 163

Abb. 8: Thema Virenschutz im Lesebuch, DL7.3[293]

Hilfe, mein Computer ist krank!

Viele Krankheiten können deinem Computer schaden. So gibt es Teile im Rechner, die ganz ausfallen und dann operiert bzw. ersetzt werden müssen. Dazu wird das Gehäuse geöffnet und z. B. die defekte Festplatte gegen eine neue ausgetauscht. Diese Fehler (durch defekte Teile) lassen sich meist leicht finden. Schwieriger ist dagegen ein Virenbefall. Unerklärliche Abstürze des Rechners, seltsame Zeichen oder Meldungen auf dem Bildschirm oder sogar das Löschen wichtiger Daten auf der Festplatte sind die Folge. Computerviren sind gefährliche Zeitgenossen, die sich schnell und unbemerkt verbreiten. Gerade in unserer Zeit mit den hervorragenden Möglichkeiten, Daten weltweit auszutauschen, verbreiten sich die Killerprogramme blitzschnell im gesammten Datennetz. Erst moderne Medien wie Internet, private Netzbetreiber oder Mailboxsysteme erlauben den Viren Zugang zu fast jedem Rechner. Wie der Mensch sich gegen Erkältungsviren mit Vitamin C schützt, existieren auch in der elektronischen Welt gute Schutzmechanismen. Bestimmte Programme, sogenannte Virenscanner, schützen den Computer vor Erkrankung. Ein solcher Virenschutz erkennt schadhafte Programme und Dateien und meldet eine mögliche Gefahr. Auf Wunsch lassen sich die erkannten Viren dann vernichten.

Im Vergleich zu den anderen vier Lesebüchern kann das Lehrwerk DL7.1 in Bezug auf die darin abgebildete Präsenz digitaler Medien einerseits und die Angebote zum Erwerb von Medienkompetenz andererseits als gelungen bezeichnet werden.

Die Lehrwerke DL7.2 und DL7.3 fokussieren jeweils nur an einer Stelle *(Computerspiel bzw. Computerviren)* den Themenbereich Computer, während in den Lehrwerken DL7.4 und DL7.5 nahezu keine Texte, Abbildungen und Arbeitsaufträge enthalten sind, die sich mit digitalen Medien beschäftigen.

---

[293] DL7.3, S. 209

Was die fachbezogenen Unterrichts- und Erziehungsaufgaben aus dem Bereich Mediennutzung anbelangt, wie z.B. *Informationen aus unterschiedlichen anderen Medien selbstständig zu entnehmen und auszuwerten, das Nutzen neuer Informations- und Kommunikationstechniken, handlungsorientierte Arbeitsweisen, auch in Verbindung mit dem Einsatz audiovisueller Medien und des Computers*[294], so finden sich in den untersuchten Lesebüchern mit Ausnahme von DL7.1 keine Texte und Hinweise, die zur Erfüllung dieser Ziele beitragen könnten.

In Bezug auf die Erfüllung der in den Katalogen für die Schulbuchzulassung gemachten Kriterien kann festgestellt werden, dass die beiden Fragen „*Gibt es Hinweise auf andere Medien, z.B. Film, Fernsehen, Internet und den Umgang mit ihnen? Werden diese Medien exemplarisch auch in eigenen Kapiteln behandelt?*"[295] in Bezug auf digitale Medien überwiegend negativ beantwortet werden müssen, während das Zulassungskriterium „*Enthält das Lernmittel medienpädagogische Hinweise und Elemente?*"[296] zumindest im Lesebuch DL7.2 weitgehend erfüllt wird.

Tab. 15: Nennung digitaler Medien, Lesebücher

Nennung digitaler Medien in Schulbüchern Deutsch – Lesebücher, 1296 Schulbuchseiten, LP 1997, Jgst. 7						
	Computer, Notebook (incl. Monitor)	Internet, Intranet	E-Mail-Kommunikation	Computerspiele und Software	CD-ROM, DVD, Diskette, weitere digitale Medien	Summe
Texte	13	5	4	4	2	28
Bilder	12	1	2	0	1	15
Arbeitsaufträge	8	2	1	0	0	11
Summe	33	8	7	4	3	55

---

[294] Vergleiche die ausführliche Schilderung der Lehrplanaussagen in der vorliegenden Arbeit zu Beginn des Kapitels über die Lesebücher zum LP 1997.
[295] Bayerisches Staatsministerium für Unterricht und Kultus (2000d). Kriterien zur Begutachtung von Lernmitteln, Anlage B, 2000
[296] Bayerisches Staatsministerium für Unterricht und Kultus (2000d). Kriterien zur Begutachtung von Lernmitteln, Anlage B, 2000

Die insgesamt 55 Nennungen (Tab. 15) digitaler Medien in Texten, Bildern und Arbeitsaufträgen zeigen, dass die Lesebücher, hier vor allem DL7.1 und DL7.2, auf die Medienwelt der Kinder und Jugendlichen eingehen. Bei der Auswertung der Belegstellen zu den Chancen digitaler Medien fällt jedoch auf, dass diesbezüglich insgesamt nur zwei Arbeitsaufträge auf den immerhin 1296 Seiten der Lesebücher zu finden sind.

Fragestellungen, die sich auf die Risiken in der Nutzung digitaler Medien beziehen, sind in den Lesebüchern für die 7. Jgst. kaum vorhanden: Sie fehlen völlig, wenn man von zwei allgemeinen Hinweisen und dem oben zitierten Text zum Virenbefall von Computern bzw. Virenschutz absieht.

Tab. 16: Chancen und sinnvolle Nutzung digitaler Medien, Lesebücher

Hinweise zu den Chancen digitaler Medien und zur sinnvollen Nutzung Deutsch – Lesebücher, 1296 Schulbuchseiten, LP 1997, Jgst. 7								
	technische Hinweise zur Nutzung von PC, Software, Chatrooms	Freizeitgestaltung, Auswahl von Computerspielen	Medienbotschaften kritisch beurteilen, Bewusstwerden der Bedeutung	Vorteile wie Interaktivität, Datenmenge, Aktualität	Hinweise auf Lernsoftware, Vorbereitung von Referaten	Informationsgewinnung aus Datennetzen, Internetadressen, Umgang mit Suchmaschinen	Erweiterung der Ausdrucksfähigkeit: Textverarbeitung, Tabellenkalkulation, E-Mail schreiben, Homepage erstellen	Summe
Texte	3	6	6	3	5	6	2	31
Bilder	0	0	0	0	1	1	0	2
Arbeitsaufträge	0	0	0	0	2	0	0	2
Summe	3	6	6	3	8	7	2	35

Tab. 17: Hinweise zu den Gefahren durch digitale Medien, Lesebücher

	psychisch: Sucht, Isolation, Gewalt	physisch: Bildschirmstrahlung, mangelnde Bewegung	finanziell: Dialerprogramme, Viren	rechtlich: Download, Urheberrecht, Jugendschutz, Datenschutz	sonstige bzw. allgemeine Gefahren	Summe
Hinweise zu den Gefahren durch digitale Medien Deutsch – Lesebücher, 1296 Schulbuchseiten, LP 1997, Jgst. 7							
Texte	0	0	1	0	0	1
Bilder	0	0	0	0	0	0
Arbeitsaufträge	0	0	0	0	2	2
Gesamtzahl	0	0	1	0	2	3

Deutsch – Sprachbücher

Zum LP 1997 kamen vier Sprachbücher für das Fach Deutsch in der 7. Jahrgangsstufe auf den Markt: *Mit eigenen Worten 7* (DS7.1), *Das Hirschgraben Sprachbuch 7* (DS7.2), *geradeaus 7* (DS7.3) und *Treffpunkte 7* (DS7.4). Die vier Sprachbücher erschienen alle im Jahr 1997[297]. Sie umfassen insgesamt 796 Schulbuchseiten.

Aussagen des Lehrplans:

Neben den bereits beschriebenen fachbezogenen Unterrichts- und Erziehungsaufgaben des Kapitels II nennt der LP 1997 im Fachlehrplan Deutsch keine Lernziele, die explizit auf die Nutzung digitaler Medien abzielen. Stattdessen gibt es Lernziele, die *auch* die digitale Mediennutzung beinhalten können:

„*7.1 einen Kurzvortrag zu einem selbstgewählten oder einem im Unterricht erarbeiteten Thema gestalten: (...) verschiedene Informationsquellen*

---

[297] Die Markteinführung der vier Lehrwerke zeitgleich mit der Einführung des neuen Lehrplans für die 5. und 7. Jgst. im Jahr 1997 zeigt die Bedeutung, die die Verlage dem Sprachbuch beimessen, da Schulen bei der Anschaffung neuer Bücher hier zunächst Prioritäten (z.B. gegenüber der Anschaffung von Lesebüchern) setzen.

heranziehen.(...) Arbeitstechniken zu 7.1 (...) unterschiedliche Informationsquellen verwenden (z. B. Lexika)"[298]

Das Fach Deutsch besitzt im Unterricht der Hauptschule in mehrfacher Hinsicht eine Steuerfunktion. Zum einen ist Deutsch nicht nur ein Fach, sondern Unterrichtsprinzip für nahezu alle Fächer, zum anderen ergeben sich vom Fach Deutsch her vielfältige Möglichkeiten zum fächerübergreifenden Arbeiten. Arbeitstechniken wie *sich Informationen beschaffen, mit Nachschlagewerken umgehen, ein Referat vorbereiten und halten* sind oft mit Themen aus dem Bereich der so genannten Sachfächer wie z.b. PCB, GSE, Arbeitslehre verbunden. Aus diesem Grund kommt den Angeboten, Aufgabenstellungen und dem Einsatz eines Sprachbuchs eine besondere Rolle zu.

Das Sprachbuch DS7.1 *Mit eigenen Worten* geht in zwei Kapiteln auf die Nutzung digitaler Medien ein. In der Einheit *Sich informieren - aber wo?*[299] werden verschiedene Informationsquellen vorgestellt. Dabei werden die beiden Medien CD-ROM und Buch mittels Testfragen (siehe Abb. 9) auf ihre Vor- und Nachteile hin analysiert. Neben der Frage *„Welche der Informationsquellen sind für euch besonders hilfreich?"* wird auch auf den Zweck, dem die einzelnen Informationsquellen dienen sollen, hingewiesen. Die Schüler sollen also nicht entscheiden, ob das Buch oder die CD-ROM das bessere Informationsmedium ist, sondern erkennen, dass dies von der jeweiligen Funktion abhängt.

Die zweite, ungleich größere Einheit zu digitalen Medien stellt im Sprachbuch DS7.1 das *Projekt Computer* dar. Auf dreizehn[300] Seiten werden den Schülern verschiedene Projektvorhaben zur Auswahl gestellt, die sich auf die folgenden Themen beziehen: Klärung von Fachbegriffen (*Einführung in das Computer-Chinesisch*), Textverarbeitung (*Schreiben am Computer*), E-Mail-Kontakte und Internet *(Im Internet surfen)*, Computerspiele (*Ratgeber für Computerspiele*) und ein freies Angebot, zu dem mit dem Thema *Machen Computerspiele süchtig?* ein Vorschlag unterbreitet wird. Bei all diesen Themen werden die Schüler aufgefordert, in Formen projektorientierten Arbeitens sich mit digitalen Medien zu beschäftigen.

---

[298] Bayerisches Staatsministerium für Unterricht, Kultus, Wissenschaft und Kunst (1997), S. 191f
[299] DS7.1, S. 67 - 68
[300] vgl. DS7.1, S. 32-44. Unter allen Schulbüchern für die 7. Jgst., die zum LP 1997 erschienen sind, ist dies das umfangreichste Angebot zum Umgang mit digitalen Medien.

Abb. 9: Testfragen zum Vergleich Buch – CD-ROM, DS7.1[301]

TEST Gesucht werden Informationen zu: ...		
Testfragen:	CD-ROM	Buch
1. Wie lange dauert es, die Informationen zu bekommen? (Zugriffszeit)	10 Min.	3 Min.
2. Wie weit ist der Standort entfernt?	...	...
3. Wo findest du die genauesten Informationen?	...	...
4. Ist die Information verständlich?	...	...
5. Ist die Information aktuell? (Erscheinungsdatum des Buches, der CD ...)	1997	...
6. Gibt es Hinweise auf weiterführende Informationen?	...	...
7. Welche Zusatzfunktionen gibt es? (Ton, Ausdruck ...)	Ton, Musik, Film, Druck	...
8. Wie kannst du die Informationen mitnehmen? (Ausdruck, Kopie, Notizzettel, Datenträger ...)	...	...
9. Welche Kosten entstehen, um an die Informationen zu kommen? (Preis des Buches, der CD ...)	...	...
10. Wie umweltfreundlich ist es, an die Informationen zu kommen? (Stromverbrauch, Papier ...)	...	...
11. ...		

Dabei wird zunächst das Erfahrungswissen der Schüler angesprochen, wie die Arbeitsaufträge 1-3 auf Seite 32 in DS7.1 (siehe Abb. 10) zeigen: Die Schüler sollen Computerspiele und Computer-Zeitschriften mitbringen, von ihren Erfahrungen mit dem Computer berichten, Interessensschwerpunkte setzen und Fragen wie *„Welche guten Computerspiele gibt es? Kann man von Computerspielen süchtig werden?"*[302] nachgehen. Die Frage nach der Suchtgefahr taucht in kaum einem anderen der 47 Schulbücher für die 7. Jgst. zum LP 1997 auf.

---
[301] DS7.1, S. 68
[302] DS7.1, S. 32

Das Sprachbuch DS7.1 leitet die Schüler an, Projekte zum Bereich Computer durchzuführen und macht dazu konkrete Vorschläge:

Projektangebot A zielt darauf ab, verschiedene Computer-Fachbegriffe zu klären und sie in einem Lexikon oder Lernspiel zu präsentieren. Entscheidende Hilfestellung erhalten sie bei der Informationsbeschaffung, indem der *Tipp „Wie kommt man an Informationen?"*[303] auf mögliche Quellen verweist: Lexikon, Jugendbuch, Fachmann in der Klasse oder Mitschüler einer höheren Jahrgangsstufe, Computerzeitschriften, Fachbücher aus der Bücherei und CD-ROM. Im Projektangebot B sollen sich die Schüler mit der Textverarbeitung am Computer beschäftigen. Als Handlungsorientierung werden das Entwerfen und Drucken von Visitenkarten und das Einrichten einer Schreibstation (z.B. für einen Projekttag) angeboten. Das Sprachbuch DS7.1 gibt aber lediglich Anregungen zum Projektmanagement, wie das Angebot realisiert werden könnte[304], jedoch keine Hilfestellungen zum Umgang mit einem Textverarbeitungsprogramm.

Sehr detaillierte Arbeitsaufträge und Unterstützung erhalten die Schüler im dritten Projektangebot in DS7.1 „Im Internet surfen"[305]. Sie sollen zunächst die Zugangsvoraussetzungen klären (Arbeitsauftrag 1) und – gegebenenfalls unter Anleitung - selbst Erfahrungen mit dem Internet sammeln. Fragen wie *„Wie kommt man ins Internet? Welche Voraussetzungen müssen dafür gegeben sein?"*[306] beleuchten die technische Seite[307], während die Fragen nach den Angeboten und Problemen im Umgang mit dem Internet auch inhaltliche Aspekte in den Blick nehmen.

---

[303] DS7.1, S. 36
[304] vgl. DS7.1, S. 38 und 39. Die Vorschläge beziehen sich auf die Einrichtung der Schreibstation, das Bereitstellen von Tutoren und die Erstellung von Plakaten und Wortkarten. Zudem werden für die Visitenkarten und das kreative Schreiben Gestaltungsvorschläge präsentiert.
[305] vgl. DS7.1, S. 40 und 41
[306] DS7.1, S. 40
[307] Darüber hinaus gibt DS7.1 Hinweise darauf, wie sich die Schüler Informationen zum Internet beschaffen können. Die Abbildung auf S. 41 zeigt, wie eine Mail zwischen zwei Rechnern transportiert wird.

Abb. 10: Projekt Computer im Deutsch-Sprachbuch, DS7.1[308]

Projekt: Computer
Projektauswahl

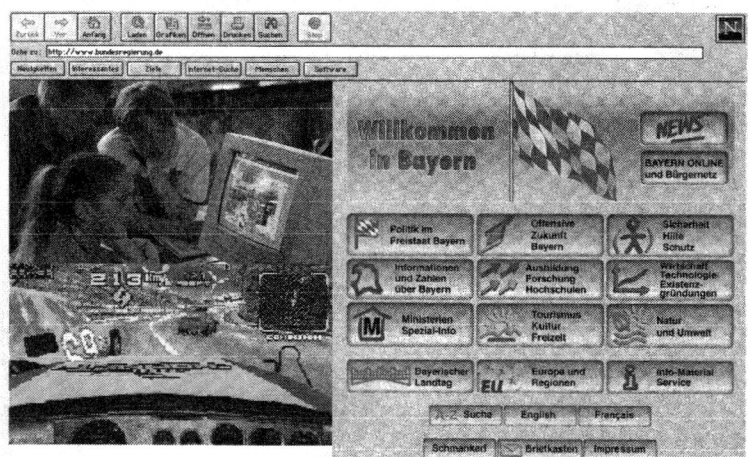

1 a) Verfügt ihr über Material zum Computer, z. B. Computerspiele, Computer-Zeitschriften, Nachschlagewerke?
Bringt es mit und richtet in eurem Klassenzimmer eine Computerecke ein.
b) Erzählt den anderen, was ihr über die mitgebrachten Dinge schon wisst.
c) Haltet in Stichworten an der Tafel alle Begriffe fest, die mit Computern zu tun haben.

2 Welche Erfahrungen habt ihr im Umgang mit dem Computer? Berichtet.

3 Was interessiert euch am Computer? Womit möchtet ihr euch näher beschäftigen?
a) Sprecht in Gruppen darüber und formuliert Fragen, denen ihr gerne einmal nachgehen würdet.
b) Stellt eure Fragen vor. Schreibt sie an die Tafel.
c) Wie könnte man diese Fragen im Rahmen eines Projektes bearbeiten?

- Welche guten Computerspiele gibt es?
- Was versteht man unter einem Prozessor?
- Wozu braucht man eine Grafikkarte?
- Kann man vom Computerspielen süchtig werden?
- Was lernen wir in Informatik?
- Wo kann man die Grundbegriffe der Computersprache nachlesen?

---
[308] DS7.1, S. 32

Abb. 11: Projektangebote Computer – Teil 1, DS7.1[309]

Zum Thema Computer kann man unterschiedliche Projekte durchführen. In dieser Einheit wird ein „Tag der offenen Tür im Informatikraum" vorgeschlagen.
An diesem Tag seid ihr die Experten, die an verschiedenen Stationen den Besuchern (Eltern, Mitschülerinnen und Mitschülern aus anderen Klassen) aufzeigen, was man mit einem Computer machen kann.

7 Welche Ziele lassen sich mit diesem Projekt erreichen?

8 a) Schaut euch die Projektangebote an.
b) Sprecht darüber, was ihr euch unter dem jeweiligen Angebot vorstellt.
c) Worin könnte das Ergebnis der Projektarbeit liegen?
d) Welche Projektangebote sprechen euch besonders an?

Projektangebot B:
Schreiben am Computer
- selbstständig Texte am Computer schreiben
- eine Station, an der die Besucher eigene Texte am Computer entwerfen, einrichten
- Visitenkarten für Besucher am PC entwerfen und ausdrucken

Projektangebot A:
Einführung in das Computer-Chinesisch
- Erläuterungen zu Begriffen aus der Computerwelt zusammenstellen
- ein kleines Lexikon oder ein Lernspiel zum Thema Computer erstellen

Projektangebot C:
Im Internet surfen
- mit anderen Schulen Kontakt aufnehmen (E-mail)
- Informationen über den Auftritt einer Rockband erfragen
- Internetangebote von einer Jugendzeitschrift aufrufen

---

[309] DS7.1, S. 34

Abb. 12: Projektangebote Computer – Teil 2, DS7.1[310]

Projektangebot D:
Ratgeber für Computerspiele
- Kriterien für gute Computerspiele festlegen
- Computerspiele miteinander vergleichen
- einen Ratgeber für Computerspiele verfassen

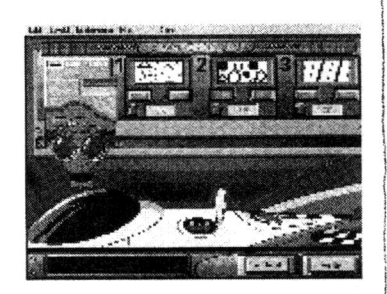

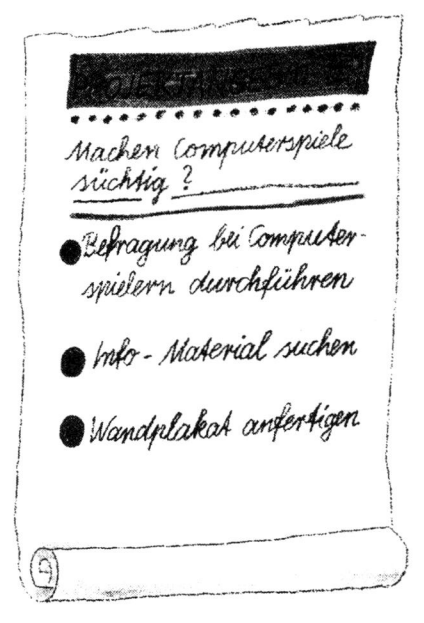

Machen Computerspiele süchtig?

- *Befragung bei Computerspielern durchführen*
- *Info-Material suchen*
- *Wandplakat anfertigen*

9 Auf Seite 32 habt ihr Fragen formuliert, denen ihr gerne einmal nachgehen würdet. Entwickelt aus diesen Fragen zusätzliche Projektangebote, die sich am „Tag der offenen Tür" präsentieren lassen.

10 a) Schreibt die Projektangebote A – D an die Tafel und ergänzt sie durch eigene Vorschläge. Lasst eine Spalte frei, in die sich die Teilnehmer und Teilnehmerinnen eintragen können.
b) Entscheidet euch für ein Projektangebot.
c) Bildet Arbeitsgruppen von 3 – 5 Personen. Zu einem Projektangebot können auch mehrere Gruppen arbeiten. Die Gruppen sollten sich aber absprechen.

Projektangebote	Wer macht mit?
Projekt A Computer-Chinesisch	Karin Mustafa Felix
Projekt B Schreiben am Computer	Sandra Birgitt
Projekt C Im Internet surfen	☆ ☆ ☆ ☆ ☆ ☆ ☆ ☆ ☆ ☆ ☆ ☆

Tipp
Bevor du dich für eines dieser Projektangebote entscheidest, überlege genau, ob dich
- das Thema,
- das beabsichtigte Ergebnis und
- die Aktivitäten bzw. Arbeitsmethoden interessieren.

Ein Wechsel der Arbeitsgruppe während der Projektarbeit ist nicht möglich.

---

[310] DS7.1, S. 35

Abb. 13: Computer-Fachbegriffe, DS7.1[311]

Projektangebot A: Einführung in das Computer-Chinesisch

1 In eurer Projektgruppe wollt ihr Grundbegriffe der Computersprache verständlich erklären.
a) Bestimmt das Ziel eurer Arbeit: Wie viele Begriffe wollt ihr erläutern (10/20/30)? Berücksichtigt bei euren Überlegungen, wie viel Zeit euch zur Verfügung steht und wie viele Personen in eurer Gruppe mitarbeiten.
b) Stellt in einer Liste alle Begriffe der Computersprache zusammen, die ihr kennt. Wählt die Begriffe aus, die ihr für besonders wichtig haltet (siehe Abbildung A auf der gegenüberliegenden Materialseite).

2 Wie soll euer Ergebnis ausschauen? Folgende Möglichkeiten werden hier vorgeschlagen:
1. Ein Lexikon:
Eine alphabetisch geordnete Liste von Fachwörtern und deren Erklärungen, die ihr in einem Ringordner sammelt oder als Karteikarten in einem Kasten zusammenstellt.
2. Spielkarten für das Skater-Spiel:
(Anleitung: Seite 192) Auf der einen Seite der Karte steht der Fachbegriff, auf der anderen Seite befindet sich die Erklärung.
3. Spielkarten für das Memory-Spiel:
(Anleitung S. 190) Auf einer Karte steht der Begriff, auf einer anderen Karte die Erklärung oder eine erklärende Abbildung. Entscheidet euch für eine der Darstellungen. Überlegt, ob euer Lexikon/Spiel vervielfältigen und am Tag der offenen Tür verkaufen wollt.

3 Wollt ihr das Lexikon/die Spielkarten mit Bildern versehen?
Wenn ja, berücksichtigt dies bei der Sichtung des Informationsmaterials.

4 Wo könnt ihr die Bedeutung von Fachbegriffen aus dem Computerbereich nachschlagen? Lest euch dazu den Tipp durch.

5 a) Lest euch die Erläuterungen zu dem Begriff *Maus* aus einem Wörterbuch durch (Materialseite, Text B). Welche Erklärungen wollt ihr übernehmen?

b) Wollt ihr auch den Vorgang des *Klick* unter diesem Stichwort erklären oder legt ihr dafür ein eigenes Stichwort *Klick* an?
c) Wie verweist ihr bei euren Erläuterungen auf andere Stichwörter eures Lexikons (z. B. Cursor)?

6 a) Wie wollt ihr eure Erläuterungen formulieren: in Stichworten oder in ganzen Sätzen? Schaut euch dazu die Beispiele C und D an.
b) Sammelt Bilder und Karikaturen zum Illustrieren.

7 Welche Arbeitsschritte ergeben sich aus den bisherigen Überlegungen? Ergänzt die folgenden Arbeitsschritte und bringt sie in eine richtige zeitliche Abfolge.
– Erläuterungen verfassen
– festlegen, welche Wörter erklärt werden sollen
– festlegen, wie viele Wörter erklärt werden
– Endfassung in die richtige Darstellungsform bringen (A4-Seiten, Spielkarten)
– geeignete Informationsquellen suchen

8 Entwickelt einen Arbeitsplan.

Tipp

Wie kommt ihr an die Informationen?
Um einen unbekannte Fachbegriffe zu klären, habt ihr mehrere Möglichkeiten:
1. Schlagt in einem Lexikon, einem Jugendbuch „Technik" oder einem ähnlichen Sachbuch nach.
2. Fragt einen Fachmann/eine Fachfrau, z. B. bei euch in der Klasse oder aus den 8. und 9. Klassen.
3. Schlagt in Computerzeitschriften die Hinweise und Erläuterungen für Einsteiger nach.
4. Besorgt euch Bücher über Computer aus der Bücherei. Im Anhang dieser Bücher findet ihr häufig Begriffserklärungen.
5. Erkundigt euch, ob jemand in eurem Bekanntenkreis eine CD-ROM über Computerwissen besitzt.

---

[311] DS7.1, S. 36

Abb. 14: Computer-Fachbegriffe: Materialseite, DS7.1[312]

Materialseite

A

Hardware	Pixel
Software	Maus
Bit	Scanner
Modem	Monitor
Megabyte	Soundkarte
Compiler	Treiber
Datei	Prozessor
CAD	Cursor
Laserdrucker	Klick
Chip	Icon
Returntaste	Arbeitsspeicher
Programm	...

ALSO, WER VON EUCH BEIDEN HAT PAPI'S LAPTOP MIT DEM WAFFELEISEN VERWECHSELT....

B **Maus:** Wichtiges Eingabegerät von Rechnern. Ihre Bewegung auf der Fläche (Pad) verschiebt in gleicher Weise den Cursor auf dem Bildschirm. Durch Betätigen von Tasten werden Vorgänge ausgelöst. Dabei sind zu unterscheiden: *Führen:* Bewegen des Maus-Cursors auf dem Bildschirm; *Klick:* kurzzeitiges Niederdrücken einer Maustaste zum Auslösen von Aktivitäten; *Doppelklick:* zwei kurz aufeinander folgende Klicks; *Ziehen:* auf ein Objekt zeigen, Taste drücken und bei gedrückter Taste das Objekt bewegen. Durch Loslassen der Taste wird das Objekt an der aktuellen Stelle abgelegt.

C

Maus
handgroßes Gerät zur Steuerung des Cursors (→)

Maus
Die Maus ist ein kleines Gerät mit ein oder zwei Tasten.
Mit ihr kann man auf dem Bildschirm einen Cursor (→) betätigen und damit viele Vorgänge auslösen.
Das Tippen auf eine der beiden Tasten nennt man Klick (→).

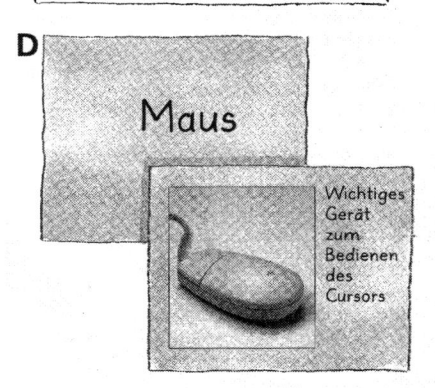

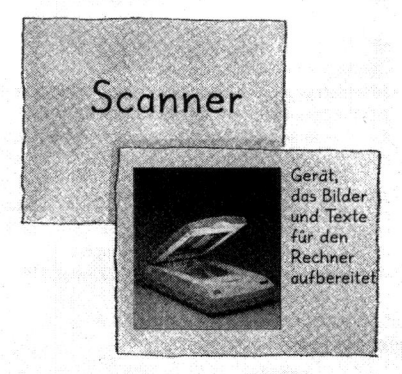

D

Maus

Wichtiges Gerät zum Bedienen des Cursors

Scanner

Gerät, das Bilder und Texte für den Rechner aufbereitet

---

[312] DS7.1, S. 37

Das Schulbuch DS7.1 schlägt mehrere Aktivitäten vor, wie die Schüler das Internet nutzen können: *eine E-Mail an eine andere Klasse schicken, Informationen über eine Musikgruppe abrufen, kommunale Veranstaltungs-programme durchsuchen, die Internetangebote einer Zeitung oder Jugendzeitschrift nutzen oder einen Chatroom besuchen und dort mitdiskutieren.*[313] Diese im Schulbuch DS7.1 vorgeschlagenen Angebote sind – im Blick auf das Erscheinungsjahr 1997 – sehr innovativ und stellen unter allen Lehrwerken eine Ausnahme dar. Zudem ist das Materialangebot zu diesem Projektvorschlag sehr umfangreich und behandelt ausführlich drei Fragen: *Was ist das Internet? Was bringt das Internet?* und *Wie komme ich ins Internet?*[314] Was jedoch fehlt, sind konkrete Hinweise auf Gefahren, die beim Surfen im Internet, z.B. durch Anklicken jugendgefährdender Seiten oder beim Betreten von Chatrooms entstehen können. Außerdem fehlen Texte und Arbeitsaufträge, die das Medienangebot kritisch hinterfragen. Wenn, wie in Arbeitsauftrag 3 auf Seite 40 in DS7.1, die Schüler ermuntert werden, das Internetangebot einer Zeitung oder einer Jugendzeitschrift auszuwählen, so sollten sie im Sinne des Erwerbs von Medienkompetenz auch Angebote und Hinweise erhalten, gerade Internettexte kritisch zu hinterfragen, wie z.B.: Wer hat den Artikel geschrieben, welches Ziel verfolgt der Verfasser mit dem Text, stellt der Text eine sachliche Nachricht oder einen persönlichen Kommentar dar und wann wurde der Text ins Internet gestellt?[315] Der *Ratgeber für Computerspiele* (Projektangebot D) in DS7.1 thematisiert zunächst die Erfahrungen der Schüler im Umgang mit Computerspielen: *Über welche Computerspiele verfügt ihr? (Arbeitsauftrag 1) Nach welchen Gesichtspunkten kauft ihr ein Computerspiel? Welche Informationen sind dabei für euch wichtig? (Arbeitsauftrag 2)*[316] Außerdem werden die Schüler über verschiedene Spieltypen (Action-, Reaktions- und Geschicklichkeitsspiele, Simulations-, Adventure- und Lernspiele informiert. Bei den *Auswahl- und Beurteilungskriterien für Spiele*[317] werden überwiegend technische Aspekte genannt: *Hardwareanforderung, Schwierigkeitsabstufungen, Lieferbarkeit von Upgradeversionen.* Auch bei den Tipps zum Kauf von

---

[313] vgl. DS7.1, S. 40
[314] Die Gefahr, dass solche Texte schnell veralten, zeigt sich an den Daten zur Zahl der Newsgroups und den Angaben zum World Wide Web, bei der an erster Stelle der Zugriff auf die Kataloge von Universitätskatalogen steht, während wenige Jahre nach Erscheinen von DS7.1 Millionen von Websites anderer privater, öffentlicher und gewerblicher Anbieter stärker nachgefragt wurden.
[315] Texte bleiben oft monatelang oder jahrelang auf einer Homepage bzw. Website, während eine Zeitung nach ein paar Tagen aus dem Blickfeld gerät.
[316] vgl. DS7.1, S. 42
[317] vgl. DS7.1, S. 42

Abb. 15: Projekt Computer: Texte bearbeiten, DS7.1[318]

Projektangebot B: Schreiben am Computer

1 Klärt das Ziel eurer Projektarbeit:
– Wollt ihr selbst Texte herstellen, z. B. Handzettel, Wegweiser oder Informationstafeln, die den Weg zum Informatikraum zeigen oder die die Themen der einzelnen Stationen für die Besucher erläutern?
– Wollt ihr eine Station vorbereiten, an der die Besucher lernen mit Hilfe des Computers eigene Texte zu schreiben?

2 Klärt, welches Textverarbeitungsprogramm ihr an der Schule besitzt. Welche Möglichkeiten bietet das Programm Texte zu gestalten? Verfügt ihr über vorgefertigte Lay-out-Entwürfe?

3 Wisst ihr schon, wie man mit einem Computer Texte schreiben kann? Wenn nicht: Wer könnte es euch beibringen?

4 Wenn ihr selbst Texte herstellen wollt: Überlegt, in welchen Schritten ihr euer Ziel erreichen wollt (z. B. Text entwerfen, mit anderen absprechen, überarbeiten, Text gestalten durch unterschiedliche Schriften, Schriftgrößen, **halbfette** oder *kursive* Schreibweisen).

5 Wenn ihr eine Schreibstation für Besucher vorbereiten wollt: Überlegt, welche Schreibangebote ihr am Computer anbietet, zum Beispiel:
• kreatives Schreiben (siehe Seite 107 oder 116),
• Herstellen von Visitenkarten.
Seht euch dazu die Beispiele A und B auf der Materialseite an.

6 Wie wollt ihr die Besucher der Schreibstation in den Gebrauch des Computers einweisen? Es gibt mehrere Möglichkeiten, z. B.
– Tutorensystem, bei dem immer jemand aus eurer Arbeitsgruppe zum Erklären bereitsteht,
– Plakat anfertigen, auf dem im Großformat eine Menü- bzw. eine Funktionsleiste eures Textverarbeitungsprogrammes erklärt wird.
Besprecht die Gestaltungsmöglichkeiten (Erklärungen, Pfeile, Hinweise) solch eines Plakates (siehe Beispiel C auf der Materialseite).
– Entwickeln von Wortkarten, auf denen Schreibbefehle erklärt sind (siehe Beispiele auf der Materialseite).

7 Überlegt, welche Gestaltungsmöglichkeiten ihr euren Besuchern erklären wollt, z. B.

• Fettdruck
• Blocksatz
• Links- und Rechtsbündigkeit
• Zentrierung
• Schrifttypen
• Schriftgrößen
• Rahmen
• Kursivschrift
• Farbe
• Verwendung vorgefertigter Lay-out-Entwürfe

8 Um euer Ziel zu erreichen, müsst ihr eine Reihe von Aufgaben bewältigen. Versucht für dieses Ziel die Aufgaben in eine zeitliche Abfolge zu bringen. Entwickelt einen Aufgabenplan.

---

[318] DS7.1, S. 38

Abb. 16: Im Internet surfen, DS7.1[319]

Projektangebot C: Im Internet surfen

1 Voraussetzung für dieses Projektangebot ist, dass ihr die Möglichkeit habt, das Internet selbst einmal auszuprobieren. Prüft dazu folgende Fragen:

1. Wo habt ihr die Möglichkeit das Internet kennen zu lernen?
2. Wer kann euch in das Internet einführen?
3. Das Internetsurfen kostet möglicherweise Geld: Wer kommt für die Kosten auf?

2 Vielleicht müsst ihr selbst erst im Internet Erfahrungen sammeln.
a) Lest euch die Internet-Grundbegriffe auf der Materialseite durch.
b) Surft im Internet mit jemandem, der Erfahrung hat. Macht euch dabei zu folgenden Fragen Notizen:

1. Welche Begriffe sind für euch neu? Was bedeuten sie?
2. Wie kommt man in das Internet?
3. Welche Voraussetzungen müssen dafür gegeben sein?
4. Was für Angebote gibt es im Internet?
5. Welche findet ihr am interessantesten?
6. Welche Probleme habt ihr im Umgang mit dem Internet kennen gelernt?

3 Wenn ihr in der Schule über einen Internetanschluss verfügt (und ihr ihn auch benutzen dürft), könnt ihr folgende Angebote machen:
– Schickt eine E-Mail an eine andere Klasse im In- bzw. Ausland.
– Ruft aus dem Internet Informationen über eine Pop-Gruppe (Tourneedaten, neuestes Album) ab.
– Sucht das Veranstaltungsprogramm einer Stadt, in die ihr demnächst fahren wollt.
– Wählt das Internetangebot einer Zeitung oder einer Jugendzeitschrift und ermöglicht damit euren Besuchern, die Nachrichten der nächsten Ausgabe zu lesen.
– Surf eine Plauderecke (Chatroom) an und diskutiert ein wenig mit.
Welches Angebot gefällt euch am besten?

Info

Wo könnt ihr euch informieren?
• Wenn ihr noch wenig oder keine Erfahrungen im Umgang mit dem Computer und dem Internet habt, ist es sinnvoll, sich an Fachleute zu wenden (Mitschülerinnen oder Mitschüler, Lehrerinnen oder Lehrer, Bekannte, Besucher von Internet-Cafés ...).
• Erkundigt euch in der Bücherei nach Büchern, die zur Einführung ins Internet geeignet sind.
• Schaut euch Computer-Zeitschriften an. Häufig enthalten sie Erläuterungen für Einsteiger.

4 Falls eure Schule ohne Internetzugang ist, gibt es folgende Möglichkeiten, eine Internet-Station am Tag der offenen Tür zu gestalten:
– Erklärt die Funktionsweise des Internets (Informationsblatt, Schaubild, Kurzvortrag).
– Informiert mit einem Plakat über verschiedene Provider und Onlinedienste.
– Gebt z. B. auf einer Wandzeitung wieder, welche Erfahrungen ihr mit dem Internet gemacht habt (Schnelligkeit, Aktualität, Kosten, Anschlussmöglichkeit ...).
Welchen Vorschlag wollt ihr realisieren?

5 Klärt das Ziel und das beabsichtigte Ergebnis eurer Projektarbeit.

6 a) Welche Fachbegriffe (Beispiele: *Provider, Browser, E-mail, Netscape* ...) müsst ihr euren Besuchern erklären?
b) Ergänzt die auf der Materialseite aufgeführten Fachbegriffe.
c) Wie lassen sich diese Begriffe am besten für Besucher darstellen (z. B. Informationszettel, Plakat)?

7 Notiert euch die wichtigsten Arbeitsschritte und bringt sie in eine zeitliche Abfolge. Wer übernimmt was? Entwickelt einen Zeitplan.

---

[319] DS7.1, S. 40

Computerspielen werden vorrangig Aspekte wie Systemvoraussetzungen und Kompatibilität behandelt. Nur eine einzige Textstelle nimmt auf das Thema Gewalt in Computerspielen Bezug: *„Es gibt viele spannende Computerspiele. Man sollte daher auf Spiele verzichten, die Krieg und Gewalt verherrlichen."*[320] Abgesehen davon, dass das Wort *daher* in diesem Zusammenhang unverständlich ist, bleibt diese Aussage als Materialangebot stehen, ohne dass die Schüler einen Arbeitsauftrag oder eine Anregung zum Weiterdenken erhalten. Im Sinne des Erwerbs von digitaler Medienkompetenz wären Texte und Aufgabenstellungen im Projekt Computer DS7.1 sinnvoll, die auch auf Fragen eingehen, die sich mit den Risiken und potentiellen Gefahren beschäftigen:
- Wie viel Zeit verbringe ich mit Computerspielen?
- Wie steht es um die Aspekte Kommunikation und Isolation beim Spielen am Computer?
- Woran erkenne ich, ob ich computersüchtig bin?
- Führen gewaltverherrlichende Computerspiele zur Nachahmung und zu aggressivem Verhalten?
- Welche jugendgefährdenden Computerspiele sind bei gleichaltrigen Kindern und Jugendlichen beliebt und warum?
- Wie gehe ich mit Gruppendruck um?
- Wie schaut die rechtliche Situation aus?

Die Darstellung der rechtlichen Aspekte fehlt in zweifacher Hinsicht, zum einen in Bezug auf das illegale Kopieren von Computerspielen, zum andern in Bezug auf indizierte, verbotene, nicht für Jugendliche freigegebene Spiele.

Trotz dieser Mängel stellt das Sprachbuch DS7.1 unter den vier zum LP 1997 für die 7. Jgst zugelassenen Sprachbüchern das Lehrwerk mit den meisten Angeboten zur Nutzung digitaler Medien dar, was vor allem an den vielfältigen Materialien und Informationen im oben dargestellten Projekt Computer liegt. Als einzige Schulbücher zum LP 1997 – abgesehen von den Lehrwerken zum Fach KbB – weisen die beiden Sprachbücher DS7.1 und DS7.2 durch Symbole auf Aufgaben hin, die – wenn möglich – mit dem Computer bearbeitet werden sollten. In DS7.2 wird das Symbol insgesamt siebenmal verwendet, in DS7.1 gibt es fünf Aufgaben mit einem derartigen Symbol. Weder die beiden anderen Sprachbücher DS7.3 und DS7.4 noch die Deutsch-Lesebücher und die Schulbücher zu den anderen Fächern enthalten solche Symbole.

---

[320] DS7.1, S. 43

Abb. 17: Im Internet surfen: Materialseite, DS7.1[321]

Materialseite

Was ist das Internet?
Das Internet ist ein weltweites Rechnernetz mit einer Unzahl an Möglichkeiten wie E-Mail, Diskussionsgruppen, Plauderecken, Datenbanken, Online-Publikationen, Online-Spielen, Kommerzangeboten und so weiter.

Was bringt das Internet?
Im Internet gibt es vier grundlegende Dienste: elektronische Post, Diskussionsgruppen, Plauderecken und Dateiarchive.
Elektronische Post wird auch „E-Mail" genannt. Dabei handelt es sich schlicht um eine Möglichkeit, Texte und Dateien per PC an jeden zu verschicken, der ebenfalls eine Möglichkeit zum Empfang von E-Mail hat.
Diskussionsgruppen (Newsgroups) sind eine etwas andere Form von E-Mail: Sie wird in diesem Fall nicht an einen bestimmten Empfänger geschickt. Statt dessen geht sie an einen Rechner, der am Verbund des „Usenet" teilnimmt. Der Name „Usenet" steht für User's Network und ist ein weltweites (und auch das weltgrößte) Informations- und Diskussionssystem. [...] Es besteht aus einer Unmenge an sogenannten Newsgroups – öffentlichen Diskussionsforen, von denen jedes einem bestimm ten Thema gewidmet ist. Es gibt mehr als 15 000 Newsgroups mit einem Themenspektrum von Computer über Wissenschaft, Hobbys, Politik und Nonsens.
Plauderecken („Chats") sind ein wenig zweckfreier als die Usenet-Newsgroups. Überall auf der Welt verteilt gibt es IRC-Server („Internet Relay Chat"). Hier können sich interessierte Internet-Teilnehmer „treffen" und per Tastatur miteinander „sprechen" – auch „chatten" genannt. Dabei sind Chats zu zweit oder in einer größeren Gruppe möglich. Die Plauderecken der IRC-Server sind thematisch geordnet, sodass auch hier Gleichgesinnte aufeinander treffen.
Informationen aller Art *(Dateiarchive)* gibt es im World Wide Web. Es ist der größte Dienst auf dem Internet und bietet eine Unzahl an Möglichkeiten. Unter anderm hat man Zugriff auf die Kataloge von Universitätsbibliotheken, eine Reihe von Datenbanken, spezielle WWW-Dateiarchive sowie auf unzählige von Privatpersonen (Firmen u.a.) oder Universitäten zur Verfügung gestellte Informationen.

Wie komme ich ins Internet?
Um das Internet nutzen zu können, benötigt man drei Dinge: *erstens* ein Modem oder eine ISDN-Karte, um überhaupt Verbindung mit dem Netz aufnehmen zu können. Diese beiden Geräte verbinden den Rechner mit dem Telefonnetz bzw. dem neuen ISDN-Netz und ermöglichen das Versenden und Empfangen von beliebigen Daten.
Zweitens die Internet-Software, um die Verbindung erzeugen zu können [...] Doch mit Hardware und Software allein ist es nicht getan: Man braucht *drittens* noch einen Internet-Provider. Das ist ein Dienstleistungsunternehmen, das einen Zugang zum Internet bereitstellt und weitere Dienstleistun-gen wie das Zwischenspeichern von elektronischer Post erledigt.

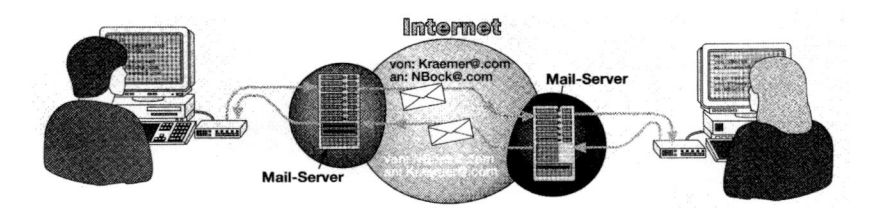

---

[321] DS7.1, S. 41

Abb. 18: Ratgeber für Computerspiele, DS7.1[322]

Projektangebot D: Ratgeber für Computerspiele

Ziel dieses Projektangebotes kann es sein, für Mitschülerinnen und Mitschüler einen Ratgeber mit Kurzbeschreibungen zu verfassen, der schnell über möglichst viele und verschiedenartige Computerspiele informiert. Auch bei diesem Projektangebot ist es wichtig, sich erst über das Projektziel und über das angezielte Ergebnis zu verständigen, bevor man sich in die Arbeit stürzt.

1 Über welche Computerspiele verfügt ihr? Verschafft euch in eurer Arbeitsgruppe einen Überblick.

2 Nach welchen Gesichtspunkten kauft ihr ein Computerspiel? Welche Informationen sind dabei für euch wichtig?

3 Was erwartet ihr von einem *Ratgeber für Computerspiele*? Welche Angaben sollte er enthalten?

4 Lest den Info-Kasten. Hier werden eine Reihe von Gesichtspunkten zur Beschreibung und Beurteilung von Computerspielen genannt.
a) Welche der genannten Gesichtspunkte haltet ihr für wichtig? Welche sollten daher auch in eurem „Ratgeber" berücksichtigt werden?
b) Welche weiteren Gesichtspunkte sollten zusätzlich aufgenommen werden?
c) Wie wollt ihr eure Beurteilung zum Ausdruck bringen (z. B. Noten von 1–6)?

5 Wie wollt ihr euren Ratgeber aufbauen?
a) Wollt ihr am Anfang die unterschiedlichen Spieltypen erklären? Schaut euch dazu die Erläuterungen auf der Materialseite an.
b) Denkbar ist, dass ihr die Spiele nacheinander vorstellt. Am besten entwickelt ihr für die Spieldarstellung gemeinsam einen bestimmten Aufbau, z. B.
• Name des Spiels
• Hersteller, Preis
• Beschreibung
• Beurteilung
Auf der Materialseite findet ihr ein Beispiel.

6 Wenn ihr euch entschieden habt, wie ihr euren Ratgeber aufbauen wollt, dann überlegt, wie viele Spiele ihr in der zur Verfügung stehenden Zeit beschreiben könnt.

7 Einigt euch auf eine einheitliche Gestaltung (Lay-out) der Seiten.

8 Wollt ihr außer den Spielempfehlungen noch weitere Tipps aufnehmen? Vergleicht dazu den Text *Tipps zum Kauf von Computerspielen* auf der Materialseite.

9 Zieht ihr eine Loseblatt-Sammlung vor oder ein Heft? Vergleicht die Vor- und Nachteile dieser Präsentationsformen.

10 Entwickelt einen Zeitplan. Notiert euch die wichtigsten Schritte und bringt sie in eine zeitliche Abfolge. Wer übernimmt was?

Info

Auswahl- und Beurteilungskriterien für Spiele:
• Spieltyp
• Hardwareanforderung
• Sprache im Spiel
• Preis
• Dauer des Spiels
• Aktualität
• Demoversion erhältlich
• Schwierigkeitsabstufungen
• Spannung
• Verständlichkeit
• Upgradeversionen lieferbar
• Anzahl der Mitspieler

Folgende Spieltypen kann man unterscheiden:
• Actionspiele: Abschieß- und Kampfspiele,
• Reaktions- und Geschicklichkeitsspiele,
• Simulationsspiele (Sportspiele),
• Adventure-Spiele (Sciencefiction, Fantasy- und Abenteuergeschichten),
• Lernspiele.

---

[322] DS7.1, S. 42

Abb. 19: Ratgeber für Computerspiele: Materialseite, DS7.1[323]

Materialseite

Was sind Adventure-Spiele?
Eine Spielfigur muss in einer Fantasiewelt verschiedene Abenteuer bestehen. Diese Spiele erfordern ein starkes Mitdenken und scharfes Beobachten, um die notwendigen Aufgaben zu lösen.

Was sind Jump-and-Run-Spiele?
Diese Spiele gehören zu den Reaktions- und Geschicklichkeitsspielen. In einer Landschaft oder einem im Schnitt gezeigten Gebäude muss die Spielfigur durch verschiedene Bereiche oder Räume geführt werden. Ziel ist es, in weitere Ebenen zu gelangen. Dabei sind eine Reihe von Hindernissen zu überwinden. Man muss schnell reagieren und geschickt vorgehen um alle Ebenen zu meistern.

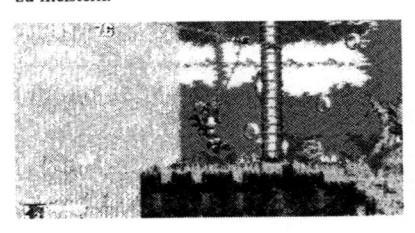

Was sind Simulationsspiele?
Sehr bekannt sind die Fahrsimulationen (Nachahmungen) auf Motorrädern und in Autocockpits, die durch Geräusche und Bilder sehr lebensecht wirken. Sie erfordern vor allem Geschicklichkeit und Reaktionsvermögen. Mehr Denken ist bei der Simulation von Sportspielen, z. B. Fußball, gefragt – denn der Computer denkt und spielt mit und sorgt auch für Überraschungen.

Tipps zum Kauf von Computerspielen:
- Beim Kauf darauf achten, dass der eigene PC den Anforderungen des Spiels gewachsen ist. Das Betriebssystem, die Größe des Arbeitsspeichers, das Vorhandensein von bestimmten Sound- und Grafikkarten sind wichtige Voraussetzungen, auf die man achten muss.
- Aufpassen, wenn man fremdsprachige Versionen eines Spiels (z. B. über den Versandhandel) bezieht: Es kann sein, dass ein Modul mit dem deutschen Basisgerät nicht kompatibel ist – mit dem Spielspaß ist es dann vorbei!
- Es gibt viele spannende Computerspiele. Man sollte daher auf Spiele verzichten, die Krieg und Gewalt verherrlichen.

Computerspiele für verregnete Sonntage!

Titel: Ein Fall für Nicky

Inhalt: Ein spannendes Detektivspiel, in dem eine Gruppe von Jugendlichen einen eiskalten Betrüger aufdecken muss. Viele Spuren sind zu verfolgen und man muss aufpassen, dass man nicht in einen Hinterhalt gerät.

Spieler: 1-3

Hardware: 486-33, ab Windows 3.1
8 MB RAM, Grafikkarte, Soundkarte, Maus, CD-ROM Laufwerk

Besondere Merkmale: Tolle Bilder, das Spiel ist spannend bis zum Schluss!

Urteil: Super

---

[323] DS7.1, S. 43

Abb. 20: Aufträge zur Arbeit mit dem PC, DS7.1 und DS7.2[324]

▢ wenn möglich, am Computer arbeiten

Das Computersymbol PC verweist auf Aufgaben,
die mit dem Computer bearbeitet werden können.

Konkrete Einsatzmöglichkeiten des Computers im Fach Deutsch werden in DS7.2 *(Das Hirschgraben Sprachbuch)* in der Einheit *Texte überarbeiten*[325] aufgezeigt. Hier macht die Verwendung von Textverarbeitungsprogrammen Sinn, da die Texte, wenn sie umgestellt, verändert oder verknüpft werden sollen, vom Schüler nicht neu geschrieben werden müssen.[326]

Unter dem Kapitel *Arbeitstechniken*[327] werden im Sprachbuch DS7.2 zu Themen wie Textgestaltung am Computer, Zeichenformatierung und die Nutzung eines Lexikons als Computerprogramm Anregungen und Arbeitsaufträge angeboten. Diese Angebote beziehen sich in erster Linie auf technische Hilfen im Umgang mit einem Textverarbeitungsprogramm, wie z. B. der Umgang mit dem Cursor, und mit wichtigen Tasten bzw. Funktionen. Ein Lexikon, das als Computerprogramm vorliegt, richtig zu nutzen und die geeigneten Suchstrategien anzuwenden, ist das Ziel der Einheit *Vergleich Lexikon in Buchform – Lexikon als Computerprogramm* (Abb. 21).

Die dort angegebenen Arbeitsaufträge können zum Erwerb von Medienkompetenz beitragen, weil sie darauf abzielen, dass die Schüler
- Suchfunktionen richtig bedienen können,
- sich in einem Index orientieren,
- ihre Methodenkompetenz mit weiteren Suchaufgaben erproben und
- die jeweiligen Vor- und Nachteile von Lexika in Buchform bzw. als Computerprogramm vergleichen.

---

[324] DS7.2, S. 3 (Bild oben) und DS7.1, S. 2 (Bild unten)
[325] DS7.2, S. 72 und 73
[326] Manche Lehrkräfte sind bereits dazu übergegangen, die Schüler Texte am PC schreiben und auf Diskette, CD-ROM, USB-Stick oder per E-Mail abgeben zu lassen. Die Texte können dann schneller überarbeitet werden können, da sie nicht mehr komplett neu geschrieben werden müssen.
[327] DS7.2, S. 88-94

Auf rechtliche Grenzen und Gefahren weist im Sprachbuch DS7.2 der Text aus Abb. 22 hin: Verletzungen des Urheberrechts durch Anfertigen von Raubkopien von Computerspielen und Computerprogrammen. In zwei Arbeitsaufträgen zu diesem Text[328] werden die Schüler aufgefordert, *am Computer einen Aufruf zu verfassen, der die Mitschüler vom Raubkopieren abhalten soll*. Außerdem sollen die Schüler *an ihrer Schule einen Verleih oder Vertrieb von Programmen und Spielen organisieren, bei denen das Kopieren ausdrücklich erlaubt ist*. Diese beiden Aufgaben belassen es nicht bei der Nennung und Beschreibung der rechtlichen Probleme, sondern leiten die Schüler an selbst aktiv zu werden. Arbeitsaufträge wie die oben genannten stellen einen kleinen, aber wichtigen Beitrag zum Erwerb von digitaler Medienkompetenz dar.

In Abb. 23 tauchen Computer und andere digitale Medien überhaupt nicht als mögliche Aspekte der Freizeitnutzung auf, obwohl sie laut Abb. 24 zu 28 Prozent im „Besitz" der Jugendlichen sind. Im Bereich der Darstellung von Informationen zur Mediennutzung und zur Freizeitgestaltung von Jugendlichen liefert das Sprachbuch DS7.2 zum Teil gegensätzliche Aussagen (Abb. 23 und 24). Der einzige Text, der Computerspiele und Computerviren thematisiert[329], ist ein Auszug aus einem Computerlexikon[330], der im Rahmen der Einheit *Fremdwörter* als Übungstext dient. Arbeitsaufträge, die sich auf den Inhalt des Textes beziehen und über die Klärung von Fremdwörtern und Fachbegriffen hinausgehen, fehlen.

Wie das Sprachbuch DS7.1 (*Projekt Computer*) hat auch das Lehrwerk DS7.3 *geradeaus 7* einen Themenschwerpunkt, der sich mit dem Computer beschäftigt. Unter der Rubrik *Sprachbuch Spezial* werden im Kapitel *Texte am Computer*[331] auf zehn Seiten Übungen und Aufgaben präsentiert, die den Schülern helfen sollen, mit einem Textverarbeitungsprogramm besser umzugehen. Die Tipps, Hinweise und Arbeitsaufträge beschränken sich auf technische und gestalterische Aspekte im Umgang mit Microsoft Word. Abgesehen davon, dass diese Aufgabe durch den Unterricht im Fach Kaufmännisch-bürotechnischer Bereich erfüllt wird, ist bedauerlich, dass im gesamten Lehrwerk DS7.3 keine Hinweise zu den Chancen und Gefahren durch digitale Medien enthalten sind.

---

[328] vgl. DS7.2, S. 91
[329] DS7.3, S. 146
[330] vgl. DS7.3, S. 146
[331] DS7.3, S. 74 - 83

Abb. 21: Lexikon als Computerprogramm, DS7.2[332]

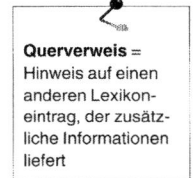

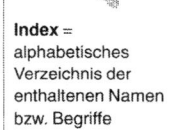

Vergleich: Lexikon in Buchform – Lexikon als Computerprogramm

Im Unterricht hast du ein Gedicht von Joachim Ringelnatz kennen gelernt. Du möchtest nun mehr über diesen Dichter erfahren.

- Du kannst mit dem Lexikon arbeiten – Suchwort „Ringelnatz":
  1. Richtigen Band suchen, z. B. Que – Sah
  2. Richtige Seite suchen, z. B. Leitwörter Rind… – Ring…
  3. Suchwort suchen
  4. Lexikoneintrag lesen
  5. Ganz oder in Stichpunkten abschreiben
  6. Querverweise nachschlagen
- Du kannst aber auch mit einem Computerprogramm arbeiten:
  1. Suchfunktion aufrufen
  2. Anfangsbuchstaben des Suchworts eintragen
  3. Im Index Suchwort anklicken und anzeigen

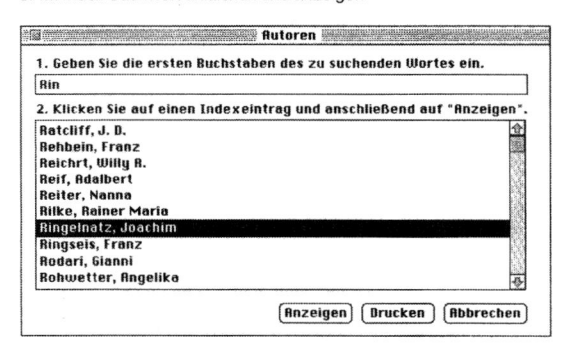

S. 80–82

Leitwörter = das erste und das letzte Wort einer Doppelseite

Querverweis = Hinweis auf einen anderen Lexikoneintrag, der zusätzliche Informationen liefert

Index = alphabetisches Verzeichnis der enthaltenen Namen bzw. Begriffe

```
╔═══════════════ Autoren ═══════════════╗
1. Geben Sie die ersten Buchstaben des zu suchenden Wortes ein.
  Rin
2. Klicken Sie auf einen Indexeintrag und anschließend auf "Anzeigen".
  Ratcliff, J. D.
  Rehbein, Franz
  Reichrt, Willy R.
  Reif, Adalbert
  Reiter, Nanna
  Rilke, Rainer Maria
  Ringelnatz, Joachim
  Ringseis, Franz
  Rodari, Gianni
  Rohwetter, Angelika

          [Anzeigen] [Drucken] [Abbrechen]
```

4. Lexikoneintrag lesen
5. Lexikoneintrag ausdrucken
6. Querverweise anklicken

11 Stellt euch gegenseitig Suchaufgaben. Löst sie mit den Mitteln, die euch zur Verfügung stehen.

12 Beide Formen eines Lexikons haben Vor- und Nachteile. Stellt sie in einer Tabelle zusammen und begründet sie.

Lexikon		Computerprogramm	
Vorteile	Nachteile	Vorteile	Nachteile
Buch kann man mitnehmen	oft unhandlich	evtl. Ton	ortsgebunden
…	…	…	…

---

[332] DS7.2, S. 94

Abb. 22: Rechtliche Grenzen bei der Computernutzung, DS7.2[333]

> Computer haben in Privathaushalten in einem noch vor einigen Jahren für unvorstellbar gehaltenen Ausmaß Verbreitung gefunden. Es ist zu begrüßen, wenn sich vor allem auch junge Menschen mit dem Computer vertraut machen, der unser Leben in immer mehr Bereichen maßgeblich beeinflusst. Freilich: Auch beim Umgang mit dem Computer darf man die rechtlichen Grenzen nicht aus dem Blick verlieren. [...]
> Wer ein Computerprogramm oder ein Computerspiel, das urheberrechtlich geschützt ist, unerlaubt kopiert oder Kopien verbreitet, verstößt gegen Strafvorschriften. Das Gesetz droht im Regelfall Freiheitsstrafen von einem Jahr an, in besonderen Fällen bis zu fünf Jahren. [...] Die Ermittlungen der Staatsanwaltschaft führen häufig zur Durchsuchung der Wohnung um Beweismaterial sicherzustellen. Das kann Aufsehen erregen, auch wenn sich Polizei und Staatsanwaltschaft bemühen, diskret vorzugehen. [...]
> Abgesehen von der strafrechtlichen Verfolgung durch Staatsanwaltschaft und Polizei kann der Urheber des Programms auch selbst zivilrechtlich gegen den Raubkopierer vorgehen – und tut dies häufig auch. [...] Der Raubkopierer verletzt nämlich das Vervielfältigungs- und Verbreitungsrecht an dem Computerprogramm, das nur dem Urheber zusteht.

Abb. 23: Freizeitbeschäftigungen von Jugendlichen, DS7.2[334]

Was tun Jugendliche zwischen 14 und 24 am liebsten in ihrer Freizeit?

Mit Freunden zusammen sein	75 %
Musik hören	39 %
In Discos/Kneipen gehen	36 %
Sport treiben/anschauen	30 %
Fernsehen	29 %
Bücher lesen	18 %
Shopping/Einkaufen	18 %
Kino	17 %

© Ifep

Welche Informationen liefern dir die abgebildeten Schaubilder?

---

[333] DS7.2, S. 91
[334] DS7.2, S. 18. Möglicherweise hängt dies mit dem Alter der Datenquelle zusammen, die im Textquellenverzeichnis des Schulbuchs aufgeführt wird. Hier wird als Grundlage die Veröffentlichung „Media Perspektiven. Daten zur Mediensituation in Deutschland 1993" genannt.

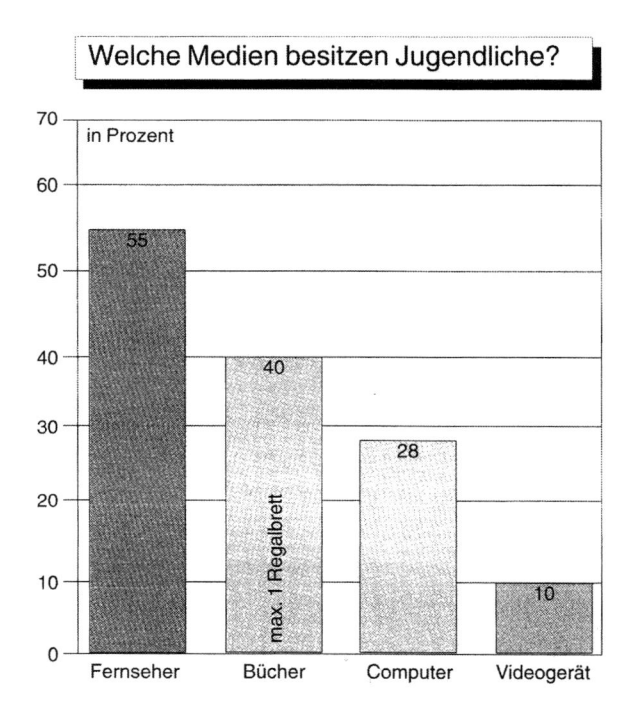

Abb. 24: Darstellung der Mediennutzung Jugendlicher, DS7.2[335]

Welche Medien besitzen Jugendliche?

in Prozent

- Fernseher: 55
- Bücher: 40 (max. 1 Regalbrett)
- Computer: 28
- Videogerät: 10

Im Lehrwerk DS7.4 *Sprachprofi 7* finden sich sehr wenige Hinweise zur Nutzung digitaler Medien. Den einzigen nennenswerten Bereich stellt die Einheit *Sich informieren – aber wo und wie?* dar, in der am Thema Wetter die unterschiedlichen Möglichkeiten der Informationsbeschaffung vorgestellt werden. Im Rahmen der Auswertung von Klimadiagrammen werden die Schüler aufgefordert, die gewonnenen Informationen und die Vor- bzw. Nachteile der jeweiligen Medien zu vergleichen:

„*Vergleicht die Informationen in einem Lexikon mit denen auf einer CD-ROM. Welche Unterschiede könnt ihr finden? Überlegt, welche Vor- und Nachteile beide Informationsmöglichkeiten haben.*"[336]

Darüber hinaus enthält DS7.4 einen Hinweis auf einen Schulcomputer, über den Schüler „*Zugang zum weltweiten Online-Dienst*"[337] haben.

---
[335] DS7.2, S. 84. Das Säulendiagramm enthält keine Jahresangabe und keine Angabe der Altersgruppe der Jugendlichen.
[336] DS7.4, S. 43
[337] DS7.4, S. 43

Abb. 25: Nutzung verschiedener Informationsquellen, DL7.3[338]

- **(b)** Sprecht darüber, welche Vorteile die Benutzung des Online-Dienstes mit sich bringt. Kennt ihr noch andere Möglichkeiten sich so rasch über die Wetterlage in einem weit entfernten Gebiet der Erde zu informieren? **(K)**

- **(c)** Habt ihr selber in der Schule oder zu Hause einen Zugang zum Internet? Berichtet, welche Informationen man sich dort holen kann.

5 Die Schülerinnen und Schüler der 7c haben verschiedene Möglichkeiten genutzt um sich Informationen über das Wetter bei uns und in der Sahara zu verschaffen.

- **(a)** Sprecht über die Vor- und Nachteile der Medien, die verwendet wurden. **(K)**

- **(b)** Für welche Unterrichtsthemen eignen sich Computerprogramme oder Online-Dienste besonders gut?

Zusammenfassend lässt sich feststellen, dass das Lehrwerk DS7.1 weitgehend den Bereich digitale Medien berücksichtigt und in mehreren Bereichen Anregungen zum Erwerb bzw. Aufbau von Medienkompetenz gibt. Das Sprachbuch DS7.1 ist das einzige Sprachbuch zum LP 1997, das auf E-Mail-Kommunikation Bezug nimmt und ein umfassendes Projekt Computer - mit mehreren Projektangeboten - bereithält. Zudem gibt DS7.1 Hilfen zur Beurteilung und zur Auswahl zu Computerspielen und weist am stärksten auf mögliche Gefahren durch digitale Medien hin. Dass der Bereich E-Mail-Kommunikation insgesamt so wenig in den Sprachbüchern berücksichtigt wird, ist erstaunlich und widerspricht dem tatsächlichen Kommunikationsverhalten der Schüler der 7. Jgst., für die – siehe Kapitel 3 – Chatten und E-Mails schreiben selbstverständlich geworden ist. Hier zeigt sich, dass die Sprachbücher mit der Entwicklung des Medienverhaltens junger Menschen nicht Schritt halten konnten.

---

[338] DS7.3, S. 44

Tab. 18: Nennung digitaler Medien in Schulbüchern, Sprachbücher

Nennung digitaler Medien in Schulbüchern Deutsch – Sprachbücher, 796 Schulbuchseiten, LP 1997, Jgst. 7						
	Computer, Notebook (incl. Monitor)	Internet, Intranet	E-Mail-Kommunikation	Computerspiele und Software	CD-ROM, DVD, Diskette, weitere digitale Medien	Summe
Texte	40	7	2	9	6	54
Bilder	22	4	1	3	2	32
Arbeitsaufträge	34	5	3	3	2	47
Summe	96	16	6	15	10	143

Mit insgesamt 143 Nennungen digitaler Medien (Tab. 18) und 142 Hinweisen auf die Chancen digitaler Medien (Tab. 19) ist der Bereich Sprachbücher der größte unter allen Schulbüchern, wobei hier vor allem das Schulbuch DS7.1 zu Buche schlägt. Bei der großen Zahl der genannten Chancen digitaler Medien fallen vor allem die zahlreichen Texte und Arbeitsaufträge im Bereich der Erweiterung der Ausdrucksfähigkeit auf, insbesondere der Bereich Textverarbeitung. Auf die Gefahren im Umgang mit digitalen Medien wird lediglich an insgesamt zehn Stellen verwiesen.

Für das im LP verbindlich ausgewiesene *Nutzen neuer Informations- und Kommunikationstechniken*[339] und den *Einsatz audiovisueller Medien und des Computers*[340] machen die Sprachbücher DS7.3 und DS7.4 nur wenige Angebote.

---

[339] Bayerisches Staatsministerium für Unterricht, Kultus, Wissenschaft und Kunst (1997), S. 50
[340] Bayerisches Staatsministerium für Unterricht, Kultus, Wissenschaft und Kunst (1997), S. 50

Tab. 19: Chancen und sinnvolle Nutzung digitaler Medien, Sprachbücher

Hinweise zu den Chancen digitaler Medien und zur sinnvollen Nutzung Deutsch – Sprachbücher, 796 Schulbuchseiten, LP 1997, Jgst. 7											
	technische Hinweise zur Nutzung von PC, Software, Chatrooms	Freizeitgestaltung	Auswahl von Computerspielen	Medienbotschaften kritisch beurteilen, Bewusstwerden der Bedeutung	Vorteile wie Interaktivität, Datenmenge, Aktualität	Hinweise auf Lernsoftware, Vorbereitung von Referaten	Informationsgewinnung aus Datennetzen, Internetadressen, Umgang mit Suchmaschinen	Erweiterung der Ausdrucksfähigkeit: Textverarbeitung, Tabellenkalkulation	E-Mail schreiben, Homepage erstellen	Summe
Texte	5	5	6	4	4	6		19		49
Bilder	13	0	0	1	1	1		18		34
Arbeitsaufträge	16	3	0	3	4	5		28		59
Summe	34	8	6	8	9	12		65		142

Tab. 20: Hinweise zu den Gefahren durch digitale Medien, Sprachbücher

Hinweise zu den Gefahren durch digitale Medien Deutsch - Sprachbücher Summe der Schulbuchseiten = 796, HS-LP 1997, Jgst. 7					
	psychisch: Sucht, Isolation, Gewalt	physisch: Bildschirmstrahlung, mangelnde Bewegung	finanziell: Dialerprogramme, Viren	rechtlich: Download, Urheberrecht, Jugendschutz, Datenschutz	sonstige und allgemeine Gefahren	Summe
Texte	2	0	1	1	0	4
Bilder	0	0	0	0	0	0
Arbeitsaufträge	2	0	1	1	2	6
Gesamtzahl	4	0	2	2	2	10

Mathematik

Zum LP 1997 sind fünf Schulbücher für das Fach Mathematik erschienen: *Mathematik Buch 7* aus dem Bayerischen Schulbuchverlag Verlag (MAT1), *Mathematik 7* aus dem Westermann Verlag (MAT2), *Lernstufen Mathematik 7* vom Cornelsen Verlag (MAT3), *Mathe aktiv 7*, Schroedel Verlag (MAT4) und aus dem Verlag C.C. Buchner das Lehrwerk *Formel 7*, Mathematik für die Hauptschule (MAT5).

Aussagen des Lehrplans:
Im LP 1997 gibt es im Fachlehrplan für die 7. Jahrgangsstufe keine Lernziele, die sich mit digitalen Medien befassen. In den fachbezogenen Unterrichts- und Erziehungsaufgaben heißt es jedoch:

> *„Mit geeigneter Software stellt der Computer ein wichtiges Arbeitsmittel im Mathematikunterricht dar.(...) Bei der Auswahl von Sachaufgaben ist neben der jeweiligen didaktischen Intention auf Schülergemäßheit, verständliche Sprache und rechnerische Ergiebigkeit zu achten."*[341]

Die untersuchten Lehrwerke gehen in sehr geringem Umfang auf diese Forderung des LP ein. Nur in den Lehrwerken MAT1, MAT2 und MAT3 finden sich Texte, Aufgaben und Abbildungen, die den Bereich der digitalen Medien berücksichtigen. Die Lehrwerke MAT4 und MAT5 nehmen in keiner einzigen Aufgabe Bezug auf Computer, auf die Bedeutung digitaler Medien in der Arbeitswelt und in der Realität des Lebens von Kindern und Jugendlichen. Hier ist die Frage berechtigt, ob die Welt der Schüler ernst genommen wird, wenn die Schüler in Sachaufgaben die Flächen von Bodenbelägen und Teppichen berechnen sollen, Geschirrspülmaschinen und Mittelklasseautos einkaufen sollen, aber nie ein Computerspiel erworben wird, nie Nutzungsentgelte für das Surfen im Internet verglichen werden und nie der Computer als Teil der Wirklichkeit, auch der eines durchschnittlichen 4-Personen-Haushalts, gezeigt wird.

Im Schulbuch MAT1 wird in einer Aufgabe auf den Zusammenhang zwischen Computer und Taschenrechner verwiesen:

> *„Manche Computersoftware enthält „eingebaute" Taschenrechner. Erprobe deren Verhalten bei großen Zahlen und vielen Dezimalstellen."*[342]

---

[341] Bayerisches Staatsministerium für Unterricht, Kultus, Wissenschaft und Kunst (1997), S. 40
[342] MAT1, S. 11

Im Bereich Geometrie kommen in keinem der fünf Mathematik-Schulbücher die digitalen Medien vor.[343] Eine Aufgabe im Lehrwerk MAT3 beschäftigt sich mit der Umwandlung von Zoll (gebräuchliche Einheit bei der Größenangabe von Bildschirmdiagonalen) in Dezimalmaße, siehe Abb. 26.

Abb. 26: Digitale Medien im Schulbuch, MAT3[344]

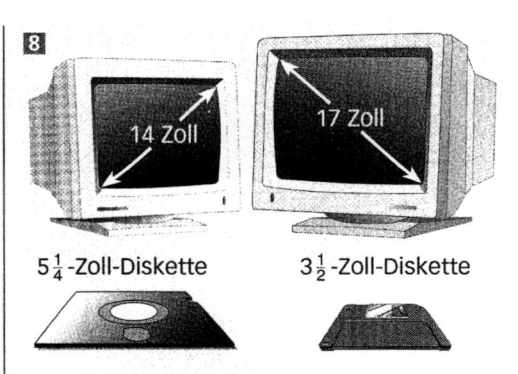

a) Wie viel cm Unterschied ergeben sich in der Bilddiagonale bei den zwei Monitorarten? (1 Zoll = 2,54 cm)
b) Wie viel cm ist der Durchmesser der kleineren $3\frac{1}{2}$-Zoll-Diskette kürzer als bei der $5\frac{1}{4}$-Zoll-Diskette? (1 Zoll = 2,54 cm)

An diesem Beispiel zeigt sich ähnlich wie bei der Preisentwicklung das Problem der Aktualität bei Abbildungen von digitalen Medien in Schulbüchern. Im Jahr 1997 waren 5 ¼-Zoll-Disketten noch üblich, heute werden sie nicht mehr verwendet.[345]
Auch wenn – abgesehen von der Währungsumstellung – die Preise für Computer, Laptop und Speichermedien sich schneller als die Preise für viele andere Konsumgüter verändert haben[346], knüpft die Abbildung von digitalen Medien

---

[343] Man könnte beispielsweise einen PC-Arbeitsplatz in Geometrieaufgaben thematisieren: Abstand Nutzer – Bildschirm (Strahlungsschutz).
[344] MAT3, S. 14
[345] Auch die 3 ½ Zoll-Disketten sind auf dem Rückzug. Als Speichermedien werden zur Zeit vor allem CD-ROMs und Wechseldatenträger (USB-Sticks) genutzt.
[346] Der großen Preisschwankungen sind sicherlich ein Problem, was die Aktualität der in den Schulbüchern abgedruckten Daten anbelangt. Sie sind aber auch Chance, wenn sie mit dem Auftrag verbunden werden, die aktuellen Preise ausfindig zu machen.

(Abb. 27) an die Erfahrungswelt der Schüler an. Deshalb ist es erstaunlich, dass auf insgesamt 818 Schulbuchseiten zum Fach Mathematik nur drei Bilder und lediglich sechs Aufgaben sich mit Computern beschäftigen, es nur drei Textstellen gibt, in denen Computerspiele und Software genannt werden und an keiner Stelle das Internet auftaucht. Auch bei Schaubildern und Diagrammen zum Freizeitverhalten von Jugendlichen wird in keiner Weise auf die Nutzung digitaler Medien durch Kinder und Jugendliche Bezug genommen.[347]

Abb. 27: Thema Computer im Fach Mathematik, MAT3[348]

Der Preis für einen Computer wird um 40% herabgesetzt. Der Computer kostete vorher 2750 DM. Für wie viel DM wird der Computer nun verkauft?

Bisher lösten wir mit dem Dreisatz so:

100% ⟶ 2750 DM

1% ⟶ 2750 DM : 100 = 27,50 DM

40% ⟶ 27,50 DM · 40 = 1100 DM

2750 DM − 1100 DM = 1650 DM

Die Rechnung **100% − 40% = 60% = 0,60 = 0,6** am Anfang ergibt eine **Vereinfachung**:

Außerdem fehlen in allen untersuchten Schulbüchern zum Fach Mathematik Hinweise auf interaktive Lernsoftware, auf verschiedene Mathematikwettbewerbe[349] und auf den Zusammenhang zwischen Computer und Mathematik, der nur an einer Stelle deutlich wird, wenn es im Lehrwerk MAT2 um die Entwicklung des Taschenrechners geht.

---

[347] Vergleiche MAT2, S. 103
[348] MAT3, S. 44
[349] Im Internet gibt es Informationen zu mehreren bayern- und bundesweiten Mathematikwettbewerben, an denen sich auch Hauptschüler beteiligen können, siehe: http://did.mat.uni-bayreuth.de/schule/wettbewerbe.html [13.06.2005] Die Beteiligung ist groß, so habe sich am Känguru-Wettbewerb im Jahr 2005 rund 350 000 Schüler der 3.-13. Jahrgangstufe angemeldet, siehe: http://www.mathe-kaenguru.de

Abb. 28: Entwicklung des Taschenrechners, MAT2[350]

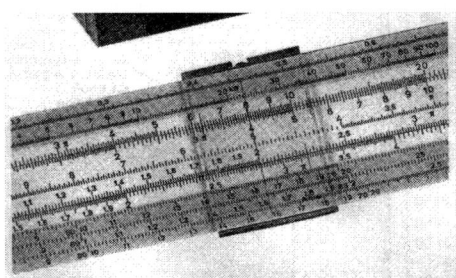

Der Rechenschieber besteht aus Skalen, die gegeneinander verschiebbar sind.

Die Erfindung des Transistors (1945) und die Entwicklung integrierter Schaltungen (1959) führen zum Durchbruch der Mikroelektronik. Der Chip eines Taschenrechners misst ungefähr 25 mm², arbeitet 500-mal schneller und 10 000-mal zuverlässiger als der erste Großcomputer ENIAC im Jahre 1945.

Zusammenfassend lässt sich feststellen, dass im Fach Mathematik digitale Medien in den Schulbüchern deutlich unterrepräsentiert sind. Dies gilt sowohl für die Nennungen digitaler Medien in Aufgabenstellungen und Texten der Mathematikbücher als auch für die Bereiche Chancen und Gefahren digitaler Medien, die überhaupt nicht thematisiert werden. Bei Tausenden von Sachaufgaben, die die fünf Mathematikbücher insgesamt enthalten, macht der Themenbereich Computer nicht mal ein Prozent der Aufgaben aus. Wenn nur so wenig auf die realen Lebensbedingungen und Interessen der Schüler eingegangen wird, werden möglicherweise auch Chancen, die Schüler zu motivieren, nicht genutzt und den Zielsetzungen des Lehrplans widersprochen, der ausdrücklich formuliert hat, dass bei der *Auswahl von Sachaufgaben auf Schülergemäßheit* zu achten ist.[351]

Zudem wird den fachbezogenen Unterrichts- und Erziehungsaufgaben des Faches Mathematik in Bezug auf den Bereich Software (*„Mit geeigneter Software stellt der Computer ein wichtiges Arbeitsmittel im Mathematikunterricht dar."*[352]) nicht entsprochen, da hierzu keine Anknüpfungspunkte in den Schulbüchern genannt sind.

---
[350] MAT2, S. 7
[351] vgl. Bayerisches Staatsministerium für Unterricht, Kultus, Wissenschaft und Kunst (1997), S. 40
[352] Bayerisches Staatsministerium für Unterricht, Kultus, Wissenschaft und Kunst (1997), S. 40

Abb. 21: Nennung digitaler Medien, Mathematik

	Computer, Notebook (incl. Monitor)	Internet, Intranet	E-Mail-Kommunikation	Computerspiele und Software	CD-ROM, DVD, Diskette, weitere digitale Medien	Summe
Nennung digitaler Medien in Schulbüchern Mathematik, 818 Schulbuchseiten, LP 1997, Jgst. 7						
Texte	0	0	0	1	1	2
Bilder	3	0	0	0	1	4
Arbeitsaufträge	6	0	0	2	2	10
Summe	9	0	0	3	4	16

Tab. 22: Chancen und sinnvolle Nutzung digitaler Medien, Mathematik

	technische Hinweise zur Nutzung von PC, Software, Chatrooms	Freizeitgestaltung, Auswahl von Computerspielen	Medienbotschaften kritisch beurteilen, Bewusstwerden der Bedeutung	Vorteile wie Interaktivität, Datenmenge, Aktualität	Hinweise auf Lernsoftware, Vorbereitung von Referaten	Informationsgewinnung aus Datennetzen, Internetadressen, Umgang mit Suchmaschinen	Erweiterung der Ausdrucksfähigkeit: Textverarbeitung, Tabellenkalkulation E-Mail schreiben, Homepage erstellen	Summe
Hinweise zu den Chancen digitaler Medien und zur sinnvollen Nutzung Mathematik, 818 Schulbuchseiten, LP 1997, Jgst. 7								
Texte	0	0	0	0	0	0	0	0
Bilder	0	0	0	0	0	0	0	0
Arbeitsaufträge	0	0	0	0	0	0	0	0
Summe	0	0	0	0	0	0	0	0

Tab. 23: Hinweise zu den Gefahren durch digitale Medien, Mathematik

Hinweise zu den Gefahren durch digitale Medien Mathematik, 818 Schulbuchseiten, LP 1997, Jgst. 7						
	psychisch: Sucht, Isolation, Gewalt	physisch: Bildschirmstrahlung, mangelnde Bewegung	finanziell: Dialerprogramme, Viren	rechtlich: Download, Urheberrecht, Jugendschutz, Datenschutz	sonstige und allgemeine Gefahren	Summe
Texte	0	0	0	0	0	0
Bilder	0	0	0	0	0	0
Arbeitsaufträge	0	0	0	0	0	0
Gesamtzahl	0	0	0	0	0	0

Englisch

Für das Fach Englisch sind drei Lehrwerke – mit insgesamt 464 Seiten - zum LP 1997 erschienen: *„English live 7"* (ENG1), *„Highlight 3"* (ENG2) und *„Snap 3"* (ENG3). ENG 1 erschien bereits 1997, die beiden anderen im Jahr 1999.

Aussagen des Lehrplans:
Kap. II

„Die Schüler erfahren zudem, wie wichtig auditive, audiovisuelle und elektronische Medien für das Fremdsprachenlernen sind und werden angeregt, diese auch im außerschulischen Bereich zu nutzen.(...) Ein Angebot, das intensives und abwechslungsreiches Üben, gerade auch unter Nutzung neuer Medien, fördert, hilft den Schülern - insbesondere auch leistungsschwächeren - ihr sprachliches Können zu festigen."[353]

Der Fachlehrplan des LP 1997 nimmt an drei Stellen explizit Stellung zum Themenbereich „digitale Medien". Unter dem Lernziel 7.1 wird die Nutzung „neuester Medien" angesprochen:

---

[353] Bayerisches Staatsministerium für Unterricht, Kultus, Wissenschaft und Kunst (1997), S. 47

„Sie erfahren, dass sie sich mit den bereits erworbenen Kenntnissen schon zu vielen Situationen mündlich und in einfacher Form auch schriftlich äußern können. Hierzu ermutigen vor allem auch an ihren Interessen orientierte Themen und eine motivierende Nutzung neuester Medien."[354] Außerdem sollen – fächerübergreifend mit dem Fach KbB- *„Fachausdrücke im Umgang mit dem Computer"*[355] und die *„Themenbereiche Medien, Computer, Telekommunikation"*[356] im Unterricht behandelt werden.

Im Schulbuch ENG1 kommen digitale Medien als Teil der Arbeitswelt (S.5), Alltagswelt von Kindern und Jugendlichen (S. 39[357], 47, 50, 63, 70), als Teil des Schullebens (S. 52, 53, 61) und als Mittel zur Beschaffung und Weiterleitung von Informationen durch das Internet (S. 47, 90[358], 97) vor. Dabei werden verschiedene Medien miteinander verglichen[359]. Das Lehrwerk ENG 1 nennt insgesamt zwei Internetadressen, die aber beide nicht mehr existieren[360].

Den rasanten technischen Wandel von Computern spricht ENG1 ebenfalls an, indem es einen Computer aus dem Jahr 1997 ausführlich beschreibt und den Arbeitsauftrag anfügt: *„That was in 1997. Are computers still the same now? How are they different?"*[361] Die Bedeutung des Computers in der Zukunft (z. B. für das Einkaufen mit dem Computer und im Internet) ist ebenfalls Thema in ENG1 [362] in der Einheit (Unit 5) „Into the future". Dort beschäftigt sich auch eine Karikatur (Abb. 29) kritisch mit dem Medienkonsum.

---

[354] Bayerisches Staatsministerium für Unterricht, Kultus, Wissenschaft und Kunst (1997), S. 197
[355] Bayerisches Staatsministerium für Unterricht, Kultus, Wissenschaft und Kunst (1997), S. 198
[356] Bayerisches Staatsministerium für Unterricht, Kultus, Wissenschaft und Kunst (1997), S. 199 Hier nennt der Lehrplan auch den Bereich „technische Neuerungen", fächerübergreifend mit GSE und Arbeitslehre.
[357] Auf S. 39 in ENG1 unterhalten sich mehrere Jugendliche. Ein Mädchen antwortet auf die Frage *„Is much entertainment there, Katja?" „Yes, there are lots of good places for kids. Like the Internet Cafe´."*
[358] Die im Schulbuch ENG1 auf Seite 90: genannte Internetadresse http://www.goflorida.com existiert zwar nicht mehr [12.06.2005], der Besucher wird aber auf eine andere Seite, die ebenfalls Informationen zu Florida bereithält, umgeleitet.
[359] vgl.: ENG1, S. 47
[360] Bei der Internetadresse: http://bigsun.wbs.net/homepages/bubba.html erscheint die Nachricht: Webseite kann nicht gefunden werden. [12.06.2005]
[361] ENG1, S. 73. Die Schüler sollen anschließend die Sätze ergänzen: *„Computers still have... They don't have...any more. They have ... instead."*
[362] ENG1, S. 64 und 65: Room of the future; ENG 1, S. 75

Abb. 29: Medienkonsum, Karikatur in einem Schulbuch, ENG1 [363]

UNIT 5   Into the future

Dad – the computer was right. It is spring.

Nach einer Idee von McLachlan, PUNCH

Das Lehrwerk ENG1 weist auf das Thema Gewalt in Computerspielen hin. Im Rahmen der Einheit „*Leisure and pleasure*" wird im „*Part 2: The computer club*" der Austausch von Computerspielen unter den Schülern angesprochen. Ein Schüler wird mit den Worten zitiert: „*I hate those games – they're always so violent: zap, zap, zap! They're all the same! It's all about killing – horrible!*"[364] In den nachfolgenden Arbeitsaufträgen wird dieses Thema nur durch die Frage „*Why does Del hate violent games?*"[365] aufgegriffen. Das Unterrichtswerk ENG2 nimmt auf insgesamt elf Seiten[366] Bezug zu digitalen Medien und beschäftigt sich im Rahmen der Einheit (Unit 5) „My music" intensiv mit dem Internet[367]. Dabei werden die Schüler angeleitet, sich Informationen zu einem Musiker (Elvis Presley: www.elvis-presley.com) zu beschaffen und durch die richtige Anwendung von Suchstrategien auf einer „search page"

---
[363] ENG1, S. 70: *Papa - der Computer hatte Recht. Es ist Frühling.*
[364] ENG1, S. 53
[365] ENG1, S. 54
[366] ENG2, S. 16, 40, 50, 57, 75, 88, 89, 98, 99, 102, 103. Meist handelt es sich dabei nur um kurze Textpassagen oder Bilder, die sich auf die Bereiche Computer und E-Mail-Kommunikation im Alltag von Kindern und Jugendlichen beziehen.
[367] ENG2, S. 98-103. Darüber hinaus wird in ENG2 ein weiterer Internetlink zur Beschaffung von Informationen aus dem Internet angegeben: www.visitbritain.com (ENG2, S. 12) Alle im Lehrwerk ENG2 genannten Internetadressen existieren auch sechs Jahre nach Erscheinen des Schulbuchs noch, wobei sich die Oberflächen der Homepages zum Teil verändert haben.

(www.yahooligans.com) an die gewünschten Informationen zu gelangen. Die Internetseite www.yahooligans.com ist ein Angebot für Kinder und Jugendliche, das neben vielfältigen Angeboten zu Themen wie *animals, science, music, games* und vielen anderen Bereichen auch Informationen zu *Online Safety, Parents' Guide* und *Teachers' Guide* bereithält. Die im Schulbuch ENG2 abgebildete Homepage (Abb. 30) hat sich bis heute in ihrer graphischen Gestaltung nur wenig verändert.

Abb. 30: A search page for young people, Schulbuch ENG2[368]

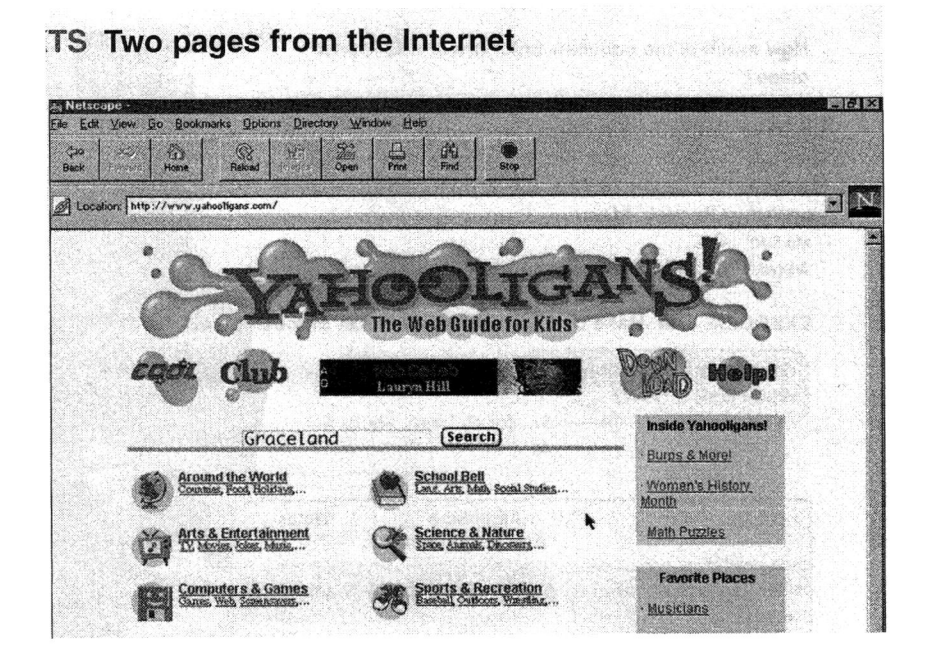

Die Schüler erhalten die Aufgabe, den Angeboten der im Lehrwerk ENG2 abgedruckten Internetseiten entsprechende Themen und Fragestellungen zuzuordnen, siehe Abbildung 31.

---

[368] ENG2, S. 98

Abb. 31: Beschaffung von Informationen aus dem Internet, Schulbuch ENG2[369]

TASK A ■ Find the six topics which are on the search page.

Homework Animals
Guitars Stories
Mountain bikes
Shopping Jokes
Comics Camping
Music Baseball
Food Games

TASK B ■ Where on the Elvis web site?

A Tours and Services
B Elvisology
C Frequently asked questions
D Mail to Graceland
E News from Graceland
F Shopping Mall
G Links to related sites
H Special events calendar

1 You want information about Elvis books. – B
2 You want to know about birthday events.
3 You want to send an e-mail.
4 You want to visit other Elvis pages.
5 You want to know when you can go on a tour.
6 You want to buy souvenirs.

Außerdem werden die Schüler dazu aufgerufen, selbst eine Website zu zeichnen[370]. Auch wenn diese Aufgabe nicht die technischen Bedingungen und Schritte zur Erstellung einer eigenen Homepage erfasst, so weist sie zumindest auf die Möglichkeit, sich eine eigene Homepage einzurichten, hin. Ein Auszug (Abb. 33) aus einem englischsprachigen Handbuch „Computing for Kids: Surfing the Internet"[371] erklärt im Lehrwerk ENG2 zum einen die Begriffe *browser, download, e-mail, FAQ, homepage, links, logon/off, search, surf* und *web site*[372], zum anderen erhalten die Schüler Informationen zur Orientierung auf der Benutzeroberfläche beim Surfen im Internet. Einzelne Icons werden in ihrer Bedeutung beschrieben und die Reihenfolge des Einloggens[373] erklärt. Hinweise auf eine zum Lehrwerk passende Lernsoftware gibt es nur im Schulbuch „Snap!3" (ENG3). Hier wird neben den Tonträgern Kassette und CD auch auf ein *„Click on Snap! (...) Multimediales Spiel- und Übungsprogramm für die Freiarbeit"*[374] verwiesen. Im Schulbuch ENG3 selbst ist das Thema digitale Medien nur in geringem Maße repräsentiert. Neben zwei Abbildungen[375] eines Computers und drei Textstellen[376] zum Internet wird der Bereich der E-Mail-

---

[369] ENG2, S. 99
[370] ENG2, S. 99
[371] ENG2, S. 102
[372] ENG2, S. 102
[373] Der im Schulbuch beschriebene Weg des Zugangs zum Internet über ein Modem war bei der Drucklegung des untersuchten Lehrwerks weit verbreitet.
[374] ENG3, S. 2
[375] ENG3, S. 39 und S. 76
[376] ENG3, S. 8, 38 und 110.

Kommunikation im Schulbuch ENG3 behandelt. Dabei lernen die Schüler den Aufbau einer E-Mail[377] kennen und die Möglichkeit, Texte und Bilder anzuhängen.

Abb. 32: E-mails, Schulbuch ENG3[378]

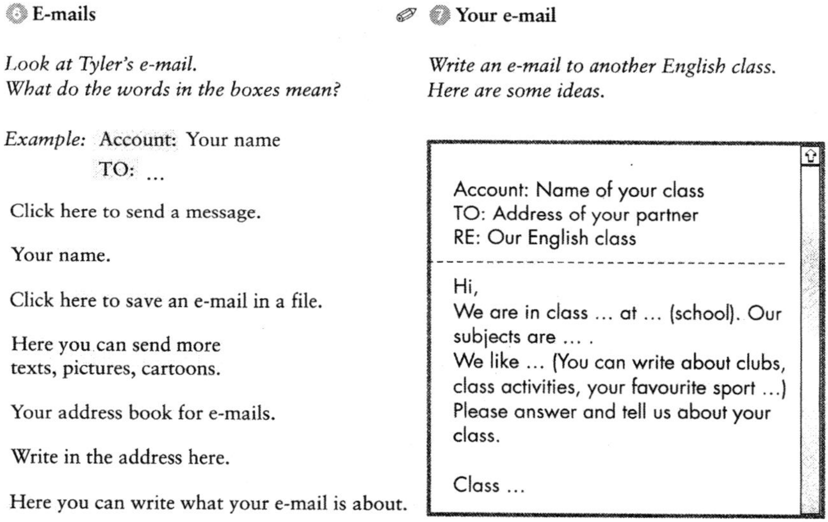

E-mails

Look at Tyler's e-mail.
What do the words in the boxes mean?

Example: Account: Your name
TO: ...
Click here to send a message.
Your name.
Click here to save an e-mail in a file.
Here you can send more texts, pictures, cartoons.
Your address book for e-mails.
Write in the address here.
Here you can write what your e-mail is about.

Your e-mail

Write an e-mail to another English class.
Here are some ideas.

Account: Name of your class
TO: Address of your partner
RE: Our English class

Hi,
We are in class ... at ... (school). Our subjects are ... .
We like ... (You can write about clubs, class activities, your favourite sport ...)
Please answer and tell us about your class.

Class ...

Zusammenfassend lässt sich feststellen, dass die Lehrwerke zum Fach Englisch die im LP formulierte *motivierende Nutzung neuester Medien*[379] in geringem Maße berücksichtigen, nur vereinzelt die Schüler *anregen, elektronische Medien für das Fremdsprachenlernen auch im außerschulischen Bereich zu nutzen*[380], nur vier Arbeitsaufträge zu den Chancen digitaler Medien enthalten, nur zwei Stellen Hinweise auf Lernsoftware und zur Vorbereitung von Referaten geben, an mehreren Stellen Internetadressen nennen, die zum Teil noch aktuell sind, Tipps zu Suchstrategien und zum Navigieren auf der Benutzeroberfläche geben und insgesamt nur einen Text und einen Arbeitsauftrag zu den Gefahren bei der Nutzung digitaler Medien enthalten.

---

[377] Die Bezeichnungen Account, To, Re verweisen auf die deutschen Bezeichnungen Absender, Adresse und Betreff.
[378] ENG3, S. 64.
[379] vgl.: Bayerisches Staatsministerium für Unterricht, Kultus, Wissenschaft und Kunst (1997), S. 197
[380] vgl.: Bayerisches Staatsministerium für Unterricht, Kultus, Wissenschaft und Kunst (1997), S. 47

Abb. 33: From a handbook: The World Wide Web, Schulbuch ENG2[381]

The World Wide Web

The World Wide Web is an easy way to get information on the Internet. You simply click on a word or graphic with your mouse.

How to log on

TIP
Use the fastest modem that you can.

Here is how to go into the World Wide Web from your computer:

1. First switch on your modem.
2. Open the browser software and go on the Internet ("log on").
3. Your starter page ("home page") will show on your monitor.
4. Click on the "Open" button.
5. Write in the address ("URL") of the web site and click OK.

Your browser software

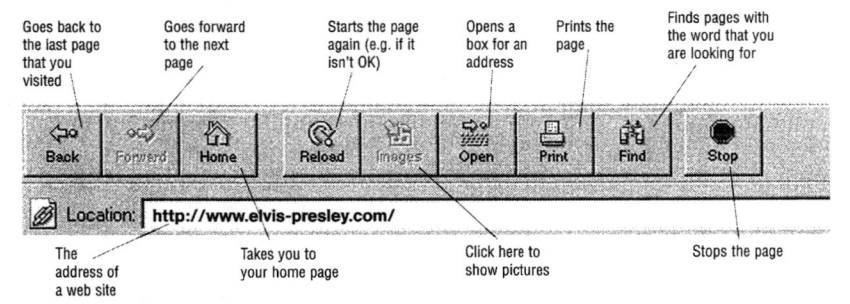

- **Back** — Goes back to the last page that you visited
- **Forward** — Goes forward to the next page
- **Home** — Takes you to your home page
- **Reload** — Starts the page again (e.g. if it isn't OK)
- **Images** — Click here to show pictures
- **Open** — Opens a box for an address
- **Print** — Prints the page
- **Find** — Finds pages with the word that you are looking for
- **Stop** — Stops the page

Location: http://www.elvis-presley.com/ — The address of a web site

INTERNET A-Z

browser
The software that you use to find a web site

download
Copy information from the Internet onto your computer

e-mail
An electronic message

FAQ
= frequently asked questions. Things that people often ask

home page
The welcome page at a web site

links
Other places on the web

log on/off
Go on or leave the Internet

search
A way of looking for something → search engine

surf
Look around web sites

web site
A group of web pages that one person or organisation keeps

Page 36 Computers for Kids: Surfing the Internet

---
[381] ENG2, S. 102

Tab. 24: Nennung digitaler Medien in Schulbüchern, Englisch

Nennung digitaler Medien in Schulbüchern Englisch, 464 Schulbuchseiten, LP 1997, Jgst. 7							
	Computer, Notebook (incl. Monitor)	Internet, Intranet	E-Mail-Kommunikation	Computerspiele und Software	CD-ROM, DVD, Diskette, weitere digitale Medien		Summe
Texte	5	7	6	3		3	24
Bilder	11	3	5	1		2	22
Arbeitsaufträge	8	4	6	2		1	21
Summe	24	14	17	6		6	67

Tab. 25: Chancen und sinnvolle Nutzung digitaler Medien, Englisch

Hinweise zu den Chancen digitaler Medien und zur sinnvollen Nutzung Englisch, 464 Schulbuchseiten, LP 1997, Jgst. 7									
	technische Hinweise zur Nutzung von PC, Software, Chatrooms	Freizeitgestaltung, Auswahl von Computerspielen	Medienbotschaften kritisch beurteilen, Bewusstwerden der Bedeutung	Vorteile wie Interaktivität, Datenmenge, Aktualität	Hinweise auf Lernsoftware, Vorbereitung von Referaten	Informationsgewinnung aus Datennetzen, Internetadressen, Umgang mit Suchmaschinen	Erweiterung der Ausdrucksfähigkeit: Textverarbeitung, Tabellenkalkulation E-Mail schreiben, Homepage erstellen	Summe
Texte	1	1	0	0	1	4	4	11
Bilder	1	2	0	0	0	2	4	9
Arbeitsaufträge	1	3	0	1	1	3	4	12
Summe	3	5	0	1	2	9	12	30

Tab. 26: Hinweise zu den Gefahren durch digitale Medien, Englisch

Hinweise zu den Gefahren durch digitale Medien Englisch, 464 Schulbuchseiten, LP 1997, Jgst. 7						
	psychisch: Sucht, Isolation, Gewalt	physisch: Bildschirmstrahlung, mangelnde Bewegung	finanziell: Dialerprogramme, Viren	rechtlich: Download, Urheberrecht, Jugendschutz, Datenschutz	sonstige und allgemeine Gefahren	Summe
Texte	1	0	0	0	0	1
Bilder	0	0	0	0	0	0
Arbeitsaufträge	1	0	0	0	0	1
Gesamtzahl	2	0	0	0	0	2

Physik/ Chemie/ Biologie (PCB)

Für das Fach PCB sind zum LP 1997 für die 7. Jgst. sechs Schulbücher erschienen: *Natur bewusst 7* (PCB1), *Natur und Technik 7* (PCB2), *Zusammenhänge 7* (PCB3), *Urknall 7* (PCB4), *Natur plus 7* (PCB5) und *Natur entdecken* (PCB6). Diese sechs Lehrwerke umfassen insgesamt 930 Seiten[382].

Aussagen des Lehrplans:
Der LP 1997 weist im Kapitel II im Abschnitt B unter den fachbezogenen Aufgaben des Faches PCB auf die Verwendung von Computerprogrammen hin:
„Der Unterricht ist auch auf den ergänzenden Einsatz von Medien angewiesen. Damit erhalten die Schüler Einblicke in Aspekte der Wirklichkeit, die sonst nicht oder nur sehr schwer zugänglich sind. Die Selbsttätigkeit der Schüler wird durch den Einsatz geeigneter Computerprogramme unterstützt."[383] Im Fachlehrplan gibt es keine Lernziele, in denen digitale Medien genannt werden.

In allen PCB-Schulbüchern taucht der Computer in den beiden Themenbereichen *Wetter* und *Strom* auf. Unter dem Kapitel „Wetter" wird in PCB1 auf die

---
[382] Das Schulbuch PCB4 (Urknall 7) hat als Seitenzählung jeweils Doppelseiten. Bei der Berechnung wurden die Einzelseiten summiert.
[383] Bayerisches Staatsministerium für Unterricht, Kultus, Wissenschaft und Kunst (1997), S. 50

Bedeutung von Computern für die Wetterbeobachtung hingewiesen: *"Computer spielen für die Auswertung der riesigen Datenmengen eine große Rolle."*[384] In PCB2 heißt es unter der Überschrift "So entsteht die Wetterkarte": *"Alle Messwerte werden in einen Computer eingegeben.(...) Auch die anderen Wetterdaten fasst der Computer auf einer Wetterkarte zusammen."*[385]

Auch in PCB3, PCB4, PCB5 und PCB6 wird im jeweiligen Abschnitt zum Thema Wetterbeobachtung auf die Bedeutung von Computern und Großrechnern für die Wettervorhersage eingegangen. Im Kapitel "Umgang mit Elektrizität" wird der Computer in einer Aufzählung über technische Geräte genannt: *"Ob Fahrradlampe, Küchenherd, Computer, Fernseher, Telefon oder Elektromotor – unser Leben ist ohne elektrischen Strom kaum vorstellbar."* [386] Die Funktion von Leuchtdioden[387] wird in einem Text im Kapitel "Umgang mit Elektrizität" in PCB2 angesprochen: *"Kleine farbige Punkte – überall leuchten sie auf: an Computern, Druckern, Hi-Fi- und Videogeräten..."*[388] Beim Thema *Elektrische Widerstände* wird der Computer in drei Schulbüchern angesprochen: PCB3, PCB5 und PCB6, als Teil des Alltags im Rahmenthema *Strom* in PCB4. Das Lehrwerk PCB4 stellt als einziges Schulbuch zum Themenbereich *Mechanische Arbeit und Energie*[389] eine Verbindung her durch die Frage: *"Ob ein Computer ebenfalls arbeitet..."*[390] Das Thema Computerspiele wird in PCB nur beiläufig erwähnt.

Die insgesamt nur fünf Bilder zum Bereich Computer[391] bzw. digitale Medien auf 930 Schulbuchseiten für den naturwissenschaftlichen Fächerverbund PCB zeigen ebenso wie die wenigen Textstellen und das völlige Fehlen von Arbeitsaufträgen zum Bereich *digitale Medien*, dass die untersuchten Schulbücher zum Fach PCB nur in geringem Maße auf die Bedeutung des Computers im Alltag eingehen.

---

[384] PCB1, S. 64
[385] PCB2, S. 67
[386] PCB1, S. 87
[387] In PCB4 werden Leuchtdioden im Zusammenhang mit Gameboys erwähnt: *"Leuchtdioden, die beispielsweise anzeigen, ob unser Gameboy eingeschaltet ist..."*, PCB4, S. 71
[388] PCB2, S. 100
[389] vgl.: Bayerisches Staatsministerium für Unterricht, Kultus, Wissenschaft und Kunst (1997), S. 50, LZ 7.4.2
[390] PCB4, S. 83
[391] Hierzu zählt auch eine Abbildung eines Belastungsergometers aus dem Bereich der Medizin. PCB6, S. 29

Tab. 27: Nennung digitaler Medien, PCB

	Computer, Notebook (incl. Monitor)	Internet, Intranet	E-Mail-Kommunikation	Computerspiele und Software	CD-ROM, DVD, Diskette, weitere digitale Medien	Summe
Nennung digitaler Medien in Schulbüchern Physik/ Chemie/ Biologie, 930 Schulbuchseiten, LP 1997, Jgst. 7						
Texte	13	0	0	2	0	15
Bilder	5	0	0	0	0	5
Arbeitsaufträge	0	0	0	0	0	0
Summe	18	0	0	2	0	20

Tab. 28: Chancen und sinnvolle Nutzung digitaler Medien, PCB

	technische Hinweise zur Nutzung von PC, Software, Chatrooms	Freizeitgestaltung, Auswahl von Computerspielen	Medienbotschaften kritisch beurteilen, Bewusstwerden der Bedeutung	Vorteile wie Interaktivität, Datenmenge, Aktualität	Hinweise auf Lernsoftware, Vorbereitung von Referaten	Informationsgewinnung aus Datennetzen, Internetadressen, Umgang mit Suchmaschinen	Erweiterung der Ausdrucksfähigkeit: Textverarbeitung, Tabellenkalkulation E-Mail schreiben, Homepage erstellen	Summe
Hinweise zu den Chancen digitaler Medien und zur sinnvollen Nutzung Physik/ Chemie/ Biologie, 930 Schulbuchseiten, LP 1997, Jgst. 7								
Texte	0	0	14	0	0	0	0	14
Bilder	0	0	1	0	0	0	0	1
Arbeitsaufträge	0	0	0	0	0	0	0	0
Summe	0	0	15	0	0	0	0	15

Das fächerübergreifende Ziel einer sinnvollen Nutzung digitaler Medien durch Jugendliche wird in den PCB-Schulbüchern völlig verfehlt, da in keinem Lehrwerk auf die im Lehrplan erwähnte *Selbsttätigkeit der Schüler durch den Einsatz geeigneter Computerprogramme*[392] eingegangen wird. Dass in einem Schulbuch, das sich mit naturwissenschaftlichen Themen beschäftigt, kaum Hinweise auf die Chancen und keine Hinweise auf die Gefahren der digitalen Medien zu finden sind, ist unverständlich.

Tab. 29: Hinweise zu den Gefahren durch digitale Medien, PCB

	psychisch: Sucht, Isolation, Gewalt	physisch: Bildschirmstrahlung, mangelnde Bewegung	finanziell: Dialerprogramme, Viren	Download, Urheberrecht, Jugendschutz, Datenschutz	sonstige und allgemeine Gefahren	Summe
Texte	0	0	0	0	0	0
Bilder	0	0	0	0	0	0
Arbeitsaufträge	0	0	0	0	0	0
Gesamtzahl	0	0	0	0	0	0

Hinweise zu den Gefahren durch digitale Medien
Physik/ Chemie/ Biologie, 930 Schulbuchseiten, LP 1997, Jgst. 7

Geschichte/ Sozialkunde/ Erdkunde (GSE)

Zum LP 1997 sind für das Fach Geschichte/ Sozialkunde/ Erdkunde (GSE) sechs Lehrwerke im Gesamtumfang von 1272 Schulbuchseiten erschienen: *Trio 7* (GSE1), *Menschen Zeiten Räume 7* (GSE2), *Begegnungen 7* (GSE3), *GSE 7 Geschichte Sozialkunde Erdkunde* (GSE4), *Durchblick 7* (GSE5) und *ZeitRäume 7* (GSE6)

---

[392] vgl.: Bayerisches Staatsministerium für Unterricht, Kultus, Wissenschaft und Kunst (1997), S. 50

Aussagen des Lehrplans:

Der LP 1997 geht im Kapitel II im Abschnitt B unter den fachbezogenen Aufgaben des Faches auf die Bedeutung der neuen Medien für das Erfassen dargestellter Geschichte ein:

> *„Dem Erlernen fachspezifischer Arbeitsweisen, insbesondere der Informationsgewinnung, kommt hier große Bedeutung zu: Auswerten von Quellen (gegenständliche, bildliche, schriftliche, mündliche), Erfassen dargestellter Geschichte (Lehrererzählung, Sach- und Jugendbuch, Karten, Statistiken, Modelle, Comic, Film und neue Medien),..."*[393]

Im Fachlehrplan taucht der Bereich der neuen Medien nur im fakultativen Bereich auf:

> *„7.3.3 Gesellschaftspolitische Herausforderungen -sozialpolitische Maßnahmen * alte Menschen in den Medien und in der Werbung."*[394]

Darüber hinaus bietet das Lernziel *„7.7.2 Recht und Rechtspflege -rechtsbedeutsame Altersstufen -jugendliche Straftäter: ein Fallbeispiel, z. B. Verkehrsdelikt"*[395] Anknüpfungspunkte.

Insgesamt gibt es in den untersuchten GSE-Schulbüchern nur wenige Stellen, die auf die digitalen Medien Bezug nehmen. Das oben genannte Ziel *Erfassen dargestellter Geschichte (u.a.) durch neue Medien* ist in keinem Schulbuch zum Fach GSE berücksichtigt. Auf den Statussymbolcharakter von Computerspielen macht eine Textstelle im Schulbuch GSE1 aufmerksam: In der Einheit *Jugend und Recht* heißt es *„In der 7. Klasse haben mein Freund Ingo und ich angefangen, richtig zu klauen. Wir wollten vor unseren Klassenkameraden angeben mit teuren Klamotten, CDs, Computerspielen usw."*[396] Dies ist in GSE1 der einzige Textbezug zu digitalen Medien, hinzu kommen drei Fotos, die den PC-Einsatz bei der Polizei und beim Grenzschutz sowie im Bergbau bei der Fernsteuerung über Tage zeigen. Im Gegensatz zu diesem Lehrwerk spricht GSE2 die Nutzung digitaler Medien durch alte Menschen[397] an: Ein Foto (Abb. 34) sowie der folgende Textausschnitt: *„Natürlich gibt es viele einsame und kranke alte Menschen. Aber im Durchschnitt werden sie immer aktiver: Sie belegen Computerkurse, spielen in Rentnerbands..."*[398] können den Schülern verdeutlichen, dass

---

[393] Bayerisches Staatsministerium für Unterricht, Kultus, Wissenschaft und Kunst (1997), S. 52f
[394] Bayerisches Staatsministerium für Unterricht, Kultus, Wissenschaft und Kunst (1997), S. 205
[395] Bayerisches Staatsministerium für Unterricht, Kultus, Wissenschaft und Kunst (1997), S. 207
[396] GSE1, S. 156
[397] vgl. LP 1997, GSE, Lernziel 7.3.3
[398] GSE2, S. 75

die Nutzung des PC keine ausschließliche Angelegenheit junger Menschen ist, sondern einen selbstverständlichen Teil unserer Gegenwartskultur darstellt, und dass man auch im Alter noch lernen kann.

Abb. 34: PC und alte Menschen, GSE2[399]

Außerdem finden sich in GSE2 noch Fotos, die die Herstellung von Mikrochips[400] und den Computereinsatz bei der Polizei[401] zeigen. Das Schulbuch GSE3 enthält drei Stellen zum Bereich Computer: In der Einheit *Wetter und Klima* sind auf zwei Grafiken zum *Energieverbrauch im Haushalt*[402] Computer abgebildet. Darüber hinaus wird der Strukturwandel im Ruhrgebiet und der Aufbau einer Computerindustrie[403] angesprochen. Für Schüler zum Teil relevant ist das Thema Computerkriminalität, wozu in GSE3 ein Zeitungstext über *Computerhacker* (Abb. 35) abgedruckt ist. Der Arbeitsauftrag zu diesem Text über *Computer-Hacker* heißt: *„Wie lauten die strafbaren Tatbestände, die in den Presseberichten auf S. 146 angesprochen sind? Nimm Quelle 1 auf S. 146 zu Hilfe!"* Dieser Text über den Hamburger Computerclub[404] ist – neben dem

---
[399] GSE2, S. 52
[400] GSE2, S. 222
[401] GSE2, S. 268
[402] GSE3, S. 50 und 51
[403] GSE3, S. 198 und 201
[404] Im Text ist vom Alter der Täter nicht die Rede. Der Hamburger Chaos Computer Club ist ein Verein, der auf seiner Homepage sich so definiert: „Er beschäftigt sich mit den Auswirkungen von Technologie auf die Gesellschaft sowie das einzelne Lebewesen und fördert das Wissen um diese

erwähnten Beispiel aus GSE1 – die einzige Stelle in den untersuchten 47 Schulbüchern (der Untersuchung A), in der der Bereich „Jugendkriminalität und digitale Medien" behandelt wird. Zudem ist außer dem Foto (Abb. 36), auf dem ein Junge und ein älterer Mann gemeinsam vor dem PC sitzen, kein Bild, das den Umgang von Kindern bzw. Jugendlichen mit dem Computer zeigt, auf den insgesamt 1272 Schulbuchseiten zum Fach GSE zu finden. Im Schulbuch GSE4 wird das Thema Computer an einer einzigen Stelle aufgegriffen, indem Computerkriminalität als Beispiel dafür genannt wird, dass sich Rechtsvorschriften immer wieder ändern bzw. neu verfasst werden[405]. Im Lehrwerk GSE5 gibt es keinen einzigen Hinweis auf digitale Medien, weder in Bildern, noch in Texten und Arbeitsaufträgen. Abgesehen von drei Bildern finden sich auch im Schulbuch GSE6 keine Bezüge zu digitalen Medien. An einer Stelle wird auf die Bedeutung der Computerindustrie im Rahmen des Strukturwandels im Ruhrgebiet GSE6 hingewiesen.

Die beiden anderen Bilder (Abb. 36 und Abb. 37) thematisieren die Computernutzung durch alte Menschen, wobei ein Bild mit dem Titel *Aufgeschlossen für Neues* (Abb. 36) zeigt, wie ein Kind einem älteren Menschen den Umgang mit dem Computer erklärt.

Zusammenfassend lässt sich feststellen, dass die Chancen, die der LP 1997 in den Themen für das Fach GSE in der 7. Jgst. bietet, nicht genutzt wurden. So fehlen jegliche Hinweise auf digitale Möglichkeiten der Informationsbeschaffung, beispielsweise bei den Themen *Lateinamerika* (Einheit „Die Europäisierung der Welt") oder *Menschenrechte auch für Kinder*. Unzureichend behandelt sind, obwohl der LP 1997 einen Lernzielbereich *Jugend und Recht* ausweist, die rechtlichen Probleme, mit denen Jugendliche im Umgang mit digitalen Medien konfrontiert werden können: illegales Herunterladen von Dateien, Diebstahl, Verstöße gegen das Urheberrecht, Datensicherheit, Gewaltverherrlichung und Pornografie im Internet.

Entwicklung. Der CCC setzt sich für ein Menschenrecht auf zumindest weltweite, ungehinderte Kommunikation ein.", zitiert nach: http://www.ccc.de/faq/ccc?language=de[16.06.2005]
[405] GSE4, S. 61

Abb. 35: Computer-„Hacker", GSE3[406]

Die Kripo räumt bei „Hackern" auf
Hausdurchsuchung beim Hamburger Computer-Club

HAMBURG. „Einen riesigen Müllsack voll Papier haben die mitgenommen – da steckt meine halbe Existenz drin", klagte Steffen W., Vorsitzender des berühmten „Chaos-Computer-Clubs" in Hamburg. In der Nacht zum Dienstag hatten erstmals Polizei und Staatsanwalt die mutigen „Hacker" aus der Hansestadt heimgesucht. Sie sollen in die Computersysteme der europäischen Organisation für Kernforschung (CERN) in Genf und einer Computerfirma in Frankreich eingedrungen sein.

Vier Wohnungen von Mitgliedern des „CCC" wurden von einem Kommando aus Hamburger Kripobeamten des Fachdezernates Computerkriminalität, Mitarbeitern des Bundeskriminalamtes und französischen Polizisten am Montagabend „völlig überraschend" fachgerecht durchstöbert, viele Stunden lang. Als mutmaßliches Beweismaterial für die verbotenen Machenschaften des Club seien, so sagte am Dienstag Staatsanwalt Lothar K., „umfangreiche Unterlagen, Datenträger und elektronische Datenanlagen" beschlagnahmt worden. Die Fahnder hatten einen Durchsuchungsbeschluss des Amtsgerichts Hamburg vorgewiesen, nach dem die Computer-„Chaoten" in dem „Verdacht des Ausspähens von Daten" stünden. Die Hacker hätten sich in die Datenverarbeitung eingeschlichen und dabei wichtige Informationen zum Teil gelöscht und verändert, sodass den Unternehmen Schäden von noch unabsehbarer Höhe entstanden seien. Von CERN soll eine Strafanzeige vorliegen.

Steffen W. beteuerte gestern seine Unschuld: „Mit diesen ‚Einbrüchen' haben wir nichts zu tun." Bislang habe der Club spektakuläre Computerstreiche im Übrigen stets von sich aus an die Öffentlichkeit gebracht. Der 80 „Hacker" umfassende Verein hatte erst vor kurzem für Aufsehen gesorgt, als es ihm angeblich gelungen war, in das System der amerikanischen Weltraumbehörde NASA einzudringen. (2)

Q *Auszug aus dem Strafgesetzbuch*

§ 202 a
Wer unbefugt Daten, die nicht für ihn bestimmt und die gegen unberechtigten Zugang besonders gesichert sind, sich oder einem anderen verschafft, wird mit Freiheitsstrafe bis zu drei Jahren oder mit Geldstrafe bestraft.

---

[406] GSE3, S. 146

Abb. 36: Aufgeschlossen für Neues, GSE6[407]

Abb. 37: Lebenslust, GSE6[408]

7 Lebenslust

Tab. 30: Nennung digitaler Medien, GSE

	Nennung digitaler Medien in Schulbüchern GSE, 1272 Schulbuchseiten, LP 1997, Jgst. 7					
	Computer, Notebook (incl. Monitor)	Internet, Intranet	E-Mail-Kommunikation	Computerspiele und Software	CD-ROM, DVD, Diskette, weitere digitale Medien	Summe
Texte	1	0	0	2	1	4
Bilder	3	0	0	0	0	3
Arbeitsaufträge	1	0	0	0	0	1
Summe	5	0	0	2	1	8

---

[407] GSE6, S. 51
[408] GSE6, S. 43

Abb. 31: Chancen und sinnvolle Nutzung digitaler Medien, GSE

	technische Hinweise zur Nutzung von PC, Software, Chatrooms	Freizeitgestaltung, Auswahl von Computerspielen	Medienbotschaften kritisch beurteilen, Bewusstwerden der Bedeutung	Vorteile wie Interaktivität, Datenmenge, Aktualität	Hinweise auf Lernsoftware, Vorbereitung von Referaten	Informationsgewinnung aus Datennetzen, Internetadressen, Umgang mit Suchmaschinen	Erweiterung der Ausdrucksfähigkeit: Textverarbeitung, Tabellenkalkulation E-Mail schreiben, Homepage erstellen	Summe
Hinweise zu den Chancen digitaler Medien und zur sinnvollen Nutzung GSE, 1272 Schulbuchseiten, LP 1997, Jgst. 7									
Texte	0	0	0	1	0	0	0	1
Bilder	0	3	0	0	0	0	0	3
Arbeitsaufträge	0	0	0	0	0	0	0	0
Summe	0	3	0	1	0	0	0	4

Tab. 32: Hinweise zu den Gefahren durch digitale Medien, GSE

	psychisch: Sucht, Isolation, Gewalt	physisch: Bildschirmstrahlung, mangelnde Bewegung	finanziell: Dialerprogramme, Viren	rechtlich: Download, Urheberrecht, Jugendschutz, Datenschutz	sonstige und allgemeine Gefahren	Summe
Hinweise zu den Gefahren durch digitale Medien GSE, 1272 Schulbuchseiten, LP 1997, Jgst. 7						
Texte	0	0	0	1	0	1
Bilder	0	0	0	0	0	0
Arbeitsaufträge	0	0	0	0	0	0
Gesamtzahl	0	0	0	1	0	1

Musik

Für das Fach Musik[409] wurden zwei Lehrwerke, die zusammen 212 Seiten umfassen, untersucht: Musik erleben 7 (MUS1) und Musikland 7 (MUS2).

Aussagen des Lehrplans:
Kap. II:
> *„Bei all diesen musikalischen Umgangsweisen bringen die Schüler ihre Erfahrungen und Vorlieben, auch im Zusammenhang mit der Mediennutzung, ein und erwerben notwendige Kenntnisse."[410]*
> Medien:
> *„7.4 Wirkungen von Musik - Manipulation mit Musik (...) Am Beispiel der Rundfunk- und Fernsehwerbung lernen sie konkrete Methoden und Erfolgsrezepte kennen, in welcher Weise Musik zu manipulativen Zwecken verwendet wird, und wenden bei der Gestaltung eigener Werbespots ihre Erkenntnisse praktisch an."[411]*

Während in MUS2 kein einziger Hinweis auf digitale Medien, die Nutzung des Computers durch Kinder und Jugendliche und die Bedeutung des Computers im Bereich der Musik vorhanden ist, finden sich im Lehrwerk MUS1 zwei Stellen hierzu. Zum einen wird in MUS1 die Bedeutung des Computers und des Mikrochips thematisiert:

> *„Auf einer äußerst kleinen Platine befinden sich Millionen elektronischer Bauteile, die in rasender Geschwindigkeit zusammenarbeiten und anschließend die Ergebnisse ihrer Arbeit auf verschiedenen „Ausgabegeräten" zur Verfügung stellen: Bildschirm, Drucker, Verstärker und Lautsprecher. Praktisch gleichzeitig mit dem Synthesizer zog der Computer in die Musik ein."[412]*

Im nachfolgenden Arbeitsauftrag wird an das Erfahrungswissen der Schüler angeknüpft: *„Welche Beispiele kennt ihr, in denen Synthesizer oder Computer eine*

---

[409] Ab der 7. Jahrgangsstufe ist das Fach Musik Wahlpflichtfach.
[410] Bayerisches Staatsministerium für Unterricht, Kultus, Wissenschaft und Kunst (1997), S. 60
[411] Bayerisches Staatsministerium für Unterricht, Kultus, Wissenschaft und Kunst (1997), S. 216
[412] MUS1, S. 31

Rolle spielen?[413] Zudem wird auf das Thema der 8. Jahrgangsstufe „Musik und Computer" verwiesen. Dort heißt es unter Lernziel 8.3:

„Die Schüler gewinnen Einblick in die vielfältigen Möglichkeiten, Computer in der Musik einzusetzen. Sie erproben die in der Schule vorhandene Hard- und Software und setzen sie bei einem Gestaltungsversuch ein."[414]

Der zweite Bereich, der im Lehrwerk MUS1 angesprochen wird, betrifft die Rolle des Computers bei der Erstellung von Werbespots. Der Computer wird als *„unverzichtbares Werkzeug für den Tonmeister"*[415] beschrieben, der mit entsprechender Software verschiedene Effekte per Mausklick erzeugen kann.

Auf das auch rechtlich nicht unproblematische Herunterladen von Musikdateien wird in den untersuchten Schulbüchern kein Bezug genommen. Themen wie Webradio und die Verwendung von MP3-Playern waren Ende der 90-er Jahre noch nicht aktuell.

Tab. 33: Digitale Medien im Schulbuch für das Fach Musik, MUS1[416]

	Nennung digitaler Medien in Schulbüchern Musik, 212 Schulbuchseiten, LP 1997, Jgst. 7					
	Computer, Notebook (incl. Monitor)	Internet, Intranet	E-Mail-Kommunikation	Computerspiele und Software	CD-ROM, DVD, Diskette, weitere digitale Medien	Summe
Texte	1	0	0	1	1	3
Bilder	3	0	0	0	0	3
Arbeitsaufträge	1	0	0	0	0	1
Summe	5	0	0	1	1	7

---

[413] MUS1, S. 31
[414] Bayerisches Staatsministerium für Unterricht, Kultus, Wissenschaft und Kunst (1997), S. 271
[415] MUS1, S. 60
[416] MUS1, S. 60

Tab. 34: Chancen und sinnvolle Nutzung digitaler Medien, Musik

	technische Hinweise zur Nutzung von PC, Software, Chatrooms	Freizeitgestaltung, Auswahl von Computerspielen	Medienbotschaften kritisch beurteilen, Bewusstwerden der Bedeutung	Vorteile wie Interaktivität, Datenmenge, Aktualität	Hinweise auf Lernsoftware, Vorbereitung von Referaten	Informationsgewinnung aus Datennetzen, Internetadressen, Umgang mit Suchmaschinen	Erweiterung der Ausdrucksfähigkeit: Textverarbeitung, Tabellenkalkulation E-Mail schreiben, Homepage erstellen	Summe
Texte	0	3	0	0	0	0	0	3
Bilder	0	1	0	0	0	0	0	1
Arbeitsaufträge	0	1	0	0	0	0	0	1
Summe	0	5	0	0	0	0	0	5

Hinweise zu den Chancen digitaler Medien und zur sinnvollen Nutzung
Musik, 212 Schulbuchseiten, LP 1997, Jgst. 7

Tab. 35: Hinweise zu den Gefahren durch digitale Medien, Musik

	psychisch: Sucht, Isolation, Gewalt	physisch: Bildschirmstrahlung, mangelnde Bewegung	finanziell: Dialerprogramme, Viren	rechtlich: Download, Urheberrecht, Jugendschutz, Datenschutz	sonstige und allgemeine Gefahren	Summe
Texte	0	0	0	0	0	0
Bilder	0	0	0	0	0	0
Arbeitsaufträge	0	0	0	0	0	0
Gesamtzahl	0	0	0	0	0	0

Hinweise zu den Gefahren durch digitale Medien
Musik, 212 Schulbuchseiten, LP 1997, Jgst. 7

Kunsterziehung

Für das Fach Kunsterziehung erschien zum Lehrplan für die bayerische Hauptschule aus dem Jahr 1997 lediglich ein Lehrwerk mit 48 Seiten: Kunst und wir 7 (KUN1)[417].

Aussagen des Lehrplans:
Kap II
> *„Das Artikulieren eigener ästhetischer Bedürfnisse, das Formulieren von Aussagen zur eigenen Person und Lebenssituation und die Auseinandersetzung mit der Natur, der gestalteten Umwelt, der Arbeitswelt und mit den Einflüssen der Medien fördern Selbsterkenntnis, Sachkompetenz und Urteilsfähigkeit der Heranwachsenden."*[418]

Im Fachlehrplan der 7. Jahrgangsstufe für das Fach Kunsterziehung findet sich nur ein Hinweis zum Bereich Computer und digitale Medien:
> *„Bei der Gestaltung von Schriftsätzen können die Schüler Einblick in neuere Möglichkeiten elektronischer Textverarbeitung gewinnen.(...) Im Umgang mit den Medien lernen die Schüler, sich als kompetente Nutzer und produktive Gestalter verantwortungsvoll zu verhalten."*[419]

Das Schulbuch KUN1 geht auf diesen Bereich der Nutzung von digitalen Medien für den Bereich Kunsterziehung ein: Computerschriften (siehe Abbildung 38). Als hilfreich für Schüler ist der Hinweis zu werten, die Anzahl der verwendeten Schriftarten zu begrenzen, da viele Schriftarten das Schriftbild zerstören.[420] Außer diesem Beitrag gibt es im Schulbuch KUN1 keinen weiteren Hinweis auf digitale Medien.

Digitale Medien werden im Fach Kunsterziehung vor allem in der 9. Jahrgangsstufe thematisiert, wie ein Blick in das Lernziel 9.5 zeigt:

---

[417] Die Verwendung von Schulbüchern ist in diesem Fach nur wenig verbreitet. Bei der Anschaffung von Schülerbüchern setzen die Schulen zunächst auf die „Kernfächer" Deutsch, Mathematik, Englisch sowie die Fächerverbünde G/Sk/Ek oder Ph/Ch/B, bevor sie Schulbücher für Kunsterziehung erwerben.
[418] Bayerisches Staatsministerium für Unterricht, Kultus, Wissenschaft und Kunst (1997), S. 62
[419] Bayerisches Staatsministerium für Unterricht, Kultus, Wissenschaft und Kunst (1997), S. 219
[420] Vergleiche KUN1, S.45. Ebenfalls als ein Beitrag zur ästhetischen Erziehung kann die Aufgabe 2 verstanden werden, wenn darauf verwiesen wird, dass das Schönschreiben mit der Hand auch im Computerzeitalter noch gefragt ist.

„Die Verbreitung und der Austausch von Informationen wird heute ganz wesentlich durch die Bildmedien bestimmt, die unser Wahrnehmen und Denken stark beeinflussen. Die Schüler setzen sich mit dem Einfluss und der Bedeutung dieser Medien vorwiegend praktisch auseinander. Im Bearbeiten dokumentarischer Fotos wie elektronischer Lichtbilder gewinnen sie Einblick in aktuelle Techniken der Aufbereitung und Veränderung von Bildmaterial und können dabei eine kritische Haltung gegenüber der durch Medien vermittelten Wirklichkeit entwickeln. Da mittlerweile jede Art von Bildcharakteristik durch Computergrafik herstellbar ist und damit ihr materieller Hintergrund immer undurchsichtiger wird, sollen die Schüler erkennen, wie sehr die Grenzen zwischen Simulation und Wirklichkeit heute fließend geworden sind."[421]

Tab. 36: Nennung digitaler Medien, Kunsterziehung

	Computer, Notebook (incl. Monitor)	Internet, Intranet	E-Mail-Kommunikation	Computerspiele und Software	CD-ROM, DVD, Diskette, weitere digitale Medien	Summe
Texte	1	0	0	0	0	1
Bilder	1	0	0	0	0	1
Arbeitsaufträge	1	0	0	0	0	1
Summe	3	0	0	0	0	3

Nennung digitaler Medien in Schulbüchern
Kunsterziehung, 48 Schulbuchseiten, LP 1997, Jgst. 7

---

[421] Bayerisches Staatsministerium für Unterricht, Kultus, Wissenschaft und Kunst (1997), S. 336

Abb. 38: Digitale Medien im Schulbuch für das Fach Kunsterziehung[422]

Computerschriften

Dies ist die Schrift Times New Roman
Dies ist die Schrift Mistral
Dies ist die Schrift Tekton
Dies ist die Schrift Helvetica
Dies ist die Schrift Vivaldi
Dies ist die Schrift Eurostile
Dies ist die Schrift Calligraphy
Dies ist die Schrift Bauhaus
Dies ist die Schrift Kids
✤✣✱▲ ✤▲▼ ✳✶✣ ╳✣✤▲●✣✱✱

Schreibanlass:

Du schreibst . . .
eine Einladung zu einem Kindergeburtstag
eine Geheimschrift für einen Freund
einen Comic
einen Brief an deine Bank
ein Plakat gegen Tierversuche
eine Einladung zu einer Western-Party

Tipp

Viele Schriftarten zerstören das Schriftbild. Verwende pro Text nicht mehr als zwei verschiedene Schriftarten.

1. Überlege dir, welche Schriftart zu welchem Schreibanlass passt.
2. Das Schönschreiben mit der Hand ist auch im Computerzeitalter noch gefragt, weil die Handschrift persönlich und lebendig ist.
   Wähle dein Lieblingsschreibzeug und schreibe ein Gedicht, bei dem du eine der Computerschriften nachahmst.
3. Gestalte eine Einladungskarte zu einem Faschingsball, der unter dem Motto *Eine Nacht in Yokohama* steht. Zeichnungen sind erwünscht.

---

[422] KUN1, S. 45

Tab. 37: Chancen und sinnvolle Nutzung digitaler Medien, Kunsterziehung

Hinweise zu den Chancen digitaler Medien und zur sinnvollen Nutzung Kunsterziehung, 48 Schulbuchseiten, LP 1997, Jgst. 7								
	technische Hinweise zur Nutzung von PC, Software, Chatrooms	Freizeitgestaltung, Auswahl von Computerspielen	Medienbotschaften kritisch beurteilen, Bewusstwerden der Bedeutung	Vorteile wie Interaktivität, Datenmenge, Aktualität	Hinweise auf Lernsoftware, Vorbereitung von Referaten	Informationsgewinnung aus Datennetzen, Internetadressen, Umgang mit Suchmaschinen	Erweiterung der Ausdrucksfähigkeit: Textverarbeitung, Tabellenkalkulation, E-Mail schreiben, Homepage erstellen	Summe
Texte	0	0	0	0	0	0	1	1
Bilder	0	0	0	0	0	0	1	1
Arbeitsaufträge	0	0	0	0	0	0	1	1
Summe	0	0	0	0	0	0	3	3

Tab. 38: Hinweise zu den Gefahren durch digitale Medien, Kunsterziehung

Hinweise zu den Gefahren durch digitale Medien Kunsterziehung, 48 Schulbuchseiten, LP 1997, Jgst. 7						
	psychisch: Sucht, Isolation, Gewalt	physisch: Bildschirmstrahlung, mangelnde Bewegung	finanziell: Dialerprogramme, Viren	rechtlich: Download, Urheberrecht, Jugendschutz, Datenschutz	sonstige und allgemeine Gefahren	Summe
Texte	0	0	0	0	0	0
Bilder	0	0	0	0	0	0
Arbeitsaufträge	0	0	0	0	0	0
Gesamtzahl	0	0	0	0	0	0

Arbeitslehre

Für das Fach Arbeitslehre sind zum LP 1997 fünf Schulbücher erschienen: *Arbeitslehre 7* (ABL1) aus dem Auer Verlag, das gleichnamige Schulbuch *Arbeitslehre 7* (ABL2) aus dem Cornelsen Verlag, *Praxis 7* (ABL3), *Arbeitslehre aktuell 7* (ABL4) und *Wege zum Beruf 7* (ABL5). Die fünf Schulbücher zum Fach Arbeitslehre sind alle im Jahr 1997 erschienen[423] und umfassen insgesamt 408 Seiten.

Aussagen des Lehrplans:

Der LP 1997 nimmt im Kapitel über „*fachbezogene Unterrichts- und Erziehungsaufgaben*" zum Einsatz des Computers im Unterricht Stellung:
„*Konkrete Lebenswirklichkeit erfahren die Schüler auch, wenn sie außerschulische Experten (z. B. Berufsberater, Ausbilder, Wirtschaftsfachleute) befragen. Zusätzlich verschaffen sie sich über Medien und simulative Verfahren am Computer Einsichten in die beruflichen, technischen, sozialen, ökologischen und wirtschaftlichen Aspekte der Arbeitswelt.*"[424]

Im Lehrplan für die 7. Jahrgangsstufe des LP 1997 befindet sich vor den Fachlehrplänen der Fächer Arbeitslehre, GtB, KbB und HsB jeweils der gleichlautende Hinweis auf ein Projekt, das diese vier Fächer gemeinsam planen sollen:
„*Im Lernfeld Arbeitslehre ist in dieser Jahrgangsstufe ein Projekt vorgesehen. Leitfach hierfür ist das Fach Arbeitslehre mit der Lehrplaneinheit 7.3 Schüler arbeiten und wirtschaften für einen Markt in der Schule. Die Fächer Arbeitslehre, Gewerblich-technischer Bereich (GtB), Kaufmännisch-bürotechnischer Bereich (KbB) und Hauswirtschaftlich-sozialer Bereich (HsB) planen und gestalten das Projekt gemeinsam.*"[425]

Durch dieses Projekt ist die Verbindung des Faches Arbeitslehre mit computerrelevanten Inhalten des Faches KbB gegeben.

---

[423] Auch hier zeigt sich – ähnlich wie bei den Deutsch-Lesebüchern oder im Fach Mathematik- die große Bedeutung des Faches aus der Sicht der Verlage.
[424] Bayerisches Staatsministerium für Unterricht, Kultus, Wissenschaft und Kunst (1997), S. 66
[425] Bayerisches Staatsministerium für Unterricht, Kultus, Wissenschaft und Kunst (1997), S. 221

Die Lernziele *Arbeiten und Wirtschaften im privaten Haushalt*[426] und *Geld in Schülerhand*[427] betreffen indirekt den Bereich digitale Medien: Jugendliche geben Geld für Computer, Internet, Computerspiele und CD-ROM aus. Im Lernziel *Grundlagen der Berufsorientierung* sollen die Schüler „*mit geeigneten Informationsmöglichkeiten und der Berufsberatung die Vielfalt beruflicher Tätigkeiten kennen lernen.*"[428] In den Schulbüchern zum Fach Arbeitslehre wird die Nutzung digitaler Medien vor allem in Bezug auf die Verwendung des Computers in der Arbeitswelt dargestellt. So wird im Lehrwerk ABL1 in der Einheit *Wir berichten über unseren Arbeitsplatzbesuch* beim Beruf *Kaufmann/ Kauffrau für Bürokommunikation* sowohl auf die Tätigkeiten „*in Computer eingeben, Texte bearbeiten, Texte sichern und übermitteln; mit Listen arbeiten, Daten verwalten*" eingegangen, als auch auf das Problem der Sorgen um den Arbeitsplatz: Die „*EDV könnte in den nächsten Jahren bestimmte Aufgaben meines Berufes übernehmen*".(ABL1) Was die Nutzung von digitalen Medien betrifft, so verweist eine Tabelle in ABL1 auf den hohen Stellenwert von Computerspielen, die auf Platz 2 der „*Hitliste der Geburtstagswünsche*"[429] von 6- bis 10-jährigen Kindern stehen. Die wirtschaftlichen Auswirkungen von Computerspielen werden ebenfalls thematisiert, jedoch ohne dass hierzu Arbeitsaufträge gestellt werden: „*Mit interaktiven Werbespielen, das sind Computerspiele, in die der Spieler direkt eingreift, kann die Wirtschaft mehr als 16 Millionen Konsumenten erreichen.*"[430] Die Bedeutung des Computers für die Gesellschaft und die Arbeitswelt kommt in ABL1 vor allem durch Texte bzw. Fotos von Arbeitsplätzen mit Computern zum Ausdruck: Bürokauffrau, Verwaltungsangestellte, vielfältige Berufe, die den Einsatz von CAD-Programmen und CNC-Maschinen erfordern bis hin zur Verwendung von Computerkassen in Einkaufsmärkten. Ferner werden an einer Stelle Computernetze als Märkte[431] bezeichnet. Beachtung erfährt

---

[426] Bayerisches Staatsministerium für Unterricht, Kultus, Wissenschaft und Kunst (1997), S. 221: Lernziel 7.2
[427] Bayerisches Staatsministerium für Unterricht, Kultus, Wissenschaft und Kunst (1997), S. 221: Lernziel 7.2.3
[428] Bayerisches Staatsministerium für Unterricht, Kultus, Wissenschaft und Kunst (1997), S. 221: Lernziel 7.4
[429] ABL1, S. 58
[430] ABL1, S. 58
[431] ABL1, S. 63. Die Bedeutung des Internets als virtuellem Marktplatz und die Möglichkeiten von E-Commerce waren im Jahr 1997 noch sehr gering und wurden, verglichen mit der tatsächlichen Entwicklung, in manchen Bereichen unterschätzt: „*Einkaufen per Computer - in den USA seit langem üblich - steckt in Deutschland noch in den Kinderschuhen. Doch langsam wird das "virtuelle Kaufhaus" auch hierzulande salonfähig. "Electronic Commerce" heißt das Zauberwort - die Möglichkeit, ohne Rücksicht auf Geschäftszeiten für Kunden erreichbar zu sein. Schon jetzt sind allein in Deutschland über drei Millionen Menschen auf diesem Wege erreichbar. Zur Jahrtausendwende soll jeder dritte deutsche Haushalt ans Internet angeschlossen sein; in zehn Jahren sogar 60 Prozent.*", Rheinzeitung

im Schulbuch ABL1 das Thema „Ausstattung eines Computerarbeitsplatzes nach ergonomischen Grundsätzen", wobei aber keine gesundheitsrelevanten Empfehlungen für den Abstand zwischen Bildschirm und Arbeitsplatz gegeben werden. Die Nutzung des Computers als ein Teil der Arbeitswelt wird im Lehrwerk ABL2 durch insgesamt acht Fotos deutlich. An einer Stelle geht das Lehrwerk intensiver auf den häuslichen Computerarbeitsplatz ein. Hier werden die Schüler aufgefordert, zum einen fächerübergreifend zu arbeiten, zum anderen als „Experten" ihren Eltern zur Verfügung zu stehen. In Bezug auf die Wirtschaftlichkeit von Computern wählen die Autoren von ABL5 den entgegengesetzten Weg und lassen die Schüler sich an die Eltern wenden: *„Erstelle einen solchen Kosten-Ertragsvergleich für einen Computer zu Hause. Befrage dazu deine Eltern."*[432] Zur Nutzung von digitalen Medien als Mittel der Informationsbeschaffung findet sich in ABL2 nur ein einziger Hinweis, nämlich sich bei der Berufswahl über ein Computerprogramm beim Berufsinformationszentrum zu informieren.[433] Ein solcher Hinweis und weiterführende Angebote wie z. B. die Nennung von Arbeitsplatzbeschreibungen in digitaler Form oder von Internetadressen (Berufsinformationszentrum, Arbeitsamt) fehlen im Lehrwerk ABL3, obwohl gerade durch solche Hinweise Aktualität[434] erreicht werden könnte. Im Lehrwerk ABL4 werden zum Teil Statistiken abgedruckt, die bei Erscheinen des Lehrwerks schon mehrere Jahre alt sind, siehe Abb. 41 und 42. Die Abbildung 41 zeigt zwar, wie viele Kinder und Jugendliche schon einen Computer besitzen[435] und welche Bedeutung die Marke des Computers hat, die Gründe für dieses „Markenbewusstsein"[436] werden jedoch weder im Text noch in den Arbeitsaufträgen angesprochen. In der Abbildung 42 wird im Schulbuch

---

(1997): Einkaufen im Internet. Shopping Galerie, zitiert nach: http://rhein-zeitung.de/old/97/06/12/topnews/onkauf.html
[432] ABL5, S. 16
[433] ABL2, S. 45
[434] Die mangelnde Aktualität dieses Lehrwerk zeigt sich auch darin, dass an mehreren Stellen auf Grafiken und Statistiken aus dem Jahr 1995 bzw. 1993 Bezug genommen und auf die Nennung von digitalen Medien in einer Grafik zum Stromverbrauch von Haushaltsgeräten verzichtet wird, vergleiche: ABL2, S. 23. In keinem der insgesamt fünf untersuchten Schulbücher zum Fach Arbeitslehre wird auf ökologische Aspekte bei der Nutzung digitaler Medien eingegangen, obwohl das Thema Stromverbrauch, Stand-by-Schaltung und Elektronikmüll gerade in Bezug auf Computerhardware von großer Relevanz ist. Der Lehrplan für das Fach Arbeitslehre nennt aber für die 7. Jahrgangsstufe als Lernziel unter 7.2.2: *„umweltbewusstes Handeln und seine Auswirkungen auf die Kosten"*, zitiert nach: Bayerisches Staatsministerium für Unterricht, Kultus, Wissenschaft und Kunst (1997), S. 222
[435] Aus der Tabelle geht nicht hervor, ob unter *Besitz* auch das Vorhandensein dieser Geräte im Haushalt der Familie zählt, in der das Kind bzw. der Jugendliche lebt.
[436] So bleibt es unverständlich, warum das Markenbewusstsein in Bezug auf Computer und PC so hoch ist und Werte von Kleidungsartikeln wie Sportschuhen, Sportkleidung und Jeans deutlich übersteigt.

ABL4 die Ausstattung von Haushalten mit technischen Geräten dokumentiert, jedoch ohne dass weiterführende Texte, Aufgaben und Arbeitsaufträge erfolgen, die sich auf die Nutzung, die Bedeutung sowie die Chancen und Risiken von technischen Geräten, insbesondere von digitalen Medien, beziehen.

Abb. 39: Ausstattung eines Computerarbeitsplatzes, ABL1[437]

Ausstattung eines Computerarbeitsplatzes nach ergonomischen Grundsätzen (Erkundung)

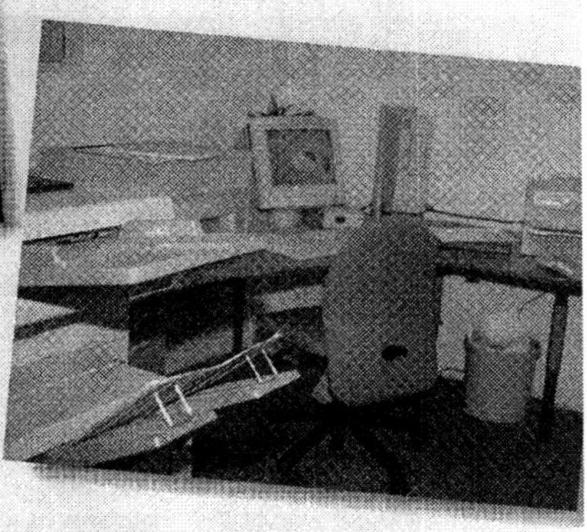

1. Führt eine **ERKUNDUNG** an einem Computerarbeitsplatz durch (z. B. Büro in eurer Schule):
   - Fertigt dazu eine Arbeitsplatzskizze an!
   Beachtet dabei die Lage der folgenden Orte:
     - Bildschirm / Drucker – Arbeitsplatz / Stuhl
     - Bildschirm / Drucker – Ablage für Schreiben
   - Messt auch die Abstände zwischen den einzelnen Orten!
   - Zeichnet den **Greifraum** ein! Schaut euch dazu die Zeichnungen von S. 37/38 an!
2. Überprüft, ob die verschiedenen Arbeitsebenen (Drucker / Ablagefläche / Bildschirm / Schreibtastatur / Registratur für Ausdrucke) leicht erreichbar sind!
3. Berechnet die Kosten für die Möblierung eines Computerarbeitsplatzes! Erkundigt euch bei der Schulleitung nach den Ausstattungskosten des Computerarbeitsplatzes im Büro eurer Schule!

---

[437] ABL, S. 42

Abb. 40: Thema: Computerarbeitsplatz zuhause, ABL2[438]

Familie Dierl (zwei Kinder) möchte einen Arbeitsplatz zu Hause mit einem neuen Computer ausstatten.
➡ Welche Tipps aus dem kaufmännisch-bürotechnischen Bereich könnt ihr den Eltern dazu geben?
➡ Erkundigt euch auch nach Preisen für eine solche Ausstattung.

Abb. 41: Besitz und Markenbewusstsein bei den 7- bis 15-jährigen, ABL4[439]

Besitz und Markenbewusstsein bei den 7- bis 15-jährigen					
Angaben in %	Besitzer	Markenbewusstsein (in % der Besitzer)		Besitzer	Markenbewusstsein (in % der Besitzer)
Abenteuerpuppen / Actionfiguren	26	65	Zahncreme	99	53
Videospiel / Telespiel	44	62	Hautcreme / Gesichtscreme	64	40
Anziehpuppen	38	61	Haarshampoo	98	35
Computer / PC	30	59	Bade- / Duschzusatz	81	27
Füller	93	49	Seife	97	17
Taschenrechner	59	24	Klebstoff	83	39
Sportschuhe	98	52	Stereo- / Hifi-Anlage	32	45
Sportkleidung	95	35	Armbanduhr	88	45
Jeans	98	41	Walkman	71	45
Parfum	29	62	Fotoapparat	50	26

Die Veränderungen der Arbeitswelt durch den Einsatz digitaler Medien werden im Schulbuch ABL 5 ebenfalls thematisiert: Zum einen verändern Computer die Anforderungen an den Arbeitsplatz, so dass Schüler möglichst bald diesbezüg-

---
[438] ABL2, S. 12
[439] Quelle: Schüler-Medienanalyse 1993/ BRAVO-Jugend Marktreport, zitiert nach: ABL4, S. 49;

liche Kompetenzen erwerben sollten: *„Die Computertechnik verändert die Arbeitsplätze und stellt neue Anforderungen an die Berufsausbildung. Jeder Schüler sollte früh genug anfangen, Erfahrungen mit den neuen Kommunikationsmitteln zu sammeln."*[440] Zum anderen rationalisieren Computer Arbeitsplätze für ungelernte Arbeitskräfte weg, so dass es immer weniger Arbeitsplätze für Beschäftigte ohne berufliche Ausbildung gibt: *„Der Hauptgrund dafür ist, dass immer mehr Waren durch computergesteuerte Maschinen hergestellt werden."*[441]

Abb. 42: Technik fast überall, ABL4[442]

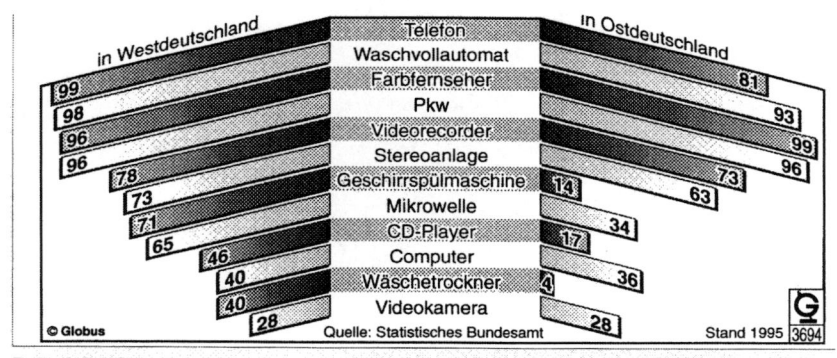

in Westdeutschland		in Ostdeutschland
99	Telefon	81
98	Waschvollautomat	93
96	Farbfernseher	99
96	Pkw	96
78	Videorecorder	73
73	Stereoanlage	63
71	Geschirrspülmaschine 14	34
65	Mikrowelle	
46	CD-Player 17	36
40	Computer	
40	Wäschetrockner 4	
© Globus	28 Videokamera	28 Stand 1995

Quelle: Statistisches Bundesamt

Technik fast überall

Interessant ist die Häufigkeit von Texten und Bildern, die den jeweiligen Einsatz von Computern bei weiblichen bzw. männlichen Nutzern zeigen (siehe Abb. 43): Insgesamt finden sich in den fünf Arbeitslehre-Schulbüchern 29 Bilder mit Personen, die an und mit Computern arbeiten. Dabei sind es deutlich mehr Bilder mit Mädchen und Frauen (20), die den Computer nutzen, als Bilder mit männlichen Computernutzern (9). Auf die Computernutzung in der Arbeitswelt weisen 16 Bilder und 14 Textstellen hin. Software, Internet, E-Mail-Kommunikation und CD-ROM tauchen kaum bzw. gar nicht auf. Ebenso fehlen Arbeitsaufträge, die sich auf Gefahren durch digitale Medien, z.B. Bildschirmstrahlung am Computer-Arbeitsplatz, beziehen. In keinem der untersuchten Schulbücher zum Fach Arbeitslehre wird auf die folgende LP-Vorgabe eingegangen:

---

[440] ABL5, S. 3
[441] ABL5, S. 63
[442] ABL4, S. 61

„Zusätzlich verschaffen sie sich über Medien und simulative Verfahren am Computer Einsichten in die beruflichen, technischen, sozialen, ökologischen und wirtschaftlichen Aspekte der Arbeitswelt."[443]

Abb. 43: Computernutzung weiblich/männlich, ABL3[444]

Frau zwischen Beruf und Familie   Konstrukteur

Tab. 39: Nennung digitaler Medien, Arbeitslehre

	Nennung digitaler Medien in Schulbüchern Arbeitslehre, 408 Schulbuchseiten, LP 1997, Jgst. 7					
	Computer, Notebook (incl. Monitor)	Internet, Intranet	E-Mail-Kommunikation	Computerspiele und Software	DVD, Diskette, weitere digitale Medien	Summe
Texte	15	1	0	3	0	19
Bilder	36	0	0	0	0	36
Arbeitsaufträge	1	0	0	0	0	1
Summe	52	1	0	3	0	56

---

[443] Bayerisches Staatsministerium für Unterricht, Kultus, Wissenschaft und Kunst (1997), S. 66
[444] ABL3, S. 66

Tab. 40: Chancen und sinnvolle Nutzung digitaler Medien, Arbeitslehre

Hinweise zu den Chancen digitaler Medien und zur sinnvollen Nutzung Arbeitslehre, 408 Schulbuchseiten, LP 1997, Jgst. 7									
	technische Hinweise zur Nutzung von PC, Software, Chatrooms	Freizeitgestaltung, Auswahl von Computerspielen	Medienbotschaften kritisch beurteilen, Bewusstwerden der Bedeutung	Vorteile wie Interaktivität, Datenmenge, Aktualität	Hinweise auf Lernsoftware, Vorbereitung von Referaten	Informationsgewinnung aus Datennetzen, Internetadressen, Umgang mit Suchmaschinen	Erweiterung der Ausdrucksfähigkeit: Textverarbeitung, Tabellenkalkulation E-Mail schreiben, Homepage erstellen	Summe
Texte	0	1	11	0	0	2	0	14
Bilder	0	0	3	0	0	1	0	4
Arbeitsaufträge	0	0	1	0	1	0	2	4
Summe	0	1	15	0	1	3	2	22

Tab. 41: Hinweise zu den Gefahren durch digitale Medien, Arbeitslehre

Hinweise zu den Gefahren durch digitale Medien Arbeitslehre, 408 Schulbuchseiten, LP 1997, Jgst. 7						
	psychisch: Sucht, Isolation, Gewalt	physisch: Bildschirmstrahlung, mangelnde Bewegung	finanziell: Dialerprogramme, Viren	Download, Urheberrecht, Jugendschutz, Datenschutz	sonstige und allgemeine Gefahren	Summe
Texte	0	1	0	0	0	1
Bilder	0	2	0	0	0	2
Arbeitsaufträge	0	0	0	0	0	0
Gesamtzahl	0	3	0	0	0	3

Kaufmännisch-bürotechnischer Bereich (KbB)

Insgesamt drei Schulbücher im Gesamtumfang von 176 Seiten wurden für das Fach KbB zum LP 1997 veröffentlicht: *Bürokommunikation heute 7. Jahrgangsstufe* (KBB1), *Textverarbeitung 7 PLUS* (KBB2) und *Bürotechnik 7* (KBB3). KBB1 und KBB2 erschienen im Jahr 1998, KBB3 zwei Jahre später im Jahr 2000.

Aussagen des Lehrplans:

Im Kapitel II werden unter den fachbezogenen Unterrichts- und Erziehungsaufgaben unter anderen die folgenden, digitale Medien betreffenden Ziele genannt:
„Sie lernen die Funktionsweise sowie den verantwortungsvollen und umweltbewussten Einsatz der Computeranlage und der Bürokommunikationsmittel kennen. Die Schüler setzen sich mit Bedeutung und Nutzen der modernen Kommunikationstechniken für den Informationsaustausch im privaten und öffentlichen Leben auseinander. (...) Unter Nutzung zeitgemäßer Informationsquellen lernen sie weitgehend selbstständig und selbsttätig Lösungsmöglichkeiten zu finden und zu bewerten. (...) Anknüpfungspunkte zum Fremdsprachenunterricht sind durch den Einsatz der Datenfernübertragung gegeben: Kontakte zu Schülern in aller Welt können hergestellt werden, das Interesse für die Kultur anderer Länder wird geweckt, die Schreibmotivation der Schüler für fremdsprachliche Texte wird erhöht.“[445]

Bei der Analyse der drei Lehrwerke wurde festgestellt, dass keines der drei Schulbücher die oben dargelegten Inhalte aus Kapitel II des Lehrplans (*den umweltbewussten Einsatz der Computeranlage, die Anknüpfungspunkte zum Fremdsprachenunterricht, den Einsatz der Datenfernübertragung*) thematisierte. In keinem der KbB-Schulbücher für die 7. Jgst. werden Internet und E-Mail-Kommunikation erwähnt bzw. Anregungen dazu gegeben. Auch der Begriff Intranet taucht nicht auf, lediglich an zwei Textstellen[446] und einer Abbildung[447] wird auf lokale Netzwerke Bezug genommen.

---

[445] Bayerisches Staatsministerium für Unterricht, Kultus, Wissenschaft und Kunst (1997), S. 73
[446] KBB1, S. 48 und KBB2, S. 64
[447] KBB2, S. 64

Besondere Berücksichtigung finden dagegen die Ziele aus dem Fachlehrplan KbB für die 7. Jahrgangsstufe, die wie folgt formuliert sind:

„In dieser Jahrgangsstufe erwerben die Schüler Grundlagen für eine rationelle Bedienung der Computertastatur. Das 10-Finger-Tastschreiben, eine für sie neue Schreibtechnik, ist von Anfang an am Computer zu erarbeiten und zu üben. Die Schüler lernen einschlägige Regeln kennen und anzuwenden. Sie sollen durch konzentriertes Arbeiten zu einer möglichst fehlerfreien Texteingabe gelangen, wobei Schreibsicherheit Vorrang vor Schreibgeschwindigkeit hat. Die richtige Schreib- und Körperhaltung, gezielte Ausgleichsgymnastik und Entspannungsübungen fördern das Konzentrationsvermögen und helfen, Leistungsfähigkeit und Leistungsbereitschaft zu erhalten und zu verbessern sowie gesundheitlichen Schäden vorzubeugen.(...)

7.2 Textbearbeitung / Textgestaltung

Die Schüler lernen die ersten Grundfunktionen der Textverarbeitung kennen und anwenden; sie erkennen dabei deren arbeitserleichternde Möglichkeiten...."[448]

7.3 EDV-Grundlagen

Die Schüler gewinnen einen Überblick über den Aufbau und das Zusammenwirken der einzelnen Bestandteile einer Computeranlage. Dabei lernen sie die an der Schule vorhandenen Geräte kennen, werden mit dem Umgang vertraut und lernen, einfache Tätigkeiten in der Datenverarbeitung sicher auszuführen.

7.3.1 Hardware

Eingabegeräte (Tastatur, Maus usw.)Zentraleinheit (Prozessor, Arbeitsspeicher), Speichermedien, Ausgabegeräte (Monitor, Drucker)

7.3.2 Software

Begriffsklärung (Betriebssystem- und Anwendersoftware), Benutzen einer Bedienoberfläche, Programme starten und beenden

7.3.3 Datei- und Datenträgerverwaltung

Umgang mit Disketten, Datensicherheit (Hinweis auf Virenschutz), Urheberrecht"[449]

Auf die im Fachlehrplan angegebenen Lernziele gehen die drei Lehrwerke zum Fach KbB intensiv ein. Insbesondere die Bereiche *Textbearbeitung, EDV-*

---
[448] Bayerisches Staatsministerium für Unterricht, Kultus, Wissenschaft und Kunst (1997), S. 227
[449] Bayerisches Staatsministerium für Unterricht, Kultus, Wissenschaft und Kunst (1997), S. 234

Grundlagen, Hardware, Software und Datei- und Datenträgerverwaltung werden an vielen Stellen thematisiert. Da es eines der Hauptziele des Faches KbB ist, die Grundfunktionen der Textbearbeitung zu vermitteln, ist dieser Bereich in den Schulbüchern für das Fach KbB sehr stark repräsentiert. Den EDV-technischen Hintergrund in Form von Computer-Basiswissen behandelt am intensivsten das Lehrwerk KBB2. Grundbegriffe wie Mikroprozessor, Betriebssystem, Benutzeroberfläche, Anwenderprogramm, Netzwerk und verschiedene Speichermedien wie Disketten, CD-ROM und Festplatte werden erklärt und mit Arbeitsaufträgen verbunden. Tipps zum Aufbewahren von Disketten und zum Speichern von Daten[450] sind in KBB2 ebenfalls dargestellt. Die Schüler werden auf die strafrechtlichen Folgen des Datenklaus und die Schadensersatzpflicht ebenso hingewiesen wie auf die Schäden, die durch Kopien an eigenen Dateien, an Programmen und am Rechner entstehen können. Zudem erklärt KBB2 (siehe Abb. 44), was Viren sind, wie sie übertragen werden und wie man den Computer durch sogenannte Virenschutzprogramme vor ihnen schützen kann. Die beiden Themen Datensicherheit und Virenschutz werden im Schulbuch KBB3 verknüpft behandelt. Die Schüler erfahren, wie Daten, *die nicht für jedermann zugänglich* sein sollen, geschützt und gesichert werden (Abb. 45). KBB3 weist zudem auf Schäden durch Stromausfall oder Fehler auf dem Datenträger hin.

Mit einem Comic (Abb. 46) wird im Schulbuch KBB3 das Problem des illegalen Kopierens von Softwareprogrammen und Computerspielen thematisiert. Im Gegensatz zu KBB2 werden die Schäden, die durch das illegale Kopieren und durch die dabei übertragenen Viren an der eigenen Soft- und Hardware entstehen können, nicht angesprochen, sondern nur festgestellt, dass jedes Programm urheberrechtlich geschützt ist und dass das Kopieren strafbar ist. Der an den Comic sich anschließende Arbeitsauftrag 3 „erkundige dich in einem Computerladen" erscheint wenig realitätsnah.

Zu den physischen Gefahren durch falschen Abstand vom Bildschirm, durch wenig strahlungsarme Monitore, durch falsche Sitz- und Arbeitshaltung und durch mangelnde Bewegung, finden sich in den Schulbüchern zum Fach KbB ebenfalls Informationen, Abbildungen und Arbeitsaufträge. Die Prävention der genannten physischen Gefahren gehört zum Begriff der digitalen Medienkompetenz, wie er in Kap. 3 dargelegt wurde.

---

[450] KBB2, S. 16 und 17

Auf einen strahlungsarmen Bildschirm zu achten, wird nur im Schulbuch KBB1 den Schülern als Anregung gegeben:

„Für einen guten und flimmerfreien Bildschirm ist die Bildschirmwiederholfrequenz zuständig. Sie gibt an, wie oft in der Sekunde das Bild aufgebaut wird. Sie wird in Hertz angegeben und sollte mindestens 70 Hertz betragen. Achte beim Kauf eines Monitors darauf, das er strahlungsarm" ist und den heutigen technischen Richtlinien entspricht."[451]

Der richtige Abstand zwischen Bildschirm und Augen des Computernutzers wird in KBB1 und KBB2 jeweils durch Abbildungen (siehe Abb. 47) und Texte dokumentiert, während das Schulbuch KBB 3 überhaupt keine Informationen dazu bereit hält. Außerdem finden sich in allen drei Schulbüchern Anregungen zur Bewegungs- und Entspannungsübungen, um körperlichen *„Beschwerden in der Nacken-, Schulter- und Rückengegend"*[452] vorzubeugen.

Zusammenfassend lässt sich feststellen, dass nahezu alle Lernziele aus dem Fachlehrplan für die 7. Jahrgangsstufe in den Schulbüchern zum Fach KBB berücksichtigt werden, während auf einen Teil der fachbezogenen Unterrichts- und Erziehungsaufgaben, wie sie für KBB formuliert sind, die Schulbücher kaum eingehen: So fehlen in den Schulbüchern zum Fach KBB, das laut LP 1997 am stärksten den Computer als Unterrichtsgegenstand zum Thema hat, die Bereiche Internet, E-Mail, Chatroom, Computernutzung in der Freizeit, digitale Medien als Mittel zur Vorbereitung von Referaten, Suchstrategien und Hilfen zur Informationsgewinnung aus Datennetzen. Der Schwerpunkt der Schulbuchangebote liegt im Bereich der Textverarbeitung, während Fragen, die zu einem bewussteren und kritisch reflektierenden Umgang mit digitalen Medien führen könnten, kaum Beachtung finden. Die im Kriterienkatalog zur Schulbuchzulassung genannte Frage *„Erfahren die Schüler, dass mit EDV zwar viel erreicht werden kann, Computer aber Maschinen sind und bleiben, weshalb der Mensch im Mittelpunkt aller Werte stehen muss?"*[453] bleibt in den KbB-Lehrwerken unberücksichtigt.

---

[451] KBB1, S. 18
[452] KBB2, S. 50
[453] Bayerisches Staatsministerium für Unterricht und Kultus (2000d), Kriterien zur Begutachtung von Lernmitteln, Anlage B, 2000

Abb. 44: Urheberrecht und Virenschutz, KBB2[454]

Vorsicht Datenklau!

Christa wundert sich über ihre Freundin Irene:
Noch letzte Woche hatte Irene große Schwierigkeiten mit der Tastschreibübung. Bei der Wiederholung klappt es jetzt vorzüglich. Irenes Finger finden schnell die richtigen Tasten.
„Ich habe fleißig geübt", verkündet Irene stolz. „Ja – aber, weißt du denn nicht ...", bleibt Christa die Antwort zunächst im Halse stecken. Irene fühlt sich nun nicht mehr so wohl in ihrer Haut:
„Ich hab das Tastlernprogramm doch nur für mich kopiert, damit ich auf meinem eigenen Computer zu Hause üben kann", gibt sie kleinlaut zu.

So sehr Irenes Bemühen das Tastschreiben zu üben zu loben ist, hat sie in ihrem Eifer doch übersehen, dass das Kopieren z. B. eines Tastlernprogramms, sei es auch nur für den privaten Gebrauch, häufig verboten ist.

Durch das Kopieren riskiert Irene Strafe und Schadensersatzpflicht.

Auch fast alle Computerspiele, die bewegte Bilder wie z. B. ein Autorennen im Bildschirmfenster zeigen, fallen unter den so genannten urheberrechtlichen „Laufbildschutz", der die Vervielfältigung und das Verbreiten von Kopien durch Tausch, Verkauf oder sogar durch Schenken verbietet.

Nebenbei bemerkt kann das Kopieren fremder Software zu einem beträchtlichen Schaden an den eigenen Daten und Programmen führen. Du hast sicher schon davon gehört:
Viren können deinen Rechner befallen und die Daten durcheinander bringen oder sogar die Festplatte löschen (siehe S. 63).

Den Ausdruck **Virus** (Plural: Viren) kennst du bereits aus dem Bereich der Medizin:
Jedes Jahr werden viele Menschen besonders bei nasskalter Witterung mit einem Grippe-Virus angesteckt.

In der EDV handelt es sich bei Viren um meist kleine Programme, die ebenfalls eine Datei, ein anderes Programm anstecken und z. T. beträchtlichen Schaden anrichten.

Um ihre Software vor Virenbefall zu schützen, besorgt sich Christa ein Virenschutzprogramm und installiert es auf ihrem Computer. Sollte sie nun eine mit Viren infizierte Diskette in das Laufwerk stecken, so erkennt das Antivirenprogramm in der Regel die Gefahr. Oft meldet es sich mit einem Piepston und gibt im Bildschirmfenster einen Hinweis aus.

Täglich werden neue Virenprogramme geschrieben. Deshalb müssen Antivirenprogramme immer wieder auf den neuesten Stand gebracht werden, da sie nur die Viren erkennen, die ihnen bekannt sind.

Raubkopien können teuer kommen!

Vorsicht Viren!

Virus

Antivirenprogramm aktualisieren!

---

[454] KBB2, S. 18

Abb. 45: Datensicherheit und Virenschutz, KBB3[455]

Datensicherheit und Virenschutz

Mit gespeicherten Daten muss man sorgsam umgehen. Viele Stellen (Behörden, Ärzte, Versicherungen) müssen darauf achten, dass ihre Daten nicht für jedermann zugänglich sind. Auch der Verlust von Daten durch Fehler auf dem Datenträger, durch Stromausfall oder durch Computerviren hat katastrophale Folgen.

So können Daten geschützt und gesichert werden:

- wichtige Dateien auf mehrere Disketten kopieren
- Schreibschutz bei Disketten einstellen
- mit Disketten sorgsam umgehen
- Disketten verschlossen aufbewahren
- keine fremden Disketten verwenden
- regelmäßig ein Virensuchprogramm laufen lassen

Abb. 46: Comic: illegales Kopieren von Software, KBB3[456]

Wie schaut es denn mit Programmen aus, sind da auch Spiele drauf?

Nun ja, die wichtigsten..

...Programme, z. B. ein Textverarbeitungsprogramm sind dabei, Spiele musst du dir noch dazukaufen.

Ach, die kann ich ja von meinen Freunden kopieren.

Ach, das würde ich dir nicht raten! Jedes Programm ist urheberrechtlich geschützt. Kopieren ist strafbar!

Mein Wunschzettel:
Fußball
Badehose
Drucker
Neuer Computer

Partnerarbeit

1. Fertige eine Tabelle mit den drei Druckerarten an. Liste die Vor- und Nachteile der einzelnen Drucker darin auf.
2. Die Geschwindigkeit eines Rechners ist von zwei Faktoren abhängig. Kannst du sie nennen?
3. Warum dürfen Programme nicht kopiert werden? Überlege mit deinem Partner, warum das so ist oder erkundige dich in einem Computerladen.

---

[455] KBB3, S. 41
[456] KBB3, S. 47

Abb. 47: Ergonomisch gestalteter Bildschirmarbeitsplatz, KBB2[457]

Ein ergonomisch gestalteter Bildschirmarbeitsplatz verringert die Belastung.

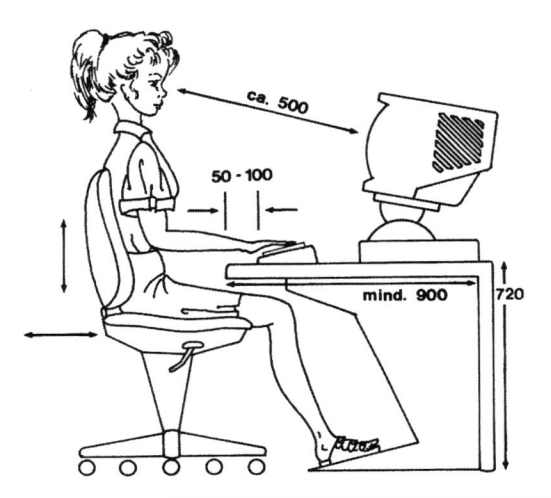

(Angaben in mm)

Alle Teile des Arbeitsplatzes sollen so aufeinander abgestimmt sein, dass für jeden einzelnen die günstigste Sitzhaltung erreicht wird.
Daneben ist durch eine spiegelfreie Beleuchtung und einen möglichst flimmerfreien Bildschirm dafür zu sorgen, dass die Augen nicht überbelastet werden.

Tab. 42: Nennung digitaler Medien, KbB

	Nennung digitaler Medien in Schulbüchern KbB, 176 Schulbuchseiten, LP 1997, Jgst. 7						
	Computer, Notebook (incl. Monitor)	Internet, Intranet	E-Mail-Kommunikation	Computerspiele und Software	CD-ROM, DVD, Diskette, weitere digitale Medien	Summe	
Texte	55	2	0	11	19	87	
Bilder	21	1	0	2	11	35	
Arbeitsaufträge	19	0	0	4	11	34	
Summe	95	3	0	17	41	156	

---

[457] KBB2, S.50

Tab. 43: Chancen und sinnvolle Nutzung digitaler Medien, KbB

	technische Hinweise zur Nutzung von PC, Software, Chatrooms	Freizeitgestaltung, Auswahl von Computerspielen	Medienbotschaften kritisch beurteilen, Bewusstwerden der Bedeutung	Vorteile wie Interaktivität, Datenmenge, Aktualität	Hinweise auf Lernsoftware, Vorbereitung von Referaten	Informationsgewinnung aus Datennetzen, Internetadressen, Umgang mit Suchmaschinen	Erweiterung der Ausdrucksfähigkeit: Textverarbeitung, Tabellenkalkulation E-Mail schreiben, Homepage erstellen	Summe
Hinweise zu den Chancen digitaler Medien und zur sinnvollen Nutzung KbB, 176 Schulbuchseiten, LP 1997, Jgst. 7								
Texte	41	0	2	4	0	0	38	85
Bilder	5	0	2	1	0	0	12	20
Arbeitsaufträge	13	0	2	0	0	0	14	29
Summe	59	0	6	5	0	0	64	134

Tab. 44: Hinweise zu den Gefahren durch digitale Medien, KbB

	psychisch: Sucht, Isolation, Gewalt	physisch: Bildschirmstrahlung, mangelnde Bewegung	finanziell: Dialerprogramme, Viren	rechtlich: Download, Urheberrecht, Jugendschutz, Datenschutz	sonstige und allgemeine Gefahren	Summe
Hinweise zu den Gefahren durch digitale Medien KbB, 176 Schulbuchseiten, LP 1997, Jgst. 7						
Texte	0	5	2	3	0	10
Bilder	0	4	0	0	0	4
Arbeitsaufträge	0	2	0	1	0	3
Gesamtzahl	0	11	2	4	0	17

Hauswirtschaftlich-sozialer Bereich (HsB)

Das Fach Hauswirtschaftlich-sozialer Bereich gehört neben den Fächern Gewerblich-technischer Bereich und Kaufmännisch-bürotechnischer Bereich zu den drei arbeitspraktischen Fächern des Lernfelds Arbeitslehre, in denen die Schüler der 7. Jahrgangsstufe der bayerischen Hauptschule gemäß dem LP 1997 unterrichtet wurden. Zu diesem Lehrplan sind zwei Lehrwerke für das Fach HsB erschienen: *„Zusammenleben Zusammenarbeiten Hauswirtschaftlich-sozialer Bereich 7"* (HSB1) und *„Blickpunkt Haushalt"* (HSB2). Der Umfang beider Schulbücher beträgt insgesamt 292 Seiten.

Im Lehrwerk „Zusammenleben Zusammenarbeiten Hauswirtschaftlich-sozialer Bereich 7" (HSB1) taucht der Begriff Computer nur ein einziges Mal in einem Text auf[458]. Das Schulbuch „Blickpunkt Haushalt" (HSB2) nennt den Computer an zwei Stellen als Arbeitsmittel und gibt an fünf Stellen Arbeitsaufträge[459], mit einem interaktiven Lernprogramm den Stoff zu wiederholen, zu testen und zu kontrollieren bzw. Computerprogramme zu sichten[460]. Es gibt weder im Schulbuch HSB1 noch im Schulbuch HSB2 einen Hinweis auf E-Mail- oder Internetadressen von Verbraucherberatungsstellen, keine Internetlinks zu allgemeinen Lebensmittelinformationen, keinen Bezug zur Verwendung von Computern im Haushalt und auch keine Nennung von digitalen Medien beim Thema Energieverbrauch. Die Abbildung 45 zeigt auf, welche Möglichkeiten der LP 1997 im Fach HsB bietet, die aber nicht genutzt wurden.

Insgesamt kann festgestellt werden, dass die untersuchten Schulbücher für das Fach HsB nur unzureichend die Medien- und Erfahrungswelt der Jugendlichen abbilden und neue Formen der Informationsgewinnung und Mediennutzung kaum berücksichtigen. Die im Kriterienkatalog genannte Frage *„Werden die Schüler angeleitet, für den Bereich Hauswirt-schaft und im sozialen Bereich die EDV als Werkzeug der Informations-beschaffung und -verarbeitung gezielt zu nutzen?"*[461] bleibt unberücksichtigt.

---

[458] HSB1, S. 91: Text „Gummibärchen satt" zum Thema: Voraussetzungen für die Ernährungsumstellung: *„...Neben dem Computer, sozusagen als Unterlage für die „Maus", liegen ständig Chips, Crackies, Snoopiers, Softies, Daarties und Lifties..."*
[459] HSB2, S. 47, 51, 53, 58 und 98, z. B: *Teste dein Wissen mit dem Lernprogramm „Fett" am PC*, HSB2, S. 53
[460] HSB2, S.98
[461] Bayerisches Staatsministerium für Unterricht und Kultus (2000d), Kriterien zur Begutachtung von Lernmitteln, Anlage B, 2000

Abb. 45: Ungenutzte Chancen im Fach HsB

LZ	Zitate aus dem LP HS 1997[462]	mögliche Hinweise auf digitale Medien
7.1	Haus- und Sondermüll nach Möglichkeit vermeiden, sicher entsorgen, wenn möglich wieder verwerten	Elekronikmüll, Entsorgung von CD-ROMs, Disketten, Batterien, Monitoren
7.1	Energie- und Wasserverbrauch möglichst niedrig halten	Energieverbrauch von digitalen Medien
7.1	für den Einkauf einschlägige Hilfen nutzen (z. B. Lebensmittelkennzeichnung und Preisangaben - vgl. einschlägige Verordnungen - Hinweise von Verbraucherorganisationen)	Internetadressen[463] von Verbraucherschutzorganisationen und Beratungsstellen, z.B. http://www.vis-ernaehrung.bayern.de/
7.1	Arbeitsplätze nach rationellen und ergonomischen Gesichtspunkten gestalten	Einrichtung eines Computerarbeitsplatzes
7.2	Lebensmittel nach ihrem gesundheitlichen Wert auswählen, insbesondere im Hinblick auf Ballaststoffe, Vitamine und Mineralstoffe,...	sich Informationen beschaffen aus dem Internet, z.B. http://www.dge.de/
7.4.2	eventuell weitere Kontakte aufnehmen zu Personen, die in sozialen Bereichen arbeiten	Kontaktaufnahme durch Verfassen von E-Mails

---

[462] Alle *kursiv* gedruckten Texte sind entnommen aus: Bayerisches Staatsministerium für Unterricht, Kultus, Wissenschaft und Kunst (1997), S. 229 und 230
[463] Auch wenn die Zahl der Internetangebote im Jahr 1997 noch gering war, wäre ein allgemeiner Hinweis auf das Internet als Datenquelle sinnvoll gewesen.

Tab. 46: Nennung digitaler Medien, HsB

	Nennung digitaler Medien in Schulbüchern HsB, 292 Schulbuchseiten, LP 1997, Jgst. 7					
	Computer, Notebook (incl. Monitor)	Internet, Intranet	E-Mail-Kommunikation	Computerspiele und Software	DVD, Diskette, weitere digitale Medien	Summe
Texte	2	0	0	0	0	5
Bilder	0	0	0	0	0	0
Arbeitsaufträge	0	0	0	5	0	0
Summe	2	0	0	5	0	7

Tab. 47: Chancen und sinnvolle Nutzung digitaler Medien, HsB

	Hinweise zu den Chancen digitaler Medien und zur sinnvollen Nutzung HsB, 292 Schulbuchseiten, LP 1997, Jgst. 7									
	technische Hinweise zur Nutzung von PC, Software, Chatrooms	Freizeitgestaltung, Auswahl von Computerspielen	Medienbotschaften kritisch beurteilen, Bewusstwerden der Bedeutung	Vorteile wie Interaktivität, Datenmenge, Aktualität	Hinweise auf Lernsoftware, Vorbereitung von Referaten	Informationsgewinnung aus Datennetzen, Internetadressen, Umgang mit Suchmaschinen	Erweiterung der Ausdrucksfähigkeit: Textverarbeitung, Tabellenkalkulation	E-Mail schreiben, Homepage erstellen	Summe
Texte	0	0	0	0	0	0	0	0	0
Bilder	0	0	0	0	0	0	0	0	0
Arbeitsaufträge	0	0	0	0	5	0	0	0	5
Summe	0	0	0	0	5	0	0	0	5

Tab. 48: Hinweise zu den Gefahren durch digitale Medien, HsB

	Hinweise zu den Gefahren durch digitale Medien HsB, 292 Schulbuchseiten, LP 1997, Jgst. 7					
	psychisch: Sucht, Isolation, Gewalt	physisch: Bildschirmstrahlung, mangelnde Bewegung	finanziell: Dialerprogramme, Viren	rechtlich: Download, Urheberrecht, Jugendschutz, Datenschutz	sonstige und allgemeine Gefahren	Summe
Texte	0	0	0	0	0	0
Bilder	0	0	0	0	0	0
Arbeitsaufträge	0	0	0	0	0	0
Gesamtzahl	0	0	0	0	0	0

Gewerblich-technischer Bereich (GtB)

Für das Fach GtB wurde das Schulbuch „Gewerblich-technischer Bereich. Werken / Technisches Zeichnen. Schülerbuch für die 7. Jahrgangsstufe" (GTB1) untersucht, das 120 Seiten umfasst.

Aussagen des Lehrplans:
Der Lehrplan weist in der 7. Jgst. im Fachlehrplan GtB keine Lernziele auf, die sich auf die Nutzung digitaler Medien beziehen.

Dennoch wird an ein paar Stellen auf die Verwendung des Computers als Arbeitsmittel beim technischen Zeichnen verwiesen. Am ausführlichsten geschieht dies auf S. 10 des Lehrwerks GTB1 (Abb. 48: Computer im Fach GtB). Der Computer wird als Hilfsmittel beim technischen Zeichnen beschrieben, der für die Arbeit im Konstruktionsbüro vielfältige Vorteile aufweist, um technische Zeichnungen zu erstellen, zu verändern und zu drucken. Außerdem informiert GTB1 über die Größe des zu wählenden Monitors, die Auswahl des Druckers und die Beschaffung von Softwareprogrammen.

Abb. 48: Computer im Fach GtB[464]

Computer

Computer als Hilfsmittel beim technischen Zeichnen - vor Jahren noch undenkbar. Doch die neuen, schnellen Rechner haben die großen teuren Rechenanlagen abgelöst und so hielt auch der PC Einzug in das Konstruktionsbüro. Mit der richtigen Software ausgestattet, können technische Zeichnungen am Computer erstellt, verändert und auf Druckern oder Plottern ausgegeben werden. Auf die abgespeicherten Zeichnungen kann man jederzeit zurückgreifen, sie verändern und neu ausgeben.

Welche Geräte werden in der Grundausstattung benötigt?

Hauptbestandteile

Hauptbestandteile sind der *Rechner*, die *Tastatur* und der *Monitor*. Die Tastatur dient vorwiegend zur Eingabe von Zeichenbefehlen.

Mit dem Eingabegerät *Maus* werden die eigentlichen Zeichnungselemente wie z. B. Kreis, Bogen, Linie erstellt.

Dargestellt wird die Zeichnung auf dem Monitor. Dieser sollte nicht nicht zu klein sein. Empfehlenswert ist ein Monitor mit einer Bildschirmgröße von 17 oder 19 Zoll.

Monitor

Ist die technische Zeichnung am Computer fertig gestellt, wird sie über einen Drucker auf Papier ausgegeben.

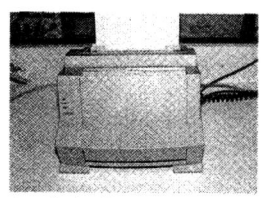

Laserdrucker A4

Drucker können aber nur eine bestimmte Papiergröße bedrucken. Für große Papierformate wie A2 und größer werden dann Plotter eingesetzt.

Trommelplotter A3 - A1

Wie für die Textverarbeitung, die ihr aus dem Kaufmännisch-bürotechnischen Bereich kennt, benötigt ihr auch für das technische Zeichnen am Computer ein Programm. Der Fachhandel bietet hier vom einfachen Shareware- bis zum Profiprogramm eine reichhaltige Palette verschiedener Software an.

---

[464] GTB1, S. 10

Das Schulbuch GTB1 nimmt an wenigen Stellen Bezug zur sinnvollen Nutzung von digitalen Medien, während Risiken nicht genannt werden.

Tab. 49: Nennung digitaler Medien, GtB

Nennung digitaler Medien in Schulbüchern GtB, 120 Schulbuchseiten, LP 1997, Jgst. 7						
	Computer, Notebook (incl. Monitor)	Internet, Intranet	E-Mail-Kommunikation	Computerspiele und Software	CD-ROM, DVD, Diskette, weitere digitale Medien	Summe
Texte	4	0	0	1	0	5
Bilder	2	0	0	0	0	2
Arbeitsaufträge	0	0	0	0	0	0
Summe	6	0	0	1	0	7

Tab. 50: Chancen und sinnvolle Nutzung digitaler Medien, GtB

Hinweise zu den Chancen digitaler Medien und zur sinnvollen Nutzung GtB, 120 Schulbuchseiten, LP 1997, Jgst. 7										
	technische Hinweise zur Nutzung von PC, Software, Chatrooms	Freizeitgestaltung, Auswahl von Computerspielen	Medienbotschaften kritisch beurteilen, Bewusstwerden der Bedeutung	Vorteile wie Interaktivität, Datenmenge, Aktualität	Hinweise auf Lernsoftware, Vorbereitung von Referaten	Informationsgewinnung aus Datennetzen, Internetadressen, Umgang mit Suchmaschinen	Erweiterung der Ausdrucksfähigkeit: Textverarbeitung, Tabellenkalkulation	E-Mail schreiben, Homepage erstellen	Summe
Texte	3	0	1	1	0	0	0	0	5
Bilder	0	0	0	0	0	0	0	0	0
Arbeitsaufträge	0	0	0	0	0	0	0	0	0
Summe	3	0	1	1	0	0	0	0	5

Tab. 51: Hinweise zu den Gefahren durch digitale Medien, GtB

Hinweise zu den Gefahren durch digitale Medien GtB, 120 Schulbuchseiten, LP 1997, Jgst. 7						
	psychisch: Sucht, Isolation, Gewalt	physisch: Bildschirmstrahlung, mangelnde Bewegung	finanziell: Dialerprogramme, Viren	rechtlich: Download, Urheberrecht, Jugendschutz, Datenschutz	sonstige und allgemeine Gefahren	Summe
Texte	0	0	0	0	0	0
Bilder	0	0	0	0	0	0
Arbeitsaufträge	0	0	0	0	0	0
Gesamtzahl	0	0	0	0	0	0

5.1.2 Auswertung aller Schulbücher nach den Untersuchungsitems

Unter den drei Bereichen Nennung digitaler Medien, die Chancen dieser Medien und die Gefahren, die mit ihrer Nutzung verbunden sein können, ist der Bereich der Nennungen der umfangreichste: Auf 572 Seiten werden Texte, Bilder und Arbeitsaufträge zu digitalen Medien genannt bzw. präsentiert, während es auf 416 Seiten Hinweise zu den Chancen digitaler Medien und zu ihrer sinnvollen Nutzung gibt. Rund ein Viertel aller Nennungen und Abbildungen von digitalen Medien sind in den Sprachbüchern enthalten, die meisten jedoch in den Schulbüchern zum Fach KbB (156).

Hinweise zu den Gefahren sind insgesamt rund zehnmal weniger zu finden; lediglich auf 38 Seiten der 7434 Schulbuchseiten der Untersuchung A sind diesbezügliche Anregungen und Angebote.

Von den 25 Untersuchungsitems, die in 17 Kategorien zusammengefasst sind, (siehe Tab. 53 – 55) sind neben den Computernennungen (356) besonders häufig die Items *Textverarbeitung, Tabellenkalkulation, E-Mail schreiben, Homepage erstellen* (148) und *technische Hinweise zur Nutzung von PC, Software,*

Chatrooms (102) in den Schulbüchern präsent, wobei der Bereich *Homepage erstellen* nur sehr gering berücksichtigt wird und sich die Nennungen in erster Linie auf die *Textverarbeitung* beziehen.

Bei den Nennungen fällt die geringe Anzahl (33) im Bereich *E-Mail* auf, wobei mehr als die Hälfte dieser E-Mail-Nennungen auf das Fach Englisch entfällt. Der Bereich *Internet, Intranet* ist 53 mal vertreten, darunter nur zweimal das *Intranet*.

Auf die Vorteile von digitalen Medien *(Interaktivität, Datenmenge, Aktualität)* wird sehr selten (19) verwiesen, Anregungen zur *Freizeitgestaltung mittels digitaler Medien* und zur *Auswahl von Computerspielen* sind 28 mal, davon die Hälfte in den Deutschlehrwerken, zu finden. Dass dies nur dreimal in Schulbüchern zum Fach GSE (ein Teil dieser Fächergruppe ist das Fach Sozialkunde) geschieht, ist erstaunlich.

In Bezug auf den hohen Wert (51) im Bereich *Medienbotschaften kritisch beurteilen, Bewusstwerden der Bedeutung* muss ergänzt werden, dass der größte Teil dieser Nennungen (vor allem in den Fächern PCB und Arbeitslehre) auf die Bedeutung digitaler Medien für die Berufs- und Arbeitswelt entfällt.

Dass auf fast 7500 Schulbuchseiten insgesamt nur 27 mal Hinweise zu *Lernsoftware und die Nutzung digitaler Medien zur Vorbereitung von Referaten* auftauchen (darunter kein einziges Mal u.a. in den Fächern Mathematik, PCB und GSE) zeigt, dass diese Schulbücher nur unzureichend auf die schulischen und unterrichtlichen Chancen digitaler Medien eingehen.

In den 47 Schulbüchern wird insgesamt 41 mal (d.h. weniger als einmal pro Schulbuch) auf die *Informationsgewinnung aus Datennetzen, auf Internetadressen und den Umgang mit Suchmaschinen* Bezug genommen, den zweitgrößten Teil (10) stellen die Schulbücher für die Fächer katholische bzw. evangelische Religionslehre und Ethik dar. Es ist unverständlich, warum in den Sachfächern GSE und PCB keine Hinweise auf die *Informationsgewinnung aus Datennetzen und auf das Internet* erfolgen.

Fast die Hälfte aller Hinweise auf Gefahren digitaler Medien findet sich in den Lehrwerken zum Fach KbB, wobei insbesondere der Bereich *Bildschirmstrahlung, mangelnde Bewegung* (11 von 17 Nennungen) auffällt. Hinweise zu psychischen Probleme wie *Sucht, Isolation und Gewalt* tauchen insgesamt 6 mal auf den 7434 Seiten auf. Rechtliche Probleme im Umgang mit digitalen Medien werden 7 mal genannt, der finanzielle Bereich *(Dialer, Viren)* sogar nur fünfmal.

Tab. 52: Auswertung nach Items: Nennung digitaler Medien

Übersicht Nennung digitaler Medien in Schulbüchern Summe der Schulbuchseiten = 7434, LP 1997, Jgst. 7						
	Computer, Notebook (incl. Monitor)	Internet, Intranet	E-Mail-Kommunikation	Computerspiele und Software	CD-ROM, DVD, Diskette, weitere digitale Medien	Summe
KTR, EVR, ETH	8	11	3	2	3	27
D-Lesebuch	33	8	7	4	3	55
D-Sprachbuch	96	16	6	15	10	143
Mathematik	9	0	0	3	4	16
Englisch	24	14	17	6	6	67
PCB	18	0	0	2	0	20
GSE	5	0	0	2	1	8
Musik	5	0	0	1	1	7
Kunsterziehung	3	0	0	0	0	3
Arbeitslehre	52	1	0	3	0	56
KbB	95	3	0	17	41	156
HsB	2	0	0	5	0	7
GtB	6	0	0	1	0	7
Summe	**356**	**53**	**33**	**61**	**69**	**572**

Tab. 53: Auswertung nach Items: Chancen

	Übersicht: Hinweise zu den Chancen digitaler Medien und zur sinnvollen Nutzung Summe der Schulbuchseiten = 7434, LP 1997, Jgst. 7							
	technische Hinweise zur Nutzung von PC, Software, Chatrooms	Freizeitgestaltung, Auswahl von Computerspielen	Medienbotschaften kritisch beurteilen, Bewusstwerden der Bedeutung	Vorteile wie Interaktivität, Datenmenge, Aktualität	Hinweise auf Lernsoftware, Vorbereitung von Referaten	Informationsgewinnung aus Datennetzen, Internetadressen, Umgang mit Suchmaschinen	Erweiterung der Ausdrucksfähigkeit: Textverarbeitung, Tabellenkalkulation E-Mail schreiben, Homepage erstellen	Summe
KTR, EVR, ETH	0	2	2	0	2	10	0	16
D-Lesebuch	3	6	6	3	8	7	2	35
D-Sprachbuch	34	8	6	8	9	12	65	142
Mathematik	0	0	0	0	0	0	0	0
Englisch	3	5	0	1	2	9	12	32
PCB	0	0	15	0	0	0	0	15
GSE	0	3	0	1	0	0	0	4
Musik	0	3	0	0	0	0	0	3
Kunsterziehung	0	0	0	0	0	0	3	3
Arbeitslehre	0	1	15	0	1	3	2	22
KbB	59	0	6	5	0	0	64	134
HsB	0	0	0	0	5	0	0	5
GtB	3	0	1	1	0	0	0	5
Summe	102	28	51	19	27	41	148	416

Tab. 54: Auswertung nach Items: Gefahren

	psychisch: Sucht, Isolation, Gewalt	physisch: Bildschirmstrahlung, mangelnde Bewegung	finanziell: Dialerprogramme, Viren	rechtlich: Download, Urheberrecht, Jugendschutz, Datenschutz	sonstige bzw. allgemeine Gefahren	Summe
\multicolumn{7}{l}{Übersicht: Hinweise zu den Gefahren durch digitale Medien. Summe der Schulbuchseiten = 7434, LP 1997, Jgst. 7}
KTR, EVR, ETH	0	0	0	0	2	2
D-Lesebuch	0	0	1	0	2	3
D-Sprachbuch	4	0	2	2	2	10
Mathematik	0	0	0	0	0	0
Englisch	2	0	0	0	0	2
PCB	0	0	0	0	0	0
GSE	0	0	0	1	0	1
Musik	0	0	0	0	0	0
Kunsterziehung	0	0	0	0	0	0
Arbeitslehre	0	3	0	0	0	3
KbB	0	11	2	4	0	17
HsB	0	0	0	0	0	0
GtB	0	0	0	0	0	0
Summe	**6**	**14**	**5**	**7**	**6**	**38**

5.2 Untersuchung B: Lesebücher und Sprachbücher für die Jahrgangsstufen 5 bis 9 der Hauptschule

5.2.1 Analyse der Lesebücher

Für die Untersuchung B wurden im Bereich Lesebücher fünf Lehrwerke des Westermann Verlages untersucht. Lesebücher sind neben den Sprachbüchern und den Schulbüchern für das Fach KbB die Schulbuchgruppe, die von den Lernzielen des Lehrplans her die meisten Anknüpfungspunkte zu diesen Themen bietet. Durch die Synopse der Lesebücher kann Aufschluss darüber gewonnen werden, inwieweit die Schüler im Laufe der 5. bis 9. Jgst. mit Themen aus dem Bereich digitale Medien in Berührung kommen und Hilfestellung beim Erwerb von Kompetenz im Umgang mit ihnen erhalten. Es wurde dabei vor allem aus den folgenden zwei Gründen der Fokus auf fünf Schulbücher desselben Verlages gelegt:

- Oft entscheidet sich ein Kollegium für eine Lesebuchreihe, die in zwei (z.B. 5. und 6. Jgst.), drei (z.B. 7. bis 9. Jgst.) oder in allen fünf Jahrgangsstufen einer Schule eingesetzt wird.
- Durch die Beschränkung auf einen Verlag können Intentionen des Verlages deutlich werden, während Zufälligkeiten und weitere Variablen ausgeschlossen sind. Verglich man beispielsweise fünf Lehrwerke verschiedener Verlage miteinander (z.B. das Lesebuch der 5. Klasse aus dem Westermann Verlag, das Lesebuch für die 6. Jgst. aus dem Oldenbourg Verlag, das 7. Klasse-Lesebuch aus dem Cornelsen Verlag usw.), so könnte es sein, dass Inhalte und Texte doppelt auftauchen, da die meisten Texte, abgesehen vom Lieder- und Gedichtekanon, nicht eindeutig einer Jahrgangsstufe zugeordnet werden können.

Im Lesebuch DL5.1 taucht der Bereich digitale Medien an insgesamt sechs Stellen auf, von denen nur zwei medienpädagogisch von größerem Interesse sind.[465] Die eine Stelle ist ein Bild (Abb. 49), auf dem ein Mädchen und ein Junge vor einem Computer sitzen und gerade eine Tonaufnahme erstellen. Dieses Foto zeigt den fast selbstverständlichen aktiven und produktiven Umgang

---

[465] Die anderen Stellen beziehen sich auf den Bereich Sondermüll aus Hightech, das Abschreiben eines Textes mit dem Computer, den Hinweis, bei einer Lesenacht Computerspiele zuhause zu lassen, und die Abbildung eines Computers in einer Bücherei; vgl.: DL5.1, S. 24, S. 201f., S. 235 und S. 236.

von Kindern mit digitalen Medien, stellt also eine Art Vorbild eines erwünschten Medienverhaltens dar.

Abb. 49: Kinder bei Nutzung digitaler Medien, DL5.1[466]

Die zweite Stelle im Lesebuch DL5.1 ist der Text *Computeritis*[467] von Nina Schindler. Darin geht es um zwei Jungen, die sich stundenlang mit Computerspielen beschäftigen, während ein Mädchen sie davon abbringen will. Schließlich zeigen die Jungen dem Mädchen, dass es nicht nur *Schrott oder Plattmacherspiele* gibt, sondern auch kreative Computerspiele wie *Sim City*. Die Arbeitsaufträge beschäftigen sich mit der wachsenden Begeisterung des Mädchens für das Computerspiel, mit der Frage, ob und warum Jungen computerbesessener sind als Mädchen und mit der Frage nach weiteren gewaltfreien Computerspielen. Weitere Fragen und Anregungen zum Bereich Computerspiele (illegales Kopieren, verbotene Spiele, Jugendgefährdung) fehlen. Alle weiteren Themen aus dem Bereich digitale Medien, wie z.B. Textverarbeitung, Internet und E-Mail, bleiben im Lesebuch DL5.1, das sich an Schüler der 5. Jgst. wendet, unberücksichtigt.

Das Lesebuch DL6.1 beschäftigt sich ebenfalls an sechs Stellen mit den digitalen Medien. Neben zwei Abbildungen von Computern in einer Bücherei[468] wird der Umgang mit dem Computerkatalog erklärt (Abb. 50), wobei Arbeitsaufträge zu dem Text bzw. zu der Abbildung fehlen. Auf die Verknüpfungen *und* bzw. *oder* wird nicht eingegangen, ebenso wenig auf Hinweise zu möglichen Such-

---
[466] DL5.1, S. 206
[467] DL5.1, S. 208-210
[468] DL6.1, S. 185 und 186

strategien. Die Arbeitsaufträge zum Text *Medien-Was ist das?*[469] beschäftigen sich mit dem Medienverhalten der Schüler. Diese sollen notieren, mit welchen Medien sie in der Schule und in der Freizeit im Laufe eines Tages in Berührung gekommen sind und sie sollen überlegen, ob Massenmedien die Wahrheit sagen. Die Vorteile einer CD-ROM werden im Lesebuch DL6.1 (Abb. 51) durch den Beitrag *Die bunte Welt von Multimedia* [470] aufgezeigt: Reisebeschreibungen eines Reisezieles (Kreta), Redewendungen, Aussprache und Wortschatz einer fremden Sprache, Musik, Tipps zu Museen und viele weitere Informationen audiovisueller Art. Außerdem wird in dem Text der Begriff *Multimedia* erklärt. Die Arbeitsaufträge haben nur die Funktion zu prüfen, ob der Inhalt des Textes erfasst wurde und ob die Schüler das Anklicken mit der Computermaus erklären können. Fragen zu den Vor- und Nachteilen des Informationsmediums CD-ROM, auch im Vergleich zu anderen Möglichkeiten der Informationsbeschaffung, fehlen.

Abb. 50: Computerkatalog in einer Bücherei, DL6.1[471]

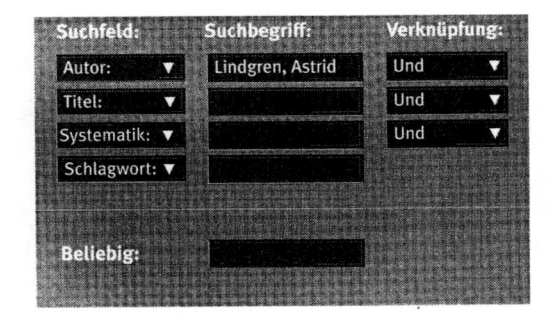

Computerkatalog
Meistens stehen Computer zur Verfügung.
Darin könnt ihr die Signatur (siehe S. 189) des Buches „nachschlagen",
von dem ihr den Titel und vielleicht auch den Autor schon wisst.
Anhand der Signatur findet ihr dann das Buch im Regal.
Oder ihr gebt das Thema an, zu dem ihr ein passendes Buch sucht.
Wenn ihr z.B. den Begriff „Pferde" als Schlagwort angebt,
erscheint auf dem Bildschirm eine Übersicht mit allen dazu
in der Bibliothek vorhandenen Büchern.

---

[469] vgl.: DL6.1, S. 171
[470] DL6.1, S. 175 - 176
[471] DL6.1, S. 188

Abb. 51: Textauszug und Arbeitsaufträge: *Medien-Was ist das?*, DL6.1 [472]

Die elektronischen Medien von morgen werden eine noch größere Rolle in unserem Leben spielen und unsere Lebensgewohnheiten beeinflussen.

1   Was sind Medien laut Lexikon?

2   a) Was zählt zu den Massenmedien?
b) Was wird mit dem Begriff Massenmedien ausgedrückt?

3   Wie beeinflussen die Medien dein Leben in Schule und Freizeit?
Schreibe einmal auf, mit welchen Medien du im Laufe eines Tages in Berührung kommst, sei es gewollt oder ungewollt.

4   Können wir uns darauf verlassen, dass die Massenmedien die Wahrheit sagen? Diskutiert darüber in der Klasse.

Gleiches gilt für den Text „*Internet"- Was ist das eigentlich?* [473] (Abb. 53) und die dazu gehörenden Arbeitsaufträge. Neben einer kurzen Erklärung, was das Internet ist, werden vor allem die Zugangsmöglichkeiten ins Internet und die technischen Voraussetzungen hierzu beschrieben. Der einzige Prosatext, der sich mit digitalen Medien befasst, ist der Jugendbuchauszug *Emma und Daniel* von Mats Wahl[474]. Dabei geht es um einen computerbegeisterten Jungen, der auf einem abgelegenen Anglercamp sparsam mit der Zeit, die er am Laptop verbringt, umgehen muss, da es auf dem Camp keinen Strom gibt und die Batterien schnell leer sind. Zusammenfassend lässt sich sagen, dass die Themen digitale Medien und Erwerb von Medienkompetenz nur geringfügig im Lesebuch DL6.1 für die 6. Jgst. berücksichtigt werden.

Das Lehrwerk DL7.2[475] enthält als einzigen Text, der im Bereich der digitalen Medien Anregungen zum Nutzungsverhalten und zur Medienkompetenz geben könnte, den Jugendbuchauszug *Level 4 – Die Stadt der Kinder* von Andreas Schlüter. Die Arbeitsaufträge zu dem Text gehen aber auf die Problematik der Wahrnehmung von realer und virtueller Welt nicht ein.

---

[472] DL6.1, S. 171
[473] DL6.1, S. 177
[474] DL6.1, S. 178 - 181
[475] Das Lesebuch DL7.2 wurde bereits in der Untersuchung A analysiert, siehe Kapitel 5.2.1

Abb. 52: Die bunte Welt von Multimedia, DL6.1[476]

Die bunte Welt von Multimedia

Peter ist schon voller Reisefieber. In wenigen Tagen beginnen die großen Ferien. Ziel der Urlaubsreise ist die griechische Mittelmeerinsel Kreta. Der Zwölfjährige schaltet seinen Computer ein, um sich über die Insel zu informieren. Peters Vater hat nämlich eine CD-ROM gekauft, die – so
5 verspricht es die Aufschrift der Hülle – viel Wissenswertes über die Insel, ihre Bewohner, ihre Geschichte und ihre Sehenswürdigkeiten zeigt.
So nimmt Peter nun die silberglänzende, runde Scheibe, auf der all die Informationen über Kreta gespeichert sind, und legt sie in den Rechner. Ein Knopfdruck, und wenige Sekunden später leuchtet auf dem Bildschirm ein
10 buntes Bild eines alten Tempels mit rotbemalten Säulen auf. Gleichzeitig ertönt Sirtaki-Musik aus dem Lautsprecher, und eine freundliche Stimme begrüßt Peter mit „Kalimera" – was auf griechisch „Guten Tag" heißt.
Dann erscheint auf dem Bildschirm ein Dutzend kleiner bunter Bilder und Symbole. Jedes bietet ein anderes Thema an, und Peter weiß gar nicht, was
15 er nun zuerst mit seiner Computermaus anklicken soll: Die Geschichte der Insel? Oder die Naturschönheiten? Einen kleinen griechischen Sprachkurs? Beispiele von kretischen Musikstücken? Vorschläge ausgewählter Rundreisen? Berühmte Bauwerke in den kretischen Städten? Tipps, wie die typischen kretischen Speisen aussehen und wo man sie essen kann? Oder wel-
20 che Museen es auf der Insel gibt und was man in ihnen zu sehen bekommt? Weil Peter einen griechischen Schulkameraden hat und schon einige Worte

---

[476] DL6.1, S. 175-176

dieser Sprache kennt, wählt er als erstes das Bild eines kleinen Buches mit der Bezeichnung „Sprachkurs". Eine neue Übersicht erscheint auf dem Bildschirm, die Näheres zu „Alphabet", „Redewendungen", „Zahlen" und ein
25 Wörterbuch verspricht. Peter klickt die „Redewendungen" an. Eine dreispaltige Liste erscheint nun auf seinem Schirm: links jeweils ein griechischer Ausdruck, beginnend mit „efcharisto" und darunter „parakalo". Daneben stehen dieselben Worte in griechischen Buchstaben und ganz rechts ihre deutschen Bedeutungen: „danke" und „bitte". Und als Peter nun mit seiner
30 Computermaus auf „efcharisto" zeigt und die Maustaste kurz drückt, spricht ihm der Computer das Wort in der richtigen Aussprache vor.
Nachdem er sich einige Wörter eingeprägt hat, zieht es Peter zu leichteren Dingen. Er kehrt zur ersten Bildauswahl zurück und klickt auf „Griechische Musik". Ein kleiner Videofilm startet, in dem Frauen und Männer in bunten
35 Trachten vor den Säulen alter Tempel zu schwungvoller Musik tanzen.
Die Tempel erinnern Peter an die alten Griechen aus dem Geschichtsunterricht, und er sieht nach, was die Silberscheibe zu diesem Thema zu erzählen hat. Tatsächlich wird es spannend.
Der Computer zeigt ihm die Geschichte vom stierköpfigen Minotaurus, der
40 in einem Labyrinth lebte und Jungfrauen fraß, und die Sage von Dädalos und Ikaros, die mit selbst gebastelten Flügeln von der Insel entflohen. Und dann der riesige, 3 500 Jahre alte Palast von Knossos, eine weltberühmte Sehenswürdigkeit der Insel: Peter holt sich den Grundriss und Fotos vom jetzigen Zustand als Ruine auf den Bildschirm. Auf Tastendruck spielt die
45 CD-ROM sogar einen Trickfilm ab; er zeigt, was ein Besucher bei einem Spaziergang durch den ursprünglichen Palast zu sehen bekommen hätte – so wie ihn sich die Altertumsforscher vorstellen.
Als die Reise losgeht, kann Peter es kaum erwarten, all diese spannenden
50 Dinge in Wirklichkeit zu sehen. Was er in unserem Beispiel nutzt, nennt man „Multimedia". Dieser Begriff meint: Auf einem einzigen Gerät, nämlich seinem Computer, kann er viele („multi") unterschiedliche Darstellungsarten von Informationen nutzen: Text, Sprache, Musik, Geräusche, farbige oder schwarzweiße Standbilder, Trickfilme und Videofilme. Und er hat die Mög-
55 lichkeit, per Knopfdruck unter all den mit diesen „Medien" vermittelten Informationen diejenigen auszuwählen, die ihn interessieren.

1 Was ist eine CD-ROM?

2 Peter klickt verschiedene Sachen auf dem Bildschirm mit seiner Computermaus an. Kannst du das näher erklären?

3 Welche Informationen über sein Urlaubsziel Kreta liefert ihm diese CD-ROM?

4 Was versteht man unter *Multimedia*?

Abb. 53: Internet – Was ist das eigentlich?, DL6.1[477]

"Internet" – Was ist das eigentlich?

Es gibt eine ganze Menge Beschreibungen darüber, was das Internet eigentlich ist, und eine klingt komplizierter als die andere. Eine ganz einfache Erklärung ist: Durch das Internet können Computer auf der ganzen Welt miteinander verbunden werden. Das funktioniert mit Hilfe von Telefonleitungen und Kabeln in der
5 Luft und in der Erde und mit Satelliten im Weltraum. Das Internet ist das größte elektronische Netzwerk der Welt. Über das Internet können Menschen überall auf der Welt einander Nachrichten schicken. Oder sie können von ihrem Bildschirm aus in anderen Computern nach Informationen suchen, die sie
10 interessieren.
Um ins Internet hineinzukommen, brauchst du zunächst einen Computer. Außerdem ein Modem, das
15 an die Telefonbuchse angeschlossen ist und die Signale deines Computers über die Telefonleitungen in das Internet schickt.
20 Als Nächstes muss man sich einen Internet-Anbieter suchen. Das ist eine Firma, die den Zugang zum Internet ermöglicht. Von ihr be-
25 kommst du auch alle Programme, die notwendig sind, um die vielfältigen Möglichkeiten des Internets nutzen zu können. Und
30 dann kann es losgehen!

Ich dachte, du hast heute Wandertag?

Aber Mama! Virtuell, virtuell! Wir wandern im Internet!

1 An mehreren Stellen des Textes findest du Hilfen um das Wort *Internet* erklären zu können.

2 Welche zwei grundsätzlichen Möglichkeiten bietet das Internet seinem Benutzer?

3 Auf welche Art und Weise können Computer auf der ganzen Welt miteinander verbunden werden?

4 Du brauchst drei Dinge um ins Internet hineinzukommen. Welche?

---

[477] DL6.1, S. 177

In der 8. Jahrgangsstufe gibt es im Lesebuch des Westermann Verlages Angebote zu den Bereichen CD-ROM und Internet. Das Schulbuch DL8.1 gibt am Beispiel des Themas *Leben in der Wüste* (Abb. 54) Hinweise auf die Nutzung von CD-ROMs zur Informationsbeschaffung, zeigt die Vorteile eines multimedialen Datenträgers und lässt die Schüler die beiden Medien Buch und CD-ROM miteinander vergleichen. Anschließend werden sie auf die Möglichkeiten hingewiesen, das Internet mit einzubeziehen und sich über die Internetadressen des Buchhandels Informationen über lieferbare Bücher und Medien zum Thema Wüste auflisten zu lassen bzw. diese zu bestellen. Zum Medienkompetenz-Modul „Umgang mit Suchmaschinen, Anwenden von Suchstrategien" erhalten die Schüler lediglich die Aussage, dass sie *vielleicht noch weitere Hinweise über eine Suchmaschine zum Stichwort „Wüste"* [478] finden und dass es die Suchmasken des Buchhandels gibt. Es fehlen jedoch jegliche Anregungen und Hilfestellungen, wie die Schüler suchen sollen, welche Suchstrategien sie anwenden und wie sie sich in einem zu erwartenden Meer an Informationen und Websites orientieren können.

In einem weiteren Kapitel des Lesebuchs DL8.1 wird das Thema Internet aufgegriffen. Unter der Überschrift *Elektronische Medien*[479] werden die Schüler über die Bereiche Fernsehen, Hörfunk, Videotext und Internet informiert und auf die Internetangebote von Tageszeitungen aufmerksam gemacht (Abb. 55). Die Schüler sollen die elektronische Adresse der Main Post oder ihrer eigenen Tageszeitung aufsuchen und sich *„in einer Surf-Runde einen Überblick über ihre Informationsfülle"*[480] verschaffen. In der Abbildung befindet sich der Hinweis auf das Navigieren auf der Website durch Anklicken der einzelnen Felder. Anschließend werden die Schüler im Kapitel *Informationsmedien vergleichen* dazu aufgefordert, zu einem aktuellen Ereignis ihrer Wahl die Medien Zeitung, Hörfunk, Fernsehen und Internet auf ihre Vor- und Nachteile zu vergleichen.[481]

Verglichen mit den Lesebüchern für die 5., 6. und 7. Jgst. enthält das Lesebuch DL8.1 das umfangreichste Angebot zur sinnvollen Nutzung digitaler Medien. Dennoch muss kritisch angemerkt werden, dass zum einen konkrete Hilfestellungen und Anregungen meist fehlen und zum anderen negative Aspekte der Mediennutzung und mögliche Gefahren im Umgang mit digitalen Medien im Lesebuch für die 8. Jahrgangsstufe völlig ausgeblendet werden.

---

[478] DL8.1, S. 263
[479] vgl.: DL8.1, S. 273 - 274
[480] DL8.1, S. 273
[481] vgl.: DL8.1, S. 274

Abb. 54: Multimedia CD-ROM : Wüste, DL8.1[482]

Wenn du am Naturwunder „Wüste" Interesse gewonnen hast, findest du weitere Informationen in Büchereien, im Buchhandel oder in den Tageszeitungen.

Sehr vielseitige Informationsquellen zum Thema „Wüste" sind Multimedia CD-ROMs, z. B.:

◄ Von diesem Screen aus lassen sich alle Funktionen des Programms steuern. In der linken Spalte haben Sie die Wahl zwischen fünf Themenbereichen. Mit einem Klick auf einen der fünf Bildbuttons öffnet sich das entsprechende Inhaltsverzeichnis.

Videos, Fotos und Animationen veranschaulichen, wie das Ökosystem Wüste funktioniert. ►

◄ Ein Klick auf die Buttons der rechten Screenseite führt Ihnen die vielfältige Tier- und Pflanzenwelt der Wüsten vor.

20 Karten zeigen die Verbreitung der Wüsten auf der Erde. Ein Mausklick – und die jeweilige Karte vergrößert sich. ►

◄ Ein Mausklick in die rechte obere Ecke des Hauptscreens öffnet das Hilfe-Menü. Diese Seite zeigt Ihnen, wie Sie sich am besten durch das umfassende Programm der CD-ROM navigieren.

Mit unserem Wüsten-Quiz können Sie Ihr Wissen spielerisch testen und vertiefen. ►

---

[482] DL8.1, S. 262-263

7 Wenn du das Inhaltsverzeichnis gelesen hast, kannst du vielleicht erklären, was mit dem Begriff „Multimedia CD-ROM" gemeint ist.
Kennst du schon ähnliche CD-ROMs wie die hier abgebildete?

8 Vergleicht ein Buch mit einer CD-ROM. Was bietet das Buch, was die CD-ROM? Beschafft euch diese CD-ROM oder vielleicht findest du zu anderen Themen ähnlich gestaltete CD-ROMS.

Weitere Informationen zum Thema „Wüste" bietet das Internet. Du findest vielleicht noch weitere Hinweise über eine „Suchmaschine" zum Stichwort *Wüste*.
Sicher aber erhältst du viele Hinweise zu Informationen in den Suchmasken der Buchkataloge.

Unter den Internet-Adressen *http://www.Buchkatalog.de* oder auch *http://www.buchhandel.de* kannst du dir mit den entsprechenden **Suchmasken** alle lieferbaren Bücher und Medien zu gewünschten Themen auflisten lassen und sogar bestellen.

9 Geht in den Computerraum und probiert aus, welche Möglichkeiten euch diese Suchmaske bietet.

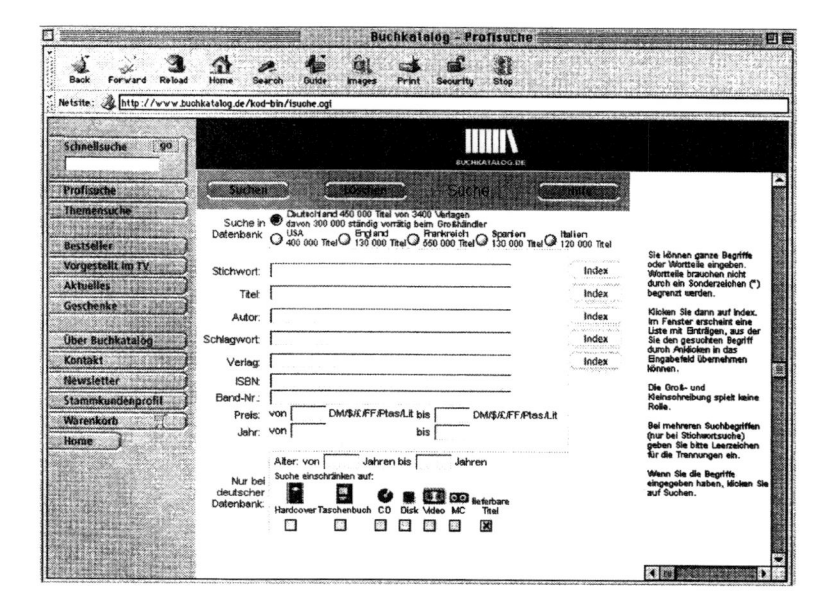

Abb. 55: Elektronische Medien, DL8.1[483]

Elektronische Medien

Über Ereignisse mit großem Öffentlichkeitsinteresse wird auch im **Fernsehen** und im **Hörfunk** berichtet. Dies geschieht in der Regel in den speziellen Nachrichtensendungen wie in der „Tagesschau" in der ARD oder in der „heute"-Sendung im ZDF.
Bei Großereignissen senden die Fernsehanstalten eigene Sondersendungen.
Sicher habt ihr schon einmal so einen „ARD-Brennpunkt" oder ein „ZDF-Spezial" gesehen. Darüber hinaus bieten die Fernsehanstalten aktuelle Kurzinformationen in ihrem **Videotext**-Angebot an.
Zahlreiche und insbesondere sehr vielseitige Informationen können im **Internet** abgerufen werden. Nahezu alle überregionalen und regionalen Zeitungen bieten im Internet eine *Home-Page* an.
Auf den täglich aktualisierten Seiten können sich Nutzer über Ereignisse in der Region und in der Welt informieren. In der Regel ist der Name der Zeitung auch die elektronische Adresse. So bietet die Main-Post in Unterfranken unter der Adresse *http://www.mainpost.de* folgende Home-Page an.

1 Sucht im Internet diese Home-Page oder die eurer Tageszeitung. Verschafft euch in einer Surf-Runde einen Überblick von ihrer Informationsfülle.

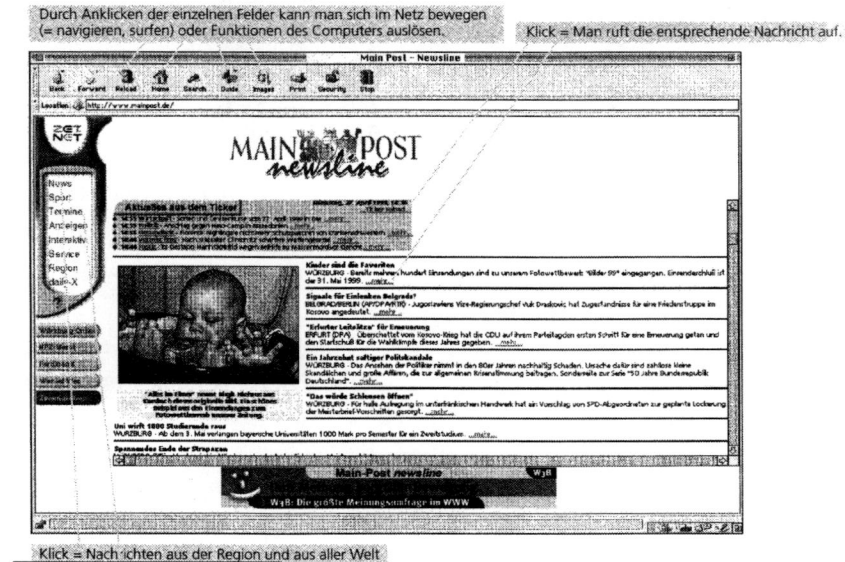

Durch Anklicken der einzelnen Felder kann man sich im Netz bewegen (= navigieren, surfen) oder Funktionen des Computers auslösen.

Klick = Man ruft die entsprechende Nachricht auf.

Klick = Nachrichten aus der Region und aus aller Welt
Klick = Man ruft die aktuellen Veranstaltungstermine auf.

[483] DL8.1, S. 273

In der 9. Jgst. enthält das Lesebuch des Westermann Verlages Angebote vor allem zum Bereich Internet, das auf insgesamt 20 Seiten in der Lesebucheinheit *In 10 Sekunden um die Welt*[484] thematisiert wird. Außerdem wird im Lesebuch DL9.1 an mehreren Stellen auf das Schreiben mit dem Computer eingegangen, als Arbeitsauftrag an die Schüler, Texte mit dem Computer zu schreiben[485], als Äußerung einer Jugendbuchautorin auf die Frage nach ihrem Lieblingsort für das Schreiben[486] und im Rahmen der Lesebucheinheit *In 10 Sekunden um die Welt.*[487] Diese Lesebuchsequenz umfasst je einen Text zur Bedeutung des Internets *(Ein Netz um die ganze Welt)*, zur Geschichte und Entwicklung des Internet *(Wie alles entstand)*, zu Schülerseiten im Internet *(Heißer Tipp: „Schummeln online!")*, zu Buchhandlungen und Bibliotheken im Internet, zum Thema Usenet und Newsgroups *(Das schwarze Brett im Internet)*, zu Verhaltensregeln im Internet *(Netiquette)*, zur Verwendung von Smileys *(Gefühle auf der Tastatur)*, zum World Wide Web *(Informationen frei Haus)* , zu weiteren Diensten des Internet und eine Liste mit Begriffen, die in diesem Zusammenhang benutzt werden *(Netzvokabular)*. Darüber hinaus enthält die Sequenz eine Grafik zu den Möglichkeiten des Internet *(Was das Netz alles kann)*, einen Text, der sich mit Suchmaschinen und Suchstrategien befasst *(Die Suche nach der Stecknadel im „Datenhaufen")*, und einen Text, der den Wahrheitsgehalt der Nachrichten und Informationen, die im Internet präsentiert werden, anzweifeln lässt *(Globales Dorf mit Ententeich)*. Im Rahmen der Lesebuchsequenz erhalten die Schüler Arbeitsaufträge, bei denen sie der Frage nachgehen sollen,

- welche Begriffe zum Thema Internet ihnen bekannt sind,[488]
- was beim Lesen einer Homepage anders ist als beim Lesen von gedruckten Seiten,[489]
- wozu das Internet genutzt wird,[490]
- welche Informationen sie zu der Autorin Mirjam Pressler erhalten, wenn sie mit Hilfe einer oder mehrerer Suchmaschinen und unter Anwendung von Suchstrategien im Internet suchen[491]

---

[484] vgl.: DL9.1, S. 248-267
[485] vgl.: DL9.1, S. 22
[486] Die Autorin Mirjam Pressler antwortet in einem Interview in DL9.1 auf die Frage „An welchen Orten schreiben Sie am liebsten?": „An meinem Schreibtisch am Computer.(...) Oder in der Laube im Garten –natürlich mit Laptop.", zitiert nach DL9.1, S. 229
[487] Neben den inhaltlichen Aspekten wird auch die Technik des diagonalen Lesens fokussiert.
[488] vgl.: DL9.1, S. 249
[489] vgl.: DL9.1, S. 251
[490] vgl.: DL9.1, S. 253
[491] vgl.: DL9.1, S. 257

- welche Vor- und Nachteile das Informationsangebot aus dem Internet hat,[492]
- welche *Adressen von Schülerinnen und Schülern, die Hilfen für die Schule anbieten,* im Internet sind,[493]
- welche Bücher von bekannten Autoren im Katalog der Deutschen Bibliothek im Internet sind,[494]
- welche Verhaltensregeln sie für das Internet kennen[495] und
- welche Vorteile des Webcastings sie kennen[496].

Darüber hinaus sollen die Schüler
- eigene Symbole entwerfen, um Gefühle im Internet auszudrücken[497], das E-Mail-System oder das Usenet erklären lassen[498]
- und Falschmeldungen, so genannte „Internetenten", in einem Text heraussuchen.

Im Text *Die Suche nach der Stecknadel im „Datenhaufen"*[499] (Abb. 56) werden Internetangebote (z.B. von Zeitungen, Behörden und Bildungsservern), Suchmaschinen und Suchstrategien vorgestellt. Außerdem werden Kriterien genannt, an Hand derer die Schüler die Zuverlässigkeit einer Information überprüfen können.

Die im Text genannten „Regeln" zur Überprüfung der Zuverlässigkeit einer Information sind jedoch aus medienpädagogischer Sicht fragwürdig. Was bedeutet es, wenn der Schüler überprüft, wie häufig ein Update erfolgt? Ist die Häufigkeit einer Aktualisierung ein Indiz für den Wahrheitsgehalt der angebotenen Information? Auch die Tatsache, dass *Herausgeber und Kontaktadresse außerhalb des Internet* angeboten werden, ist kein hinreichendes Kriterium für die Zuverlässigkeit einer Information. Problematisch erscheint der Hinweis an die Schüler, dass sie *grundsätzlich verlässliche Angebote* bei den genannten Zeitungen und Dienstleistungsunternehmen finden würden. Die aufgeführten Beispiele (*Tageszeitungen, Dienstleistungsunternehmen*) können keine grundsätzliche Sicherheit bieten, dass alles wahr und richtig ist, was dort publiziert und ins Netz gestellt wird.

---

[492] vgl.: DL9.1, S. 257
[493] vgl.: DL9.1, S. 258
[494] vgl.: DL9.1, S. 260
[495] vgl.: DL9.1, S. 262
[496] vgl.: DL9.1, S. 264
[497] vgl.: DL9.1, S. 263
[498] vgl.: DL9.1, S. 264
[499] DL9.1, S. 254 – 257

Abb. 56: Textausschnitt: *Die Suche nach der Stecknadel im „Datenhaufen"*[500]

Wer sich nicht sicher ist, wie zuverlässig eine Information ist, kann sich an ein paar Regeln halten, um sie zu überprüfen:
- Wer betreibt das Angebot? Seriöse Quellen geben Herausgeber und Kontaktadresse außerhalb des Internets an.
- Wer hat es ins Internet gestellt? Ein Serviceunternehmen, der Anbieter selbst?
- Gibt es Quellenhinweise, werden Autoren genannt?
- Wird auf Literatur, auf andere Stellen im Internet, auf Experten verwiesen?
- Wie oft wird ein „update", eine Aktualisierung, vorgenommen?

Grundsätzlich verlässliche Angebote findest du bei
- den Archivdiensten der Presse. Die Adressen sind leicht zu finden, z. B. der Zeitungen:
  Süddeutsche Zeitung http://www.sueddeutsche.de
  Frankfurter Allgemeine Zeitung http://www.faz.de
  Frankfurter Rundschau http://www.fr-aktuell.de
  Die Welt http://www.welt.de
  Das Archiv ist dann unter dem jeweiligen Link zu erreichen.
- allen öffentlichen Instituten, wie zum Beispiel das Statistische Bundesamt http://www.statistik-bund.de
  Unter der Adresse http://webmuseum.de findest du ein Verzeichnis aller deutschsprachigen Museen.
- Bildungseinrichtungen, wie z. B. die Bundeszentrale für politische Bildung http://www.bpb.de
- den Internetdiensten der Behörden. Alle Adressen der wichtigsten Behörden im Land, im Bund und auch in den Kreisen findest du unter http://www.bayern.de
- natürlich bei den großen Bildungsservern http://www.bildung.de oder auch http://www.schule.bayern.de
- und Servern, die von Schulen der Bildungseinrichtungen als Sammelforen zu bestimmten Themen eingerichtet wurden wie z. B. http://www.bionet.schule.de
- bei Dienstleistungsunternehmen, insbesondere für praktische Mitteilungen, wie z. B. Informationen über den Arbeitsmarkt oder auch über den künftigen Urlaubsort bei den entsprechenden Informationsbüros.

Wenig hilfreich erweist sich der Text *Die besten Tipps zur Suchstrategie* (Abb. 57). Die Fachbegriffe (wie z.B. Operatoren, Ordnungsebene, Index-Suche, Funktionsumfang) werden nicht erklärt und auch nicht in den Arbeitsaufträgen aufgegriffen.

---

[500] DL9.1, S. 256

Abb. 57: Die besten Tipps zur Suchstrategie, DL9.1[501]

1. Mit Katalog anfangen
Solange Sie nicht ganz genau wissen, wonach Sie eigentlich suchen, starten Sie am besten mit einem Katalog. So können Sie Ihre Suche schrittweise präzisieren und schließlich mit einer Suchmaschine ergänzen.

2. Mehrere Hilfen benutzen
Keine Suchhilfe hat alles verzeichnet, keine kann eine andere restlos ersetzen. Bemühen Sie nicht nur die unterschiedlichen Typen Roboter oder Katalog, sondern kombinieren Sie mehrere Suchhilfen miteinander.

3. Viel fragen
Versuchen Sie bei einer Index-Suche, die gewünschte Information mit mehreren Ausdrücken zu umschreiben. Denn: Je mehr Suchbegriffe Sie eingeben, desto höher ist die Treffgenauigkeit. Leuchtet ein oder?

4. Präzise fragen
Benutzen Sie spezielle Ausdrücke statt allgemeiner. Suchen Sie z.B. nach französischem Rotwein, dann geben Sie nicht lapidar „Rotwein" ein, sondern nennen verschiedene Marken: „Bordeaux Beaujolais Margo".

5. Kategorien beachten
Denken Sie daran, dass ein Katalog nach Kategorien aufgebaut ist. Wechseln Sie auf jeden Fall immer in die nächsthöhere oder -tiefere Ordnungsebene. Nutzen Sie auch mögliche Verbindungen zwischen den Kategorien.

6. Keine Angst vor Logik
Falls die Suchhilfe dies erlaubt, setzen Sie unbedingt logische Operatoren ein. Überlegen Sie sich für Ihre Anfrage verschiedene Varianten.

7. Besonderheiten beachten
Schauen Sie vor einer Großfahndung in die Anleitung der Suchhilfe, da gibt es ganz erhebliche Unterschiede in Funktionsumfang und Bedienung. Zum Beispiel unterscheiden viele zwischen Groß- und Kleinschreibung.

8. Spezialverzeichnisse nutzen
Zu fast allen Themen – von TV-Serien bis zu entlegenen Fachgebieten der Computertechnik – gibt es im Internet besondere Verzeichnisse. Wo welche Listen worüber versteckt sind, verraten die Kataloge.

9. Erwarten Sie nicht zuviel
Im Netz steht viel, aber nicht alles. Und nicht alles, was im Netz steht, finden Sie über eine Suchhilfe. Folgen Sie einfach mal spontan irgendwelchen Links – wer wenig erwartet, wird manchmal nett überrascht.

10. Keine Panik
Nichts gefunden? Kein Grund zur Verzweiflung: Was Sie nicht im WWW finden, finden Sie vielleicht bei BBB: Bekannten, Bibliotheken und Buchhandlungen.

Ein weiteres Problem beinhaltet der Text *Heißer Tipp: „Schummeln online!"*[502]. Neben dem Hinweis auf die Adresse http://www.spickzettel.de, unter der zum Zeitpunkt der Veröffentlichung des Lesebuches im Jahr 2000 mehr als 2500 Referate zu finden waren, werden die Schüler auch auf die Nachhilfebörsen aufmerksam gemacht und sollen im Internet nach weiteren diesbezüglichen Adressen suchen. Diese Hinweise aus dem Lehrwerk DL9.1, das bis zum Jahr 2006 noch in den Schulen zugelassen und eingesetzt wird, stehen im Widerspruch zum Schreiben des Bayerisches Staatsministerium für Unterricht und Kultus, in dem vor Referatebörsen wegen der damit verbundenen Dialergefahr ausdrück-

---
[501] DL9.1, S. 257
[502] vgl.: DL9.1, S. 258

lich gewarnt wird.[503] Einen medienpädagogisch interessanten Beitrag im Lesebuch DL9.1 stellt der Text *Globales Dorf mit Ententeich*[504] dar (siehe Abb. 58). In diesem Ausschnitt aus einem Zeitungsartikel wird an mehreren Stellen auf Falschmeldungen, die im Internet kursieren, aufmerksam gemacht. Das Dilemma zwischen nahezu grenzenloser Informationsfülle einerseits und der Unsicherheit, welchen Informationen man überhaupt trauen kann, andererseits wird deutlich. Die Schüler aber, die den Text lesen, erhalten keine Hilfen bzw. Anregungen, sich mit diesem Thema zu befassen. Die beiden (lediglich auf Textstellenbelege abzielenden) Fragen, die im Anschluss an den Text gestellt werden, lauten: *„Welche „Internetenten" werden in dem Text genannt? Welche findet ihr besonders originell?"*[505]

Auf die Gefahr der Manipulation und Fälschung von Bildern durch digitale Bildbearbeitung weisen mehrere Texte und Arbeitsaufträge im Lesebuch DL9.1 hin. Im Text *Bilder, die lügen*[506] werden die Veränderungen von Bildern in der Presse genannt und es wird auf die gesetzlichen Grundlagen und Möglichkeiten, falsche Nachrichten zu berichten, hingewiesen. In einem Arbeitsauftrag[507] werden die Schüler aufgefordert, Gründe zu suchen, *warum Bilder in der Presse verändert, ja gefälscht werden,* und dazu Stellung zu nehmen. Das Thema der Bildmanipulation in Zeiten der Computertechnik behandelt der Text *Wie man mit Bildern manipulieren kann*[508].

„Heute ist es möglich, auf digitalem Wege Scheinwelten auf den Bildschirm zu zaubern, Menschen in ihren realen und virtuellen Umgebungen agieren zu lassen, aber auch Bild und Schriftdokumente so umzugestalten, dass der Nachwelt kaum noch Möglichkeiten zur Überprüfung des Wahrheitsgehaltes eines historischen Dokumentes bleiben."[509]

---

[503] vgl.: Bayerisches Staatsministerium für Unterricht und Kultus (2005b), Teure Internetseiten – Warnung vor Dialern, zitiert nach:
http://www.km.bayern.de/imperia/md/content/elternrundbrief/warnung_vor_dialern.pdf [12.04.2005]
[504] Der Autor des Textes ist Christian Nürnberger
[505] DL9.1, S. 267
[506] DL9.1, S. 269
[507] vgl.: DL9.1, S. 269
[508] DL9.1, S. 270-272
[509] DL9.1, S. 270, Textauszug aus *Wie man Menschen manipulieren kann*, zitiert nach:, Begleitbuch zur Ausstellung im Haus der Geschichte der Bundesrepublik Deutschland, Bonn 27.November 1998 bis 28. Februar 1999, Stiftung Haus der Geschichte der Bundesrepublik Deutschland (Hrsg.) (1998), Bonn: Bouvier Verlag

Abb. 58: Globales Dorf mit Ententeich, DL9.1[510]

(...) dank Internet, heißt es, können wir an jedem Ort zu jeder Zeit über jede Infomation verfügen. „Information at your fingertips" nennt Bill Gates das. Also PC anwerfen, die Tore des Internet öffnen, die Suchmaschine Fireball.de besuchen und mit den Fingern in den Weltwissensspeicher [die Suchbegriffe] tippen.
5 (...) Dürfen wir der Website überhaupt trauen? Wir lesen dort auch, in Japan könne man Toupets für Hunde kaufen, Nacktschnecken verfügten über vier Nasen, beim Sex verbrenne man 360 Kalorien pro Stunde und die Antibabypille funktioniere problemlos bei Gorillas. Das können wir nicht nachprüfen, aber die Behauptung, das Quadrat der Zahl 111111111 ergebe 12345678987654321.
10 Das stimmt und spricht für die Vertrauenswürdigkeit der Seite (...)
Das ist das Schöne am Cyberspace: Man gerät mit ihm in Lichtgeschwindigkeit vom Hundertsten ins Tausendste ins Millionste. Und da müssen wir auch hin, denn uns drückt die Sorgfaltspflicht. Ein paar sichere Quellen für die Facts, auch wenn sie nutzlos sind, wären schon ganz angenehm.
15 Das nächste Problem liegt im Namen der Fundstelle: urbanlegends.com – Großstadtlegenden. Legenden? Ja, auf dieser Website werden Geschichten gesammelt, die auf der Welt und noch viel schneller im Web kursieren, von denen viele nachweislich falsch und wenige nachweislich wahr sind. Manche haben Anhaltspunkte in der Wirklichkeit, aber die meisten sind einfach nur schön,
20 und man weiß nicht, ob sie nur schön erfunden oder tatsächlich wahr sind (...) Berichte, wonach es in manchen Gegenden gelegentlich Hunde und Katzen regnet, gehören ebenso zu den Internet-Enten wie die Behauptung, dass die Erde bersten und ganz Amerika von einer Sturmflut hinweggespült würde, wenn alle Chinesen gleichzeitig in die Luft sprängen. Damit sind wir aber nur schein-
25 bar so klug als wie zuvor. In Wahrheit sind wir klüger, denn nun haben wir gelernt, dass zwar die Menge an Information, die uns das Internet bietet, explosionsartig wächst, die Menge an Desinformation aber auch. Wer den Fact vom Fake unterscheiden will, braucht Fähigkeiten, die sich offenbar erst noch entwickeln müssen.
30 Leicht ist es, wenn ein Unternehmen namens Dream Technologies im Internet die Anfertigung von Prominenten-Klonen anbietet (www.d-b.net/dti/). Cindy Crawford sei für 79 999 Dollar zu haben, Nelson Mandela für 6999, der eigene Hund für 879 Dollar. Das Bestellformular wartet mit einigen Klauseln auf, die das Ganze glaubwürdig erscheinen lassen: Man muss unterschreiben, dass man
35 das Unternehmen nicht zur Verantwortung zieht, wenn's schief geht und der bestellte Crawford-Klon etwa zu Fettleibigkeit, Aggressivität oder dunkler Hautfarbe neigt. Natürlich ist das Ganze nur ein Gag, aber die Deutsche Presseagentur meldete – wenn auch in distanzierendem Tonfall – am 23. Januar 1998 um vier Uhr in der Früh: *Cindy-Crawford-Klon zum Superpreis.*
40 Jeder Depp kann im Netz anonym „Nachrichten" senden. Und gerade deshalb kann und darf man nie sicher sein, womit man es gerade zu tun hat, mit harten

---

[510] DL9.1, S. 266 – 267

Fakten, bloßen Gerüchten, glatten Lügen oder harmlosen Gags. (...) Nimmt man alles für bare Münze, was im Netz verbreitet wird, landen fast täglich Ufos auf unserem Planeten, werden Außerirdische gesichtet, stehen Tote auf und brüllt der Yeti. Wer's nicht glaubt, bekommt Beweise in Form von Fotos. Denn was man sieht und liest, das muss man doch glauben. Darum sind Millionen Netsurfer davon überzeugt, bei den im Netz kursierenden „Nacktfotos" von Sandra Bullock, Pamela Anderson oder Sharon Stone handle es sich tatsächlich um Originale.

Und Hunderttausende Surfer haben der Firma Nike ihre alten Sportschuhe geschickt, nachdem sich irgendjemand als Manager der Sportschuhfirma ausgegeben und die Welt per e-mail davon unterrichtet hatte, dass Nike alle Sportschuhe einsammle, um sie den Unterprivilegierten zukommen zu lassen. Jeder Einsender, versprach der Absender, werde ein Paar neuer Schuhe erhalten. Wer ihm geglaubt hat, wartet noch heute.

Erfahrene Surfer lächeln natürlich über Fotos von Außerirdischen, Berichte von Ufos und Rückrufaktionen von Nike. Auf so etwas fallen sie nicht herein. Sie doch nicht. Einige von ihnen empfingen vor etlichen Jahren per e-mail die Warnung vor einem gefährlichen Computervirus. Achtung, hieß es darin, wenn Sie eine mail mit dem Betreff Good Times bekommen, herrscht höchste Alarmstufe. Lesen Sie diese mail darum auf keinen Fall, sonst zerstört sie Ihre Festplatte. Darauf haben viele der Gewarnten panisch reagiert und mit viel Zeit und Aufwand versucht, sich vor Good Times zu schützen – bis herauskam, dass die Warnung ein Scherz war. Da fassten sich die Betroffenen an die Stirn und sagten: Natürlich, elektronische Post kann doch keine Festplatte zerstören. Bei der nächsten Virenwarnung per e-mail lachten sie dann sehr und sagten: „Haha, schon wieder so ein Scherz", lasen jeden Brief und öffneten jede angehängte Datei. Danach waren ihre Daten futsch. Die Gewarnten hatten vergessen: In Anlagedateien können sich sehr wohl gefährliche Viren verstecken, besonders in jenen, vor denen nicht gewarnt wird. (...)

Vorsicht aber auch bei mails mit dem Betreff „Bad Times". Sollten Sie so eine mail erhalten, dann schneiden Sie bitte sofort das Kabel zwischen Ihrem Modem und der Telefonsteckdose durch, verhüllen Sie Ihren Monitor und färben Sie die Maus schwarz. Andernfalls löscht das Bad-Times-Virus nicht nur Ihre Festplatte, sondern auch den Magnetstreifen Ihrer Kreditkarte. Das Virus wird Ihren Kühlschrank ausschalten, Ihre CDs zerstören, die Katze vergiften, Hühner mit Dioxin verseuchen und Coca-Cola ungenießbar machen. In Belgien soll es bereits große Schäden angerichtet haben.

Verschrotten Sie daher unbedingt Ihren PC und vergessen Sie das mit der Informationsgesellschaft. War alles nur ein Gag von Gates.

Die Arbeitsaufträge zu diesen Aussagen beinhalten einen Hinweis auf den Film „*Hat Kohl Madonna geküsst?*" und die Frage, welche der Manipulationstechniken die Schüler *besonders interessant*[511] finden.

---

[511] vgl.: DL9.1, S. 272

Abb. 59: Textauszug: Wie man mit Bildern manipulieren kann (1), DL9.1[512]

Was mit einem Foto, einem Filmbild oder einer Cartoonfigur geht, kann man auch mit den Daten eines lebenden Menschen machen. Die Gesichtsdaten eines Menschen werden eingescannt und in ein computergrafisches Modell übertragen. Die am Bildschirm wiedergegebene Gesichtsoberfläche kann dann mit ei-
80 nem Computerprogramm nach Belieben modifiziert werden. Überdimensionale Nasen und Ohren können dann problemlos und täuschend echt virtuell angepasst werden. (...)
Ulrich Deppendorf, Chefredakteur von ARD-aktuell, erklärt: „Diese Technik wird kommen und sich durchsetzen, ob wir es wollen oder nicht." Er weist dar-
85 auf hin, dass die neue Technik neue Anforderungen an die Redakteure stellt. Sie müssen genau prüfen, ob das angekaufte Nachrichtenmaterial authentisch oder bearbeitet ist. Der Journalist Herbert Riehl-Heyse (Süddeutsche Zeitung) warnt vor einem allgemeinen Glaubwürdigkeitsverlust der Medien. Sarkastisch merkt er an, dass möglicherweise die Zuschauer eines Tages nur noch den Horror-
90 videos glauben werden, denn da wären sie wenigstens sicher, dass die Zombies nicht echt seien.
Vielleicht steuern wir mit den neuen Medien auf eine kulturelle Krise zu, denn wir orientieren uns alle in der Welt durch das Sehen. Was ich weiß oder wissen will, das muss ich gesehen haben. Die Wörter Wissen und Sehen haben gemein-
95 same Wurzeln. Die Wahrheit erschließt sich über das, was wir gesehen haben. Wenn man aber dem Medium Fernsehen, von dem wir am meisten aufnehmen, nicht mehr trauen kann, dann haben wir in der Welt kein Instrument mehr, um uns zu vergewissern wie bisher. Das was Fotografie war, nämlich die „Vergewisserung des Augenblicks", hat sich dann selbst ad absurdum geführt.

6 a) Listet auf, welche Techniken der Manipulation im Text vorgestellt werden.
b) Welche Techniken findet ihr besonders interessant?

7 Der Chefredakteur eines großen Politmagazins formulierte folgenden Satz:
„Die Wahrheit kommt ohne Worte aus." Was meint ihr jetzt zu dieser Aussage?

8 Der letzte Abschnitt ist der Klappentext zum Film „Hat Kohl Madonna geküsst?"
Besorgt ihn euch mit der Mediensignatur FWU 42 02202-VHS bei der Kreisbildstelle.

Satelliten, digitale Kameras und Computer haben die Flut der Bilder auch in den Nachrichtensendungen anschwellen lassen. Bei den Möglichkeiten der Bildbearbeitung stellt sich die Frage, ob das, was über den Bildschirm flimmert, echt oder gefälscht ist, aktuell oder aus dem Archiv, vollständig oder unvollständig.
Der Zuschauer in seinem Fernsehsessel kann diese Fragen nicht entscheiden.
Deshalb kommt den Journalisten draußen vor Ort und den Redakteuren in den Studios eine besondere Verantwortung zu. Die *Tagesschau* in der ARD und die Sendung *heute* im ZDF nehmen in den folgenden Texten dazu Stellung.
Im Internet unter der Adresse: *http//www.tagesschau.de* macht die Tagesschau Aussagen zur Auswahl ihrer Bilder:

---

[512] DL9.1, S. 272

Über dieses nichtssagende *interessant* hinaus wäre ein Hinweis bzw. Arbeitsauftrag sinnvoll gewesen, der die Schüler dafür sensibilisiert, dass vieles, was an historischen Dokumenten vorliegt, nicht gefälscht ist. Gerade in der 9. Jahrgangsstufe, in der im Fach GSE auch der Nationalsozialismus und der Holocaust behandelt werden, ist dies besonders wichtig. Das Lesebuch DL9.1 greift das Thema Glaubwürdigkeit in einem Text des heute-Redaktionsleiters Ekkehardt Gahntz auf: *„Glaubwürdigkeit – was ist das noch im Zeitalter der Digitalisierung? Die Bildverarbeitung im Computer eröffnet gigantische Möglichkeiten – faszinierende und haarsträubende zugleich.(...) In Gruppenbildern können Personen eliminiert oder reinretuschiert werden, Gesichter können verändert, Begegnungen konstruiert werden und das alles – auch elektronisch – schwer nachweisbar. Wer immer dazu die kriminelle Energie aufbringt – perfekte Fälschungen sind möglich. Welche Beweiskraft haben dann noch Fernsehbilder?"*[513] Die Arbeitsaufträge lassen die Schüler reflektieren, ob sich ein Fernsehzuschauer als Augenzeuge fühlen kann und wie die Bilder von Nachrichtensendungen auf sie wirken.

Abb. 60: Textauszug: Wie man mit Bildern manipulieren kann (2), DL9.1[514]

Digitale Collagen mit Fernsehkamera, Computer, Scanner und Drucker eröffnen weitere ungeahnte Möglichkeiten. Die Daten eines Fotos von Bundeskanzler Helmut Kohl, der auf einer Karnevalsveranstaltung mit einer Frau tanzt,
35 werden in einen Rechner eingelesen und von einer Bildtechnikerin mit den Daten eines Fotos von Madonna so kombiniert, dass der verblüffende Eindruck entsteht, Helmut Kohl hätte Madonna umarmt. Auf einem anderen Foto, das auf dieselbe Weise manipuliert wurde, blickt Helmut Kohl als jüngerer Mann in das Dekolletee von Marilyn Monroe. Den Verleumdungen politischer Persön-
40 lichkeiten per Bild und Bildschirm scheinen keine Grenzen gesetzt zu sein. Demgemäß hat elektronisch hergestelltes Bildmaterial heute vor Gericht keine Beweiskraft mehr.

Zusammenfassend lässt sich feststellen, dass vor allem im Lesebuch für die 9. Jahrgangsstufe Texte und Arbeitsaufträge, die zum Erwerb von digitaler Medienkompetenz beitragen können, enthalten sind. Die Übersicht (Tab. 55) über die Texte und die Arbeitsaufträge mit Bezug zu digitalen Medien in den Lesebüchern für die 5. bis 9. Jgst. zeigt ebenso wie Tab. 56 zur Präsenz der verschiedenen digitalen Medien in den Lesebüchern, dass es in der Lesebuchreihe des Westermann Verlages kein mediendidaktisches Curriculum gibt.

---

[513] DL9.1, S.275
[514] DL9.1, S. 271

Tab. 55: Texte und Arbeitsaufträge mit Bezug zu digitalen Medien in den Lesebüchern für die Jahrgangsstufen 5 bis 9, HS-LP 1997, 5. – 9. Jgst.

Summe der Schulbuchseiten = 1336	5	6	7	8	9
Hinweise auf Chancen digitaler Medien					
technische Hinweise zur Nutzung von PC, Software, Chatrooms		x		x	x
Freizeitgestaltung, Auswahl von Computerspielen	x		x		
Medienbotschaften kritisch beurteilen, Bewusstwerden der Bedeutung				x	x
Vorteile wie Interaktivität, Datenmenge, Aktualität		x		x	x
Hinweise auf Lernsoftware, Vorbereitung von Referaten				x	x
Informationsgewinnung aus Datennetzen, Internetadressen, Umgang mit Suchmaschinen		x		x	x
Textverarbeitung, Tabellenkalkulation, E-Mail schreiben, Homepage erstellen	x				x
Hinweise auf Gefahren digitaler Medien					
psychisch: Sucht, Isolation, Gewalt	x				
physisch: Bildschirmstrahlung, mangelnde Bewegung					
finanziell: Dialerprogramme, Viren					
rechtlich: Download, Urheberrecht, Jugendschutz, Datenschutz					
Hinweise auf mögliche Leistungseinbrüche durch hohen Medienkonsum					
weitere medienpädagogische Fragestellungen					
Manipulation von Bildern durch digitale Bearbeitung, Glaubwürdigkeit von Medien		(x)			x
konkrete Hilfen beim Erwerb von Suchstrategien				(x)	(x)
Hinweise zu Verhalten bei Konfrontation mit jugendgefährdenden Inhalten (Chatrooms)					
Kriterien für die Beurteilung der Qualität von Computerspielen					

Tab. 56: Digitale Medien in den Lesebüchern für die Jgst. 5 bis 9

Summe der Schulbuchseiten = 1336, HS-LP 1997, 5. – 9. Jgst.	5	6	7	8	9
Computerspiele	x		x		
CD-ROM, Lernsoftware		x		x	
Internet		x		x	x
Intranet					
E-Mail-Kommunikation					
Chatrooms					x

Die Auswahl der Texte scheint – wenn man von den Lehrplanbezügen, wie z.B. Thema Fernsehen in der 7. Jgst., absieht – willkürlich zu sein. Auffallend ist, dass ein Schüler in den genannten Lesebüchern während seiner gesamten Zeit in der Hauptschule keine konkreten Hinweise findet zu

- den Gefahren der digitalen Medien in rechtlicher, physischer, finanzieller und psychischer Hinsicht[515],
- E-Mail-Kommunikation,
- Intranet,
- Beurteilung von Computerspielen,
- Beurteilung von Lernsoftware und zu
- adäquatem Verhalten in Chatrooms.

Äußerst dürftig und spät (d.h. erst in der 8. und 9. Klasse) erhalten die Schüler auf den insgesamt 1336 Seiten der Lesebücher für die 5. bis 9. Jgst.

- Hilfestellungen beim Erwerb von Suchstrategien im Internet,
- Angebote durch Nennung von nützlichen Internetadressen,
- und Anregungen, das Medienangebot kritisch zu hinterfragen.

5.2.2 Analyse der Sprachbücher für die Jgst. 5 bis 9 der Hauptschule

Im zweiten Teil der Untersuchung B werden fünf Sprachbücher des Westermann Verlages untersucht, jeweils eins für die Jahrgangsstufen 5 bis 9. Die Beschränkung auf einen Verlag ist identisch begründet wie die Auswahl der Lesebuchreihe; zudem eröffnet die Fokussierung auf einen einzigen Verlag die Möglich-

---

[515] Nur der Text *Computeritis* in DL5.1 tangiert das Thema der psychischen Abhängigkeit, ohne jedoch dieses Problemfeld näher zu erschließen.

keit, ein eventuell vorhandenes Profil des Verlages im Bereich der Medienpädagogik zu erkennen. Die fünf Sprachbücher umfassen insgesamt 944 Seiten.

Das Sprachbuch DS5.1 enthält wie alle untersuchten Sprachbücher des Westermann Verlages zum LP 1997 ein Symbol, mit dem Arbeitsaufträge gekennzeichnet sind, die die Schüler mit dem Computer bearbeiten können. Diese Möglichkeit bietet DS5.1 an vier Stellen. Auf das Internet als Informationsmedium wird in der Einheit *Informationen einholen*[516] (Abb. 61) hingewiesen. Die Schüler sollen verschiedene Informationsquellen zusammenstellen, sie auf ihre Erreichbarkeit hin überprüfen und sie hinsichtlich ihrer Vor- und Nachteile beurteilen. Außerdem sollen sie sich von einem Computerspezialisten ihrer Klasse erklären lassen, wie man Informationen mit dem Computer einholen kann. Dabei werden sie auf eine Computer-CD[517] aufmerksam gemacht, um Postleitzahlen und Telefonnummern herauszufinden. Das Internet soll ihnen helfen, Informationen über verschiedene Orte zu erfragen und sich über aktuelle Veranstaltungen in einer Stadt zu informieren. Hilfestellungen durch Nennung von Internetadressen und Tipps beim Suchen auf der CD-ROM bzw. im Internet erhalten sie nicht. Weitere Anregungen zur Nutzung digitaler Medien gibt es im Sprachbuch DS5.1 nicht.

Im Sprachbuch für die 6. Jgst. DS6.1 finden sich neben sechs Arbeitsaufträgen, die mit dem Computer bearbeitet werden können, nur zwei Stellen, an denen es hauptsächlich um die Nutzung digitaler Medien geht. In der Einheit *Durch Plakate auf etwas aufmerksam machen* sollen die Schüler mit Hilfe eines Computers oder Kopierers Texte in unterschiedlicher Größe erstellen. Die zweite, bedeutendere Stelle ist die Einheit *Informationen beschaffen – aber wie?*[518] (Abb. 62), bei der die Schüler sich zum Thema Umwelt Informationen einholen sollen.

---

[516] Vgl.: DS5.1, S. 47 - 51
[517] Gemeint ist eine CD-ROM.
[518] DS6.1, S. 48

Abb. 61: Informationen einholen, DS5.1[519]

Woher bekommt ihr die Adressen, Telefon- und Faxnummern?

Folgende Quellen könnt ihr verwenden:
– Telefonauskunft,
– Hotelführer,
– jemanden in der Verwandtschaft, aus dem betreffenden Ort,
– Telefonbücher in eurem Postamt,
– ...

1 a) Kennt ihr noch weitere Quellen? Stellt sie in einer Liste zusammen.
b) Sprecht darüber, welche Quelle für euch am besten zu erreichen ist.
c) Welche Vor- und Nachteile haben die anderen Quellen?

2 Welche Quelle eignet sich für euren Informationswunsch besonders?

3 Bestimmt gibt es in eurer Klasse Computer-Spezialisten, die den anderen erklären können, wie man die folgenden Informationen mit einem Computer ermitteln kann:
– Postleitzahlen und Telefonnummern (z. B. Computer-CD),
– Informationen über verschiedene Orte (Internet),
– aktuelle Veranstaltungen, z. B. das Kinoprogramm in München (Internet).

4 Kann euch der Computer auch bei eurem Informationswunsch weiterhelfen?

---

[519] DS5.1, S. 48

Abb. 62: Informationen beschaffen – aber wie?, DS6.1[520]

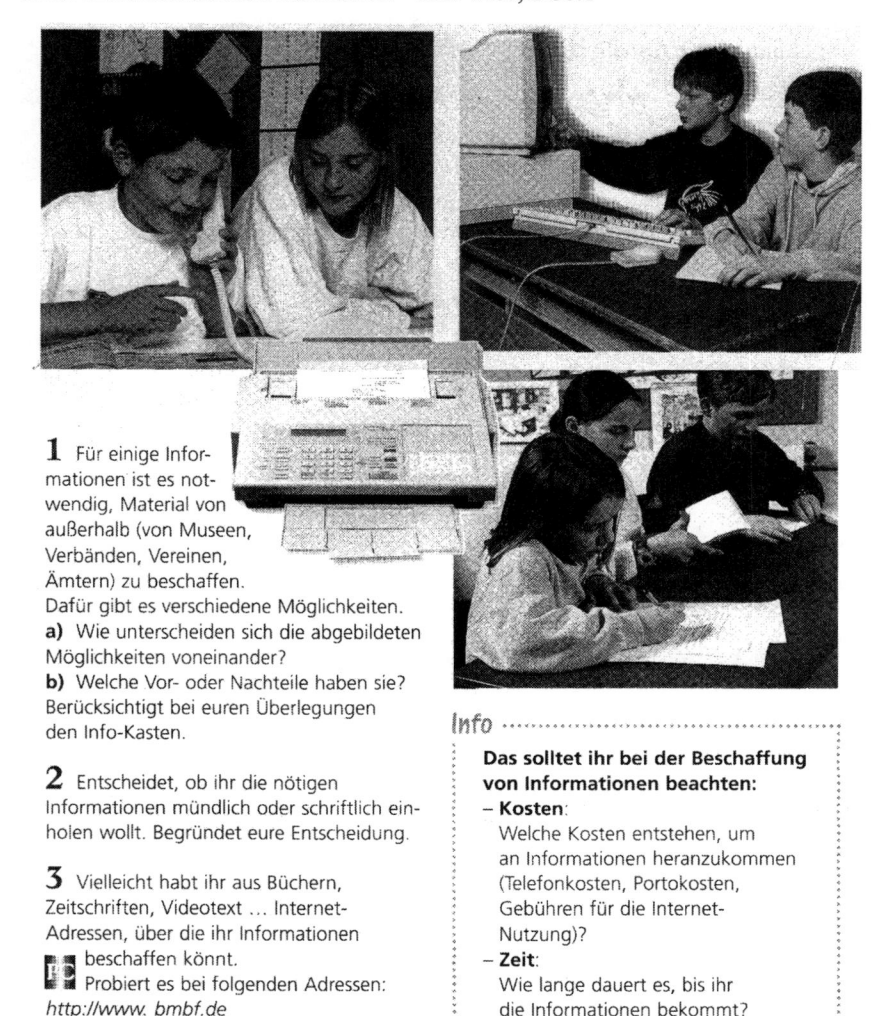

1 Für einige Informationen ist es notwendig, Material von außerhalb (von Museen, Verbänden, Vereinen, Ämtern) zu beschaffen.
Dafür gibt es verschiedene Möglichkeiten.
a) Wie unterscheiden sich die abgebildeten Möglichkeiten voneinander?
b) Welche Vor- oder Nachteile haben sie? Berücksichtigt bei euren Überlegungen den Info-Kasten.

2 Entscheidet, ob ihr die nötigen Informationen mündlich oder schriftlich einholen wollt. Begründet eure Entscheidung.

3 Vielleicht habt ihr aus Büchern, Zeitschriften, Videotext ... Internet-Adressen, über die ihr Informationen beschaffen könnt.
Probiert es bei folgenden Adressen:
http://www. bmbf.de
http://www.educat.hu-berlin.de/schulen

Info
Das solltet ihr bei der Beschaffung von Informationen beachten:
– **Kosten**:
Welche Kosten entstehen, um an Informationen heranzukommen (Telefonkosten, Portokosten, Gebühren für die Internet-Nutzung)?
– **Zeit**:
Wie lange dauert es, bis ihr die Informationen bekommt?

Das Lehrwerk nennt hierzu zwei Internetadressen. Konkrete Hinweise erfolgen nicht, lediglich die Aufforderung: *„Probiert es bei folgenden Adressen: http://www.bmbf.de [und] http://www.educat.hu-berlin.de/schulen"* [521].

---
[520] DS6.1, S. 54
[521] DS6.1, S. 48

Die erste Adresse ist die Website des Bundesministeriums für Bildung und Forschung, auf der der Schüler dann landet und allein gelassen wird[522]. Beim Aufruf der zweiten Adresse landet man auf einer fast leeren Seite der *Humboldt-Universität zu Berlin.*[523] Mit beiden Internetadressen kann der Schüler also nichts anfangen, wenn er keine weiteren Hilfestellungen erhält. Als alleinige Kriterien, die die Schüler bei der Beschaffung von Informationen beachten sollen, werden in DS6.1 die Aspekte *Kosten* und *Zeit* genannt. Weiteren Stellen, die Anregungen zur Nutzung digitaler Medien geben, gibt in DS6.1 nicht.

Das Sprachbuch DS7.1, das bereits in der Untersuchung A[524] analysiert wurde, enthält im *Projekt Computer* ein umfangreiches Angebot an Möglichkeiten der Nutzung digitaler Medien. Nahezu alle Chancen zur sinnvollen Nutzung dieser Medien werden in den Projektangeboten des Sprachbuchs aufgeführt, darüber hinaus enthält das Lehrwerk DS7.1 einen Hinweis zu den Gefahren im psychischen Bereich.

Das Sprachbuch DS8.1, das sich an die Schüler der 8. Jgst. wendet, greift die Nutzung digitaler Medien in vielfacher Hinsicht auf. Den Schülern wird im Rahmen des Themas *Ernährung*[525] das Angebot einer Suchmaschine[526] präsentiert. Dabei werden die Schüler aufgefordert, sich für einen der auf der Internetseite angebotenen Titel zu entscheiden. Einen weiteren Aspekt der Nutzung digitaler Medien behandelt das Projektangebot, eine Einladungskarte mit dem Computer zu gestalten.[527] Durch Arbeitsaufträge und Tipps werden die Schüler angeleitet, mit einem Textverarbeitungsprogramm zu arbeiten, Bilder einzuscannen und auf das Layout zu achten. Des Weiteren bietet das Sprachbuch DS8.1 einen Auszug aus einem PC-Programm zur Berufswahl[528], mehrere Hinweise, den Computer zum Schreiben (Bewerbungsschreiben, Lebenslauf) zu nutzen[529], und eine Einheit, die sich mit der *Rechtschreibprüfung mit dem Computer* (Abb. 63) befasst.

---

[522] Zum Thema Umwelt, auf das die Sprachbucheinheit abzielt, ist auf der Homepage zunächst nichts zu finden, bei Eingabe des Wortes Umwelt in die Suchzeile der Homepage erhält man 599 Treffer. [03.07.2005]
[523] Man erhält lediglich die Nachricht: „404 - FILE NOT FOUND Die angeforderte Seite konnte leider nicht gefunden werden. Bitte überprüfen Sie die Schreibweise der URL." [03.07.2005]
[524] vgl.: Kapitel 5.2.1
[525] vgl.: DS8.1, S. 22 - 27
[526] Die Internetseite www.such.de existiert nicht mehr. [03.07.2005]
[527] vgl.: DS8.1, S. 32
[528] vgl.: DS8 8.1, S. 61
[529] vgl.: DS8 8.1, u.a. S. 87, 88, 114

Die Schüler erhalten konkrete Anweisungen, wie sie die Rechtschreibprüfung technisch durchführen, welche Begriffe sie anklicken und markieren müssen und welche Grenzen eine Rechtschreibprüfung am Computer hat. Insbesondere dieser Teil, der aufzeigt, dass die Rechtschreibprüfung nicht die eigene Kontrolle ersetzt, stellt eine hilfreiche Anregung für die Schüler dar. Eine medienpädagogisch interessante Sequenz beinhaltet das Lehrwerk DS8.1 unter der Überschrift *Ereignisse aus den Medien zusammenfassen*[530]. Ein Zeitungstext, ein Text aus dem Internet und ein Tonbandprotokoll sollen von den Schülern in ihren Informationen und Aussagen erfasst, ausgewertet und zusammengefasst werden, um sie unter der Rubrik *Nachricht des Monats* den Mitschülern, z.B. an einer Pinnwand, zu präsentieren. Die angegebene Internetadresse *www.aktuelle-nachrichten.de* existiert jedoch nicht mehr. Leider wird in den Arbeitsaufträgen versäumt, kritische Fragen bezüglich der Glaubwürdigkeit von Informationen, die in herkömmlichen wie in digitalen Medien publiziert werden, zu stellen. Das Thema Internet, das schon in der Sprachbucheinheit *Ernährung* im Sprachbuch DS8.1 aufgegriffen wurde, erfährt in der Einheit *Kurzreferat: Meine Lieblingsband* eine deutliche Konkretisierung (Abb. 65).

Die Schüler sollen aus verschiedenen Materialien (Internet, Discographie, Buch, Liedtext, Autogrammkarte), die zu einer Musikgruppe angeboten werden, die ihrer Meinung nach passenden und relevanten Informationen entnehmen, vergleichen und für die Erstellung eines Kurzreferates verwerten. Dabei erhalten sie ausführliche Tipps, wie man im Internet sucht (Abb. 64). Diese Aufstellung ist zwar nicht vollständig, bedeutet aber für die Schüler eine erste Anleitung, wie sie ansonsten kaum in den Schulbüchern, die zum Lehrplan 1997 erschienen sind, zu finden ist. Es fehlen jedoch Übungen zur Arbeit mit Oberbegriffen sowie Eingrenzungsstrategien, damit der Schüler nicht – wie im Beispiel im Sprachbuch – mit 2896 Einträgen konfrontiert wird.

Zusammenfassend lässt sich für das Sprachbuch für die 8. Jgst. sagen, dass es vor allem im Bereich der Informationsgewinnung aus Datennetzen ein umfangreiches Angebot für die Schüler bereithält. Die Einheit, die sich mit der Rechtschreibprüfung durch den Computer beschäftigt, ist im Rahmen der vier Sprachbuchbände zwischen der 5. und 8. Jgst. einmalig.

---

[530] vgl.: DS8.1, S. 66 - 68

Abb. 63: Rechtschreibprüfung mit dem Computer, DS8.1[531]

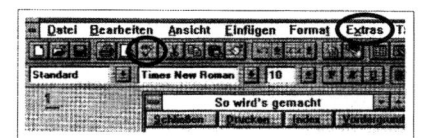

Vom Mogeln
Die Kunst des <u>Spikens</u> ist so alt wie die Schule. Viele Schüler und Schülerinnen hoffen auf <u>dies</u> Weise das Ergebnis <u>irer</u> Klassenarbeit zu verbessern. Jetzt wurde das <u>mogeln</u> zum Gegenstand einer <u>wissenstschaftlichen</u> Untersuchung. Es wurde festgestellt, <u>das</u> vor allem in <u>Matematik</u> gemogelt wird. Gans fortschrittliche Schüler arbeiten jetzt auf der Toilette mit einem <u>Händi</u>. Sie lassen sich von <u>einen</u> Freund die Antworten diktieren. Sollten – wie manche <u>Lerer</u> fordern – diese Geräte in der Schule verboten werden.

1 Wenn du einen Text mit dem Computer geschrieben hast, kannst du ihn mit der Rechtschreibprüfung kontrollieren.
a) Gib dazu den Text mit allen Fehlern (oben unterstrichen) ein.
b) Lies den Text im Info-Kasten.
c) Wende die Rechtschreibprüfung an.

2 Für die unterstrichenen Wörter sind auf dem Bildschirm folgende Schreibweisen zu sehen:

Nicht im Wörterbuch	Vorschläge
1. Spikens	Spikes Spinnens
2. irer	irrer Irre ihrer irr Ire
3. wissenstschaftlichen	wissenschaftlichen
4. Matematik	Mathematik
5. Händi	Hände, Hindi
6. Lerer	Leeren Lehrer Leier Leber Leder

a) Zwei Wörter kennt der Computer nicht. Welche falschen Vorschläge werden aufgezeigt? Schlage diese Wörter im Wörterbuch nach.
b) Wie entscheidest du im 2. und im 6. Beispiel?

Info

Rechtschreibprüfung
1. Klicke in der Menüleiste die Rechtschreibprüfung an (unter *Extras* oder *Abc*). Es erscheint ein Fenster, in dem in der Zeile *Nicht im Wörterbuch* jedes für den Computer unbekannte Wort auftaucht.
2. Überprüfe die Angaben in der Zeile *Vorschläge*.
3. Markiere die richtige Schreibweise und klicke anschließend das Feld „Ändern" an.

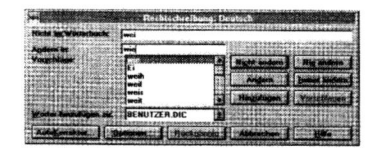

Die Rechtschreibprüfung ersetzt nicht die eigene Kontrolle!
Der Computer erkennt folgende Fehler nicht:
1. Fehler bei Wörtern, die er nicht kennt: *Mo<u>b</u>ing* (richtig: *Mobbing*).
2. Richtige Schreibweise, aber falsches Wort: *Er viel* (richtig: *fiel*) *vom Baum*.
3. Sonderfälle der Großschreibung (Seite 157): *das <u>l</u>achen* (richtig: *das <u>L</u>achen*).
4. Grammatische Fehler: *vor ein<u>en</u>* (richtig: *ein<u>em</u>*) *Jahr*.
5. Satzzeichenfehler

3 Folgende Fehler im Text oben werden vom Computer nicht erkannt:
1. das <u>m</u>ogeln
2. auf die<u>s</u> Weise
3. Es wurde festgestellt, da<u>s</u>
4. Gan<u>s</u> fortschrittliche Schüler
5. von eine<u>n</u> Freund
6. Sollten (...) diese Geräte in der Schule verboten werden.
a) Um welche Fehler handelt es sich hier?
b) Wie musst du verbessern?

---
[531] DL8.1, S. 152

Abb. 64: Wie sucht man im Internet?, DS8.1[532]

Tipp

Wie sucht man im Internet?
1. Rufe das Internet über einen Anbieter auf.
2. Mache einen Doppelklick mit der Maus auf den Internet-Button.
3. Darauf folgt eine Benutzeroberfläche mit mehreren Oberbegriffen wie *Lifestyle, Sport, Bildung & Beruf* ...
4. Klicke das Feld mit dem Titel *www-Suche* an.
5. Gib dort dein Stichwort ein: z. B. *Bon Jovi*.
6. Warte, bis ein Fenster mit den Einträgen zu deinem Stichwort erscheint. Die Angabe „Dokument 1 von 2896 Treffern, bester Treffer zuerst" bedeutet, dass es 2896 Einträge im Internet gibt, in denen dein Stichwort mindestens einmal auftaucht. Der Eintrag mit den häufigsten Angaben kommt zuerst.
7. Klicke einen Titel deiner Wahl an.
8. Wenn du etwas mit dem Text anfangen kannst, gib den Druck-Befehl.

Abb. 65: Informationen aus dem Internet, DS8.1[533]

Text A

- **Pictures** - photos of the band. Jon, Richie, Tico, Dave and Alec
- **Movies** - some video clips
- **Sounds** - originals, live, acoustic, demos and covers
- **Lyrics** - all Bon Jovi albums. Jon's and Richie's solo albums
- **Tabs** - alot of guitar tablitures of some Bon Jovi best songs
- **Links** - places to visit for additional info
- **"Destination Anywhere"** - all about Jon's new album
- **Information, FAQs** - under construction
- **About "Little Jon"** - everything about the me
- **Send me E-mail** - want to write comments? ask question?
- **Other homepages** - under construction

2 Eine gute Möglichkeit an Informationen über Musikgruppen heranzukommen ist das Internet.
a) Schaut euch den Text A auf Seite 72 an. Welche Informationen enthält dieser Text?
b) Warum haben Musikgruppen eine Homepage im Internet?
c) Suche im Internet nach Informationen über deine Lieblingsgruppe. Lies dazu den Tipp.

---

[532] DS8.1, S. 71
[533] DS8.1, S. 71 und 72

Das Sprachbuch DS9.1 thematisiert das Internet an mehreren Stellen. In der Einheit *Leben in einer Welt?*[534] werden die Schüler angeregt, auch das Internet zu benutzen, um Informationen zu Projekten von Hilfsorganisationen zu erhalten. Eine erste Anleitung zur Suche im Internet (Abb.66) wird ergänzt durch den Hinweis auf einen weiteren Tipp im gleichen Sprachbuch ein paar Seiten weiter. Dies ist notwendig, da der angegebene Hinweis, unter einem Stichwort nachzuschlagen, nicht ausreicht. Die Einheit *Schlag nach im www*[535] (Abb. 67) gibt den Schülern Handlungsanweisungen für eine effektive Suche im Internet. Sie erfahren,

- welche Suchmaschinen es gibt,
- wie man die Suche im Internet eingrenzt,
- welche Suchbegriffe man eingeben sollte,
- welche Zeichen unbedingt gesetzt werden müssen und
- erhalten den Ratschlag, die Suchergebnisse zu speichern oder zu drucken, um die Ergebnisse offline sichten zu können.

Außerdem erfahren sie im Kapitel *Suchergebnisse sichten*[536] (Abb. 68), wie eine Liste mit Suchergebnissen erstellt wird, nach welchen Kriterien die Reihenfolge auf der Ergebnisliste erfolgt und wie sie die Suchergebnisse prüfen können. Computerspiele werden ausführlich nur im Rahmen der Einheit *Waren bestellen – Waren reklamieren*[537] thematisiert. abei wird auf rechtliche Aspekte wie die beschränkte Geschäftsfähigkeit Minderjähriger eingegangen. Unter den Auswahlkriterien für Computerspiele werden lediglich technische Aspekte wie Systemvoraussetzungen der Hardware benannt. Das Thema Gewalt in den Medien wird im Sprachbuch DS9.1 in der Einheit *Gewalt im Fernsehen – Schluss damit?*[538] (Abb. 69) behandelt. Auch wenn der Fokus auf der Gewaltdarstellung im Fernsehen liegt, enthält das Thema doch mehrere Bezüge zum Bereich digitale Medien. Die Schüler erfahren verschiedene Pro- und Contra-Argumente zur Darstellung von Gewaltszenen im Fernsehen und lernen Theorien wie Nachahmungs- und Modelllernen einerseits und Aggressionsabbau andererseits kennen.

---

[534] DS9.1, S. 28 - 29
[535] DS9.1, S. 41 und 42
[536] DS9.1, S. 42
[537] DS9.1, S. 94 - 96
[538] DS9.1, S. 97 - 101

Abb. 66: Sich informieren im Internet, DS9.1[539]

> **Tipp**
> **So könnt ihr euch im Internet informieren:**
> Einen schnellen Zugriff auf Informationen bietet das Internet. Suche unter dem Stichwort einer Hilfsorganisation (z. B. *misereor, Kindernothilfe, Brot für die Welt, UNICEF*) die entsprechende web-Seite im Internet.
> Auch unter dem Stichwort „Kinderarbeit" kannst du „nachschlagen".
> Wie man Suchbegriffe eingibt, kannst du im Tipp auf Seite 41 nachlesen.

Bei den Arbeitsaufträgen fehlt ein Hinweis auf das Thema Gewalt in Computerspielen und im Internet, was gerade angesichts der Beliebtheit, die Egoshooter-Spiele und Gewalt- und Killer-Computerspiele bei Jugendlichen genießen, bedauerlich ist. Die Anregung, in einem Leserbrief oder *in einem „Chatkreis" zu diesem Thema im Internet* Stellung zu nehmen, ist sinnvoll und erfährt durch den in Abb. 70 dargestellten Arbeitsauftrag eine Konkretisierung. Die dazu abgebildete *Info*[540] (Abb. 71) bringt die Schüler jedoch nicht weiter, da sich der Bayerische Schulserver als Informations- und Beratungsplattform vor allem an Lehrkräfte wendet und sich dort zu dem in DS9.1 genannten Thema *Gewalt im TV* kein Chatangebot[541] befindet, an dem Schüler teilnehmen können.

Zusammenfassend lässt sich feststellen, dass nahezu alle digitale Medien im Sprachbuch DS9.1 vorkommen, wobei vor allem das Internet große Beachtung erfährt. Das untersuchte Sprachbuch für die 9. Klasse ist in der Reihe der fünf Schulbücher das erste Lehrwerk, in dem Chatrooms als Möglichkeit für Schüler, ihre Meinung auszudrücken bzw. sich mit anderen Schülern und Klassen auszutauschen, thematisiert werden. Positiv sind auch die konkreten Tipps zum Suchen im Internet zu werten, während auf die Gefahren, die der inkompetente Umgang mit digitalen Medien mit sich bringen kann, kaum hingewiesen wird.

---

[539] DS9.1, S. 28
[540] DS9.1, S. 101
[541] Zugriffsdatum: 29.06.2005

Abb. 67: Schlag nach im www, DS9.1[542]

Schlag nach im www.
Wie sucht man im Internet?

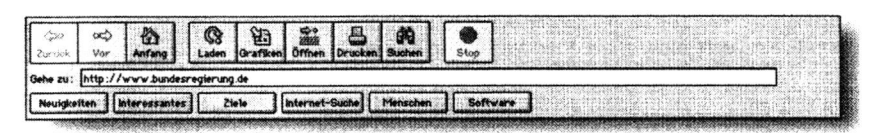

Mit dem Internet kannst du zu fast allen Themen Informationen bekommen. Am Beispiel des Referatthemas „Mohammed und der Islam" (siehe auch Seite 74–83) werden die wichtigsten Suchschritte aufgezeigt.

1 a) Erklärt die wichtigsten Kommandos der Symbolleiste.
b) Welches Kommando könnt ihr benutzen, um ins Internet zu gelangen?

2 Wie gibt man die Adresse eines Suchdienstes ein? Lest dazu den Info-Kasten.

3 Du suchst im Internet z. B. Informationen zu dem Thema *Mohammed und der Islam*.
a) Lies den Tipp.
b) Wie viel Zeit würdest du brauchen, um 8 000 Titel zu überprüfen? Rechne pro Titel eine Minute.
c) Welche Suchbegriffe würdest du eingeben?

Info

Adresse im Internet
Bei deiner Suche im Internet helfen dir Suchmaschinen, z. B.
Yahoo: http://www.yahoo.de
Fireball: http://www.fireball.de
Um einen Suchdienst aufzurufen, musst du alle Bestandteile der Internet-Adresse eingeben:
http:// = Übertragungsprotokoll für den Computer
www. = WorldWideWeb (weltweites Datennetz) – enthält abrufbare Seiten
yahoo. = Beispiel für den Hauptnamen; hier der Name einer häufig gebrauchten Suchmaschine
de = Abkürzung für einen Ländernamen (de = Deutschland)
Achtung: Die Zeichen **:** **//** und **.** müssen unbedingt gesetzt werden.

Tipp

So suchst du Informationen im Internet:
Überlege dir zunächst zu deinem Thema die wichtigsten Schlüsselwörter. Diese Wörter gibst du als Suchbegriffe ein. Dabei gibt es verschiedene Möglichkeiten:
1. Du tippst nur den Haupt-Suchbegriff in die Suchleiste ein, z. B. *Islam*.

| Islam | Suche starten |

Bei nur einem eingegebenen Begriff erhältst du meist sehr viele Treffer (hier z. B. über 8 000).

2. Die Zahl der Suchergebnisse sollte unter 30 liegen. Daher ist es sinnvoll, die Suche einzugrenzen. Verbinde dazu zwei oder mehrere Suchbegriffe mit einem +:

| Islam+Mohammed | Suche starten |

Du erhältst Texte, in denen die Begriffe *Islam* und *Mohammed* auftauchen.

Wichtig: Speichere deine Suchergebnisse auf Datenträger oder gib den Druckbefehl. So kannst du die Ergebnisse „offline" in Ruhe sichten.

---

[542] DS9.1, S. 41

Abb. 68: Suchergebnisse sichten, DS9.1[543]

Suchergebnisse sichten

1 Nach der Eingabe der Suchbegriffe (hier: *Islam + Mohammed*) bekommst du eine Auswahl von verschiedenen Dokumenten angeboten. Die Reihenfolge des Angebots ist festgelegt. Lies dazu den Info-Kasten.

2 Sieh dir die erste Angabe im folgenden Suchergebnis (Vorlage: Copy 9) an:
a) Wo ist die Titelzeile?
b) Wo findest du die Internet-Adresse?
c) Welche Angaben findest du noch?

Muhammads Berufung
Muhammad fühlte sich zum Propheten berufen, als er etwa 40 Jahre alt war.
http://www.sachsen-info.de/stab/t4/st 472.html
Größe 4 K - 18.5.1998 - Autor: -

Die Verwandtschaft des Islam und des Judentums
Muhammad verlieh den Ritualen arabische Merkmale. Jerusalem und sein Tempel wurden durch Mekka und sein Heiligtum, die Kaaba, ersetzt. Der Samstag der Juden und der Sonntag der Christen wurden durch den Freitag als Tag des Gemeinschaftsgebets ers
http://www.sachsen-info.de/stab/t4/st 4721.html
Größe 4 K - 22.9.1998 - Autor: -

Christlich-Islamische Gesellschaft
Die Veränderung des Mohammed-Bildes in den christlichen Kirchen seit dem 2. Vaticanum
Einleitung: Meine Damen und Herren! Erstens möchte ich mich bei der Kölnischen Gesellschaft für Christlich-Jüdische Zusammenarbeit bedanken für die freund
http://members.aol.com/cigev/tria 1998.html
Größe 51 K -18.11.1998 - Autor: -

RUWuM - Die Geschichte des Islam
Die Geschichte des Islam um 570 (nach Chr.) Mohammed wird in Mekka als Sohn einer verarmten Familie geboren. 622 „Hedschra", Flucht Mohammeds aus Mekka nach Medina. 630 Eroberung Mekkas durch Mohammeds Truppen. 632 Tod Mohammeds, Begräbnis in M
http://uni-freiburg.de/schule/Faecher/evR/ Vorrath/ruwum/Islam/Geschichte.html
Größe 4 K - 24.8.1998 - Autor: Gerald Gohlke

Jungle World 43: Bomben gegen Gottlose
Zum Inhaltsverzeichnis / zum Abo-Coupon / Brief an die Redaktion: Bomben gegen Gottlose
Nach dem Anschlag auf einen Touristenbus attackieren ägyptische Islamisten nun den Polizeiapparat. Jeden Herbst das Gleiche: Bewaffnete Islamisten attacki
http://www.nadir.org/nadir/periodika/jungle world/43/19a.htm
Größe 12 K - 21.10.1997 - Autor: -

Info

Angabe der Suchergebnisse
Häufig erscheinen die Suchergebnisse in folgender Form:
1. Kurztitel des Dokuments
2. Kurzbeschreibung (oft Textbeginn)
3. zugehörige Internet-Adresse
Bei manchen Suchmaschinen werden zusätzliche Informationen wie Speichergröße des Dokuments angegeben. Per Klick mit der Maustaste auf den Titel oder die Adresse lässt sich das Dokument direkt laden.

Die von der Suchmaschine angebotenen Kurzbeschreibungen sind oft so geordnet:
• Dokumente, in denen der Suchbegriff an erster Stelle steht, werden zuerst genannt.
• Je häufiger der Suchbegriff im Dokument vorkommt, desto eher wird er genannt.

Tipp

So prüfst du deine Suchergebnisse:
1. Drucke die Suchergebnisse aus.
2. Passt die Titelzeile zum Thema?
3. Passt die Kurzbeschreibung zum Inhalt deines Themas?
4. Streiche die Suchergebnisse durch, die keinen geeigneten Hinweis enthalten.
5. Lade die in Frage kommenden Dokumente nacheinander durch Anklicken.

3 Prüfe nun die Auswahl der Suchergebnisse.
a) Lies dir im Tipp die Prüffragen durch.
b) Welche Titel würdest du für das Thema *Mohammed und der Islam* auswählen? Begründe.
c) Bei welchen Kurzbeschreibungen bist du dir nicht sicher, ob sie wichtige Informationen zu dem Thema enthalten? Warum nicht?
d) Warum sind manche Inhaltsbeschreibungen unvollständig?

---

[543] DS9.1, S. 42

Abb. 69: Gewalt in den Medien, DS9.1[544]

Text B *D. B., Filmproduzent*
Ich sehe überhaupt keinen Zusammenhang zwischen Gewaltszenen im Fernsehen und der Anwendung von Gewalt im realen Leben. Ganz im Gegenteil bin ich überzeugt davon, dass Gewalt in Filmen die eigenen Aggressionen abbaut. Die „Filmhelden" handeln stellvertretend für den Zuschauer. Er braucht nach dem Filmerlebnis keine Gewalttätigkeiten „auszuleben", er hat ja bereits wie bei einem Ventil Dampf abgelassen – und zwar vor der Mattscheibe und ohne irgendjemand zu schädigen. Im übrigen möchte ich darauf hinweisen, dass manche Filme eben nur mit einem bestimmten Maß an Gewaltszenen realistisch wirken – zum Beispiel Krimis. Da hierbei jedoch in aller Regel das „Gute" siegt, wird die Anwendung von Gewalt vom Zuschauer sicher richtig verstanden: als (notwendiges) Mittel zum (guten) Zweck!

Text C *Aus dem Internet*
(http://castle.uvic.ca/german/400/students/gewalt1.htm)
Gewalt hat viele Gesichter und wird in verschiedenen Formen ausgeübt. Manche Leute werden täglich mit Gewalt konfrontiert, während andere fast nie Gewalt erleben. Aber es ist fair zu sagen, dass jeder, der Fernsehen anschaut, oft Gewalt sieht. Ich bin der Ansicht, dass im Fernsehen Gewalt am häufigsten gesehen wird.
Bis zu 4000 Menschen werden jede Woche in den Fernsehkanälen erwürgt, erschossen, in die Luft gesprengt oder sonstwie gemeuchelt. Für Erwachsene ist diese Tatsache nicht so schlimm, weil sie den Unterschied zwischen Fernsehen und Realität kennen. Aber Kinder und Jugendliche verstehen diesen Unterschied nicht völlig und versuchen oftmals, was sie im Fernsehen sehen oder lernen, nachzuahmen. Untersuchungen haben ergeben, dass Kinder und Jugendliche wöchentlich mit 14000 Gewaltdarstellungen konfrontiert werden – in Vorabendserien, Comicfilmen, Action-Streifen, aber auch in Nachrichten und Dokumentarsendungen.

Text D *K. K., Medienforscher*
Wir können sicher davon ausgehen, dass Gewaltdarstellungen in Medien direkt zu Aggressionshandlungen vor allem bei Jugendlichen führen. Gesehenes wird oft geradezu zwangsläufig in Handeln umgesetzt. Es gibt Dutzende von wissenschaftlichen Untersuchungen, die beweisen, dass Gewaltszenen nachgeahmt und regelrecht „auswendig gelernt" werden. Deshalb spricht man hierbei auch vom „Nachahmungs- bzw. Modelllernen". Langfristig gesehen führen Brutalitäten in Filmen zur Abstumpfung beim Zuschauer. Und je früher gerade Kinder und Jugendliche diese Gewöhnung an Gewalt erleben, desto niedriger ist die so genannte „Einstiegsschwelle" für eigene Gewalttätigkeiten.

Text E *Leserbrief*

Ich halte die ganze Diskussion über „Gewalt im Fernsehen" für reichlich überzogen. Um es deutlich zu sagen: Das Fernsehen wird zum Sündenbock für etwas gemacht, wofür es nicht verantwortlich ist. In einer Gesellschaft, in der Arbeitslosigkeit und damit Perspektivlosigkeit für viele Menschen zunehmen, ist es kein Wunder, wenn die Mattscheibe als Zufluchtsort für das verpasste Leben herhalten muss. Die Menschen wollen abschalten, ihre Probleme vor der Haustüre lassen, kurz, sie suchen Unterhaltung. Unterhaltend ist, was spannend ist. Und unter Spannung versteht man heutzutage eben keine Filme wie „Sissi" oder „Der Förster im Silberwald" aus den 50er Jahren. Diese „heile Welt" gibt es ja auch im richtigen Leben schon lange nicht mehr. Gewalt gehört zum Alltag und kann nicht einfach ausgeblendet werden. Dass bei einem jugendlichen Arbeitslosen irgendwann die Langeweile in Aggressivität umschlägt, ist ziemlich logisch. Aber dafür kann das Fernsehen nichts. Also lassen wir doch diese heuchlerische Diskussion. Gebt den Menschen Arbeit, gebt ihnen das Gefühl gebraucht zu werden – und die Gewalt hört auf.

---

[544] DS9.1, S. 99

Abb. 70: Chatten zum Thema Gewalt, DS9.1[545]

4 Vielleicht wollt ihr nicht nur in eurer Klasse über dieses Thema diskutieren.
Eine gute Möglichkeit, seine eigene Meinung darzustellen und andere Meinungen einzuholen, bietet ein „Chat im Internet".
a) Welche Möglichkeiten gibt es an eurer Schule, mithilfe des Internet Kontakt zu einer anderen Schule oder Klasse aufzunehmen?
b) Forscht im Internet nach, welche „Chat-Angebote" zum Thema „Gewalt im TV" bereits bestehen.
Lest dazu auch den Info-Kasten.

Abb. 71: Bayerisches Schulinformationssystem, DS9.1[546]

Info

Informationen abrufen
Über das Internet habt ihr die Möglichkeit das **Ba**yerische **S**chul-**I**nformations-**S**ystem anzuwählen:
httpII:www.schule.bayern.de/ basis.htm.
basis bietet eine umfangreiche Datenbank mit schulisch orientierten Informationen.

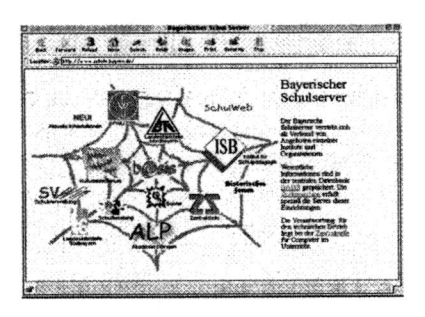

---

[545] DS9.1, S. 101
[546] DS9.1, S. 101 Auch dieser Link wurde mittlerweile überarbeitet, unter www.schule.bayern.de steht ein umfangreiches Informations- und Beratungsangebot zu Lernprogrammen und zum Einsatz digitaler Medien im Unterricht zur Verfügung. [03.07.2005]

Die Synopse der fünf Sprachbücher, die zu den Jgst. 5 bis 9 der bayerischen Hauptschule gemäß dem LP 1997 erschienen sind, zeigt (siehe Tab. 57), dass
- die Sprachbücher für die 5. und 6. Jgst. kaum Hinweise zur sinnvollen Nutzung digitaler Medien enthalten,
- ab der 7. Jgst. intensiv der Bereich Internet thematisiert wird,
- erst ab der 8. Jgst. die Schüler Hilfen beim Suchen und Entwickeln von Suchstrategien im Internet erhalten,
- in allen Jahrgangsstufen Hinweise auf mögliche Risiken im Umgang mit digitalen Medien fast völlig fehlen,
- die Nutzung von Chatrooms erst in der 9. Jgst angesprochen wird, der Hinweis auf jugendgefährdende Inhalte aber unterbleibt,
- die Schüler nur in der 7. Jgst. (wenige) Kriterien zur Beurteilung von Computerspielen erhalten
- und die Themen Manipulation von Bildern, Glaubwürdigkeit und das Spannungsfeld zwischen realer und virtueller Welt in keinem Sprachbuch aufgegriffen werden.

Die untersuchte Sprachbuchreihe des Westermann Verlages weist kein medienpädagogisches Curriculum und kein stringentes Konzept zum Umgang mit digitalen Medien auf.

Zusammenfassung

Sowohl die Ergebnisse der Lesebuchuntersuchung als auch die Daten der Sprachbuchanalyse lassen erkennen, dass in den Schulbüchern zum Fach Deutsch für die Schüler der 5. bis 9. Jgst. mediendidaktische und -pädagogische Inhalte, insbesondere zum Bereich digitale Medien, schon ab der 5. Jgst. zu den Bereichen Informationsgewinnung aus Datennetzen, Internetadressen, Umgang mit Suchmaschinen und CD-ROM erfolgen, in den anderen Themenbereichen meist erst ab der 7. Jgst. aufgegriffen werden, keine curriculare Struktur aufweisen, zu den Themen Intranet, Hinweise zu Verhalten bei Konfrontation mit jugendgefährdenden Inhalten (in Chatrooms), Download, Urheberrecht, Jugendschutz und Datenschutz fehlen, sich fast ausschließlich die Chancen und kaum die Gefahren bei der Mediennutzung beziehen und den Bereich Computerspiele, der für die Kinder und Jugendlichen eine hohe Bedeutung hat, kaum in den Blick nehmen.

Tab. 57: Texte und Arbeitsaufträge mit Bezug zu digitalen Medien in den Sprachbüchern für die Jgst. 5 bis 9, HS-LP 1997

Summe der Schulbuchseiten = 944	5	6	7	8	9
Hinweise auf Chancen digitaler Medien					
technische Hinweise zur Nutzung von PC, Software, Chatrooms				x	x
Freizeitgestaltung, Auswahl von Computerspielen				x	(x)
Medienbotschaften kritisch beurteilen, Bewusstwerden der Bedeutung					
Vorteile wie Interaktivität, Datenmenge, Aktualität			x	x	x
Hinweise auf Lernsoftware, Vorbereitung von Referaten			x	x	x
Informationsgewinnung aus Datennetzen, Internetadressen, Umgang mit Suchmaschinen	x	x	x	x	x
Textverarbeitung, Tabellenkalkulation, E-Mail schreiben, Homepage erstellen			x	x	
Hinweise auf Gefahren digitaler Medien					
psychisch: Sucht, Isolation, Gewalt				x	(x)
physisch: Bildschirmstrahlung, mangelnde Bewegung					
finanziell: Dialerprogramme, Viren		(x)			
rechtlich: Download, Urheberrecht, Jugendschutz, Datenschutz					
Hinweise auf mögliche Leistungseinbrüche durch hohen Medienkonsum					(x)
weitere medienpädagogische Fragestellungen					
Manipulation von Bildern durch digitale Bearbeitung, Glaubwürdigkeit von Medien					
konkrete Hilfen beim Erwerb von Suchstrategien				x	x
Hinweise zu Verhalten bei Konfrontation mit jugendgefährdenden Inhalten (Chatrooms)					
Kriterien für die Beurteilung der Qualität von Computerspielen			x		

Tab. 58: Digitale Medien in den Sprachbüchern für die Jgst. 5 bis 9

Summe der Schulbuchseiten = 944, LP 1997, 5. – 9. Jgst.	5	6	7	8	9
Computerspiele			x		(x)
CD-ROM, Lernsoftware	x	x	x	x	x
Internet	x	x	x	x	x
Intranet					
E-Mail-Kommunikation			x		x
Chatrooms			x		x

5.3 Untersuchung C Analyse der Schulbücher zum neuen Hauptschullehrplan aus dem Jahr 2004

5.3.1 Aussagen des Lehrplans aus dem Jahr 2004 zum Bereich Digitale Medien und Erwerb von Medienkompetenz

Im LP 2004 wird an mehr Stellen als im LP 1997 auf digitale Medien Bezug genommen. Er betont in den fächerübergreifenden Unterrichts- und Erziehungsaufgaben die Bedeutung von *Primärerfahrungen*, die die Schüler *mit Menschen, Natur und Kultur* machen sollen. Er weist aber auch auf die Chance der Medien hin, *die eigene Welterfahrung zu erweitern*. Die Schüler sollen gleichzeitig sich der Risiken und Gefahren von Medien und unkritischem Mediengebrauch bewusst sein.

„Die Schüler sollen aber auch Risiken und Gefahren erkennen, denen sie durch wirklichkeitsverfälschende, manipulierende und die Menschenwürde missachtende Angebote der Medien und unkritischen Gebrauch ausgesetzt sind. Dazu müssen sie deren Verbreitung und Wirkung, Leistungsfähigkeit und Grenzen kennen, ihren Charakter und Wirklichkeitsgrad beurteilen und die Interessen einschätzen können, die offen oder versteckt hinter den "Botschaften" stehen. Nur dann können sie Medien sinnvoll nutzen, statt sich von ihnen beherrschen zu lassen."[547]

Auch in den fachbezogenen Unterrichts- und Erziehungsaufgaben werden digitale Medien thematisiert:

---

[547] Bayerisches Staatsministerium für Unterricht und Kultus (2004b), S. 1 - 19

Deutsch:
„Medienkompetenz erwerben
In vielen Zusammenhängen bringen die Schüler ihre Medienerfahrungen in den Unterricht ein, diskutieren sie durchaus kritisch, reflektieren eigene Gewohnheiten, nützen sie für den Unterricht und für den privaten Bereich und erkennen gesellschaftliche und wirtschaftliche Zusammenhänge und Auswirkungen. Auf diesem Weg entwickeln sie sich zu geschickten und kritischen Mediennutzern."[548]

Mathematik:
„Mit geeigneter Software stellt der Computer ein weiteres Arbeitsmittel für die Schüler dar."[549]

GSE:
„Das Lernen in den M-Klassen ist gekennzeichnet durch eine stärkere Differenzierung sowie Ausweitung im inhaltlichen Bereich, durch die Ausweitung und Intensivierung der methodischen Kompetenz, generell durch mehr Eigenverantwortung im Recherchieren, Verarbeiten und Präsentieren fachlicher Informationen."[550]

AWT:
„Zusätzlich verschaffen sie sich über Medien und simulative Verfahren am Computer Einsichten in die beruflichen, technischen, sozialen, ökologischen und wirtschaftlichen Aspekte der Arbeitswelt."[551]

Besonders umfangreich sind die Bezüge zu digitalen Medien im Fachlehrplan Deutsch[552]:
In der 5. Jahrgangsstufe sollen die Schüler *Informationen und Auskünfte einholen, dabei auch neue Medien nützen, z. B. computergestützte Nachschlagewerke, angeleitet Internet und Suchwerkzeuge verwenden.* Außerdem sollen sie im Bereich Lesen und Mediengebrauch sich mit Medien auseinandersetzen und den *Computer nützen, Medien und Medienerfahrungen untersuchen, „über die Rolle der Medien in der eigenen Freizeit sprechen [und] mit dem Computer umgehen, z. B. ausgewählte kindgerechte Seiten des Internet erkunden."*[553]

---

[548] Bayerisches Staatsministerium für Unterricht und Kultus (2004b), S. 34
[549] Bayerisches Staatsministerium für Unterricht und Kultus (2004b), S. 38
[550] Bayerisches Staatsministerium für Unterricht und Kultus (2004c), S. 51
[551] Bayerisches Staatsministerium für Unterricht und Kultus (2004b), S. 64
[552] vgl.: Bayerisches Staatsministerium für Unterricht und Kultus (2004b), S. 104-108
[553] vgl.: Bayerisches Staatsministerium für Unterricht und Kultus (2004b), S. 106

Das Lernziel *ausgewählte kindgerechte Seiten des Internet erkunden* stellt eine von vielen Neuerungen gegenüber dem LP 1997. Neu ist auch, dass die Schüler schon in der 5. Jgst. mit Computerlernprogrammen üben sollen. Im Bereich Schreiben und Rechtschreiben heißt es im Lehrplan für die 5. Jgst.: Ihre Arbeiten gestalten die Schüler in einer ansprechenden äußeren Form, auch *mit Hilfe des Computers*. Die Schüler sollen zudem *mit Lernprogrammen üben*.

Bei den allgemeinen Erläuterungen für die 6. Klasse wird gefordert auf die Interessen der Schüler einzugehen:
> *„Dies gelingt besonders dort, wo sie ihre Interessen voll entfalten und ihr Fachwissen in den Unterricht einbringen können. Zunehmend stehen ihnen dafür Computer zur Verfügung"*[554]

Im Bereich Lesen und Mediengebrauch der 6. Jgst. sollen die Schüler lernen, sich mit dem Medium Fernsehen und Video auseinanderzusetzen und den sinnvollen Umgang mit kindgerechtem Suchwerkzeug im Internet zu üben. Als Textbeispiele werden u. a. genannt: Veranstaltungshinweise aus dem Internet, E-Mail von Partnerschulen. Gerade diese Textbeispiele könnten – wenn sie im Unterricht umgesetzt werden – zum Erwerb von digitaler Medienkompetenz beitragen. Weitere Lernziele, die den Umgang mit digitalen Medien betreffen und zum Teil eine Weiterführung der Lernziele aus der 5. Jgst. sind, lauten in der 6. Jahrgangsstufe[555]:
- *Bei allen schriftlichen Arbeiten ist auch der Computer eine Hilfe.*
- *Texte überarbeiten und z. B. mit einer Partnerklasse austauschen, ggf. als E-Mail*
- *mit Lernprogrammen üben*

In der 7. Jahrgangsstufe werden im Lehrplan für das Fach Deutsch verschiedene Möglichkeiten der Informationsbeschaffung thematisiert:
- *„verschiedene Formen der Informationsbeschaffung kennen, z. B. (...) Nachschlagewerke verwenden, auch als Computerprogramme, Internetrecherche durchführen."*[556]

Im Teilbereich Lesen und Mediengebrauch heißt es:
„Eine zunehmend selbstständige Erschließung von Sachtexten befähigt die Schüler, besonders für ihre Lebenssituation relevante Informationen, auch mit-

---
[554] vgl.: Bayerisches Staatsministerium für Unterricht und Kultus (2004b), S. 143
[555] vgl.: Bayerisches Staatsministerium für Unterricht und Kultus (2004b), 156-160
[556] Bayerisches Staatsministerium für Unterricht und Kultus (2004b), S. 103

hilfe des Computers, aufzunehmen, wiederzugeben und zu nützen."[557] Als Textbeispiele werden u.a. genannt: *Lizenzrechte für Computerprogramme.*

Zusammenfassend lässt sich feststellen, dass in den fächerübergreifenden und fachbezogenen Unterrichts- und Erziehungsaufgaben sowie in den Fachlehrplänen des LP 2004 zahlreiche Lernziele zum Bereich *Medienkompetenz* formuliert sind, wobei der schulische Einsatz digitaler Medien und der kompetente Umgang mit ihnen schon ab der 5. Jgst. gefordert wird.

5.3.2 Vergleich von Lehrwerken aus den Jahren 1997 und 2004/ 2005 unter besonderer Berücksichtigung der Schulbücher für Regelklassen und den Mittlere-Reife-Zug

In der Untersuchung C wurden insgesamt 19 Schulbücher zum neuen Hauptschullehrplan aus dem Jahr 2004 untersucht. Die Schulbücher sind alle in den Jahren 2004 und 2005 erschienen und betreffen die Fächer bzw. den Fachbereich: Deutsch-Lesebuch, Deutsch-Sprachbuch, AWT (Arbeit Wirtschaft Technik), GSE und Mathematik. Zur Begründung der Auswahl dieser Fächer sei angemerkt, dass die Schulbücher zum Fach Deutsch auf Grund der Lehrplanaussagen eine besondere Relevanz zum Bereich digitale Medien aufweisen sollen. Das Fach GSE steht stellvertretend für die Sachfächer, in denen die Gewinnung von Informationen eine Rolle spielt, im Fach Mathematik wird überprüft, ob sich die Sachaufgaben an der Realität der Jugendlichen orientieren, und das Fach AWT ist ein neues Fach im LP 2004, das das bisherige Leitfach Arbeitslehre ablöst und einen stärkeren Akzent auf den Bereich Technik setzt.

Mathematik

Die folgenden fünf Schulbücher zum Fach Mathematik wurden untersucht: Mathe aktiv 7 (MAT 7-1), Mathe aktiv 7 M (MAT7-2), Lernstufen Mathematik 7 neu (MAT 7-3), Lernstufen Mathematik M7 (MAT7-4) und Mathematik 7M (MAT7-5). Das Lehrwerk MAT7-2 ist die etwas umfangreichere M-Zug-Version[558] von MAT7-1; beide Lehrwerke stellen Neufassungen des Schulbuchs MAT4 dar, das zum LP 1997 erschienen ist. MAT7-3 ist die Überarbeitung von

---
[557] vgl.: Bayerisches Staatsministerium für Unterricht und Kultus (2004b), S. 105
[558] MAT7-2 enthält 160 Seiten, während MAT7-1 nur 136 Seiten umfasst.

MAT3 aus dem Jahr 1997. MAT7-4 ist die M-Zug-Ausgabe von MAT7-3[559]. Die fünf neuen Lehrwerke umfassen 814 Seiten.

Überprüft werden soll, inwieweit die Überarbeitungen den Bereich digitale Medien nun stärker berücksichtigen und welche Arbeitstechniken, die den Einsatz des Computers erfordern, geschult werden. Im Schulbuch MAT7-1 wird an drei Stellen eine Mathematik-Software (Abb. 72) gezeigt, mit der man geometrische Figuren und Körper zeichnen, verändern und berechnen kann: *Rechtecke zeichnen*[560], *Dreiecke zeichnen*[561], *Körper darstellen*[562].

Abb. 72: Mit dem Computer Rechtecke zeichnen, MAT7-1[563]

5. Mit dem Computer kann man Rechtecke zeichnen, verändern und berechnen.
 a) Wie ändern sich Flächeninhalt und Umfang, wenn die Seite [CD] des Rechtecks schrittweise um 1 cm nach oben gezogen wird? Übertrage die Tabelle in dein Heft. Ergänze bis b = 6 cm.
 b) Wie lang ist die Seite b, wenn der Flächeninhalt 35 cm² groß ist? Arbeite mit der Tabelle.
 c) Wie lang ist die Seite b, wenn der Umfang 26 cm beträgt? Arbeite mit der Tabelle.

Flächeninhalt			Umfang		
$A = a \cdot b$			$u = 2 \cdot a + 2 \cdot b$		
a	b	A	a	b	u
5 cm	1 cm	5 cm²	5 cm	1 cm	12 cm
5 cm	2 cm	10 cm²	5 cm	2 cm	14 cm
5 cm	3 cm	▨	5 cm	3 cm	▨
5 cm	4 cm	▨	5 cm	4 cm	▨
5 cm	5 cm	▨	5 cm	▨	▨
5 cm	6 cm	▨	5 cm	▨	▨

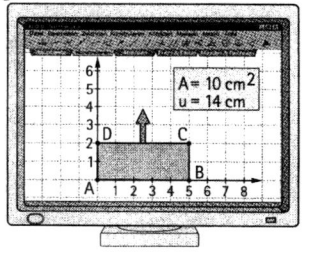

$A = 10\ cm^2$
$u = 14\ cm$

Darüber hinaus gibt es in MAT7-1 fünf Sachaufgaben, in denen digitale Medien vorkommen. Gegenüber dem Lehrwerk *Mathe aktiv 7* aus dem Jahr 1997 stellt dies keine wesentliche Veränderung dar. Neu ist nur der erstmalige Hinweis auf das oben abgebildete Software-Programm zur Geometrie.

Das Schulbuch MAT7-2 wurde für die 7. Jgst. des M-Zuges konzipiert. Es unterscheidet sich in Bezug auf die Nennung von digitalen Medien nur an zwei Stellen vom Schulbuch für die Regelklasse: In einer Aufgabe wird das Internet als eine Informationsquelle genannt[564], in einer anderen Aufgabe geht es um die

---
[559] Das Schulbuch für den M-Zug hat 208 Seiten, das für die Regelklasse 140 Seiten.
[560] MAT7-1, S. 43
[561] MAT7-1, S. 45
[562] MAT7-1, S. 77
[563] MAT7-1, S. 43
[564] MAT7-2, S. 7

Einrichtung eines Computerraumes an einer Schule[565]. Alle anderen Stellen, die einen Bezug zu digitalen Medien aufweisen, sind mit denen aus dem Schulbuch für die Regelklasse (MAT7-1) identisch. Das Schulbuch MAT7-3 nimmt nur in einer einzigen Aufgabe[566] auf den Bereich Computer Bezug, während das Vorgängerwerk MAT3 drei Stellen aufwies. Auch die M-Zug-Ausgabe MAT7-4 thematisiert digitale Medien kaum, wenn es um die Formulierung von Sachaufgaben geht, nur zwei Stellen (Disketteneinkauf, Ausstattung eines Computerraumes) gibt es im gesamten Lehrwerk. Darüber hinaus geht das Schulbuch nur wenig auf die Nutzung des Computers ein. Zwar gibt es acht Aufgaben[567], bei denen ein Symbol auf die Nutzung des Computers hinweist, doch nur eine ist mit einer konkreten Handlungsanweisung verbunden: *„Informiere dich im Internet über Tarife verschiedener Anbieter und über weitere Kosten."*[568] Die anderen Aufgaben sind algebraische und geometrische Aufgaben, bei denen das Computersymbol lediglich bedeutet, dass *„der Computer mit geeigneter Software eingesetzt werden kann."*[569] Der Unterschied zwischen dem Schulbuch für die Regelklasse und dem Schulbuch für den M-Zug besteht in Bezug auf das Thema digitale Medien fast ausschließlich in der Verwendung dieses Symbols, das im Schulbuch für die Regelklassen nicht vorhanden ist. Eine sehr große Veränderung bezüglich der Berücksichtung digitaler Medien im Schulbuch vollzog sich bei der Überarbeitung des Mathematikbuches aus dem Westermann Verlag. Die M-Zug-Version MAT7-5 geht – im Vergleich zum Lehrwerk MAT2 zum LP 1997 - in deutlich mehr Sachaufgaben auf Computer, Notebook, DVD und andere digitale Medien ein. Wichtiger ist jedoch, dass in zwei Einheiten (Geometrie, Tabellenkalkulation) praxisnah der Einsatz des Computers gezeigt wird. Beim Thema Computereinsatz in der Geometrie wird auf eine kostenlose Software aufmerksam gemacht, die an der Universität Bayreuth entwickelt wurde. Auch die dazu gehörende Internetadresse wird genannt: www.geonext.de (Abb.73). In mehreren Aufgaben werden die Schüler aufgefordert, mit dieser Software zu üben und Dreiecke bzw. Parallelgramme zu zeichnen (Abb. 74). Eine weitere Anwendung des Computers bietet die Einheit *Rechnen mit der Tabellenkalkulation*. Hier wird praxisnah gezeigt, wie die Schüler die Rechenoperationen auf dem PC durchführen, ohne dass sie auf die Software eines be-

---

[565] MAT7-2, S. 77
[566] MAT7-3, S. 17: Die Aufgabe bezieht sich auf den Kauf von Disketten.
[567] vgl.: MAT7-4, S. 47, 96, 97, 98, 126 und 128
[568] MAT7-4, S. 27
[569] MAT7-4, S. 2

stimmten Anbieters angewiesen sind (Abb. 75). Die einzelnen Schritte (Abb. 76) werden an Beispielaufgaben erklärt.

Für das Fach Mathematik lässt sich feststellen,
- dass sich die Schulbücher zum LP 2004 – mit einer Ausnahme – nur wenig von den Schulbüchern zum LP 1997 unterscheiden, wenn es um die Berücksichtigung digitaler Medien in den Sachaufgaben geht,
- dass zwei Lehrwerke auf die Nutzung des Computers als Arbeitsmittel im Mathematikunterricht eingehen, insbesondere im Bereich Geometrie,
- dass nur ein Lehrwerk einen konkreten Hinweis auf eine Mathematik-Software enthält,
- dass das Internet nur in den Schulbüchern zum M-Zug thematisiert wird, wobei lediglich an zwei Stellen die Schüler aufgefordert werden, sich im Internet zu informieren und dass die Unterschiede zwischen den Schulbüchern für die Regelklasse und den Schulbüchern für den M-Zug in Bezug auf den Bereich digitale Medien von Verlag zu Verlag verschieden ausgeprägt sind.

Abb. 73: Computereinsatz in der Geometrie, MAT7-5[570]

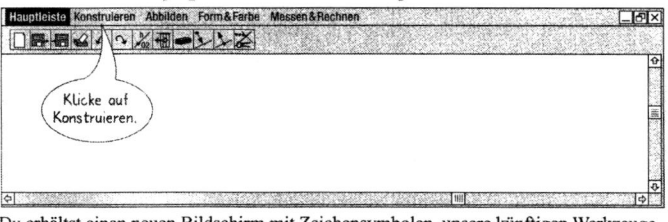

---

[570] MAT7-5, S. 116

Abb. 74: Computereinsatz: Parallelogramme zeichnen, MAT7-5[571]

4 Parallelogramme zeichnen und ändern.

1. Schritt:	2. Schritt:	3. Schritt:
Punkte A, B, C zeichnen	Strecke $\overline{AB}$ und Strecke $\overline{BC}$ zeichnen	Parallele durch C zu $\overline{AB}$ und Parallele durch A zu $\overline{BC}$ zeichnen. Du erhältst den Schnittpunkt D.

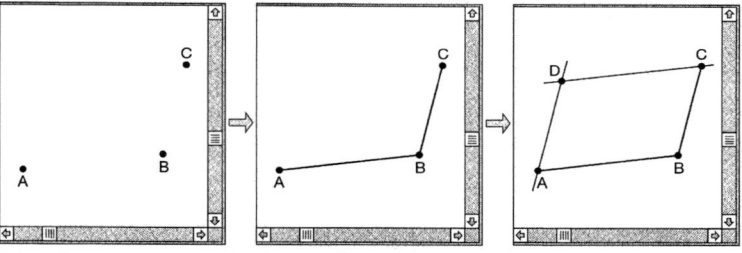

Führe die Konstruktion mit dem Geometrieprogramm aus. Ziehe an einem der gesetzten Punkte A, B, C und Eckpunkte des Parallelogramms ABCD („Basispunkte") und beobachte die Figur.

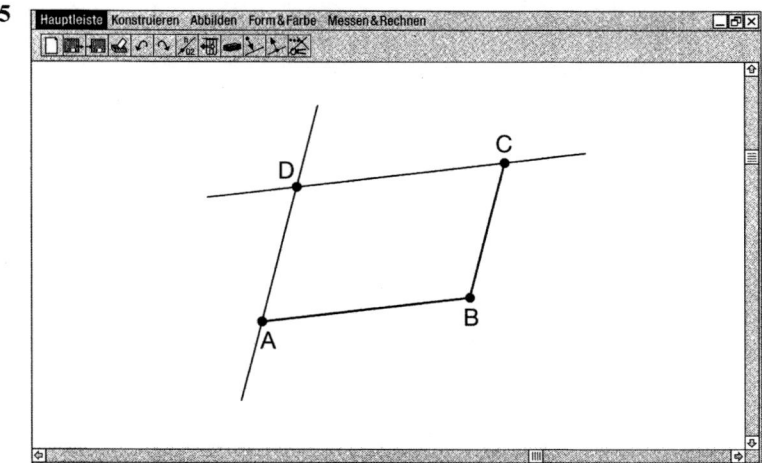

5 Welche Figuren kannst du durch Ziehen an den Punkten A, B, C erzeugen?
a) ein Rechteck
b) ein allgemeines Trapez
c) ein Quadrat
d) ein gleichschenkliges Trapez
e) einen Drachen
f) eine Raute

---

[571] MAT7-5, S. 117

Abb. 75: Rechnen mit der Tabellenkalkulation, MAT7-5[572]

2 Welche Rechenoperationen wurden hier durchgeführt?

	A	B	C	D	E
1	23		12	4	48
2	56				
3	79		56	8	7
4					
5	75				800
6	49				500
7	26				200
…					100

So kannst du in dem Tabellenblatt rechnen: $145 + 678 - 269 =$

1. Schritt: Schreibe die 3 Zahlen untereinander (oder nebeneinander), z.B. 145 in B1, 678 in B2, 269 in B3
2. Schritt: In der Zelle B4 soll das Ergebnis stehen.
   Schreibe in B4:   = B1 + B2 – B3
   In B4 kannst du das Ergebnis 554 ablesen.

Beachte: Jede Rechnung beginnt mit der Gleichheitstaste.

	A	B
1		145
2		678
3		269
4		

= B1 + B2 – B3

Den 2. Schritt kannst du auch mit der Maus ausführen:
Klicke mit der linken Maustaste auf B4, schreibe =, klicke mit der linken Maustaste auf B1, schreibe +, klicke mit der linken Maustaste auf B2, schreibe –, klicke mit der linken Maustaste auf B3, drücke die Ergebnistaste.

Von den untersuchten Lehrwerken bietet nur das Schulbuch MAT7-5 ein medienpädagogisch interessantes Angebot zum Bereich digitale Medien.

Abb. 76: Beispielaufgaben Tabellenkalkulation, MAT7-5[573]

	A	B	C	D	E	F
1						
2		Rechteck		Rechnung:		Formeln:
3		Gegeben:	a = 4,8 dm	4,8		
4			b = 3,09 dm	3,09		=D3*D4
5		Gesucht:	Flächeninhalt A			
6			Umfang u			=2*D3+2*D4
7						
8		Gegeben:	A = 8,24 dm²	8,24		
9			b = 2,47 dm	2,47		=D8/D9
10		Gesucht:	Seite a			
11			Umfang u			=2*D10+2*D9
12						
13		Wenn du Rechtecke mit anderen Maßen berechnen willst, brauchst du nur die				
14		Maßzahlen in die Zellen D3 und D4 bzw. D8 und D9 einzusetzen.				
15						

---
[572] MAT7-5, S. 132
[573] MAT7-5, S. 133

Geschichte/ Sozialkunde/ Erdkunde (GSE)

Für das Fach GSE lagen drei Schulbücher vor: *Durchblick 7* (GSE7-1), *Durchblick 7M* (GSE7-2) und *Trio 7/7M* (GSE7-3). Während der Westermann Verlag mit *Durchblick 7* und *Durchblick 7M* je ein GSE-Buch für die Regelklasse und den M-Zug anbietet, ist das Schulbuch *Trio 7/7M* ein Buch, das in beiden Schulzügen der Hauptschule eingesetzt werden kann. Die drei Lehrwerke sind Überarbeitungen von Schulbüchern zum LP 1997 und umfassen insgesamt 704 Seiten.

Das Schulbuch GSE7-1 unterscheidet sich nur wenig vom Vorgänger-Werk aus dem Jahr 1997. An vier Stellen wird nun auf das Internet als Informationsquelle verwiesen:
- *„In M2 siehst du Lamas. Informiere dich über die Lebensweise und Nutzung durch den Menschen (Lexikon, Internet)."* [574]
- *„Folgende Quellen können dir helfen bei der Suche nach Informationen zur Entwicklung deiner Heimatgemeinde: Gemeindearchiv, Homepage der Gemeinde (...)"* [575]
- Thema Naturkatastrophen:
„Wir beschaffen uns Materialien (...) zum Beispiel Presseartikel aus Zeitungen (...) oder Informationen aus dem Internet." [576]

Die vierte Stelle nennt sowohl eine Internetadresse über Naturkatastrophen www.net-lexikon.de/Naturkatastrophe.html als auch eine Suchmaschine www.google.de (Abb. 77) Wie man mit der Suchmaschine umgeht und wie man die Suche eingrenzt, wird nicht erklärt. Das Schulbuch für den M-Zug GSE7-2 umfasst 32 Seiten mehr als das Basiswerk GSE7-1 aus dem gleichen Verlag. In Bezug auf die Nutzung digitaler Medien für den GSE-Unterricht unterscheidet es sich in einer einzigen Stelle; beim Thema Menschenrechtsverletzungen heißt es in GSE7-2 *„Zuerst suchte jeder aus der Klasse in Zeitungen, Zeitschriften, Büchern, Lexika und im Internet nach Informationen."* In der Ausgabe für die Regelklasse (GSE7-1) ist der Satz identisch, nur der Zusatz *„im Internet"* fehlt.[577] In beiden Schulbüchern (GSE7-1 und GSE7-2) finden sich wie bei der Ausgabe aus dem Jahr 1997 im Themenbereich *Jugendliche im Rechtsstaat*

---

[574] GSE7-1, S. 35
[575] GSE7-1, S. 55
[576] GSE7-1, S. 196
[577] Es ist unverständlich, warum Regelklassenschüler sich nicht im Internet über Menschenrechtsverletzungen informieren sollen.

keine Bezüge zu digitalen Medien, keine Hinweise auf die Probleme wie illegales Downloaden, Brennen von CD und Internetkriminalität.

Abb. 77: Internetrecherche zu Naturkatastrophen, GSE7-1[578]

Datum	Ereignis	Folgen
27. August 1883	Ausbruch des Krakatau	sprengt zwei Drittel der Insel mit Flutwelle, 20.000 Tote
18. April 1906	Erdbeben in San Francisco	500 Tote
30. Juni 1908	Meteoreinschlag in Sibirien	Verwüstungen in 80 km Umkreis
28. Dezember 1908	Erdbeben in Messina	bis Kalabrien, etwa 83.000 Tote
1. September 1922	Erdbeben in der Sagamibucht	Zerstörung von Tokio u. Yokohama, 150.000 Tote
1. Februar 1953	Überschwemmungen der Nordseeküste	England und Niederlande, 2.400 Tote
7. September 1955	Überschwemmungen in Indien	etwa 45 Millionen Menschen obdachlos
März 1963	Ausbruch des Vulkans Agung (Bali)	etwa 1.500 Tote
15. August 1968	Erdbeben auf Celebes	etwa 68.200 Tote
10. Februar 1970	Lawinenunglück in Val d'Isère	39 Tote
31. Mai 1970	Erdbeben in Nord-Chile	etwa 50.000 Tote
November 1970	Wirbelstürme und Flutwellen in Bengalen	etwa 300.000 Tote
11. Mai 1974	Erdbeben in Szechuan und Yünnan/China	etwa 20.000 Tote
3. Oktober 1974	Erdbeben in Peru	83 Tote, 60.000 Obdachlose
4. Februar 1976	Erdbeben in Guatemala, Hunderte Erdstöße	mehr als 20.000 Tote
27./28. Juli 1976	Erdbeben 150 km südlich von Peking	ca. 655.000 Tote
17. August 1999	Erdbeben im Nordwesten der Türkei	ca. 18.000 Tote und 44.000 Verletzte

M2 *Liste von Naturkatastrophen aus www.net-lexikon.de/Naturkatastrophe.html*

M4 *Internet-Seite der Suchmaschine www.google.de*

Beispiele für Naturkatastrophen
Erdbeben
Lawinen
Erdrutsche
Bergstürze
Meteoreinschläge
Tsunamis
Überschwemmungen
Sturmfluten
Vulkanausbrüche mit Lavafluss
Waldbrände
Wirbelstürme

M3 *Internetinformation nach www.net-lexikon.de/ Naturkatastrophe.html*

Aufgaben

- Sammle über einen längeren Zeitraum Presseartikel über Naturkatastrophen. Stelle sie in einem Ordner zusammen und markiere auf einer Weltkarte die betroffenen Länder.
- Finde mithilfe des Atlas die betroffenen Länder in M2 und markiere sie auf einer Weltkarte.
- Informiere dich mithilfe einer Suchmaschine über aktuelle Naturkatastrophen.

Das Schulbuch GSE7-3 gibt den Schüler an acht Stellen Hinweise auf digitale Medien:
- Sie sollen sich über ihre Heimatgemeinde im Internet informieren, indem sie die Homepage der Gemeinde aufsuchen[579].
- Sie erfahren, dass eine Gemeinde für ihre Bürger Formblätter im Internet bereit hält[580].

---
[578] GSE7-1, S. 197
[579] vgl. GSE7-3, S. 72 und S. 100

- Sie erhalten Informationen darüber, wie ein Gemeinderat ein Anliegen (Erneuerung der schulischen EDV-Anlage) bearbeitet.[581]
- Sie sollen sich im Internet über Menschenrechte informieren, wozu sie den Link http://www.unchr.ch/udhr/lang/ger.htm nutzen sollen.[582]
- Sie werden aufgefordert, im Internet und in Zeitungen Berichte über Kinderrechtsverletzungen zu sammeln. Dazu nennt das Schulbuch drei Internetadressen[583]: www.wissen.swr.de:KinderausAfrika, www.unicef.org:DerUnicef-Länderreport, www.unicef.forkids.de [584]
- Sie werden beim Thema *Jugendliche im Rechtsstaat* mit dem Problem des Diebstahls von Computerspielen konfrontiert.[585]
- Sie lernen den Einsatz des Computers in der Forschung und in der Wirtschaft kennen: Medizin, Industrie, Landwirtschaft.[586]
- Sie sollen sich beim Thema *Die Bedrohung des Menschen durch Naturkräfte* auf den Internetseiten des THW (Technischen Hilfswerkes) informieren und eigene Recherche im Internet zum Thema Naturkatastrophen betreiben.[587]

Das Lehrwerk Trio 7/7M (GSE7-3) nimmt im Vergleich zu seinem Vorgängerwerk *Trio* (GSE1) deutlich mehr Bezug auf digitale Medien. Die Nutzung des Internets als eine Möglichkeit der Informationsbeschaffung wird an mehreren Stellen vorgeschlagen.

Kritisch anzumerken ist, dass die angegebenen Links zum Teil nicht mehr existieren und die Schreibweise mancher Links falsch ist. Besser wäre es, nur den Link einer Organisation zu nennen (z.B. www.unicef.org) und dazu den Schülern Hinweise zu geben, wie sie durch Suchstrategien zu einem gesuchten Artikel bzw. Thema gelangen.

---

[580] vgl. GSE7-3, S. 79
[581] vgl. GSE7-3, S. 83-90
[582] vgl. GSE7-3, S. 169
[583] Die Internetadressen existieren aber nicht mehr bzw. sind in der falschen Syntax abgedruckt (Doppelpunkt und Umlautzeichen sind falsch). [08.07.2005]
[584] vgl. GSE7-3, S. 177
[585] vgl. GSE7-3, S. 188 und S. 192
[586] vgl. GSE7-3, S. 222,223,229
[587] vgl. GSE7-3, S. 251 und 253

Zusammenfassend lässt sich für das Fach GSE sagen,
- dass das Internet als Mittel zur Informationsbeschaffung in den Neuauflagen der GSE-Bücher mehrfach genannt wird, aber keine Hinweise zum Aufbau digitaler Methodenkompetenz erfolgen und
- dass zwischen M-Zug und Regelklasse kaum unterschieden wird.

Arbeit Wirtschaft Technik (AWT)

Zum neuen Fach AWT, das das bisherige Fach Arbeitslehre ablöst, wurden die folgenden drei Schulbücher untersucht: *Arbeit Wirtschaft Technik. Hauptschule Bayern 7/M7* (AWT7-1), *Wege zum Beruf 7. Ein Schülerbuch für das Fach Arbeit – Wirtschaft – Technik in der 7. Jahrgangsstufe und im Mittlere-Reife-Zug der 7. Jahrgangsstufe der Hauptschule* (AWT7-2) und *Arbeit Wirtschaft Technik 7* (AWT7-3). Die drei Schulbücher umfassen insgesamt 320 Seiten.

Neben zahlreichen Abbildungen, die auf Berufe mit Computernutzung verweisen, wird im Schulbuch AWT7-1 auf digitale Medien vor allem beim Thema *Einkaufen für den privaten Bedarf* hingewiesen. Die Schüler erfahren,
- dass das Internet einen Markt darstellt[588],
- dass der Supermarkt der Zukunft durch Computerchips gesteuert wird[589] und
- wie das *Kaufen im Internet* funktioniert.[590]

Dieser Bereich des E-Commerce, der in den letzten Jahren stark an Bedeutung gewonnen hat, stellt auch einen Teil der Alltagswelt von Jugendlichen dar, die im Internet einkaufen bzw. sich an Internetauktionen (z.B. www.ebay.de) beteiligen. Die Texte im Schulbuch AWT7-1 zum *Kaufen im Internet* (Abb. 78) nennen sowohl die Vorteile des E-Commerce (*Informationsfülle, umfassendes Angebot, 24-Stunden-Öffnungszeiten*), als auch die Nachteile wie *fehlende Beratung, Viren, Dauerwerbung*.

Das Schulbuch AWT7-1 lässt die Schüler in Arbeitsaufträgen
- nach den Risiken von Internetshopping fragen,
- Gründe für Online-Auktionen überlegen,

---

[588] AWT7-1, S. 65
[589] AWT7-1, S. 72 - 73
[590] AWT7-1, S. 78 - 79

- fragen, warum manche Leute nicht im Internet einkaufen
- und sie über ein E-Commerce-Angebot informieren.

Dazu werden sowohl Suchmaschinen genannt als auch Internetadressen von Firmen, die Online-Shopping anbieten.

In der Einheit *Science-Fiction oder Realität* [591] geht das Schulbuch AWT7-1 auf Medien und Technik ein. In diesem Kapitel geht es um die Vor- und Nachteile von ständigen Weiterentwicklungen im Technikbereich (siehe auch die Karikatur in Abb. 80), um das Wohnen in der Zukunft[592], um die Frage, inwieweit *bluetooth* und *wireless LAN* beim intelligenten Wohnen eingesetzt werden und um die *Chancen, Risiken und Grenzen des Technikeinsatzes* (Abb. 81).

Der Text und der nachfolgende Arbeitsauftrag „*Diskutiert die Vor- und Nachteile ständiger Weiterentwicklung im Technikbereich; denkt dabei an folgende Diskussionspunkte: -Komfort, - Zeitersparnis, - Kosten.*" [593] können die Schüler hinterfragen lassen, ob man wirklich immer das neueste digitale Produkt oder den schnellsten Prozessor haben muss.

Der Arbeitsauftrag „*Welche Aufgaben müssten deine Großeltern lernen, wenn sie deine elektronischen Geräte bedienen wollten?*"[594] macht auf die Bedeutung des lebenslangen Lernens aufmerksam.

Das Schulbuch AWT7-1 gibt den Schülern zudem Anregungen, selbst nach Statistiken, Daten und Schaubildern zu suchen, da das im Schulbuch abgedruckte statistische Material schnell veraltet (Abb. 82).

Das Lehrwerk AWT7-1 stellt in Bezug auf den Bereich digitale Medien eine völlige Überarbeitung des Vorgängerwerkes dar und weist zahlreiche Abbildungen, Texte und Arbeitsaufträge auf, die zum einen die Nutzung der digitalen Medien durch Schüler (in ihrem Freizeitverhalten) ernst nehmen und sie zum anderen unterstützen, indem ihnen Anregungen und Hilfen, auch in Form von Internetlinks, gegeben werden.

---

[591] vgl. AWT7-1, S. 110-118
[592] Hier nennt das Schulbuch Links zu www.futurelife.ch und www.inhaus-duisburg.de.
[593] AWT7-1, S. 110
[594] AWT7-1, S. 117

Abb. 78: Kaufen im Internet, AWT7-1[595]

Madonna-Homepage

3.5 Kaufen im Internet

Andi hört kurz vor dem Schlafengehen noch ihren Lieblingssender. Plötzlich wird sie hellwach. Ein neuer Song von Madonna wird gespielt. Die CD mit diesem Song muss sie unbedingt haben – sofort. Andi steht auf, schaltet ihren PC ein und klickt sich ins Internet. Hier wählt sie die Adresse eines CD- Shops und bestellt die CD. Anschließend legt sie sich schlafen. Sie weiß, dass ihre CD zwei Tage später geliefert wird. Bequem, nicht wahr? Sie muss nicht eigens in die Stadt fahren und vielleicht auch noch riskieren, dass ihr Weg vergebens ist, wenn die CD bereits ausverkauft oder noch nicht vorhanden ist.

Andis Vater sucht einen günstigen Gebrauchtwagen. Im Internet kann er nach seinem Wunschauto surfen. Er gibt in die Suchmaske des Computers Angaben z. B. über die gewünschte Marke, Alter, Farbe, gefahrene Kilometer, Ausstattung und seine Preisvorstellung ein und bekommt dann Angebote nicht nur aus seiner Region, sondern bundesweit.

Auf bestimmten Internetplattformen werden Waren ohne Festpreise angeboten. Kunden können bieten und das Produkt ersteigern. Der Meistbietende erhält den Zuschlag. Wenn man den Ladenpreis kennt und nicht zu viele Interessenten mitbieten, ist hierbei durchaus ein Schnäppchen möglich. Wenn Liebhaber gegenseitig den Preis hochtreiben, kann es aber auch teurer als im Geschäft werden.

Orientierung im Internet-Dickicht und schneller Zugriff auf Stichworte in Dokumenten aller Art bieten die sogenannten Suchmaschinen. Ihre Nutzung ist im Allgemeinen kostenlos, denn sie werden über Werbung finanziert, z. B.:
www.altavista.de
www.lycos.de
www.yahoo.de
www.google.de

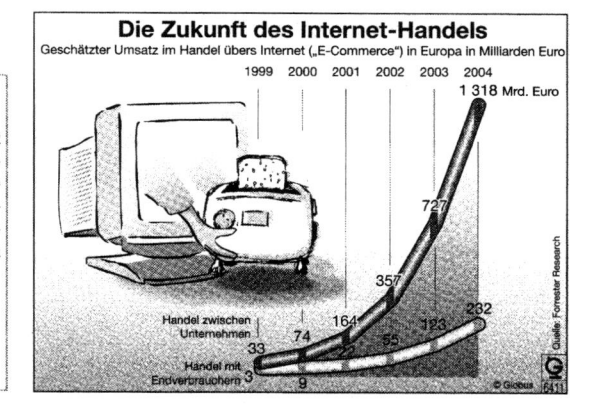

---

[595] AWT7-1, S. 78

Abb. 79: Kaufen im Internet – Online-Shopping, AWT7-1[596]

Handel und Kauf im Internet nehmen jährlich zu. Informationen über Produkte können schneller per Mausklick abgerufen werden. Bewegte Bilder auf den Angebotsseiten verführen zum schnellen und einfachen Bestellen. Es ist besonders wichtig für den Verbraucher, auf die Vertragsbestimmungen, wie z. B. Versandkosten und Rückgabemöglichkeiten zu achten. Nachteilig für den Kunden ist, dass das Internetangebot im Gegensatz zum Fachgeschäft keine individuelle Beratung bietet.
Aber auch andere Gefahren lauern. Durch die Angabe der Lieferadresse hat der Anbieter die Möglichkeit Werbung mit Neuerscheinungen oder Sonderangeboten im so genannten Newsletter zu verschicken. Mit der Nutzung des Internets erhöht sich das Risiko, dass Programme durch Viren infiziert werden oder Informationen auf der eigenen Festplatte ausgespäht werden. Deshalb sollte man auf dem PC gute aktuelle Antivirenprogramme installieren. Zahlreiche Unternehmen in aller Welt setzen auf **Electronic Commerce** oder kurz **E-Commerce** ihre Hoffnungen um noch mehr Kunden zu gewinnen. **Online-Shopping** wird in absehbarer Zeit zum Alltag der Verbraucher gehören. Banken, Buchhändler, Reiseveranstalter, Musikgeschäfte und andere bieten ihre Waren auch im Internet an. Dies hat Vorteile für den Verbraucher: Das Internet ist rund um die Uhr geöffnet und kennt keine Ländergrenzen. Das Angebot im Internet ist oftmals größer als im Laden (z. B. in Buchhandlungen).

1. Das Stöbern nach Büchern und der Kauf der ausgewählten Waren ist mit Abstand am beliebtesten bei den Internet-Shoppern. Warum ist hier das Risiko beim Einkauf geringer als bei Kleidung und Schuhen?

2. Zunehmend beliebter wird das Ersteigern von Waren bei Online-Auktionen. Überlegt euch Gründe?

3. Warum kaufen manche Leute nicht im Internet ein?

4. Informiert euch in eurer Klasse über ein E-Commerce Angebot. Einigt euch auf ein Produkt z.B. Kickboard, tragbaren CD-Player, Computertisch. Geht mithilfe eines elektronischen Einkaufsführers oder eines Branchenverzeichnisses auf die Suche.

Viele bekannte Firmen haben sich ihre Namen im Internet als Adresse bereits schützen lassen, z. B.:
www.otto.de
www.neckermann.de
www.quelle.de
www.my-world.de
Will man nach einer bestimmten Produktgruppe suchen, kann sich ein Blick in die elektronischen Einkaufsführer und Branchenverzeichnisse lohnen, z. B.:
www.shop.de
www.shopservice.de
www.shopfinder.de
www.shopnew.de

---

[596] AWT7-1, S. 79

Abb. 80: Rascher Wandel der Technik, AWT7-1[597]

> ER MACHT SICH SORGEN, DASS SEIN NEUER COMPUTER VERALTET IST, BEVOR ER ZUHAUSE ANKOMMT...

Diese Karikatur macht auf einen Sachverhalt aufmerksam, der uns alle immer wieder betrifft. Die Neuerungen – gerade im Technikbereich – schreiten sehr rasch voran. Etwa alle 2 bis 3 Jahre verdoppelt sich mittlerweile die Leistungsfähigkeit der durchschnittlichen Heimcomputer, die im Handel angeboten werden. Die Erneuerungszyklen werden immer kürzer und der Erneuerungsdruck wächst, wenn man z. B. beruflich gezwungen ist, aktuelle Standardanwendungen zu nutzen. Kaum hat man ein neues Betriebssystem oder eine aktuelle Textverarbeitung installiert, wird bereits die nächste Version angekündigt.

Das Schulbuch AWT-2 zeigt ebenso wie AWT7-1 zahlreiche Berufe, in denen der Computereinsatz selbstverständlich geworden ist. Außerdem wird - in geringem Umfang - auf die Bedeutung des Computers in der Zukunft eingegangen[598].

---

[597] AWT7-1, S, 110
[598] vgl. AWT7-2, S. 98

Abb. 81: Chancen, Risiken und Grenzen des Technikeinsatzes, AWT7-1[599]

> **Chancen, Risiken und Grenzen des Technikeinsatzes**
> Der technische Wandel findet in allen Haushalten statt – wirklich in allen? Was ist mit den Familien, deren Einkommen nicht ausreicht, um sich derartige Neuerungen leisten zu können? Werden sie dann nicht doppelt benachteiligt? Sie verlieren den Anschluss beim Wissen und deshalb bekommen sie noch weniger Chancen, ihr Einkommen zu erhöhen, weil sie auch im Beruf den Umgang mit dieser Technik bräuchten. Für wen stellt die Technik der Zukunft also Chancen bereit, für wen nicht? Und was kann für die Benachteiligten getan werden?
>
> Ist die Nutzung von Technik immer und überall nötig? Besteht nicht auch die Gefahr, dass durch unüberlegten Technikeinsatz Nachteile für das Zusammenleben der Menschen erwachsen? Immer schneller, immer exakter, immer mehr – wo bleibt da die Möglichkeit des menschlichen Kontakts – sowohl in Beruf als auch im Privatleben? Können die Menschen überhaupt noch abschalten und andere Dinge des Lebens sinnvoll nutzen? Kennen sie diese Dinge überhaupt noch?
> Wohin führt uns die rasante Entwicklung der Technik? Ist alles erreichbar? Ist es sinnvoll, alles erreichen zu wollen, was technisch machbar ist? Das alles sind Fragen, die bei aller Begeisterung für Technik gestellt werden müssen – und die nach Diskussion und Antworten verlangen.

Sehr detailliert und ausführlich behandelt das Schulbuch AWT7-2 den Bereich *Online-Shopping*[600], der im Rahmen des Lernziels *Markterkundung* thematisiert wird. Dieses Kapitel ist in Qualität und Umfang einzigartig im Vergleich zu allen anderen Arbeitslehre- bzw. AWT-Schulbüchern zum LP 1997 bzw. 2004.

---

[599] AWT7-1, S. 118
[600] vgl. AWT7-2, S. 61 - 66

Abb. 82: Suche nach statistischem Material, AWT7-1[601]

Wenn ihr mit Statistiken und Schaubildern arbeiten wollt, die aktueller sind, dann gibt es nur einen Weg: Ihr müsst sie selbst suchen.

Hier sind einige Hinweise auf Internet-Seiten, auf denen ihr aktuelles statistisches Material findet. Einige dieser Adressen könnt ihr auch für eure Berufswahl nutzen.

Bundesweite Statistiken:
http://www.statistik-bund.de
http://www.arbeitsamt.de

Statistisches Landesamt des Freistaates Bayern:
http://www.statistik.bayern.de

Offizielle Homepage des Landes Bayern:
http://www.bayern.de

Bayerisches Staatsministerium für Wirtschaft, Infrastruktur, Verkehr und Technologie:
http://www.stmwivt.bayern.de

Links zu den Industrie-, Handels- und Handwerkskammern in Bayern finden sich unter:
http://www.invest-in-bavaria.de/MarktPartner/BIuH.html

Bayerisches Staatsministerium für Arbeit, Sozialordnung, Familie und Frauen:
http://www.stmas.bayern.de

Schaubilder:
http://www.de/globus/info.htm (nicht frei zugänglich)

Die Schüler erhalten detaillierte Hilfen,
- wie sie in einem Online-Shop einkaufen können,
- wie Sicherheit und Datenschutz gewährleistet sind,
- welche Zahlungsvarianten und Rücktrittsmöglichkeiten es gibt,
- erfahren, was in Bezug auf die Geschäftsfähigkeit zu beachten ist und
- welche Risiken Online-Shopping besitzt (Abb. 83 – Abb. 87)

Die dargestellte Situation knüpft an Erfahrungswissen der Schüler an und nimmt auf eine schulische Situation Bezug: Zwei Schüler unterhalten sich über die Vorbereitung für ein Referat im Fach PCB.

---

[601] AWT7-1, S. 121

Abb. 83: Gründe gegen Online-Shopping, AWT7-2[602]

Infografik: "Warum Internetsurfer in Deutschland Onlineshops meiden – Online-Shopping – nein danke" (Angaben in % aller Surfer, die nicht im Internet einkaufen):

- Ware kann nicht begutachtet und geprüft werden: 54 %
- zufrieden mit „realen" Geschäften: 35
- Angst vor Datenmissbrauch: 29
- keine Beratung und kein Service: 28
- Reklamation schwierig: 25
- Ware nicht billiger als anderswo: 22
- aus Gewohnheit nur „Offline"-Käufer: 20
- Angst vor Abrechnungsfehlern: 20
- Unsicherheit mit dem Medium Internet: 16
- unsichere Rechtslage: 14

Quelle: Mummert Consulting/Universität Karlsruhe © Globus 8604, Stand 2003, Mehrfachnennungen

① Erkläre die Begriffe „Widerrufungsrecht", „Internet-User", „reale Einkaufsmöglichkeiten" und „Datenmissbrauch".

② Welche drei wesentlichen Gründe sprechen gegen einen Einkauf im Internet?

③ Erstellt eine Liste „Pro und Contra" Online-Shopping. Diskutiert eure Ergebnisse.

Mit einem Beispiel (Abb. 85), das weitgehend auf andere Online-Shops übertragbar ist, wird der Bestellvorgang Schritt für Schritt erklärt. Außerdem werden Fachbegriffe wie *Navigationsspalte* und *gesicherte Verbindung* eingeführt.

---

[602] AWT7-2, S. 66

Abb. 84: E-Commerce, AWT7-2[603]

Das Internet als weltweiter Ort des Handelns

Surfen im Internet gehört für viele Menschen heute schon zum Alltag: E-Mails senden, chaten, Online-Banking usw. Das war aber nicht immer so.
Ende der 60er Jahre wurde das Internet von den USA für militärische Zwecke entwickelt. Nach der Freigabe des Internets für die Öffentlichkeit kannten nur wenige diese neue elektronische Technologie. Erst in den 90er Jahren wurde es zum Massenmedium. Heute sind ca. 420 Millionen Nutzer weltweit im Internet online.

Definition des Begriffs „E-Commerce":

„Als Electronic-Commerce wird der Handel über Online-Dienste, meist über das Internet bezeichnet. Er umfasst die vollständige elektronische Abwicklung der Geschäftsprozesse ..."

Wie du aus der Definition entnehmen konntest, steht „E-Commerce" für den Handel mit Waren und Dienstleistungen über das Internet. In welchen Bereichen es von seinen Surfern genutzt wird, zeigt folgende Abbildung:

So nutzen sie das WWW
Von je 100 Surfern nutzen das Internet für:

private E-Mails	52
Suchmaschinen, Webkataloge	39
berufliche E-Mails	27
Informationen über Musik	25
aktuelle Nachrichten	25
Informationen über Computer, Software	24
Online-Banking	23
SMS	20
Aktien und Börse	20
Herunterladen von Software	19

Mehrfachnennungen
Stand Frühjahr 2001
Quelle: GfK

Wie kann Andreas eine Druckerpatrone online bestellen?

Andreas arbeitet an seinem Referat im Fach PCB. Er ist in Eile, denn in 30 Minuten beginnt sein Fußballtraining. Schnell will er seine Arbeit noch ausdrucken lassen, doch der Drucker reagiert nicht auf den Druckbefehl. Die anschließende Fehlermeldung sagt nichts Gutes:

Error: Patrone leer!

Ausgerechnet jetzt, denkt sich Andreas. Heute ist Montag. Zum Einkaufen in die Stadt fahren wir erst am Samstag wieder und das Referat muss ich am Freitag halten. In diesem Moment läutet das Telefon.

Stefan: „Hallo Andreas, bist du fertig mit deinen Hausaufgaben?"
Andreas: „Das Referat ist soweit fertig, aber ich habe da noch ein kleines Problem."
Stefan: „Welches Problem?"
Andreas: „Die Patrone meines Druckers ist wieder einmal leer und ich komme erst am Samstag in die Stadt."
Stefan: „Das ist doch kein Problem, du hast doch Internet, oder?"

① Erkläre die Begriffe „Surfer", „E-Mail", „Chat", „Online-Banking" und „offline".
② Suche nach weiteren Begriffen, die im Zusammenhang mit dem Internet stehen.
③ In welchen Bereichen wird das Internet vorrangig genützt? Begründe.

E-Commerce: Einkauf und Verkauf von Waren aller Art über das Internet. Lieferung durch Versand.

---

[603] AWT7-2, S. 62

Abb. 85: Navigieren im Online-Shop, AWT7-2[604]

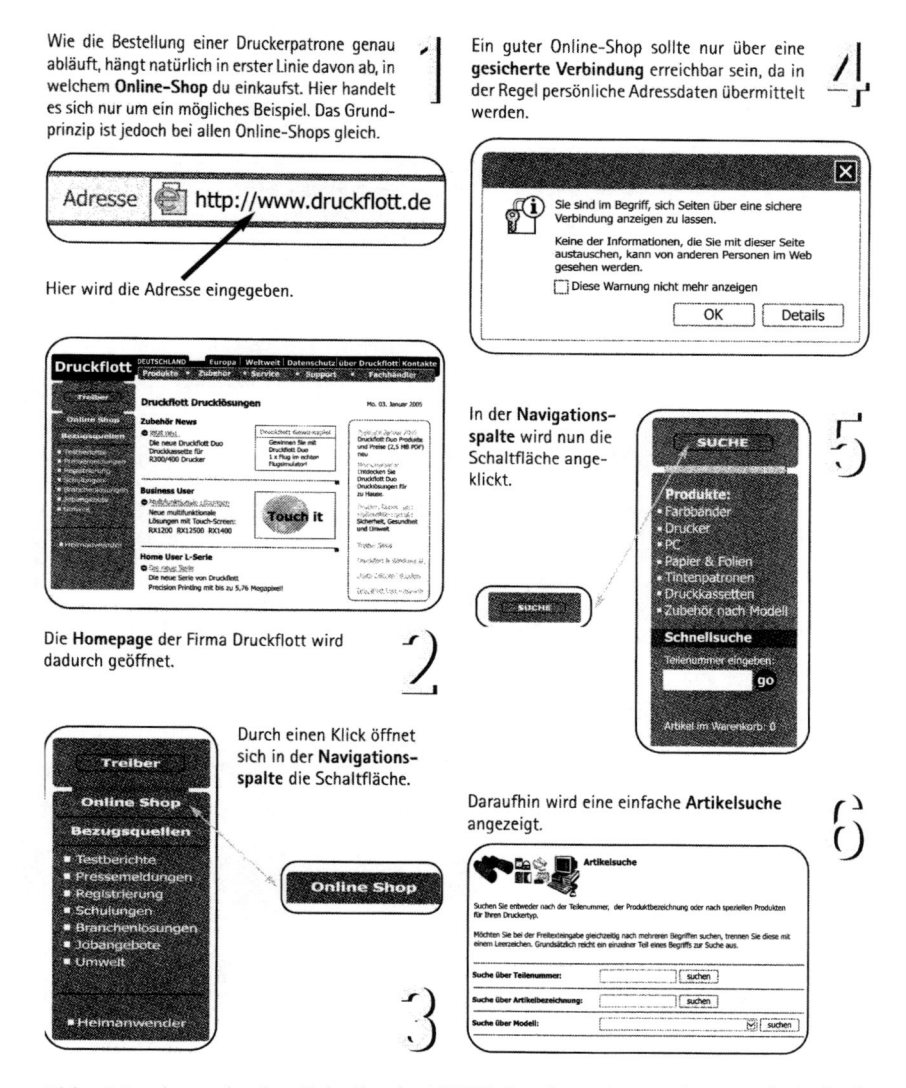

Wie die Bestellung einer Druckerpatrone genau abläuft, hängt natürlich in erster Linie davon ab, in welchem **Online-Shop** du einkaufst. Hier handelt es sich nur um ein mögliches Beispiel. Das Grundprinzip ist jedoch bei allen Online-Shops gleich.

Ein guter Online-Shop sollte nur über eine **gesicherte Verbindung** erreichbar sein, da in der Regel persönliche Adressdaten übermittelt werden.

Hier wird die Adresse eingegeben.

Die **Homepage** der Firma Druckflott wird dadurch geöffnet.

In der **Navigationsspalte** wird nun die Schaltfläche angeklickt.

Durch einen Klick öffnet sich in der **Navigationsspalte** die Schaltfläche.

Daraufhin wird eine einfache **Artikelsuche** angezeigt.

Abb. 86 zeigt, wie das Schulbuch AWT7-2 sukzessive und exemplarisch den Bestellvorgang erläutert, wie der Begriff *Warenkorb* definiert wird und weist darauf hin, bis zu welchem Zeitpunkt eine Bestellung reversibel ist.

---

[604] AWT7-2, S. 63

Abb. 86: Online-Shopping, AWT7-2[605]

Tipp
Wenn du den Namen deines Druckers kennst, kannst du dir unter „**Suche**" die passenden Patronen anzeigen lassen.

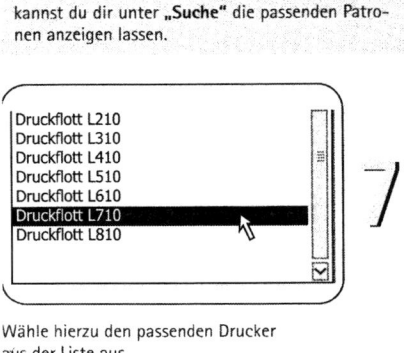

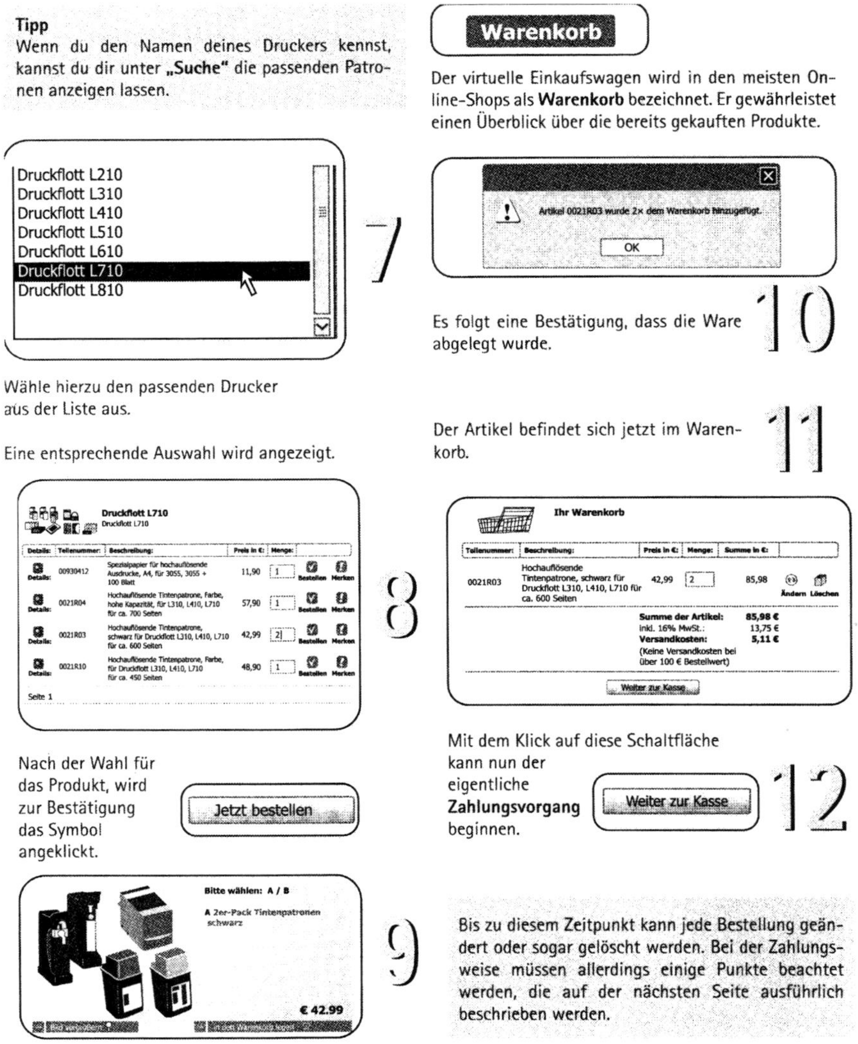

Druckflott L210
Druckflott L310
Druckflott L410
Druckflott L510
Druckflott L610
Druckflott L710
Druckflott L810

7

Wähle hierzu den passenden Drucker aus der Liste aus.

Eine entsprechende Auswahl wird angezeigt.

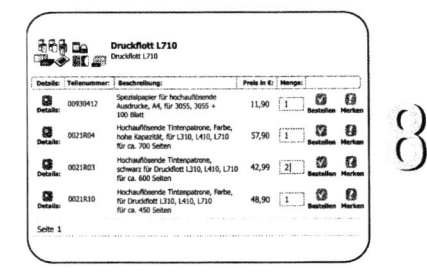

8

Nach der Wahl für das Produkt, wird zur Bestätigung das Symbol **Jetzt bestellen** angeklickt.

9

Warenkorb

Der virtuelle Einkaufswagen wird in den meisten Online-Shops als **Warenkorb** bezeichnet. Er gewährleistet einen Überblick über die bereits gekauften Produkte.

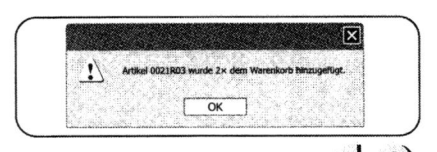

Es folgt eine Bestätigung, dass die Ware abgelegt wurde.

10

Der Artikel befindet sich jetzt im Warenkorb.

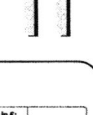

11

Mit dem Klick auf diese Schaltfläche kann nun der eigentliche **Zahlungsvorgang** **Weiter zur Kasse** beginnen.

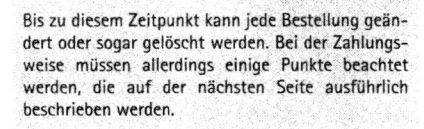

12

Bis zu diesem Zeitpunkt kann jede Bestellung geändert oder sogar gelöscht werden. Bei der Zahlungsweise müssen allerdings einige Punkte beachtet werden, die auf der nächsten Seite ausführlich beschrieben werden.

Auf die begrenzte Geschäftsfähigkeit der Schüler der 7. Klasse macht der Auszug aus dem Bürgerlichen Gesetzbuch (Abb. 87) aufmerksam.

---

[605] AWT7-2, S. 64

Abb. 87: Geschäftsfähigkeit und Zahlungsbedingungen, AWT7-2[606]

Das Einkaufen im Online-Shop war für Andreas und Stefan bislang kein Problem. Nun geht es aber ans Bezahlen. Dabei müssen sie erst ihre Adresse angeben und sich anschließend für eine Zahlungsweise entscheiden. Während man die täglichen Einkäufe bar oder mit einer Kreditkarte bezahlt, ist eine Barzahlung bei Online-Shopping verständlicherweise nicht möglich. Bei einigen Online-Shops kann mit einer Kreditkarte bezahlt werden, wenn man eine bestimmte Nummer auf der Karte angibt.

Auf der folgenden **Formularseite** muss die Rechnungs- und Lieferanschrift eingegeben werden. Mit Sternchen versehene Angaben sind unbedingt erforderlich.

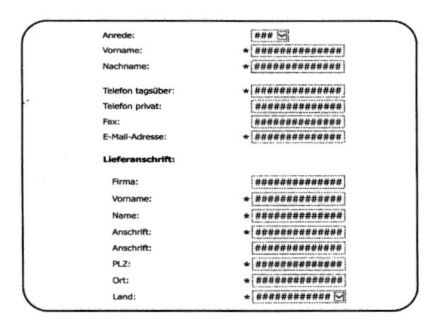

Der Kunde kann bei diesem Online-Shop auf drei verschiedene **Zahlungsweisen** zurückgreifen. Die häufigste, wenn auch nicht billigste Variante ist, per Nachnahme zu bezahlen.

Anschließend wird die komplette **Bestellübersicht** präsentiert. Gibt es keine Veränderungen mehr, so kann jetzt diese Bestellung abgeschickt werden.

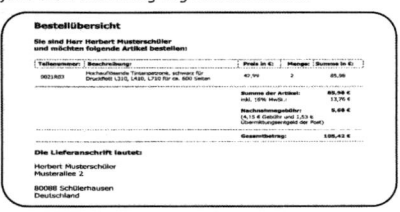

Achtung: Dies ist die **allerletzte Möglichkeit**, etwas auf der Bestellübersicht zu ändern!

Wie du bereits in der 6. Jahrgangsstufe im Fach Arbeit-Wirtschaft-Technik gelernt hast, unterscheidet das Recht unterschiedliche Formen der Geschäftsfähigkeit, die maßgeblich vom Lebensalter abhängen. Im Bürgerlichen Gesetzbuch findest du die entsprechenden Paragraphen. Diese gelten nicht nur für den Einkauf im Supermarkt, sondern auch für das Internet. Hinzu kommt, dass der Internetanschluss in der Regel auf deine Eltern zugelassen ist.

§ Das Gesetz bestimmt im Bürgerlichen Gesetzbuch (3. Abschnitt, Rechtsgeschäfte) mit:

Erster Titel. Geschäftsfähigkeit

§ 106 (Beschränkte Geschäftsfähigkeit Minderjähriger) Ein Minderjähriger, der das siebte Lebensjahr vollendet hat, ist nach Maßgabe der §§ 107 bis 113 in der Geschäftsfähigkeit beschränkt.

§ 107 (Einwilligung des gesetzlichen Vertreters) Der Minderjährige bedarf zu einer Willenserklärung, durch die er nicht lediglich einen rechtlichen Vorteil erlangt, der Einwilligung seines gesetzlichen Vertreters.

§ 109 (Widerruf durch den anderen Teil) (1) Bis zur Genehmigung des Vertrages ist der andere Teil zum Widerruf berechtigt. Der Widerruf kann auch dem Minderjährigen gegenüber erklärt werden.

---

[606] AWT7-2, S. 65

Die in AWT7-2 abgebildete mehrseitige Sequenz zum Onlineshopping stellt einen für Schüler dieser Jgst. wertvollen Beitrag zum Erwerb von digitaler Medienkompetenz dar.
Im Gegensatz zu AWT7-1 und AWT7-2 werden im Schulbuch AWT7-3 digitale Medien kaum berücksichtigt. Das Thema Interneteinkauf wird nur in dem Satz „*Jedes Zusammentreffen von Angebot und Nachfrage bezeichnet man als Markt. Märkte können sein: Fachgeschäfte,(...) Internet.*"[607] angesprochen, der Ablauf, die Chancen und Risiken des Onlineshoppings jedoch überhaupt nicht. Das Thema *Perspektiven des Technikeinsatzes*[608] bezieht sich lediglich auf die Wahl des richtigen Kühlschrankes bzw. Staubsaugers. Neben Abbildungen von Berufen, bei denen Tätigkeiten am Computer zu verrichten sind, findet sich der Bereich digitale Medien nur in den Kapiteln *Markterkundung*[609], *Projektarbeit*[610] und *Gut leben und verantwortlich mit dem Haushaltseinkommen umgehen*. Hier sollen die Schüler, Verbraucherberatungen zu nutzen und die „*Info-Seiten im Internet besuchen: www.verbraucherservice-bayern.de und www.stiftungwarentest.de*"[611].

Zusammenfassend lässt sich für das Fach AWT feststellen,
- dass die Lehrwerke AWT7-1 und AWT7-2 deutlich stärker als ihre Vorgängerwerke auf digitale Medien Bezug nehmen,
- dass die beiden Lehrwerke AWT7-1 und AWT7-2 an das mediale Erfahrungswissen der Schüler anknüpfen,
- dass diese beiden Schulbücher den Schülern Hinweise geben, wie sie Informationen erhalten können, wenn die im Schulbuch abgedruckten Daten veraltet sind und
- dass die Schulbücher AWT7-1 und AWT7-2 sowohl Chancen als auch Risiken von digitalen Medien thematisieren.

Außerdem konnte am Beispiel Online-Shopping (AWT7-2) deutlich werden, dass es möglich ist, aktuelle und detaillierte Beiträge zum Erwerb von digitaler Medienkompetenz zu liefern; dass dies nicht in allen Schulbüchern zu AWT der Fall ist, liegt weniger an einem *cultural lag*, sondern an den Intentionen der Schulbuchautoren und ihrem Maß an Lehrplanorientierung.

---

[607] AWT7-3, S. 34
[608] AWT7-3, S. 74 - 77
[609] vgl.: AWT7-3, S. 43: Die Schüler sollen ihre Ergebnisse auf der Homepage der Schule präsentieren.
[610] vgl.: AWT7-3, S. 46: Die Schüler sollen im Internet nachforschen.
[611] AWT7-3, S. 32

Deutsch

Lesebücher

Es wurden zwei Lesebücher, die zum LP 2004 erschienen sind, mit ihren Vorgängerwerken verglichen: *Zwischen den Zeilen 5* (DLB5-1) und *Zwischen den Zeilen 6* (DB6-1). Die beiden Schulbücher umfassen zusammen 496 Seiten.

Im Vergleich zu DL5.1, das zum LP 1997 erschienen war, gibt es im Lesebuch DLB5-1 wesentlich mehr Hinweise auf die Nutzung digitaler Medien. Dies wird an der neuen Lesebuchsequenz *Computer und Internet*[612] und an der sehr großen Anzahl an Arbeitsaufträgen deutlich, die die Schüler im Internet nach Informationen suchen lassen. Als Beispiele für solche Arbeitsaufträge seien genannt:

- „*Über den Nobelpreisträger Kenzaburo Oe kannst du dich im Internet informieren:* www.nobelpreis.org/Literatur/oe.htm"[613]
- „*Zum Thema Straßenkinder und Kinderrechte gibt es auch Spiele, Materialien, Comics und Empfehlungen für Kinder- und Jugendbücher:* www.kinderkulturkarawane.de/2004/kinderrrechte/materialien.htm# COMICS"[614]
- über den Autor Henning Mankell: „*Weitere Informationen zum Autor unter:* www.schwedenkrimi.de/manklell_biografie.htm"[615]
- „*Mehr Informationen zu Delfinen findest du auch im Internetlexikon:* www.kinder-tierlexikon.de/d/delfin.htm" [616]
- beim Thema Fußball: „*Weitere Informationen unter:* www.fussball21.de/12314.asp"[617]
- Frauenfußball: „*Interessant hier auch eine Rede der ehemaligen Bayerischen Staatsministerin Frau Hohlmeier:* www.km.bayern.de/km/asps/archiv/06_07_maedchenfussball.pdf"
- zum Autor des Buches „Die wilden Fußballkerle": „*Weitere Informationen zum Autor im Internet unter* hamburg.kinder-stadt.de/buecher/masannek.htm"[618]

---

[612] DLB5-1, S. 200 - 213
[613] DLB5-1, S. 47
[614] DLB5-1, S. 92; dort befindet sich auch der Internetlink: www.unicef.de/download/i_0084_kinderrechte.pdf
[615] DLB5-1, S. 117
[616] DLB5-1, S. 117
[617] DLB5-1, S. 125
[618] DLB5-1, S. 127

- „*Mehr über Mädchenfußball in Bayern findest du unter* www.bfv-talente.de/bayern-aktuell.html"[619]
- „*Mehr über* Die Wilden Fußballkerle *erfährst du, wenn du in einer Suchmaschine im Internet (z.B.* www.blinde-kuh.de) *fußballkerle eingibst. Die Groß- und Kleinschreibung ist dabei nicht so wichtig. Weitere Info: derstandard.at/url=/?id=1961074*"[620]
- „*Im Internet gibt es Tausende von Links zum Thema Fußball. Hier ein paar, die für dich interessant sein könnten:* www.dfb.de; www.fussball.de; www.bundesliga.de; www.bayern06.de"[621]
- „*Wenn dich der Bereich Astronomie interessiert, findest du im Internet Informationen und Wissenswertes unter:* www.astronews.com" [622]
- zum Autor des Textes „Warum bin ich Ich?": www.uni-tuebingen.de/philosophie/frank/ [623]
- zu den Terminen der Kinder-Uni: www.die-kinder-uni.de/html/munchen.html [624]
- zum Thema Malaria: „*Informiere dich über die Krankheit Malaria. Mehr Informationen findest du auch im Internet auf der Homepage des Deutschen Grünen Kreises (*www.dgk.de *unter:* www.dgk.de/web/dgk_content/de/kinderfuerkindergegenmalaria.htm"[625]
- „*Mehr zum Thema Glasherstellung unter:* www.sign-lang.uni-hamburg.de/de/Tlex/Lemmata/L2/L264.htm"[626]
- „*Informiere dich in einem Lexikon und im Internet über Lawinen:* www.top-wetter.de/lexikon/l/lwaine.htm"[627]
- „*Wie man sich als Skifahrer verhalten sollte und wie man Lawinen unterscheidet, findest du im Internet unter:* www.dein-allgaeu.de/wetter/wetter_lawine1.html"[628]

---

[619] DLB5-1, S. 126
[620] DLB5-1, S. 127
[621] DLB5-1, S. 127
[622] DLB5-1, S. 197
[623] DLB5-1, S. 197
[624] DLB5-1, S. 198
[625] DLB5-1, S. 198; hier müsste es statt Deutschen Grünen *Kreises* richtig Deutschen Grünen *Kreuzes* heißen.
[626] DLB5-1, S. 198
[627] DLB5-1, S. 198
[628] DLB5-1, S. 198

- *"Suche im Internet nach einer Zugverbindung von deinem Heimatort bzw. einem nahegelegenen Bahnhof nach Frankfurt. Du willst an einem Samstag um 10.00 Uhr losfahren und nicht mehr als dreimal umsteigen:* www.diebahn.de"[629]

Die mehr als zwanzig Hinweise auf die Informationsbeschaffung im Internet zeigen, dass das Lesebuch DLB5-1 insbesondere bei Sachthemen auf Aktualität bedacht ist. Gerade im Hinblick auf das Computerverhalten von Hauptschülern, die die digitalen Medien eher für Spiele und Spaß als für den Wissenserwerb nutzen, stellen die Arbeitsaufträge sinnvolle Angebote dar. In der neu konzipierten DLB5-1-Einheit *Computer und Internet*, die die Sequenz *Worte und Bilder* aus DL5.1 ablöst, wird der Schwerpunkt auf die folgenden Bereiche gelegt:

- *Chatten*[630]
- *Kinderseiten im Internet*[631]
- *Chancen und Risiken von digitalen Medien (Die mediale Herausforderung)*[632]
- und *die Gefahren von Referate-, Hausaufgaben- und Textbörsen im Internet.*[633]

Darüber hinaus bietet das Lesebuch DLB5-1 einen Sachtext mit technischen Informationen zum *Computer*[634], einen Jugendbuchauszug (*Oskars ganz persönliche Geheimdatei*[635]) und die beiden Texte, die schon im Lesebuch DL5.1 zum LP 1997 enthalten waren: *Computeritis* und *Zapping am Nachmittag*.

Bei den *Kinderseiten im Internet* handelt es sich um Angebote im Internet, die sich an Kinder und Jugendliche wenden, darunter auch zwei Internetseiten aus dem Bayerischen Staatsministerium für Unterricht und Kultus:

- www.internet-abc.de
- www.br-online.de/kinder
- www.blinde-kuh.de
- www.geolino.de
- www.physikforkids.de

---

[629] DLB5-1, S. 199
[630] DLB5-1, S. 200 - 201
[631] DLB5-1, S. 202 - 203
[632] DLB5-1, S. 204
[633] DLB5-1, S. 205
[634] DLB5-1, S. 206 - 207
[635] DLB5-1, S. 208 – 209. In den Arbeitsaufträgen zu *Oskars ganz persönliche Geheimdatei* werden die Schüler gefragt, wofür sie den Computer nutzen und wie sie ihre Daten schützen.

- www.experimente-antworten.de
- www.km.bayern.de/km/schule/wettbewerbe/bayern

Außerdem werden die Schüler auf Buch-, Hörbuch- und Internettipps hingewiesen: www.ard.de/kinder/leseratten bzw. www.tivi.de, *„die besten neuen Krimis und Märchen, Bilder- und Sachbücher, die für dich schon mal Probe gelesen wurden.*"[636]

Über die Dimension der Daten im Internet und das fast grenzenlose Wachstum informiert der Eingangstext zu *Kinderseiten im Internet*:

„Allein in Deutschland gibt es über acht Millionen Internetadressen. Hinter jeder dieser Adressen verbergen sich wiederum zahlreiche Seiten. Und jeden Tag kommen Tausende dazu: Allein in Deutschland sind es ungefähr 4000 Seiten am Tag."[637]

Im Sinne des Erwerbs von digitaler Medienkompetenz sind die Texte und Arbeitsaufträge zum *Chatten* (Abb. 88) und zu den *Gefahren von Referate-, Hausaufgaben- und Textbörsen im Internet* (Abb. 89) interessant. Das Lesebuch DLB5-1 macht die Schüler darauf aufmerksam,

- dass es im Internet Inhalte gibt, die nicht für Kinder geeignet sind[638],
- wie sie sich verhalten sollen, wenn sie auf solch eine Seite gelangen und
- wie sie sich in Chatrooms bewegen sollen.

Diese Hinweise finden sich in keinem anderen der 75 untersuchten Schulbücher und stellen einen Baustein zum Erwerb von digitaler Medienkompetenz dar.

Der Text *Chatten* bietet neben technischen Hinweisen (Java Skript, Nickname, Öffnen des Chat-Fensters) auch Informationen u.a. darüber,

- an welche Regeln man sich beim Chatten (hier: *br-online*) halten muss, um nicht den Chat verlassen zu müssen,
- dass jeder für das, was er sagt, selbst verantwortlich ist,
- dass man nicht zu Gewalt aufrufen soll und
- keine Werbung zu machen.

---

[636] DLB5-1, S. 203
[637] DLB5-1, S. 202
[638] vgl. DLB5-1, S. 200

Auch wenn nicht davon ausgegangen werden kann, dass Kinder der 5. Jgst. nur Chatrooms von Radio- und Fernsehsendern wie *br-online* besuchen, so lernen die Schüler zumindest die in dem Text angesprochenen sozialen Aspekte eines erwünschten Medienverhaltens kennen.

Der Text *Gefahren durch Referatebörsen im Internet*[639] weist die Schüler auf die vor allem finanzielle Problematik von *Dialern* hin. Er stammt aus einem Schreiben des Bayerischen Staatsministeriums für Unterricht und Kultus, das im Jahr 2005 an alle Eltern von Schülern bayerischer Schulen verteilt wurde. Das Schreiben und die darin angesprochene Thematik wird möglicherweise bald in Vergessenheit geraten, im Lesebuch ist sie dagegen noch auf Jahre hinaus präsent. Der Text kann einen Baustein zum Erwerb von digitaler Medienkompetenz darstellen, da er die Schüler über Risiken durch unseriöse Internetangebote informiert.

Weitere Gefahren, aber auch die Vorteile und Chancen digitaler Medien stellt der Text *Die mediale Herausforderung* (Abb. 90) einander gegenüber. An Chancen des PC werden u.a. genannt: *Gestaltung einer eigenen Website, Erlernen des Umgangs mit den neuen Medien für Schule, Beruf und Hobby, grenzenlose Informationsmöglichkeiten, Wissensvermittlung, interaktive Lernformen.* An Gefahren des PC werden im Text des Lesebuch für die 5. Jgst. aufgeführt: *Problem, wenn PC die einzige Freizeitaktivität des Kindes ist, Gewalt, Pornografie bei Online-Nutzung.* Ausführlich werden im Text *Die multimediale Herausforderung* im Lesebuch DLB5-1 die Computerspiele in ihren Vor- und Nachteilen dargestellt.

---

[639] DLB5-1, S. 205

Abb. 88: Chatten, DLB5-1[640]

So kannst du bei *br-online* chatten
Kurz bevor und während ein *Kinderinsel*-Chat geöffnet ist, kannst du auf den „Mitmachen"-Knopf auf der Übersichtsseite klicken.
Es öffnet sich ein zweites kleineres Fenster, in dem du dich anmelden kannst. Bei den Einstellungen in deinem Internet-Browser muss unbedingt *JavaScript* aktiviert sein, sonst öffnet sich das Fenster nicht!
Denk dir einen *Nickname*, also einen Spitznamen, aus – so wirst du im Chat heißen. Trage ihn in dem kleinen Fenster ein. Größe des Chat-Fensters wählen. Button *Ab in den Chat* drücken. Das Chat-Fenster öffnet sich und nach ca. 20–30 Sek. ist der Chat komplett geladen. www.br-online.de/kinder

Regeln für den BR-Kinderinsel-Chat
Wer beim *BR-Kinderinsel*-Chat mitmacht, muss sich an ein paar Regeln halten. Die Piraten vom *BR-Kinderinsel*-Team, von denen immer einer im Chat dabei ist, achten darauf, dass diese Regeln auch eingehalten werden. Wer gegen diese Regeln verstößt, muss damit rechnen, dass er aus dem Chat rausfliegt oder sogar dauerhaft ausgeschlossen wird.
Was ihr im *BR-Kinderinsel*-Chat schreibt, ist jeweils eure eigene Meinung. Es ist nicht die Meinung des *Bayerischen Rundfunks* und es kann auch sein, dass wir vom *Bayerischen Rundfunk* mal ganz anderer Meinung sind. Jeder, der im Chat mitmacht, ist für das, was er oder sie sagt, selbst verantwortlich!

Ganz kurz die Regeln:
Seid genauso freundlich und nett wie im normalen Leben.
Vergesst nicht: Ihr sprecht/schreibt mit anderen Kindern!
Sagt nichts, was ihr nicht selber gesagt bekommen möchtet.
Drängt euch anderen nicht auf.
Alle Kinder sollen sich im *BR-Kinderinsel*-Chat wohlfühlen und gerne wieder kommen.

Folgendes solltest du beachten, sonst fliegst du aus dem Chat und darfst nie wieder daran teilnehmen:
Benutze keine schlimmen Wörter als Spitznamen.
Schreibe deine Beiträge nicht in Großbuchstaben, denn Großschreibung bedeutet, dass du andere anschreist.
Benutze keine schlimmen Wörter im Chat, die andere beleidigen könnten.
Rufe nicht zu irgendetwas auf, das verboten ist. Zum Beispiel zu Gewalt gegen Menschen oder Sachen.
Biete keine Dateien zum Downloaden an (besonders Audio- und Videodateien).
Mache keine Werbung für irgendwelche Sachen, auch wenn du sie noch so toll findest.
Setze keine Computerprogramme im Chat ein, besonders nicht solche, die so tun, als wären sie Chatter.
Schreibe nicht mehrmals hintereinander den immer gleichen Text im Chat.

---

[640] DLB5-1, S. 201

Abb. 89: Gefahren durch Referatebörsen im Internet, DLB5-1[641]

Internetseiten, auf denen Referate, Facharbeiten und Hausaufgaben getauscht und herunter geladen werden können, erfreuen sich seit Jahren großer Beliebtheit unter Schülerinnen und Schülern. Neben der Möglichkeit der Materialbeschaffung bieten diese Seiten oft auch Gelegenheit zum Austausch mit anderen
5 Schülern in Foren. Seit einigen Monaten ist jedoch verstärkt zu beobachten, dass gerade die bekanntesten dieser Seiten so genannte *Dialer* installiert haben. Dialer sind kleine Programme, die sich unbemerkt auf dem PC installieren und eine kostenpflichtige Telefonverbindung aufbauen. Bei der Aktivierung eines Dialers können auf einzelnen Seiten Verbindungspreise von etwa 30 € pro Ver-
10 bindung oder mehreren € pro Minute fällig werden.
Das Mehrwertdienste-Gesetz schützt Verbraucher vor unseriösen Angeboten, die in der Vergangenheit zu sehr hohen Telefonrechnungen geführt haben, indem es u.a. eine Pflicht zur Preisangabe und einen Kostenrahmen vorsieht. Allerdings sind diese oft bewusst unauffällig platziert und zudem so schwer lesbar,
15 dass Jugendliche sie bei der Benutzung der Seite leicht übersehen.
Die Installation des Dialers wird in der Regel durch die Eingabe der Buchstaben *OK* in ein Feld aktiviert, das dem jugendlichen Nutzer einen einfachen und sicheren Zugang zu den Angeboten der Seite vorgaukelt. In Einzelfällen muss vor der Nutzung des Angebots ein Passwort mit einer Kurznachricht (SMS)
20 angefordert werden, die ebenfalls zu vergleichsweise hohen Kosten führen kann.
Eltern kann geraten werden, ihre Kinder auf das Kostenrisiko hinzuweisen bzw. die Benutzung von kostenpflichtigen 0190er-Nummern, der sich diese Anbieter bedienen, beim eigenen Telefonanbieter sperren zu lassen. Informationen zum
25 Schutz vor Dialern sind auch im Internetangebot der bayerischen Polizei unter der folgenden Adresse einsehbar: www.polizei.bayern.de/ppmuc/schutz/
Das Staatsministerium empfiehlt, Schülerinnen und Schülern im Unterricht anhand der Besprechung konkreter Beispiele deutlich zu machen, dass die Benutzung der Internetangebote finanzielle und rechtliche Risiken birgt und auch
30 aufgrund der bedenklichen Qualität der meisten Materialien dem Lernerfolg nicht zuträglich sein kann.

Die Schüler erfahren, dass Computerspiele *zur Entwicklung von Kompetenzen und zum Training des Gehirns beitragen* können. Im Text werden u.a. folgende Gefahren, die mit der Nutzung von Computerspielen verbunden sein können, benannt: *Isolation, Realitätsverlust, Verlust von sozialen Fähigkeiten, gesundheitliche Belastungen und Spielsucht.*[642]

---

[641] DLB5-1, S. 205
[642] vgl.: DL5-1, S. 204

Abb. 90: Die multimediale Herausforderung, DLB5-1[643]

PC
Der vielerorts vorhandene Multimedia-PC wird mit unterschiedlicher Motivation und Zielrichtung verwendet: Vom Spielcomputer bis zum ausschließlichen Arbeitsmittel, wobei Mischkombinationen die Regel sein dürften. Mittlerweile
5 kann er auch als Radio, Fernseher oder zum Betrachten von Spielfilmen mittels DVD oder Internet-Download verwendet werden.
Vorzüge und Chancen: Mit dem PC eröffnen sich neue Kommunikationswege: Interaktivität und kreative Nutzungsmöglichkeiten, wie z.b. Gestaltung einer eigenen Website, Erlernen des Umgangs mit den neuen Medien für Schule, Be-
10 ruf und Hobby. Er bietet grenzenlose Informationsmöglichkeiten, Wissensvermittlung sowie interaktive Lernformen.
Gefahren: Zum Problem kann der PC werden (wie der Fernseher), wenn er die einzige Freizeitaktivität des Kindes ist. Wenn Kinder überwiegend gewaltorientierte Inhalte konsumieren, sind die Gefahren ähnlich wie beim Fernsehen.
15 Auch die Online-Nutzung des PC birgt Gefahren für Kinder und Jugendliche. Hier ist in erster Linie der Kontakt mit legaler wie illegaler Pornografie sowie Gewalt verherrlichenden Inhalten zu nennen. Auch die Nutzung von sog. *Chatrooms* oder von *Newsgroups* kann riskant sein.

Handy
20 Handys dienen auch der Kommunikation zwischen Eltern und ihren Kindern, wenn diese z.B. alleine unterwegs sind. Dies trägt zur Erhöhung der Sicherheit der Kinder bei. Große Probleme können aber auch durch die neue Handy-Generation entstehen, mit der ebenfalls auf das Internet zugegriffen werden kann.

Video- und Computerspiele
25 *Vorzüge und Chancen:* Video- und Computerspiele können zur Entwicklung von Kompetenzen und zum Training des Gehirns beitragen, insbesondere was die Schulung von Koordination, Reaktionsfähigkeit, visueller Wahrnehmung und vernetztem Denken angeht.
Gefahren: Die bereits genannten Gefahren – Isolation, Einseitigkeit, Abstump-
30 fung oder gar Verrohung, Realitätsverlust sowie Verkümmerung bzw. Verlust von sozialen Fähigkeiten – können auch beim übermäßigen Spielen auftreten. Die gesundheitliche Belastung (Rücken, Augen) sowie die Gefahr der Spielsucht dürfen nicht unterschätzt werden. Studien zufolge soll das intensive Spielen gewaltverherrlichender Spiele die Aufnahmefähigkeit und das Erinnerungs-
35 vermögen für andere Lerninhalte deutlich einschränken. Die Beschaffung bzw. der Austausch von nicht altersentsprechenden bzw. zugelassenen Video- und Computerspielen geschieht oftmals auf dem Schulhof. Deshalb ist die Kontrolle seitens der Eltern ganz besonders notwendig.

---

[643] DL5-1, S. 204

Die Arbeitsaufträge zum Text *Die multimediale Herausforderung* lassen die Schüler ihr Medienverhalten reflektieren, was im Sinne des Erwerbs von Medienkompetenz wichtig ist:

- *„Was ist deine Hauptbeschäftigung am PC und wie viel Zeit verbringst du damit?*
- *Wann sind Handys sinnvoll?*
- *Warum bergen auch Handys Gefahren?*
- *Ein Mitschüler bietet dir ein illegales Computerspiel an. Wie verhältst du dich?"*[644]

Zusammenfassend lässt sich für das Lesebuch DLB5-1 sagen, dass es den Schülern zahlreiche Möglichkeiten bietet, digitale Medien sinnvoll zu nutzen, ihr eigenes Medienverhalten zu reflektieren und Informationen zu den Chancen und Gefahren der digitalen Medien zu erhalten.

Das Lesebuch DLB6-1 unterscheidet sich vom Vorgängerwerk DL6.1, das zum LP 1997 erschienen war, vor allem durch die Sequenz *Multimedia*[645] und durch zahlreiche Arbeitsaufträge, die die Schüler zur Nutzung des Internets ermuntern und ihr Medienverhalten überdenken lassen, wie:

- *Erkundige dich beim Arzt, in einem Lexikon oder im Internet, was Osteoporose ist.*[646]
- *Was hat Computer- und Fernsehkonsum mit Übergewicht zu tun?* [647]
- *Informiere dich über Straßenkinder in Deutschland bei Kinderhilfswerken wie terre des hommes: www.tdh.de* [648]
- *Im Internet findest du mehr Informationen zu Kinderrechten unter: www.kindersache.de/politik/default.htm?a=politik/rechte.htm*[649]
- *Nehmt per E-Mail Kontakt zu einer Schule oder einer Einrichtung für Körperbehinderte auf.*[650]
- *Informiere dich im Internet über die Moken. Gib dazu in einer Suchmaschine die Begriffe Moken Thailand Wasser ein.*[651]

---

[644] DLB5-1, S. 205
[645] DLB6-1, S. 188 - 199
[646] DLB6-1, S. 186
[647] DLB6-1, S. 186
[648] DLB6-1, S. 91
[649] DLB6-1, S. 59
[650] DLB6-1, S. 59

- *Wenn du mehr über Senegal wissen willst, findest du interessante Links unter: www.senegalhilfe-verein.de* [652]
- *Informiere dich über das Kinderhilfswerk UNICEF unter: www.unicef.de/kids/index.html* [653]
- *Über die Situation der Straßenkinder in Brasilien findest du Informationen unter: www.brasilien.de/volk/bevoelkerung/kinder.asp* [654]
- *Informiere dich in einem Lexikon oder im Internet über Masern: www.medizinfo.de/hautundhar/viren/masern.htm www.gesundes-kind.de/gsk/schutzimpf/masern01.htm* [655]

Die abgedruckten Links lassen die Nutzung des Internets zur Informationsbeschaffung als nahezu selbstverständlich erscheinen.

Wie die Schüler mit einer Suchmaschine umgehen können, erfahren sie im Rahmen der Sequenz *Multimedia*, die folgende Schwerpunkte setzt:
- *Was eine Suchmaschine ist und was sie sucht* [656]
- *Kinder im Netz* [657]
- *Auswirkungen des Medienverhaltens (Abschalten* [658]*)*
- und der Umgang mit Nachrichten aus dem Internet: *Mädchen stirbt an Masern* und *Vom Wasser verschluckt* [659]

Beim Thema Internetnachrichten erhalten die Schüler zwei Adressen, die spezielle Nachrichten für Kinder enthalten: http://www.news4kids.de und www.wdr5.de/lilipuz. [660] Außerdem werden die Schüler dafür sensibilisiert, die Informationen in einer Internetnachricht in Bezug auf Objektivität, Vollständigkeit und Genauigkeit zu beurteilen [661] und sie kritisch zu hinterfragen, wie es auch der folgende Textauszug zeigt:

„*Gerade bei Internettexten solltest du hinterfragen,*
- *wer den Artikel geschrieben hat,*

---

[651] DLB6-1, S. 61
[652] DLB6-1, S. 61
[653] DLB6-1, S. 61
[654] DLB6-1, S. 61
[655] DLB6-1, S. 199
[656] DLB6-1, S. 188 - 190
[657] DLB6-1, S. 191 - 193
[658] DLB6-1, S. 194
[659] DLB6-1, S. 197 - 199
[660] vgl. DLB6-1, S. 199
[661] vgl. DLB6-1, S. 199

- *welches Ziel der Verfasser damit verfolgt,*
- *wann der Text ins Internet gestellt wurde*
- *und ob der Text eine sachliche Nachricht oder einen persönlichen Kommentar darstellt."*[662]

Über den Zusammenhang zwischen Medienverhalten und schulischen Leistungen informiert der Text *Abschalten* (Abb. 91).

Abb. 91: Abschalten, DLB6-1[663]

Abschalten!
Zu viel Glotzen und Computerspielen machen dumm

Kinder und Jugendliche, die lange vor dem Fernseher oder am Computer sitzen, laufen Gefahr, schlecht in der Schule zu werden. Das haben Mitarbeiter des Kriminologischen Forschungsinstituts Niedersachsen herausgefunden. Mittlerweile hat die Hälfte aller zehnjährigen Jungs in Deutschland eine komplette
5 High-Tech-Ausstattung im eigenen Zimmer: Fernsehgerät, Computer, Playstation und DVD-Spieler. Im Schnitt sitzen sie täglich zwei Stunden länger vor ihren Geräten als Kinder, die diese „Ausrüstung" nicht haben. Und das kann sich auf die Schulleistung auswirken. Dass Jungs eher Probleme in der Schule haben als Mädchen, zeigt auch die Zahl der Schulabbrecher: Unter den Jugendlichen,
10 die keinen Schulabschluss haben, sind mittlerweile 64 Prozent Jungs, aber nur 36 Prozent Mädchen.

1 Was hat häufiger Medienkonsum mit Schulleistungen zu tun?
2 Welche Unterschiede gibt es zwischen Jungen und Mädchen in Hinblick auf Medienkonsum?
3 Wie viel Zeit verbringst du vor Fernseher und digitalen Medien? Notiere dir eine Woche lang die wirklichen Zeiten, die du vor Computer, Fernseher oder Videogerät verbringst und vergleiche sie mit deiner Schätzung.
4 Was hältst du von Fernseh- und Computerverboten für Kinder?

Die Arbeitsaufträge zum Text *Abschalten!* bieten Schülern Gelegenheit, ihren Medienkonsum zu beobachten und zu beurteilen.

Auf die Gefahren des Internet, vor allem durch Computerspiele und Chatrooms, geht der Text *Kinder im Netz* ein, der in Auszügen in Abb. 92 wiedergegeben

---

[662] DLB6-1, S. 199
[663] vgl. DLB6-1, S. 194

ist. Neben Zahlen und Fakten zur Internetnutzung von Kindern im Alter von sechs bis dreizehn Jahren werden Hinweise gegeben, wie man im Internet seine persönliche Daten schützen kann[664]. Außerdem wird eine Liste mit Links zum Thema *Kinder und Internet* abgebildet, die sowohl für die Schüler, als auch für Eltern und Lehrkräfte interessante Informationen bietet (Abb. 93). Arbeitsaufträge zu dem nachfolgenden Textauszug gibt es im Lesebuch DLB6-1 nicht.

Abb. 92: Textauszug: Gefahren für *Kinder im Netz*, DLB6-1[665]

> len. Deutliche Unterschiede gibt es allerdings in der Art und Weise, wie Mädchen und Buben das Internet nutzen. Während die Mädchen doch eher Kinder-
> 65 websites besuchen und an vielfältigen Informationen interessiert sind, suchen die Buben häufig nach Informationen zu Computerspielen oder laden sich verbotene Spiele und Videos herunter. Dass sie deshalb stärker gefährdet sind, liegt auf der Hand. Denn wer so im Internet surft, kann leicht auch auf Seiten geraten, die gewalthaltige oder pornografische Inhalte anbieten.
> 70 Gefährlich kann das Internet werden, wenn Jugendliche mit zunehmendem Alter ihre Lust entdecken, an Chatrooms teilzunehmen. Die Anonymität[3] der Teilnehmer schützt kriminelle Erwachsene, die bei ihrer Suche nach jugendlichen Opfern auf deren Arglosigkeit und Neugier spekulieren. Sie verstehen es, schon nach wenigen Treffen in der virtuellen[4] Kontaktbörse eine vertrauliche Atmos-
> 75 phäre zu schaffen. Die Fälle, in denen es ihnen anschließend gelungen ist, sich

Wie eine Suchmaschine funktioniert und wie man zielgenau suchen kann zeigt ein dreiseitiger Text im Lesebuch DLB6-1, der in einem Auszug in Abb. 94 abgedruckt ist. Gerade dieses Beispiel macht deutlich, dass ein Lesebuch für die Schüler auch in Bezug auf die Nutzung digitaler Medien aktuelle interessante Informationen bereithalten kann, die die Schüler möglicherweise nicht schon vorher gewusst haben und die zum sinnvollen Medienkonsum beitragen können.

---

[664] vgl. DLB6-1, S. 191 - 192
[665] DLB6-1, S. 192

Abb. 93: Kinder und Internet, DLB6-1[666]

Kinder und Internet:
Zu diesem Thema gibt es zahlreiche Internetadressen.
Hier eine kleine Auswahl:
www.kinderbrauser.de
(Einführung für Kinder ins Internet auf CD-ROM)
www.internet-abc.de
(Informationen rund ums Internet für Eltern und Kinder)
www.dji.de
(Homepage des Deutschen Jugendinstituts)
www.dji.de/www-kinderseiten/default.htm
(Links und medienpädagogische Themen)
www.jugendschutz.net
(Broschüren u. Infos zum Internet)
www.stmas.bayern.de/familie/kinderschutz/chatten.htm
(Broschüre über Gefahren beim Chatten)
www.kindersindtabu.de
(Schutz vor Gefahren im Internet)
www.seitenstark.de
(Bietet kindgerechte Websites)
www.schau-hin.info
(Hilfen für sinnvolle Mediennutzung der Kinder)
www.educat.hu-berlin.de/mv/internet_kinder.html
(Tipps zur sinnvollen Nutzung des Internets durch
Kinder u. Links auf Kinderseiten)
www.beratung-caritasnet.de/chatten.html
(Beratungsangebote u. Informationen zum
Umgang der Kinder mit dem Internet)
www.elternimnetz.de
(Ratgeber für Eltern von A-Z)
www.blinde-kuh.de
(Suchmaschine für Kinder)

Zusammenfassend lässt sich für das Lesebuch DLB6-1 feststellen, dass das Angebot an Texten und Arbeitsaufträgen gegenüber dem Vorgängerwerk, das ähnlich wie beim Lesebuch für die 5. Klasse insgesamt nur zu rund 20 Prozent bei der Fassung zum LP 2004 verändert wurde, vor allem im Bereich digitale Medien deutlich ausgeweitet wurde und mehrere Angebote zum Erwerb von digitaler Medienkompetenz enthält.

---

[666] DLB6-1, S. 193

Abb. 94: Noch mehr Zeichen, DLB6-1[667]

Noch mehr Zeichen
Manchmal besteht ein Suchbegriff aus zwei Worten, z. B. *überbackenes Brötchen*. Auch andere Begriffe wie *italienische Mode* werden erst durch die Wortzusammenstellung eindeutig. Diese Zusammenstellungen von Worten werden Phrasen genannt. Die Verbindung wird durch das Einfassen in englische Anführungszeichen "..." dargestellt. Auch nach Namen kann man so suchen, z. B. *"Donald Duck"* oder *"Herr der Ringe"*. Zwischen Vor- und Nachname oder den zusammengesetzten Begriffen muss unbedingt ein Leerzeichen stehen.
Ein anderes praktisches Zeichen ist das Sternchen *. Es steht für eine beliebige Anzahl von Zeichen. Am Wortende eingesetzt, bedeutet das Sternchen, dass das Wort beliebige Endungen haben kann. Gibt man *Auto** ein, wird nach *Automobil, Automat, Autoreisezug* usw. gesucht.
Die Verbindungsworte, wie *und/and, oder/or*, die man für die Suche einsetzt, heißen Operatoren. Nach Operatoren kann man nicht suchen. Sie werden von der Suchmaschine ignoriert. Das passiert auch mit anderen Worten oder Zeichen, die zu häufig vorkommen oder die sich nicht richtig einordnen lassen. Nach *der, die, das*, aber auch Zeichen wie $ oder & wird nicht gesucht. Man bezeichnet sie als *Stopwords*. (...)

Sprachbücher

Im Bereich der Sprachbücher zum LP 2004 wurden sechs Neubearbeitungen von Schulbüchern, die zum LP 1997 erschienen waren, untersucht: *Mit eigenen Worten 5* (DSB5-1), *Mit eigenen Worten 6* (DSB6-1), *Mit eigenen Worten 7* (DSB7-1), *Mit eigenen Worten 7 M* (DSB7-2), *Das Hirschgraben Deutschbuch 7* (DSB7-3) und *Das Hirschgraben Deutschbuch 7 M* (DSB7-4). Diese sechs Sprachbücher umfassen insgesamt 900 Seiten.

Das Sprachbuch DSB5-1 berücksichtigt den Bereich digitale Medien in vielfacher Hinsicht: Neben mehreren Arbeitsaufträgen, die sich auf das Schreiben mit dem Computer und das Überarbeiten von Texten am PC beziehen[668], und dem vielfachen Hinweis auf Internetadressen (z.B. um sich über Buchhinweise und Buchbesprechungen zu informieren[669]) sind vor allem die folgenden drei Einheiten von Relevanz in Bezug auf die sinnvolle Nutzung digitaler Medien:

---

[667] DLB6-1, S. 190
[668] vgl. DSB5-1, S. 115, S. 126, S. 128, S. 216. Im letztgenannten Beispiel geht es um die Rechtschreibprüfung mit dem Computer.
[669] vgl. DSB5-1, S. 24

- *Das Lexikon auf CD-ROM*[670]
- *Im Internet Informationen suchen*[671]
- *Eine E-Mail schreiben*[672]

Die Texte, Abbildungen und Arbeitsaufträge tragen dazu bei, dass die Schüler lernen,
- wie sie Informationen auf einer CD-ROM suchen,
- wie und auf welchen Internetseiten sie Themenbereiche eingrenzen können und
- was sie beim Verfassen einer E-Mail beachten müssen.
- Zudem werden sie aufgefordert herkömmliche und neue Medien in ihren jeweiligen Vor- und Nachteilen miteinander zu vergleichen.

Die Hinweise zu den Bestandteilen einer E-Mail-Adresse sind detailliert: *„Achte darauf, dass zwischen den Bestandteilen der Adresse keine Leerzeichen stehen dürfen. Alle Punkte zwischen den Teilen der E-Mail-Adresse müssen vorhanden sein."*[673]

Zur Suche auf CD-ROM oder im Internet wird das Verfahren der *Wortsuche* erklärt:

„Meistens gibt es aber auch die Möglichkeit der Wortsuche. Man gibt einen Begriff ein und erhält eine Liste mit Texten, in denen der Begriff vorkommt. Gibt man zwei Begriffe ein (Steinzeit Musik), dann grenzt man die Auswahl ein und findet schneller die passenden Informationen."[674]

Das Sprachbuch DSB6-1[675] greift den Bereich *Im Internet Informationen suchen*, der in der 5. Jgst. schon thematisiert wurde, auf und zeigt am Beispiel einer Suchmaschine, wie man die erhaltenen Informationen auswerten kann (Abb. 96). Außerdem bietet das Sprachbuch DSB6-1 an, mit einer Partnerklasse eine Fortsetzungsgeschichte zu schreiben und per E-Mail mit der Klasse in Kontakt zu treten (Abb. 98). Der Vorschlag, eine Hauptschulklasse zu suchen, die online zu erreichen ist, und dieser Klasse dann eine E-Mail mit einem Geschichtenanfang zu schicken, bietet für die Schüler die Chance, Unterrichtsinhalte aus dem Fach Deutsch mit neuen Formen der Kooperation und Erfahrungen mit digitalen Medien zu verbinden.

---

[670] DSB5-1, S. 36 - 37
[671] DSB5-1, S. 38 - 39
[672] DSB5-1, S. 41
[673] DSB5-1, S. 41
[674] DSB5-1, S. 38
[675] Weitere Aspekte, die sich auf digitale Medien beziehen, sind das Schreiben mit dem PC und die Rechtschreibprüfung am Computer, vgl. DSB6-1, S. 214

Abb. 95: Begriffe nachschlagen auf CD-ROM, DSB5-1[676]

[Screenshot eines Lexikoneintrags zum Stichwort „Wale" mit Wörterbuch-Fenster zum Stichwort „ma'rin"]

4 Dies ist ein Eintrag über Wale aus einem Lexikon auf CD-ROM.
a) Vergleicht das Erscheinungsbild mit dem eines gedruckten Lexikontextes. Benennt die Gemeinsamkeiten und die Unterschiede.
b) Über dem Text zum Stichwort *Wale* findet ihr eine Reihe von Symbolen. Erklärt mithilfe der Übersicht unten, welche zusätzlichen Informationen eine CD-ROM zur Verfügung stellt.

▌▌▌ Diagramme		📺 Videos	
➔ Interaktionen		⊕ 360°-Ansichten	
🌐 Karten		🏛 Virtuelle Reisen	
🔊 Audios		◼ Abbildungen	

5 a) Eine CD-ROM liefert oft auch ein Wörterbuch, mit dem man unbekannte Begriffe nachschlagen kann. Schaut euch dazu das Beispiel oben an.
b) Welche Wörter würdet ihr in den ersten beiden Absätzen dieses Artikels nachschlagen?

6 a) Prüft am Computer oder auf einem Ausdruck, welche Antworten ihr auf eure Fragen zu den Walen (siehe Seite 34, Aufgabe 1) findet.
b) Sucht am Computer auch Antworten zu den Fragen auf Seite 35, Aufgabe 6.
c) Sprecht gemeinsam über eure Erfahrungen: Benützt ihr lieber ein Buchlexikon oder ein Lexikon auf CD-ROM?

INFO

Lexikon auf CD-ROM
Ein Lexikon auf CD-ROM enthält neben Texten und Fotos auch Klänge, Trickfilme und Videos. Querverweise auf einer CD-ROM oder im Internet nennt man **Links**. Sie sind meistens farbig vom übrigen Text unterschieden. Durch einen Mausklick auf einen solchen Link kann man ein anderes Stichwort aufrufen.

---

[676] DSB5-1, S. 37

Abb. 96: Informationen im Internet suchen, DSB6-1[677]

3 Gebt in die Suchmaschine folgende Begriffe ein: | roemer bayern | | Suche |

4 a) Auf dem Bildschirm erscheinen die ersten zehn Kurztitel von Internetdokumenten zu diesem Thema. Schaut euch dazu die Seite 31 an:
– Wie viele Internetdokumente zu den Suchbegriffen „römer bayern" gibt es insgesamt?
– Was bedeutet auf der Seite unten die Angabe „Ergebnis-Seite: 1 2 3 4 5 ..."?
b) Überprüft die Kurztitel und die Adressen: Enthalten sie Informationen über Römer in Bayern?
c) Klickt drei Titel an. Sind sie für euch brauchbar? Begründet eure Entscheidung.

Informationen im Internet suchen
Im Internet stehen mehrere Suchmaschinen zur Verfügung (z.B. www.google.de, www.yahoo.de, www.altavista.de). Diese Datenbanken erfassen alle wichtigen Begriffe eines im Internet stehenden Textes. Gibt man den Begriff „römer" ein, werden alle Texte aufgeführt, in denen dieser Begriff vorkommt.
Gibt man mehrere Suchbegriffe ein, z.B. „römer museen bayern", schränkt sich die Auswahl der Texte ein. Per Klick mit der Maustaste auf den Titel des Internetdokuments lässt sich das Dokument direkt laden. Der Titel und die Kurzbeschreibung geben wichtige Hinweise darauf, ob das Dokument geeignete Informationen enthält.

Abb. 97: Suchbegriffe finden, DSB6-1[678]

Suchbegriffe finden
Je mehr Suchbegriffe du eingibst, um so genauere „Treffer" erhältst du. Gehe daher so vor:
1. Schreibe deine Suchfrage auf.
   Wo gibt es in Bayern Ausgrabungen aus der Zeit der Römer?
2. Unterstreiche die Schlüsselwörter.
3. Verwende diese als Suchbegriffe.

Homepage
Unter **Homepage** versteht man die Startseite eines Anbieters. Sie enthält einführende Texte und Bilder. Häufig kann man durch das Anklicken von **Links** (das sind unterstrichene oder farbig markierte Wörter) weiterführende Informationen enthalten. Diese Links stehen oft in einer Navigationsleiste (navigieren = steuern). Auch der Text kann Links enthalten.

An einer anderen Stelle wird der *Computer im Klassenzimmer* thematisiert:
„*Was haltet ihr davon, Computer im Klassenzimmer zu haben? Wozu könnte man sie im Unterricht einsetzen? Sprecht über Probleme, die sich ergeben können, wenn Computer im Klassenzimmer stehen. Häufig liest man in der Zeitung, dass Privatpersonen oder Firmen Schulen gebrauchte*

---
[677] DSB6-1, S. 30
[678] DSB6-1, S. 32

Computer kostenlos zur Verfügung stellen. Welche Möglichkeiten seht ihr, auf diese Weise einen oder mehrere Computer zu beschaffen?"[679]

Abb. 98: Per E-Mail eine Fortsetzungsgeschichte schreiben, DSB6-1[680]

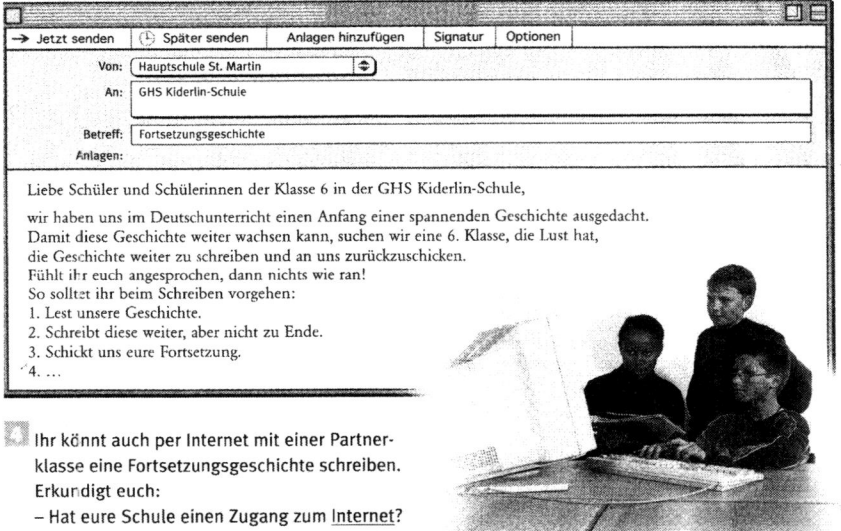

| → Jetzt senden | ⏱ Später senden | Anlagen hinzufügen | Signatur | Optionen |

Von: Hauptschule St. Martin
An: GHS Kiderlin-Schule
Betreff: Fortsetzungsgeschichte
Anlagen:

Liebe Schüler und Schülerinnen der Klasse 6 in der GHS Kiderlin-Schule,

wir haben uns im Deutschunterricht einen Anfang einer spannenden Geschichte ausgedacht. Damit diese Geschichte weiter wachsen kann, suchen wir eine 6. Klasse, die Lust hat, die Geschichte weiter zu schreiben und an uns zurückzuschicken.
Fühlt ihr euch angesprochen, dann nichts wie ran!
So solltet ihr beim Schreiben vorgehen:
1. Lest unsere Geschichte.
2. Schreibt diese weiter, aber nicht zu Ende.
3. Schickt uns eure Fortsetzung.
4. ...

Ihr könnt auch per Internet mit einer Partnerklasse eine Fortsetzungsgeschichte schreiben. Erkundigt euch:
– Hat eure Schule einen Zugang zum Internet?
– Verfügt eure Schule über eine Homepage?
– Ist es möglich für eure Klasse eine E-Mail-Adresse einzurichten?
Lest zu den unterstrichenen Begriffen die Info. Sind alle Voraussetzungen erfüllt, kann es losgehen.

INFO

Wichtige Fachbegriffe
Internet: weltweites Netzwerk von Computern, das es möglich macht, unter den Benutzern Informationen auszutauschen.
E-Mail: elektronischer Brief, der über Internet verschickt wird.
Homepage: Bezeichnung für die Startseite eines Internetauftritts.
online: über das Internet.

a) Sucht über das Internet eine Hauptschulklasse, die online zu erreichen ist. Euer Lehrer hilft euch bestimmt dabei.
b) Schickt eine E-Mail mit eurem Geschichtenanfang (z.B. zum Thema „Freundschaft mit Hindernissen", „Ein unerwarteter Besuch", „Liebeskummer lohnt sich nicht" ...) an die ausgewählte Hauptschulklasse. Bittet sie die Geschichte weiterzuschreiben und an euch zurückzuschicken.
c) Untersucht die Antwort der Partnerklasse: Wie hat sich die Geschichte weiterentwickelt? Benützt dafür und für die Planung des nächsten Fortsetzungsteils Copy 13.
d) Beurteilt selbst, wann es sinnvoll ist, die Geschichte abzuschließen. Verständigt euch darüber mit der Partnerklasse.

---
[679] DSB6-1, S. 113
[680] DSB6-1, S. 101

Die Schüler sollen Chancen und Probleme von Computern, die im Klassenzimmer stehen, besprechen und dazu bewegt werden, sich für die Ausstattung von Klassenzimmern mit Computern einzusetzen.

Die Sprachbücher DSB7-1 (für die Regelklasse) und DSB7-2 (für den M-Zug) sind in Bezug auf den Bereich digitale Medien weitgehend identisch. Sie unterscheiden sich aber deutlich vom Vorgängerwerk zum LP 1997. Das *Projekt Computer* aus DS7.1 wurde gekürzt und inhaltlich verändert. Die Schüler lernen in DSB7-1, wie man einen Screenshot anlegt (Abb. 99). Außerdem wurde die Internetrecherche im Kapitel *Erfolgreich im Internet suchen*[681] ausgeweitet und mit konkreten Hilfestellungen und Anregungen versehen. Weitere Themen mit Bezug zu digitalen Medien sind die Kapitel *Büchersuche im Internet*[682], Texte mit dem Computer schreiben und gestalten[683], einen Brief am PC schreiben[684], Texte mit Cliparts gestalten[685] und *Aufpassen bei der Rechtschreibprüfung*[686]. Der Bereich Computerspiele, der im Sprachbuch zum LP 1997 noch vorhanden war, spielt in der überarbeiteten Auflage keine Rolle mehr. Auch wenn die Technik, einen Screenshot anzulegen, nicht explizit bei den Lernzielen im Fach Deutsch im LP 2004 aufgeführt ist, so stellt sie doch ein interessantes und die digitale Medienkompetenz erweiterndes Angebot für die Schüler der 7. Jgst. dar.

Die Sprachbücher DSB7-3 (für die Regelklasse) und DSB7-4 (für den M-Zug) sind fast identisch, DSB7-4 enthält lediglich einen 30-seitigen M-Teil, der auf die Lernziele des LP für den M-Zug eingeht. In DSB7-3 und DSB7-4 werden folgende Bereiche[687] des Umgangs mit digitalen Medien thematisiert[688]:
- ein Computer-Lexikon nutzen
- im Internet Informationen suchen (Abb. 102 und Abb. 103)[689]
- Schutz vor Computerviren (Abb. 100)

---

[681] DSB7-1, S. 40
[682] DSB7-1, S. 105
[683] vgl. DSB7-1, S. 32 - 34
[684] vgl. DSB7-1, S. 140
[685] DSB7-1, S. 124 - 125
[686] DSB7-1, S. 225
[687] Alle Zitate und Hinweise beziehen sich auch auf DSB7-4.
[688] Daneben gibt es einen Text zum Markenbewusstsein bei der Computerauswahl (S. 113), sowie in DSB7-4 einen Text über die Funktionsweise des World Wide Web (S. 225).
[689] vgl. DSB7-3, S. 82 - 85

Abb. 99: Einen Screenshot anlegen, DSB7-1[690]

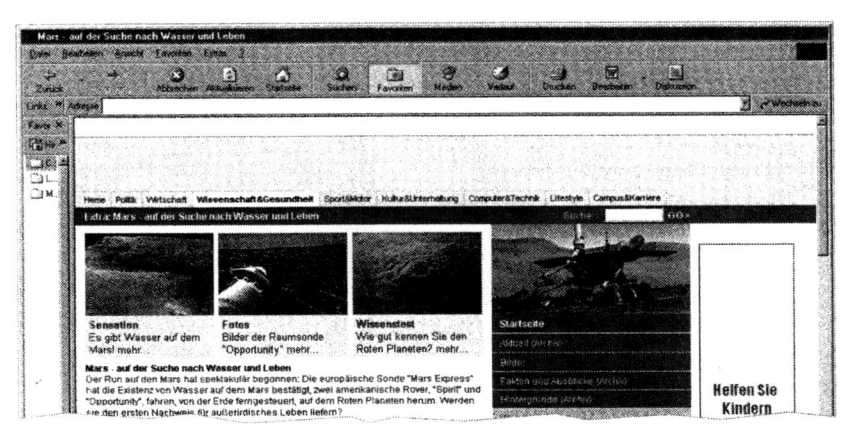

1 Die Menschheit versucht seit langer Zeit herauszufinden, ob auf dem Mars Leben möglich ist. Sucht im Internet Informationen zur folgenden Frage: Gibt es Sauerstoff auf dem Mars?
👉 Lest dazu die Info und den Tipp auf Seite 40.

2 Sicher seid ihr auf interessante Internetseiten gestoßen. Lest im Tipp, wie man eine Internetseite oder Bilder daraus in ein Word-Dokument einfügen kann. Ihr könnt dann das Bild durch Erklärungen ergänzen.

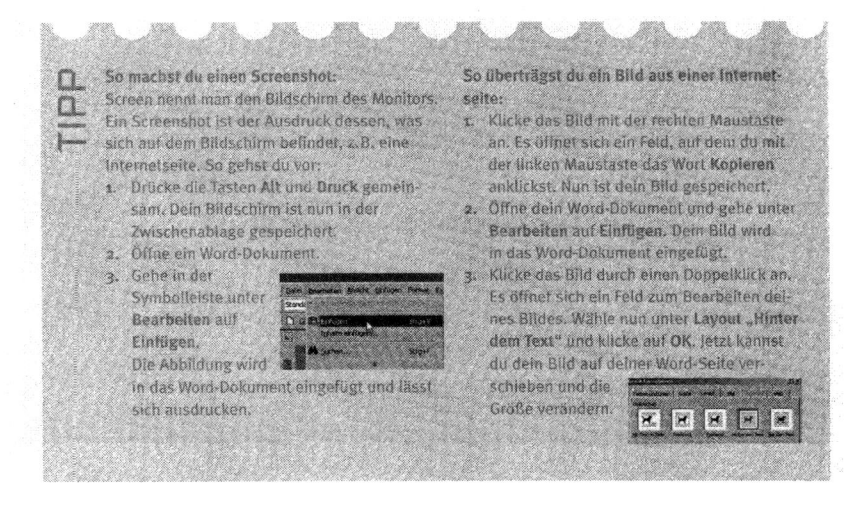

TIPP

So machst du einen Screenshot:
Screen nennt man den Bildschirm des Monitors. Ein Screenshot ist der Ausdruck dessen, was sich auf dem Bildschirm befindet, z.B. eine Internetseite. So gehst du vor:
1. Drücke die Tasten Alt und Druck gemeinsam. Dein Bildschirm ist nun in der Zwischenablage gespeichert.
2. Öffne ein Word-Dokument.
3. Gehe in der Symbolleiste unter Bearbeiten auf Einfügen. Die Abbildung wird in das Word-Dokument eingefügt und lässt sich ausdrucken.

So überträgst du ein Bild aus einer Internetseite:
1. Klicke das Bild mit der rechten Maustaste an. Es öffnet sich ein Feld, auf dem du mit der linken Maustaste das Wort Kopieren anklickst. Nun ist dein Bild gespeichert.
2. Öffne dein Word-Dokument und gehe unter Bearbeiten auf Einfügen. Dein Bild wird in das Word-Dokument eingefügt.
3. Klicke das Bild durch einen Doppelklick an. Es öffnet sich ein Feld zum Bearbeiten deines Bildes. Wähle nun unter Layout „Hinter dem Text" und klicke auf OK. Jetzt kannst du dein Bild auf deiner Word-Seite verschieben und die Größe verändern.

---

[690] DSB7-1, S. 35

Der Text zum Thema *Computerviren* steht im Rahmen einer Rechtschreibeinheit zur Kommasetzung und bietet den Schülern wertvolle Informationen, wie sie sich vor Viren schützen können:
- E-Mails nicht sorglos öffnen,
- bei unbekanntem Absender E-Mails sofort löschen,
- ein Anti-Viren-Programm nutzen und
- aus dem Internet sich ein Anti-Viren-Programm herunterladen.

Abb.: 100: Computerviren, DSB7-3[691]

Vorsicht vor Computerviren!
Die E-Mail ist eine praktische Sache aber auch die anfälligste für Computerviren. E-Mails mit Anhängen sollten deshalb nicht sorglos geöffnet werden denn sie könnten Viren enthalten. Du solltest E-Mails mit Anhängen sofort löschen wenn du den Absender nicht kennst. Es ist aber nicht völlig auszuschließen dass auch Anhänge von Freunden Viren enthalten. Computer-Viren lassen sich am besten abblocken wenn man ein Anti-Viren-Programm nutzt. Wenn du ganz sicher sein willst lade dir ein Anti-Viren-Programm aus dem Internet herunter.

Beim Thema Nutzung eines Computer-Lexikons hält das Sprachbuch DSB7-3 eine Bedienungsanleitung und Arbeitsaufträge zu Suchbegriffen und Querverweisen bereit (Abb. 101) [692]. Außerdem sollen die Schüler die die Vor- und Nachteile von Lexika in Buchform und als CD-ROM vergleichen.[693]

Zum Thema Internetrecherche erhalten die Schüler in den Sprachbüchern DSB7-3 und DSB7-4 vielfältige Tipps und Anregungen:
- Sie sollen entscheiden, ob sie Informationen unbedingt aus dem Internet holen müssen. *„Oft kommst du ohne Internet mit weniger*

---
[691] DSB7-3, S. 179
[692] DSB7-3, S. 79
[693] vgl. DSB7-3, S. 81

Aufwand zur gewünschten Information".[694] Dieser Hinweis begrenzt die Interneteuphorie mancher Schüler und stellt einen Beitrag zum Erwerb von digitaler Medienkompetenz dar, da dazu auch der *sinnvolle* Einsatz von digitalen Medien zählt.

- Sie sollen testen, wie lange es dauert, bis sie an die gewünschte Information gelangen.[695]
- Sie lernen verschiedene Suchmaschinen kennen: www.google.de, www.altavista.de, www.blinde-kuh.de[696], www.fireball.de, www.metager.de und www.yahoo.de).[697]
- Sie sollen Erfolg versprechende Suchbegriffe zu bestimmten Fragen notieren und in der Suchmaschine eingeben.[698]
- Sie sollen Web-Seiten aufrufen und überprüfen, ob die gewünschten Informationen geliefert werden.[699] Sie lernen, Suchbegriffe zu kombinieren (siehe Abb. 103)[700]
- Sie sollen verschiedene Suchmaschinen hinsichtlich ihrer Ergebnisse miteinander vergleichen.[701]
- Sie sollen durch die Eingabe mehrerer Suchbegriffe das Suchergebnis eingrenzen und sich mit der Hilfe-Seite der jeweiligen Suchmaschine darüber informieren, wie sie die Suchbegriffe eingeben müssen.[702]

Die konkreten Anregungen zum Kombinieren von Suchbegriffen stellen einen Beitrag zur Erweiterung der digitalen Medienkompetenz der Schüler dar, da sie dadurch lernen können, wie sie – z.B. zur Vorbereitung von Referaten – zielgerichtet und effizient nach Informationen im Internet suchen.

---

[694] vgl. DSB7-3, S. 82
[695] vgl. DSB7-3, S. 82
[696] vgl. DSB7-3, S. 83. „*Die Blinde Kuh startete 1997 als erste deutschsprachige Suchmaschine speziell für Kinder. Die Blinde Kuh war und ist ein nicht kommerzielles Internet-Projekt, welches auf privater Initiative läuft. Laut Selbstauskunft liegen die täglichen Suchanfragen bei 85.000 und die Größe des Suchraumes liegt bei 12.000 Webadressen*", zitiert nach: http://home.nordwest.net/hgm/mysdic/dic-kids.htm [12.04.2005]
[697] vgl. DSB7-3, S. 83 und S. 85
[698] vgl. DSB7-3, S. 83
[699] vgl. DSB7-3, S. 83
[700] vgl. DSB7-3, S. 84
[701] vgl. DSB7-3, S. 85
[702] vgl. DSB7-3, S. 85 Dieser Hinweis ist sinnvoll, da sich die Suchmaschinen z.T. erheblich in der Benutzeroberfläche unterscheiden.

Abb. 101: Ein Computer-Lexikon nutzen, DSB7-3[703]

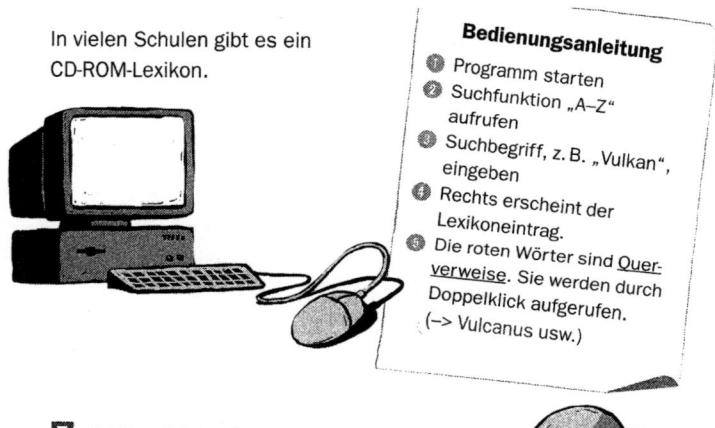

In vielen Schulen gibt es ein CD-ROM-Lexikon.

Bedienungsanleitung
① Programm starten
② Suchfunktion „A–Z" aufrufen
③ Suchbegriff, z. B. „Vulkan", eingeben
④ Rechts erscheint der Lexikoneintrag.
⑤ Die roten Wörter sind Querverweise. Sie werden durch Doppelklick aufgerufen.
(–> Vulcanus usw.)

7 Erkläre deinem Lernpartner, wie euer Lexikon zu bedienen ist. Wechselt euch nach dem dritten Punkt ab.

8 Schaut euch folgenden Ausschnitt eines Computer-Lexikons zum Stichwort **Vulkan** an. In dem Text sind einige Begriffe farbig hervorgehoben. Solche Begriffe sind Querverweise zu anderen Einträgen, die weitere Informationen liefern. Durch Mausklick gelangst du ohne zu blättern zum entsprechenden Text.

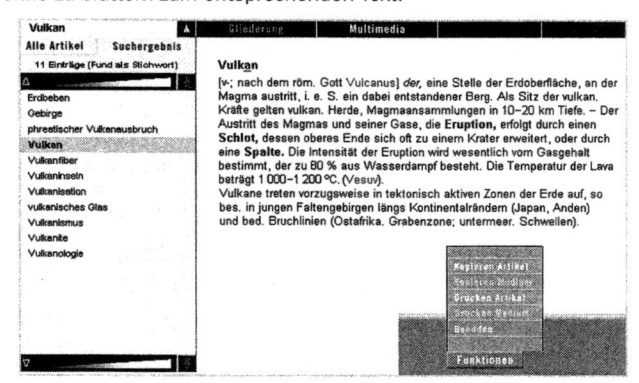

Vulkan		Gliederung	Multimedia
Alle Artikel	Suchergebnis		
11 Einträge (Fund als Stichwort)		**Vulkan**	
Erdbeben		[v-; nach dem röm. Gott Vulcanus] *der*, eine Stelle der Erdoberfläche, an der Magma austritt, i. e. S. ein dabei entstandener Berg. Als Sitz der vulkan. Kräfte gelten vulkan. Herde, Magmaansammlungen in 10–20 km Tiefe. – Der Austritt des Magmas und seiner Gase, die **Eruption**, erfolgt durch einen **Schlot**, dessen oberes Ende sich oft zu einem Krater erweitert, oder durch eine **Spalte**. Die Intensität der Eruption wird wesentlich vom Gasgehalt bestimmt, der zu 80 % aus Wasserdampf besteht. Die Temperatur der Lava beträgt 1000–1200 °C. (Vesuv). Vulkane treten vorzugsweise in tektonisch aktiven Zonen der Erde auf, so bes. in jungen Faltengebirgen längs Kontinentalrändern (Japan, Anden) und bed. Bruchlinien (Ostafrika, Grabenzone; untermeer. Schwellen).	
Gebirge			
phreatischer Vulkanausbruch			
Vulkan			
Vulkanfiber			
Vulkaninseln			
Vulkanisation			
vulkanisches Glas			
Vulkanismus			
Vulkanite			
Vulkanologie			

- Welche Querverweise enthält der Lexikoneintrag rechts?
- Welche weiteren Suchbegriffe werden in der linken Spalte angezeigt? Wo würdest du „nachschlagen"?

---

[703] DSB7-3, S. 79

Abb. 102: Im Internet Informationen suchen, DSB7-3[704]

> **Informationen im Internet findet man mit Hilfe von Suchmaschinen.** Suchmaschinen durchsuchen die Web-Seiten in regelmäßigen Abständen und merken sich alle Wörter, die auf einer Seite vorkommen. Zusätzlich merkt sich der Computer auch noch die Internet-Adresse der Web-Seite.
> **Auf der Seite einer Suchmaschine kann man Suchbegriffe eingeben.** Wenn der Computer die gesuchten Wörter kennt, zeigt er die entsprechenden Internet-Adressen an:

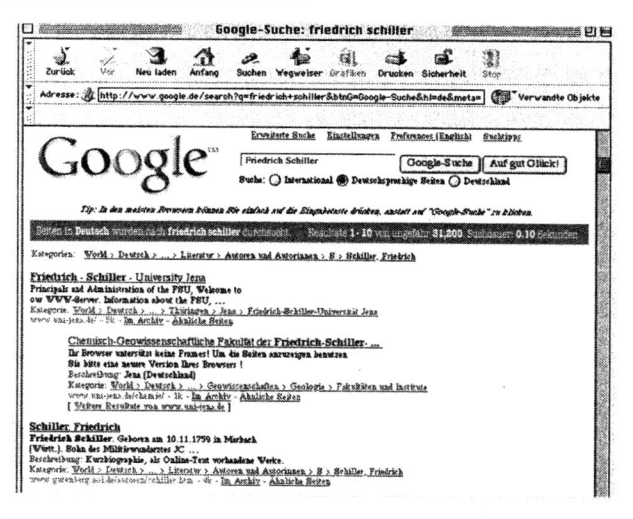

2 a) Wie heißt der Suchbegriff der abgebildeten Seite?
Wo steht die Anzahl der Treffer?

b) Notiert zu den Fragen aus Aufgabe 1 Erfolg versprechende Suchbegriffe.

c) Sucht dann nach diesen Begriffen.
Wie viele „Treffer" werden jeweils angegeben?

d) Ruft einige Web-Seiten aus der Ergebnisliste auf und überprüft, ob sie die gewünschten Informationen liefern.

e) Überlegt mögliche Gründe, wenn ihr mit dem Suchergebnis nicht zufrieden seid.

---
[704] DSB7-3, S. 83

Abb. 103: Suchbegriffe kombinieren, DSB7-3[705]

Damit die Suche nach einer gewünschten Information möglichst rasch zum Erfolg führt, sollte man sie durch Angabe mehrerer Suchbegriffe einschränken.

Beispiel für die Verwendung einer Suchmaschine:

So findet man, wie der Magier David Copperfield die New Yorker Freiheitsstatue verschwinden ließ:

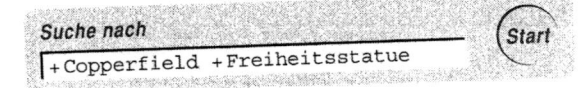

```
Suche nach                                    Start
 +Copperfield +Freiheitsstatue
```

So findet man alle Seiten, in denen der Name „David Copperfield" vorkommt:

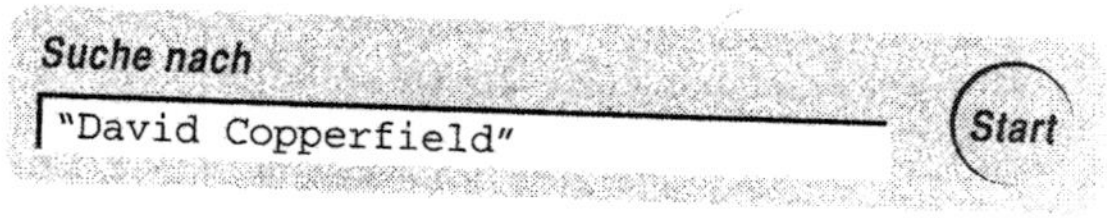

```
Suche nach
 "David Copperfield"                          Start
```

So findet man alle Seiten, in denen etwas über das Buch „David Copperfield" von Charles Dickens steht:

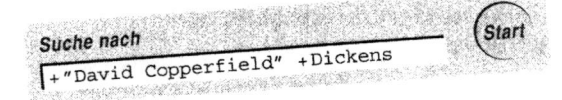

```
Suche nach                                    Start
 +"David Copperfield" +Dickens
```

So findest du alle Seiten, in denen es nicht um das Buch von Charles Dickens geht, sondern in denen der Name „David Copperfield" vorkommt:

```
Suche nach                                    Start
 +"David Copperfield" -Dickens
```

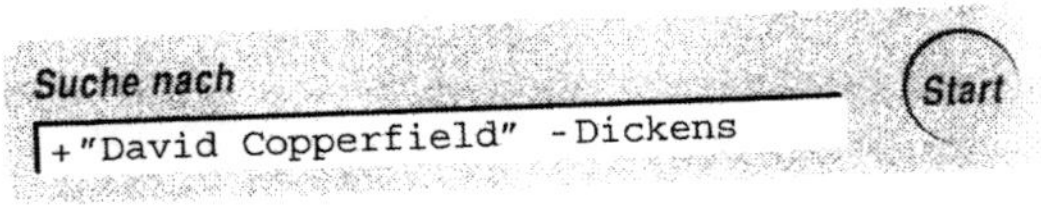

[705] DSB7-3, S. 84

Zusammenfassung der Untersuchung C

Die meisten und umfassendsten Unterschiede in Bezug auf die Veränderungen im Bereich *digitaler Medienkompetenz* zwischen den Schulbüchern zum LP 1997 und ihren Überarbeitungen bzw. Neukonzeptionen zum LP 2004 (siehe Tab. 59) finden sich im Fach Deutsch. Zusammenfassend lässt sich für die untersuchten Lese- und Sprachbücher feststellen, dass sie in Bezug auf digitale Medien

- die Lehrplanvorgaben und Kriterien zur Begutachtung von Lernmitteln erfüllen,
- sich deutlich im Bereich der Medienerziehung von ihren Vorgängerwerken unterscheiden,
- wesentlich stärker als die Schulbücher zum LP 1997 auch auf die Gefahren digitaler Mediennutzung eingehen,
- konkrete Hilfestellungen zum Erwerb von digitaler Medienkompetenz geben, indem sie aktuelle Hinweise wie z.B. Internetadressen und Suchmaschinen nennen,
- auch allgemeine Tipps geben, die „zeitlos" sind, wie z.B. das Hinterfragen von Informationen, das Abwägen von Vor- und Nachteilen, Eingrenzen von Internet-Suchergebnissen durch Suchstrategien,
- Anregungen zu erwünschtem Medienverhalten geben, wie z.B. mit einer Partnerklasse E-Mail-Kommunikation betreiben, digitale Medien zur Informationsbeschaffung nutzen, Verhaltensregeln in Chatrooms beachten und
- sich in großem Umfang am Medienkonsum der Schüler orientieren: Chatrooms, Internet, E-Mail, Online-Shopping, während der Bereich Computerspiele nur wenig berücksichtigt wird.

Im Bereich der Mathematikbücher fallen die erheblichen Unterschiede zwischen den einzelnen Lehrwerken auf. Während die Schulbücher MAT7-1 und MAT7-2 nur wenige Hinweise auf die Nutzung digitaler Medien geben und sie in den Schulbüchern MAT7-3 und MAT7-4 fast völlig fehlen, bietet MAT7-5 zumindest eine ausführliche Beschreibung einer Geometrie-Software und eines Tabellenkalkulationsprogramms an. In allen untersuchten Mathematikbüchern zum LP 2004 bleibt – ebenso wie bei den Mathematikbüchern zum LP 1997 – der Bereich digitale Medien in den Sachaufgaben deutlich unterrepräsentiert.

Die drei untersuchten Schulbücher zum Fach GSE unterscheiden sich im Bereich der Nutzung digitaler Medien von den Lehrwerken zum LP 1997 lediglich in der Nennung weniger[706] bzw. einiger[707] Internetadressen bzw. in der Anzahl der Hinweise, das Internet zur Informationsbeschaffung zu nutzen. Sehr große Unterschiede in Bezug auf das Thema digitale Medien gibt es zwischen den drei untersuchten Lehrwerken zum Fach AWT. Während das Lehrwerk AWT7-3 hier keine Änderungen gegenüber dem Arbeitslehrebuch von 1997 aus dem gleichen Verlag aufweist, enthält das Schulbuch AWT7-1 Hinweise zu den Vor- und Nachteilen des Onlineshoppings, zu den Chancen und Risiken des Technikeinsatzes und nennt einige Internetadressen. Den umfassendsten Beitrag[708] zum Erwerb digitaler Medienkompetenz leistet das Schulbuch AWT7-2, indem es detaillierte Anweisungen zum Online-Shopping und Hilfen zum Navigieren auf der Benutzeroberfläche gibt. Außerdem werden nützliche Internetadressen genannt. Die unterschiedliche Berücksichtigung digitaler Medien in Schulbüchern zum gleichen Fach lässt die Frage stellen, woran dies liegen kann. Als mögliche Gründe könnten genannt werden: das Alter des Schulbuchs, der herausgebende Verlag oder die Autoren des Schulbuchs. Am Zeitpunkt der Entstehung des Schulbuchs kann es nicht liegen, da die Schulbücher alle weitgehend zeitgleich entstanden sind (im Jahr 2004 bzw. 2005). Auch die Annahme, bestimmte Verlage favorisieren mehr oder weniger die Aspekte des Erwerbs von digitaler Medienkompetenz, stimmt nicht, da beispielsweise der Westermann Verlag in den Fächern Deutsch und Mathematik ein vergleichsweise umfangreiches Angebot zur Nutzung digitaler Medien bereithält, während in den Schulbüchern des Westermann Verlages zu den Fächern AWT und GSE diese Medien kaum Berücksichtigung finden. Offen bleibt, ob es an den Intentionen oder der eventuell auch zufällig erfolgten Schwerpunktsetzung von Seiten der Autoren lag, ob und wie stark bestimmte Bereiche, wie z.B. digitale Medien, berücksichtigt werden. Zusammenfassend lässt sich die Frage, ob die überarbeiteten bzw. neu konzipierten Schulbücher zum LP 2004 stärker den Bereich digitale Medien berücksichtigen und Angebote zum Erwerb von digitaler Medienkompetenz bereithalten, – von wenigen Einschränkungen abgesehen - positiv beantworten.

---

[706] siehe GSE7-1 und GSE7-2
[707] siehe GSE7-3
[708] bezogen auf die drei AWT- Schulbücher

Tab. 59: Übersicht über die Ergebnisse der Untersuchung C: Veränderungen im Bereich *digitaler Medienkompetenz* zwischen den Schulbüchern zum LP 1997 und ihren Überarbeitungen bzw. Neukonzeptionen zum LP 2004

Schulbuch	veränderte Angebote zur *digitalen Medienkompetenz*
MAT7-1	Hinweis auf Zeichen mit dem Computer
MAT7-2	Hinweis auf Zeichen mit dem Computer
MAT7-3	keine neuen Angebote
MAT7-4	keine neuen Angebote
MAT7-5	ausführliche Beschreibung einer Geometrie-Software und eines Tabellenkalkulationsprogramms
GSE7-1	Nennung weniger Internetadressen
GSE7-2	Nennung weniger Internetadressen
GSE7-3	Nennung einiger Internetadressen
AWT7-1	Vor- und Nachteile des Onlineshoppings; Chancen und Risiken des Technikeinsatzes; Nennung von Internetadressen
AWT7-2	detaillierte Anweisungen zum Online-Shopping; Hilfen zum Navigieren; Nennung von Internetadressen
AWT7-3	keine
DLB5-1	Verhaltensregeln beim Chatten; zahlreiche (Kinder-)Internetseiten; Chancen und Risiken von digitalen Medien; Gefahren von Referate-, Hausaufgaben- und Textbörsen
DLB5-2	Funktionsweise von Suchmaschinen, zahlreiche Internetlinks; Reflexion des eigenen Medienverhaltens; Gefahren von Computerspielen und Chatrooms; kritische Rezeption von Internetnachrichten.
DSB5-1	Lexikon auf CD-ROM nutzen; im Internet Informationen suchen; eine E-Mail schreiben; Rechtschreibprüfprogramm
DSB6-1	für die Suche im Internet Suchbegriffe finden; zu einer anderen Klasse per E-Mail Kontakt aufnehmen, Rechtschreibprüfprogramm
DSB7-1	Texte gestalten; Cliparts; Suchstrategien bei der Internetrecherche; Screenshot anlegen; Rechtschreibprüfprogramm
DSB7-2	Texte gestalten; Cliparts; Suchstrategien bei der Internetrecherche; Screenshot anlegen; Rechtschreibprüfprogramm
DSB7-3	Computer-Lexikon (CD-ROM) nutzen; im Internet Informationen suchen; Adressen von Suchmaschinen; Suchstrategien bei der Internetrecherche; Schutz vor Computerviren;
DSB7-4	Computer-Lexikon (CD-ROM) nutzen; im Internet Informationen suchen; Adressen von Suchmaschinen; Suchstrategien bei der Internetrecherche; Schutz vor Computerviren; Text zur Funktionsweise des World Wide Web;

5.4 Zusammenfassung aller Untersuchungsergebnisse

In der vorliegenden Arbeit wurden Lehrpläne, Zulassungsrichtlinien und Schulbücher für die Hauptschule unter dem Aspekt der Medienerziehung und der Berücksichtigung digitaler Medien untersucht. Dabei wurde durch die Untersuchung der Lehrpläne und Zulassungsrichtlinien deutlich, dass
- die Zulassungsrichtlinien und Kriterienkataloge erst ab dem Jahr 2000 den Bereich digitale Medien berücksichtigen,
- die Ziele des Orientierungsrahmens der Bund-Länder-Kommission, *„die elektronischen Medien für das schulische Lernen intensiver als bisher zu nutzen, Schülerinnen und Schüler zum verantwortlichen und kreativen Umgang mit Medien zu befähigen, zugleich die kritische Auseinandersetzung mit den Medienbotschaften zu fördern"*[709] erst zehn Jahre nach ihrer Festlegung im Jahr 1994 in den Schulbüchern für die Hauptschule sich niederschlagen,
- erst drei Jahre nach der Veröffentlichung des Hauptschullehrplans im Jahr 1997 die Kriterienkataloge aktualisiert wurden und
- dass ein großer Teil der Hauptschulbücher, die zwischen 1997 und 2000 erschienen sind, nicht mehr den neuen Zulassungsbestimmungen entsprach.

In Bezug auf die Zielfrage 1 *„In welchem Maße erfüllen Schulbücher die amtlichen Vorgaben zum Umgang mit digitalen Medien"* lässt sich zusammenfassend feststellen, dass die Schulbücher zum LP 1997 in den Lernzielen der Fachlehrpläne (Kapitel III des LP 1997) den amtlichen Vorgaben zum Umgang mit digitalen Medien entsprechen. Aussagen und Lernziele zum Bereich Medienerziehung und digitale Medien aus den Kapiteln I und II (fächerübergreifende und fachbezogene Unterrichts- und Erziehungsaufgaben) bleiben jedoch in vielen Schulbüchern zum LP 1997 unberücksichtigt, obwohl die Kapitel I und II ebenso verbindlich sind wie das Kapitel III. Viele Schulbücher zum LP 1997 entsprechen nicht den medienpädagogischen Zulassungskriterien aus dem Jahr 2000, wurden und werden aber weiterhin in den Schulen eingesetzt. Die Schulbücher zum LP 2004 erfüllen stärker als die Schulbücher zum LP 1997 die amtlichen Vorgaben zum Umgang mit digitalen Medien.

---

[709] Bayerisches Staatsministerium für Unterricht, Kultus, Wissenschaft und Kunst (1995). Medienpädagogik/Medienerziehung in der Schule. Beschlüsse der KMK. Sammelwerk Medienzeit. Donauwörth: Auer Verlag, S. 33

Bei der Beantwortung der Zielfrage 2 *Welchen Beitrag leisten Schulbücher zum Erwerb von digitaler Medienkompetenz?* muss zwischen den Schulbüchern zum LP 1997 und denen zum LP 2004 unterschieden werden. Bei der Analyse der Schulbücher zum LP 1997 (Untersuchung A) zeigte sich, dass vor allem die Lesebücher, Sprachbücher und die Bücher für das Fach KbB Beiträge zum Erwerb von digitaler Medienkompetenz liefern. Dabei existieren zwischen den einzelnen Lehrwerken zu einem Fach sehr große Unterschiede bezüglich der Berücksichtigung digitaler Medien in den Texten, Abbildungen und Arbeitsaufträgen. Es hängt also nicht in erster Linie vom Unterrichtsfach, sondern von den Intentionen (oder evtl. zufällig erfolgten Schwerpunktsetzungen) des Autors bzw. Autorenteams ab, ob und in welchem Maße Beiträge zum Erwerb von digitaler Medienkompetenz angeboten werden. In den meisten Schulbüchern zum LP 1997 (ausgenommen drei Lehrwerke zum Fach Deutsch und zwei Englischbücher) werden digitale Medien nicht als Teil der Alltagskultur der Kinder und Jugendlichen wahrgenommen; dies gilt insbesondere für das Fach Mathematik. Bei der Analyse der Schulbücher, die seit 1997 im Einsatz waren und zum Teil noch im Einsatz sind, fiel auf, dass digitale Medien als Mittel zur Informationsbeschaffung fast völlig außer Acht gelassen werden.

Die Untersuchung B machte zudem deutlich, dass die Informationsgewinnung mittels CD-ROM in den Sprach- und Lesebüchern aller Jahrgangsstufen (5 bis 9) der Hauptschule erfolgt, dass aber Computerspiele und Probleme jugendgefährdender Inhalte von Spielen und Internetangeboten in keiner Jahrgangsstufe der Hauptschule in den untersuchten Lesebüchern und Sprachbüchern intensiv thematisiert wird.

Der Aspekt des selbstständigen Lernens in Bezug auf die Nutzung digitaler Medien wird in den Schulbüchern zum LP 1997 nur unzureichend fokussiert. Auf nur rund 0,5 Prozent aller untersuchten Schulbuchseiten (38 von 7434) werden Hinweise auf Gefahren bei der Nutzung digitaler Medien gegeben, nur unwesentlich mehr Seiten (41 von 7434) enthalten Hinweise auf die Chancen digitaler Medien im Bereich der *Informationsgewinnung aus Datennetzen, Internetadressen und Umgang mit Suchmaschinen.*

Im Gegensatz dazu werden allein in den beiden untersuchten Lesebüchern zum LP 2004 mehr als 50 Internetadressen genannt. Vereinzelt regen die Schulbücher zu erwünschtem Medienverhalten und zur kreativen Nutzung digitaler Medien an, wie z.B. mit einer Partnerklasse E-Mail-Kommunikation betreiben. Außerdem werden in diesen Schulbüchern ausführlich die Risiken der Internetnutzung thematisiert und Textangebote und Anregungen zum Chatten gegeben. Die Sprachbücher zum LP 2004 fokussieren insbesondere die Bereiche *Informationsgewinnung aus Datennetzen, Internetadressen und Umgang mit Suchmaschinen.* Die Schulbücher zum LP 2004 orientieren sich weitgehend an der Mediennutzung der Kinder und Jugendlichen, wobei es zwischen den Schulbüchern, die für ein Fach und eine Jgst. erschienen sind, große Unterschiede gibt, wie die Analyse der drei Lehrwerke für das Fach AWT der 7. Jgst. zeigen konnte.

Für alle untersuchten Schulbücher (LP 1997 und LP 2004) gilt,
- dass sie in viel größerem Umfang die Chancen als die Risiken der Nutzung digitaler Medien thematisieren,
- dass sie nur wenige Anregungen enthalten, die das eigene Medienverhalten reflektieren lassen,
- dass sie kaum auf die unterrichtliche Nutzung digitaler Medien eingehen,
- dass die fast keine Hinweise auf Lernsoftware (weder verlagseigene noch allgemeine Lernsoftware) geben und
- dass sie keinen einzigen Hinweis zur Nutzung eines schulinternen Intranets enthalten. Gerade dieser Bereich ist im Sinne des Wissensmanagements bedeutsam, wenn Lehrkräfte und Schüler das Intranet nutzen, *„um gemeinsam Wissen zu erarbeiten, auszutauschen, zu bewerten und anzuwenden – Stichwort: knowledge building communities"*[710]

Die drei Untersuchungen zu den Schulbüchern, die für die Hauptschullehrpläne 1997 und 2004 erschienen sind, konnten auch zur Beantwortung der Frage, inwieweit Schulbücher einem *cultural lag* in Bezug auf digitale Medien unterliegen, beitragen. Deutlich wurde, dass nicht alle Schulbücher - selbst zum Zeitpunkt ihrer Erstveröffentlichung- aktuell waren, sie zum Teil mehrere Jahre alte Daten und Statistiken abbildeten und auf die tatsächliche Mediennutzung der

---
[710] Schnoor Detlef; Rudolf Peschke (2001). Zwischen Selbsthilfe und Partnerschaft. Medienorganisation in Schulen. In: Computer + Unterricht Heft 43, S. 6-11. Seelze: Erhard Friedrich Verlag

Jugendlichen wenig eingingen.[711] Viele, aber nicht alle Schulbücher, die zum LP 2004 erschienen, berücksichtigen in ihren Texten, Abbildungen und Arbeitsaufträgen – wie die Beispiele Chatten, Internetnutzung und E-Mail-Kommunikation zeigen – das aktuelle Medienverhalten der Jugendlichen und den heutigen Stand der technischen Entwicklung. Der *cultural lag* bezieht sich aber nicht auf das gesamte Schulbuch, sondern auf die Bereiche, die „kurzlebiger" sind: Medien, Technik, Jugendkultur.

---

[711] Dies gilt umso mehr, wenn man die Einsatzdauer eines Schulbuchs berücksichtigt, die bei den untersuchten Schulbüchern zwar nur rund sieben Jahre betrug, aber auch fünfzehn oder zwanzig Jahre betragen kann. Der Lehrplan für die bayerische Grundschule im Jahr 2000 löste erst nach 19 Jahren den vorherigen Lehrplan ab.

6 Vorschläge für die Konzeption, Zulassung und Einführung von Schulbüchern sowie Folgerungen für die Lehrerfortbildung und die Schulbuchforschung

"Auch im Zeitalter digitaler Medien ist das Schulbuch noch das zentrale Medium für die Hand der Schülerinnen und Schüler." [712] (Elschenbroich; Eschbach 2005).

Das Schulbuch wird auch in der Zukunft seine Funktion als Leitmedium für Lehrer und für Schüler nicht verlieren, wenn es gelingt, die traditionelle Schulbuchstruktur zu verändern. Als Konsequenzen aus den Ergebnissen der vorliegenden Schulbuchuntersuchung müssen Modelle erprobt werden, die die Aktualität der Unterrichtsmaterialien sicherstellen und es ermöglichen, dass Schulbücher und digitale Medien in ihrem unterrichtlichen Einsatz integriert werden. Diese Modelle, die zum Teil bisher noch nicht in Bayern erprobt wurden, werden nachfolgend kurz vorgestellt.

Medienverbund

Schulbücher und digitale Medien müssen stärker aufeinander abgestimmt werden. In den untersuchten Schulbüchern gab es kaum Hinweise auf digitale Materialien des Verlages, aus dem das jeweilige Schulbuch stammt. Auch Hinweise auf „unabhängige" Materialien (wie z.B. digitale Medien, die von der ALP Dillingen, dem ISB, von Universitäten und weiteren Bildungsinstitutionen erstellt wurden) fehlen meist oder sind nicht aktuell. Schulbuch, Begleitmaterialien wie Schülerarbeitshefte und Lehrerband, CD-ROM-Software und Internetangebote gilt es, ihren jeweiligen Funktionen und didaktischen Einsatzmöglichkeiten entsprechend, zu konzipieren und miteinander zu verbinden.

---

[712] Elschenbroich Hans-Jürgen, Eschbach P. (2005), Mit den Schulbuchverlagen im Dialog (Powerpoint-Präsentation siehe S. 2ff.) zitiert nach: http://www.vds-bildungsmedien.de/pdf/werkstatt/w_04/FMM2004-Elschenbroich-Eschbach.pdf [11.04.2005]

Kerncurriculum und Lose-Blatt-Sammlungen

Schulbücher können, wenn sie über mehrere Jahre aktuell sein wollen, nicht alle Bildungsinhalte und Lernziele des Lehrplans abdecken. Das bedeutet, dass zu prüfen ist, ob das Schulbuch sich auf ein Kerncurriculum konzentriert, das die wichtigsten Inhalte umfasst. Dieses *Fundamentum* könnte sich auf *das Grundwissen und die Kernkompetenzen* beziehen, wie sie im Lehrplan für die bayerische Hauptschule aus dem Jahr 2004 unter der Rubrik *„Wiederholen, Üben, Anwenden, Vertiefen"*[713] in den jeweiligen Fachlehrplänen ausgewiesen sind. Alle Lerninhalte, die schnell „veralten", und alle Lerninhalte, die besser mit digitalen Medien als mit dem Schulbuch dargestellt bzw. von den Schülern erarbeitet werden können, sollten in Form von Lose-Blatt-Sammlungen zur Verfügung stehen, die in kürzeren Abständen als Schulbücher publiziert und aktualisiert werden. Bei manchen Schulbüchern zum LP 2004 betrug der Anteil an Veränderungen gegenüber dem Vorgängerwerk aus dem Jahr 1997 nur zwanzig Prozent, das Schulbuch musste aber neu gedruckt, verlegt, zugelassen und von den Schulen bzw. den Sachaufwandsträgern (Kommunen) angeschafft werden. Nicht zuletzt aus finanziellen Gründen ist das oben beschriebene Modell aus Schulbuch (Fundamentum) und Lose-Blatt-Sammlung (Additum) zu erproben.

Pay on demand

Eine besondere Form des oben skizzierten Modells stellt das Verfahren *Pay on demand* dar: Die Schulen schaffen Schulbücher an, die das *Fundamentum* beinhalten, und erstellen – vor Beginn des neuen Schuljahres - aus digitalen Schulbuchverlagsmaterialien, die den Zulassungsrichtlinien und Lehrplänen entsprechen und im Internet angeboten werden, ein eigenes schulinternes Schulbuch-Additum. Dieses Modell würde die Bestrebungen von MODUS 21, die erweiterte Verantwortung von Schulen und nicht zuletzt die individuellen (auch regional verschiedenen) Erfordernisse der Schulen stärker als bisher berücksichtigen. Für die Schulbuchverlage wäre das Verfahren finanziell interessant, da das Herunterladen der Materialien kostenpflichtig wäre, für die Schulen böte das

---

[713] vgl.: Bayerisches Staatsministerium für Unterricht und Kultus (2004b). Lehrplan für die bayerische Hauptschule. Lehrpläne für die Regelklassen der Hauptschulen Jahrgangsstufen 7 - 9, München: Maiß, S. 10

Verfahren Pay on demand die Vorteile der Aktualität und der optimalen Passung auf die besonderen Gegebenheiten der jeweiligen Schule.

Schulbuchevaluation und –zulassung

Schulbücher sind für Lehrkräfte das vorrangige Leitmedium. Es ist unverständlich, dass angesichts der immensen Bedeutung dieses Mediums es bisher keine Form der Evaluation von Schulbüchern gibt. Schulbücher sollten pilotiert werden, an ausgewählten Schulen erprobt werden und nach ihrer Zulassung und Einführung evaluiert werden. In der Schweiz existieren in einigen Kantonen kantonseigene Schulbuchverlage, die dieses Verfahren bereits durchführen und zudem bei der Einführung der Schulbücher den Lehrerkollegien zielgruppenorientierte Fortbildungen anbieten.

Lehrerfortbildung

Auch in der Lehrerfortbildung ist der Bereich Schulbucharbeit und Schulbuchauswahl unterrepräsentiert. Meist bieten Schulbuchverlage Fortbildungsveranstaltungen an, die vor allem das Ziel haben, für die eigenen Produkte zu werben. Objektive Kriterien für die Schulbuchauswahl stehen den Lehrkräften bislang nicht zur Verfügung. Die ALP Dillingen wird im Juli 2006 eine mehrtägige Fortbildung zum Thema *Kriteriengeleitete Schulbuchauswahl* anbieten, die sich an Schulleiter und Multiplikatoren für den Grund- und Hauptschullehrplan wendet. Ziel des Lehrgangs ist es, Kriterien für die Auswahl von Schulbüchern zu erarbeiten und anzuwenden. Im Mittelpunkt des Lehrgangs stehen die Rolle des Schulbuchs im Unterricht der Grund- und Hauptschule und die daraus abzuleitenden Kriterien für eine zielorientierte Schulbuchauswahl. Zu den weiteren Inhalten des Lehrgangs gehören Aspekte der Schulbuchzulassung und der Evaluation von Schulbüchern sowie die Fragestellung, wie sich Schulbücher und digitale Medien sinnvoll ergänzen können.

Digitale Schulranzen

Sehr material- und kostenaufwendig (und möglicherweise wenig hilfreich) gestaltet sich das Modell der so genannten „digitalen Schulranzen", die jüngst entwickelt wurden und über eine Technik verfügen, durch die sich Schulbuchinhalte auf USB-Sticks verteilen lassen: *„Wird ein mit der Technik ausgestatteter Stick in einen Computer mit Internet-Anschluss gesteckt, dann kann der Schüler oder Lehrer zudem auf Schulbücher zugreifen, die auf einem zentralen Server abgelegt sind. Die Technik soll außerdem verhindern, dass die Inhalte der Bücher unerlaubt kopiert werden."*[714]

Digitale Medienangebote

Abschließend möchte ich eine Idee von Johannes Böttcher (Referatsleiter für virtuelle Lehrerfortbildung an der ALP) aufgreifen, der in einem Gespräch an der ALP Dillingen vorschlug, dass die 16 Bundesländer Fachdidaktiker (für jede Schulart, für jedes Fach) für die Erstellung digitaler Medienangebote zur Verfügung stellen. Diese Arbeitsgruppen würden die Lerninhalte der verschiedenen Fächer mediendidaktisch betreuen, aufbereiten und digitale Materialien erstellen. Dieses Modell ist zwar relativ kostenintensiv, weil zahlreiche Stellen dafür geschaffen werden müssten, hätte für die Lehrkräfte (allein in Bayern gibt es 104 000 Lehrer) den Vorteil, dass den Schulen stets aktuelle, qualitative, mediendidaktisch adäquate und lehrplankonforme Medien zur Verfügung stünden, für deren Erstellung den Klassenlehrkräften meist die Zeit und das medienpädagogische Know how fehlen.

Schulbuchforschung

Weite Teile der Schulbuchentwicklung, -zulassung und -evaluation sind nicht erforscht. Als Desiderate für mögliche Arbeiten der Schulbuchforschung lassen sich nennen:
- Wie erfolgt in den Schulbuchverlagen die Auswahl von Schulbuchautoren?

---

[714] [Südwest Presse] (2005). Nie mehr Ranzen schleppen. In. Südwest Presse Ulm, Ausgabe Nr. 162 vom 16.07.2005, S. 43

- Wie wird die Arbeit der Schulbuchgutachter evaluiert?
- Welche Veränderungen erleben Schulbücher von der Erstkonzeption bis zur Zulassung?
- An Hand welcher Kriterien erfolgt die Auswahl von Schulbüchern in Lehrerkollegien?
- Wie lassen sich Instrumente der Schulbuchevaluation entwickeln, welche gibt es in anderen europäischen Ländern?
- Wie fließen Monita, positive und negative Kritik zu zugelassenen Schulbüchern in Neuauflagen und Überarbeitungen ein?
- Wie nutzen Schüler das Schulbücher und digitale Medien für ihr eigenes Wissensmanagement?
- Welchen Stellenwert haben Schulbücher in der Schulentwicklungsforschung?

7 Schlussbemerkung

Die Untersuchungsergebnisse zeigen, dass mittlerweile viele Schulbücher, insbesondere Lehrwerke zu den Fächern Deutsch und AWT aus den Jahren 2004 und 2005, den Umgang mit digitalen Medien thematisieren und mit Texten, Bildern und Arbeitsaufträgen Anregungen zum Erwerb von digitaler Medienkompetenz geben. Manche Schulbücher - vor allem einige, die in den Jahren 1997 bis 2003 erschienen sind - konnten und können aber trotz bestehender amtlicher Vorgaben zur Medienerziehung nicht in einem ausreichenden Maße zum Erwerb von digitaler Medienkompetenz beitragen. Die Lehrpläne (2004) und die Kriterienkataloge zur Schulbuchbegutachtung bei der Zulassung von Lernmitteln (2000) gehen zwar seit wenigen Jahren intensiver auf diese Bereiche ein, die Lernziele und Zulassungskriterien werden aber nicht in allen Schulbüchern berücksichtigt.

Das Schulbuch ist und bleibt für Schüler und Lehrer ein wichtiges Medium, dessen Stellenwert beibehalten oder sogar steigen wird, wenn es im Verbund mit anderen Medien eingesetzt wird und sich in seinen Angeboten auf Kernfunktionen konzentriert, d.h. Angebote und Anregungen zum Grundwissen der verschiedenen Fächer und zu den Schlüsselqualifikationen liefert, Variation und unterschiedliche Anspruchniveaus in den Übungsaufgaben anbietet und Verknüpfungen zu anderen, auch digitalen Medien ermöglicht.

Ferner ist es nötig, dass die Professionalität der Lehrkräfte im Umgang mit dem Schulbuch und mit digitalen Medien gestärkt wird. Die Bedeutung des Schulbuchs, der Schulbuchauswahl, der Schulbuchzulassung und der Schulbuchevaluation muss intensiver in das Blickfeld der Schul- und Unterrichtsentwicklung rücken. Einen kleinen Beitrag dazu sollte die vorliegende Arbeit leisten.

8 Anhang

8.1 Verzeichnis der untersuchten Schulbücher

A   Schulbücher für die 7. Jgst. der Hauptschule in Bayern, LP 1997 (47)

Katholische Religionslehre
KTR 1: Hilger, G./ Reil, E.(Hrsg.), Reli 7 Unterrichtswerk für katholische Religionslehre an Hauptschulen in den Klassen 5-9. München 1999: Kösel
KTR 2: Schlereth R., Einfach Leben Unterrichtswerk für den katholischen Religionsunterricht in der 7. Jahrgangsstufe der Hauptschule. Donauwörth 2000: Auer

Evangelische Religionslehre
EVR 1: Haußmann, W. (Red.), Da sein – Wege ins Leben 7 Ein Unterrichtswerk für den Evangelischen Religionsunterricht an der Hauptschule. Frankfurt 2001

Ethik
ETH 1: v. Burkhardt, F./ Heydenreich, K./ Krahulec, P., Ethik 7/8. Berlin, München ^{1}1997, Druck ^{8}2004

Deutsch
Lesebücher
DL7.1: Arbeus R./ Häußler E.-M./ Kitzig C./ Knobloch J., Das Hirschgraben Lesebuch 7. Berlin 1999
DL7.2: Batzner A./ Keller-Bittner B./ von Engelhardt I./ Hammerl J./ Launer C./ Schnitzer A., Zwischen den Zeilen 7 Lesebuch. Braunschweig 1999
DL7.3: Greil Josef (Hrsg.), Das lesende Klassenzimmer Lesebuch 7. Schuljahr Ausgabe B. München 1998
DL7.4: Menzel W. (Hrsg.), Treffpunkte Lesebuch für die 7. Jahrgangsstufe Hauptschule Bayern. Hannover 1997
DL7.5: Zahn, Erika, Neue Lesestraße 7 Lesebuch für die 7. Jahrgangsstufe. München 2000

Sprachbücher

DS7.1: Batzner, A./ Böttger H./ Dill R./ Geitner E./ Stiefenhofer B./ Witschas D./ Würker W., Mit eigenen Worten 7, Hauptschule Bayern. Braunschweig 1997

DS7.2: Brengelmann Y./ Heidenreich W./ Karmann E./ Kraus C./ Kusterer S./ Paula S., Das Hirschgraben Sprachbuch Hauptschule Bayern 7. Schuljahr. Berlin 1997

DS7.3: Endell A./ Huneke H.-W./ Jung-Ostermann D./ Schemel G./ Schierhorn H./ Vollmers B., geradeaus sieben, Sprachbuch. Stuttgart 1997

DS7.4: Greil Josef (Hrsg.), Sprachprofi 7, Sprachbuch für die bayerische Hauptschule. München 1997

Mathematik

MAT1: Brandl, A./ Gernhardt, G./ Hartmann, K./ Kuhlmay, E., Mathematik Buch 7, Neuausgabe. München 1997

MAT2: Golenia, J./ Neubert, K.,Mathematik 7 Hauptschule Bayern. Braunschweig 1997

MAT3: Leppig, Manfred (Hrsg.), Lernstufen Mathematik 7.Berlin 1997

MAT4: Rinkens, H.-D./ Wynands A. (Hrsg.), Mathe aktiv 7. Hannover 1997

MAT5: Vogel G.-H./ Vollath, E., Formel 7, Mathematik für die Hauptschule. Bamberg 1997

Englisch

ENG1: Bye, C./ Harger, L./ Moston, T./ Sexton, M., English live Klasse 7. München 1997

ENG2: Cox R./ Williams R., English H Highlight Band 3. Berlin 1999

ENG3: Haines, S./ Hamm, W./ Preedy, I./ Seidl, B./ Wunsch, C., Snap 3 Unterrichtswerk für Hauptschulen in Bayern. Stuttgart 1999

Physik/Chemie/Biologie

PCB1: Hausfeld, R./ Schulenberg, W. (Hrsg.), Natur bewusst 7. Braunschweig 1997

PCB2: Hiering, P./ Mossburger, G./ Pappler, M./ Pfahler, K./ Sinterhauf, R./ Suttner, R./ Weinberger I., Natur und Technik Physik/Chemie/Biologie Jahrgangsstufe 7. Berlin 1997

PCB3: Hofmeister, E./ Rampf, H./ Tauber, W., Zusammenhänge 7 Physik Chemie Biologie. München 1997
PCB4: Litz, Manfred (Hrsg.), Urknall Bayern 7. Schuljahr. Leipzig 1997
PCB5: Scharf, K.-H.(Hrsg.) Natur plus Physik/Chemie/Biologie für bayerische Hauptschule 7. Jahrgangsstufe. Hannover 1997
PCB6: Schurius, Leo (Hrsg.), bsv Natur entdecken Band 7 Physik/Chemie/ Biologie für Hauptschulen in Bayern 7. Jahrgangsstufe. München 1997

Geschichte/Sozialkunde/Erdkunde
GSE1: Autenrieth, N./ Grosser, W./ Jodelsberger, C./ Kiefersauer, F./ Libera, R./ Reinhart, G./ Senft, A.,/ Wagner, H./ Weinhold, V., Trio 7 Geschichte/Sozialkunde/Erdkunde Hauptschule Bayern. Hannover 1997
GSE2: Berger-von-der-Heide, T./ Bernert, C./ Bernert, W./ Fünfer, K.-.-H./ Grabl, W./ Neuhäusler, B./ Regenhardt, H.-O./ Schierl, W./ Steinbach, E./ Strey, U./ de Vries, L., Menschen Zeiten Räume 7 Geschichte Sozialkunde Erdkunde Hauptschule Bayern. Berlin 1997
GSE3: Brucker, A./ Filser, K., Begegnungen 7 Geschichte Sozialkunde Erdkunde. München 1997
GSE4: Heinrich, H./ Kaniber, G./ Krig, A./ Rieger, E./ Thiser, B., GSE 7 Geschichte Sozialkunde Erdkunde Hauptschule 7. Jahrgangsstufe. Regensburg 1997
GSE5: Nebel, Jürgen (Hrsg.), Durchblick Bayern Hauptschule Geschichte/ Sozialkunde/Erdkunde 7. Jahrgangsstufe. Braunschweig 1997
GSE6: Bauer, T./, Eiter H./ Lehnen, R./ Mönnich, A./ Pfriem, P./ Spannraft, E./ Thieme, H./ Wege, D., ZeitRäume 7. Stuttgart 1997

Musik
MUS1: Dresel, W./ Klüpfel, A./ Pielmeier S., Musik erleben 7. Regensburg 1999
MUS2: Kaiser, J./ Scheytt, A., Musikland 7 Hauptschule Bayern. Hannover 1997

Kunsterziehung
KUN1: Riedl, M./ Schmitt, M./ Tschakert, M., Kunst und wir 7. Regensburg 1998

Arbeitslehre

ABL1: Geiger, F./ Köhler, H./ Holzinger, R./ Kunder, H., Arbeitslehre. Schülerbuch für die 7. Jahrgangsstufe. Donauwörth 1997, Auer

ABL2: Harter-Meyer, R./ Krafft, D./ Meyer, H./ Schierl, W.(Hrsg.), Arbeitslehre 7 Hauptschule Bayern. Berlin 1997, Cornelsen

ABL3: Kaminski, H./ Kaiser, F.-J. (Hrsg.), Praxis 7 Arbeitslehre Hauptschule Bayern. Braunschweig 1997, Westermann

ABL4: Klose, V./ Ostermeier, L./ Meier, B./ Mette, D., Arbeitslehre aktuell 7 Ausgabe B. München 1997, Oldenbourg

ABL5: Kohl, H./ Moser, J./ Troidl, J., Wege zum Beruf 7 Arbeitslehre für die 7. Jahrgangsstufe. Regensburg 1997, Wolf

Kaufmännisch-bürotechnischer Bereich

KBB1: Bächle, E./ Swoboda, W., Bürokommunikation heute 7. Jahrgangsstufe. Donauwörth 1998

KBB2: Brem, I./ Flögel, W./ Neumann, K.-H./ Tittus, G., Textverarbeitung 7 PLUS Kaufmännisch-bürotechnischer Bereich. Troisdorf 1998

KBB3: Fürstenau, L./ Edinger, H., Bürotechnik 7 Kaufmännisch-bürotechnischer Bereich. Troisdorf 2000

Hauswirtschaftlich-sozialer Bereich

HSB1: Fichtner, E./ Plößner, B./ Wagner, U., Zusammenleben Zusammenarbeiten Hauswirtschaftlich-sozialer Bereich 7. Jahrgangsstufe. Hamburg 1997

HSB2: Roth M.-A./ Wöhl, H., Blickpunkt Haushalt 7 Ausgabe B. München 1997

Gewerblich-technischer Bereich

GTB1: Brock, K./ Weininger, H., Gewerblich-technischer Bereich Werken/Technisches Zeichnen Schülerbuch für die 7. Jahrgangsstufe. Donauwörth 1999

B Schulbücher für den Deutschunterricht der 5. bis 9. Jahrgangsstufe der Hauptschule in Bayern, Lehrplan 1997 (10)

Deutsch Lesebücher

DL5.1: Batzner, A./ Keller-Bittner, B./ von Engelhardt, I./ Hammerl, J./ Hoffmann, G./ Schnitzer, A., Zwischen den Zeilen 5 Lesebuch. Braunschweig 1997

DL6.1: Batzner, A./ Keller-Bittner, B./ von Engelhardt, I./ Hammerl, J./ Hoffmann, G./ Schnitzer, A., Zwischen den Zeilen 6 Lesebuch. Braunschweig 1998

DL7.2: Batzner, A./ Keller-Bittner, B./ von Engelhardt, I./ Hammerl, J./ Launer, C./ Schnitzer, A., Zwischen den Zeilen 7 Lesebuch. Braunschweig 1999

DL8.1: von Engelhardt, I./ Hammerl, J./ Launer, C./ Schnitzer, A./ Waas-Mezger, M., Zwischen den Zeilen 8 Lesebuch. Braunschweig 1999

DL9.1: von Engelhardt, I./ Hammerl, J./ Schnitzer, A./ Waas-Mezger, M., Zwischen den Zeilen 9 Lesebuch. Braunschweig 2000

Deutsch Sprachbücher

DS5.1: Deutenbach, B./ Fink, R./ Langer, G./ Müller, T./ Seibt, M./ Wandl, J., Mit eigenen Worten 5, Hauptschule Bayern. Braunschweig 1997

DS6.1: Deutenbach, B./ Eisenbraun, P./ Langer, G./ Langhans, N./ Müller, T./ Post-Lange, E.-M./ Seibt, M., Mit eigenen Worten 6, Hauptschule Bayern. Braunschweig 1998

DS7.1: Batzner, A./ Böttger, H./ Dill, R./ Geitner E./ Stiefenhofer, B./ Witschas, D./ Würker, W., Mit eigenen Worten 7, Hauptschule Bayern. Braunschweig 1997

DS8.1: Batzner, A./ Böttger H./ Dill, R./ Geitner, E./ Kretzschmar, S./ Leopold, W./ Reck, H.-P./ Rehm-Kronenbitter, I./ Schönerger, M./ Stiefenhofer, B./ Witschas, D., Mit eigenen Worten 8, Hauptschule Bayern. Braunschweig 1998

DS9.1: Böttger H./ Dill, R./ Geitner, E./ Kretzschmar, S./ Leopold, W./ Rehm-Kronenbitter, I./ Schönerger, M./ Stiefenhofer, B./ Witschas, D., Mit eigenen Worten 9, Hauptschule Bayern. Braunschweig 1999

C Schulbücher für die Hauptschule in Bayern, Lehrplan 2004 (19)

Sprachbücher

DSB5-1   Bernauer, Helge (et alt.) (2004), Mit eigenen Worten 5. Hauptschule Bayern. Braunschweig: Bildungshaus Schulbuchverlage Westermann Schroedel Diesterweg Schöningh Winklers

DSB6-1   Akkus, Tanja (et alt.) (2005), Mit eigenen Worten 6. Hauptschule Bayern. Braunschweig: Bildungshaus Schulbuchverlage Westermann Schroedel Diesterweg Schöningh Winklers

DSB7-1   Böttger, Heiner (et alt.) (2004), Mit eigenen Worten 7. Hauptschule Bayern. Braunschweig: Bildungshaus Schulbuchverlage Westermann Schroedel Diesterweg Schöningh Winklers

DSB7-2   Böttger, Heiner (et alt.) (2004), Mit eigenen Worten 7 M. Hauptschule Bayern. Braunschweig: Bildungshaus Schulbuchverlage Westermann Schroedel Diesterweg Schöningh Winklers

DSB7-3   Hofmann, Eva-Maria (et alt.) (2004), Das Hirschgraben Deutschbuch 7. Hauptschule Bayern, Berlin: Cornelsen

DSB7-4   Hofmann, Eva-Maria (et alt.) (2004), Das Hirschgraben Deutschbuch 7. Hauptschule Bayern M, Berlin: Cornelsen

Lesebücher

DLB5-1   Batzner, Ansgar (et alt.) (2005), Zwischen den Zeilen 5, Hauptschule Bayern. Prüfauflage, Braunschweig: Bildungshaus Schulbuchverlage Westermann Schroedel Diesterweg Schöningh

DLB6-1   Batzner, Ansgar (et alt.) (2005), Zwischen den Zeilen 6, Hauptschule Bayern. Prüfauflage, Braunschweig: Bildungshaus Schulbuchverlage Westermann Schroedel Diesterweg Schöningh

AWT

AWT7-1   Dörfler, Roland (et alt.) (2004), Arbeit Wirtschaft Technik. Hauptschule Bayern 7/M7. Braunschweig: Bildungshaus Schulbuchverlage Westermann Schroedel Diesterweg Schöningh

AWT7-2   Frauenknecht Thomas (et alt.) (2005), Wege zum Beruf 7. Ein Schülerbuch für das Fach Arbeit – Wirtschaft – Technik in der 7. Jahrgangsstufe und im Mittlere-Reife-Zug der 7. Jahrgangsstufe der Hauptschule. Troisdorf: Bildungsverlag EINS

AWT7-3   Holzinger, Renate (et alt.) (2005) Arbeit Wirtschaft Technik 7. Schulbuch für die 7. Jahrgangsstufe. Donauwörth: Auer Verlag

Mathematik

MAT7-1   Bauhoff Eugen; Wynands Alexander (Hrsg.) (2005), Mathe aktiv 7. Braunschweig: Schroedel

MAT7-2   Bauhoff Eugen; Wynands Alexander (Hrsg.) (2005), Mathe aktiv M7 . Braunschweig: Schroedel

MAT7-3   Leppig, Manfred (Hrsg.) (2004), Lernstufen Mathematik 7 neue Ausgabe. Berlin: Cornelsen Verlag

MAT7-4   Leppig, Manfred (Hrsg.) (2004), Lernstufen Mathematik M7 neue Ausgabe. Berlin: Cornelsen Verlag

MAT7-5   Golenia, Jürgen; Neubert, Kurt (Hrsg.) (2005) Mathematik 7M. Braunschweig: Bildungshaus Schulbuchverlage Westermann Schroedel Diesterweg Schöningh Winklers

GSE

GSE7-1   Auer, Anne (et alt.) (2004), Durchblick 7. Bayern Hauptschule. Geschichte/ Sozialkunde/ Erdkunde. 7. Jahrgangsstufe-R. Braunschweig: Westermann Schulbuchverlag

GSE7-2   Auer, Anne (et alt.) (2004), Durchblick 7. Bayern Hauptschule. Geschichte/ Sozialkunde/ Erdkunde. 7. Jahrgangsstufe-M. Braunschweig: Westermann Schulbuchverlag

GSE7-3   Bauer, Thomas (et alt.) (2004), Trio 7/7M Geschichte - Sozialkunde – Erdkunde. Hannover: Schroedel

8.2 Verzeichnis der Tabellen

Nr.	Thema	Seite
1	Vorteile und Nachteile des Schulbuchs	14
2	Vorteile und Nachteile der neuen Medien	25
3	Mediendidaktische Zulassungskriterien: Mathematik, Musik, HsB	31
4	Gründe gegen den Einsatz neuer Medien in der Hauptschule	45
5	Gesamtumfang der untersuchten Schulbücher für die 7. Jahrgangsstufe zum LP 1997 (Untersuchung A)	63
6	Gesamtumfang der Sprachbücher und Lesebücher für die 5. bis 9. Jahrgangsstufe zum LP 1997 (Untersuchung B)	64
7	Gesamtumfang der untersuchten Schulbücher zum LP 1997 (Untersuchung C)	66
8	Gesamtumfang der drei Untersuchungsbereiche A, B und C	66
9	Untersuchungsdesign	76
10	Untersuchungsbogen	79
11	Überblick: Untersuchungen A, B und C	83
12	Nennung digitaler Medien, Religion/Ethik	92
13	Chancen und sinnvolle Nutzung digitaler Medien, Religion/Ethik	92
14	Hinweise zu den Gefahren durch digitale Medien, Religion/Ethik	93
15	Nennung digitaler Medien, Lesebücher	102
16	Chancen und sinnvolle Nutzung digitaler Medien, Lesebücher	103
17	Hinweise zu den Gefahren durch digitale Medien, Lesebücher	104
18	Nennung digitaler Medien in Schulbüchern, Sprachbücher	126
19	Chancen und sinnvolle Nutzung digitaler Medien, Sprachbücher	127
20	Hinweise zu den Gefahren durch digitale Medien, Sprachbücher	127
21	Nennung digitaler Medien, Mathematik	132
22	Chancen und sinnvolle Nutzung digitaler Medien, Mathematik	132
23	Hinweise zu den Gefahren durch digitale Medien, Mathematik	133
24	Nennung digitaler Medien in Schulbüchern, Englisch	140
25	Chancen und sinnvolle Nutzung digitaler Medien, Englisch	140
26	Hinweise zu den Gefahren durch digitale Medien, Englisch	141
27	Nennung digitaler Medien, PCB	143
28	Chancen und sinnvolle Nutzung digitaler Medien, PCB	143
29	Hinweise zu den Gefahren durch digitale Medien, PCB	144

30	Nennung digitaler Medien, GSE	149
31	Chancen und sinnvolle Nutzung digitaler Medien, GSE	150
32	Hinweise zu den Gefahren durch digitale Medien, GSE	150
33	Nennung digitaler Medien, Musik	152
34	Chancen und sinnvolle Nutzung digitaler Medien, Musik	153
35	Hinweise zu den Gefahren durch digitale Medien, Musik	153
36	Nennung digitaler Medien, Kunsterziehung	155
37	Chancen und sinnvolle Nutzung digitaler Medien, Kunsterziehung	157
38	Hinweise zu den Gefahren durch digitale Medien, Kunsterziehung	157
39	Nennung digitaler Medien, Arbeitslehre	164
40	Chancen und sinnvolle Nutzung digitaler Medien, Arbeitslehre	165
41	Hinweise zu den Gefahren durch digitale Medien, Arbeitslehre	165
42	Nennung digitaler Medien, KbB	172
43	Chancen und sinnvolle Nutzung digitaler Medien, KbB	173
44	Hinweise zu den Gefahren durch digitale Medien, KbB	173
45	Ungenutzte Chancen im Fach HsB	175
46	Nennung digitaler Medien, HsB	176
47	Chancen und sinnvolle Nutzung digitaler Medien, HsB	176
48	Hinweise zu den Gefahren durch digitale Medien, HsB	177
49	Nennung digitaler Medien, GtB	179
50	Chancen und sinnvolle Nutzung digitaler Medien, GtB	179
51	Hinweise zu den Gefahren durch digitale Medien, GtB	180
52	Auswertung nach Items: Nennung digitaler Medien	182
53	Auswertung nach Items: Chancen	183
54	Auswertung nach Items: Gefahren	184
55	Texte und Arbeitsaufträge mit Bezug zu digitalen Medien in den Lesebüchern für die Jgst. 5 bis 9, HS-LP 1997, 5. – 9. Jgst.	205
56	Digitale Medien in den Lesebüchern für die Jgst. 5 bis 9	206
57	Texte und Arbeitsaufträge mit Bezug zu digitalen Medien in den Sprachbüchern für die Jgst. 5 bis 9, HS-LP 1997	221
58	Digitale Medien in den Sprachbüchern für die Jgst. 5 bis 9	222
59	Übersicht über die Ergebnisse der Untersuchung C: Veränderungen im Bereich *digitaler Medienkompetenz* zwischen den Schulbüchern zum LP 1997 und ihren Überarbeitungen bzw. Neukonzeptionen zum LP 2004	274

8.3 Verzeichnis der Abbildungen

Nr.	Thema	Seite
1	Forderungen von Lehrkräften zum Einsatz neuer Medien	44
2	Gesamtübersicht zur Schulbuchanalyse	82
3	Digitale Medien im Schulbuch, ETH1	90
4	Arbeitsaufträge zur Mediennutzung, DL7.1	95
5	Internet im Lesebuch, DL7.1	98
6	E-Mailprojekt im Lesebuch, DL7.1	99
7	Wer nutzt Computer & Co, DL7.1	100
8	Thema Virenschutz im Lesebuch, DL7.3	101
9	Testfragen zum Vergleich Buch – CD-ROM, DS7.1	106
10	Projekt Computer im Deutsch-Sprachbuch, DS7.1	108
11	Projektangebote Computer – Teil 1, DS7.1	109
12	Projektangebote Computer – Teil 2, DS7.1	110
13	Computer-Fachbegriffe, DS7.1	111
14	Computer-Fachbegriffe: Materialseite, DS7.1	112
15	Projekt Computer: Texte bearbeiten, DS7.1	114
16	Im Internet surfen, DS7.1	115
17	Im Internet surfen: Materialseite, DS7.1	117
18	Ratgeber für Computerspiele, DS7.1	118
19	Ratgeber für Computerspiele: Materialseite, DS7.1	119
20	Aufträge zur Arbeit mit dem PC, DS7.1 und DS7.2	120
21	Lexikon als Computerprogramm, DS7.2	122
22	Rechtlicher Grenzen bei der Computernutzung, DS7.2	123
23	Freizeitbeschäftigungen von Jugendlichen, DS7.2	123
24	Darstellung der Mediennutzung Jugendlicher, DS7.2	124
25	Nutzung verschiedener Informationsquellen, DL7.3	125
26	Digitale Medien im Schulbuch, MAT3	129
27	Thema Computer im Fach Mathematik, MAT3	130
28	Entwicklung des Taschenrechners, MAT2	131
29	Medienkonsum, Karikatur in einem Schulbuch, ENG1	135
30	A search page for young people, Schulbuch ENG3	136
31	Beschaffung von Informationen aus dem Internet, Schulbuch ENG2	137

32	E-mails, Schulbuch ENG3	138
33	From a handbook: The World Wide Web, Schulbuch ENG2	139
34	PC und alte Menschen, GSE2	146
35	Computer-„Hacker", GSE3	148
36	Aufgeschlossen für Neues, GSE6	149
37	Lebenslust, GSE6	149
38	Digitale Medien im Schulbuch für das Fach Kunsterziehung	156
39	Ausstattung eines Computerarbeitsplatzes, ABL1	161
40	Thema: Computerarbeitsplatz zuhause, ABL2	162
41	Besitz und Markenbewusstsein bei den 7- bis 15-jährigen, ABL4	162
42	Technik fast überall, ABL4	163
43	Computernutzung weiblich/männlich, ABL3	164
44	Urheberrecht und Virenschutz, KBB2	170
45	Datensicherheit und Virenschutz, KBB3	171
46	Comic: illegales Kopieren von Software, KBB3	171
47	Ergonomisch gestalteter Bildschirmarbeitsplatz, KBB2	172
48	Computer im Fach GtB	178
49	Kinder bei Nutzung digitaler Medien, DL5.1	186
50	Computerkatalog in einer Bücherei, DL6.1	187
51	Textauszug und Arbeitsaufträge: Medien-Was ist das? , DL6.1	188
52	Die bunte Welt von Multimedia, DL6.1	189
53	Internet – Was ist das eigentlich?, DL6.1	191
54	Multimedia CD-ROM : Wüste, DL8.1	193
55	Elektronische Medien, DL8.1	195
56	Textausschnitt: Die Suche nach der Stecknadel im „Datenhaufen"	198
57	Die besten Tipps zur Suchstrategie, DL9.1	199
58	Globales Dorf mit Ententeich, DL9.1	201
59	Textauszug: Wie man mit Bildern manipulieren kann (1), DL9.1	203
60	Textauszug: Wie man mit Bildern manipulieren kann (2), DL9.1	204
61	Informationen einholen, DS5.1	208
62	Informationen beschaffen – aber wie?, DS6.1	209
63	Rechtschreibprüfung mit dem Computer, DS8.1	212
64	Rechtschreibprüfung mit dem Computer, DS8.1	213
65	Informationen aus dem Internet, DS8.1	213
66	Sich informieren im Internet, DS9.1	215

67	Schlag nach im www, DS9.1	216
68	Suchergebnisse sichten, DS9.1	217
69	Gewalt in den Medien, DS9.1	218
70	Chatten zum Thema Gewalt, DS9.1	219
71	Bayerisches Schulinformationssystem, DS9.1	219
72	Mit dem Computer Rechtecke zeichnen, MAT7-1	226
73	Computereinsatz in der Geometrie, MAT7-5	228
74	Computereinsatz: Parallelogramme zeichnen, MAT7-5	229
75	Rechnen mit der Tabellenkalkulation, MAT7-5	230
76	Beispielaufgaben Tabellenkalkulation, MAT7-5	230
77	Internetrecherche zu Naturkatastrophen, GSE7-1	232
78	Kaufen im Internet, AWT7-1	236
79	Kaufen im Internet – Online-Shopping, AWT7-1	237
80	Rascher Wandel der Technik, AWT7-1	238
81	Chancen, Risiken und Grenzen des Technikeinsatzes, AWT7-1	239
82	Rascher Wandel der Technik, AWT7-1	240
83	Rascher Wandel der Technik, AWT7-1	241
84	E-Commerce, AWT7-2	242
85	Navigieren im Online-Shop, AWT7-2	243
86	Online-Shopping, AWT7-2	244
87	Geschäftsfähigkeit und Zahlungsbedingungen, AWT7-2	245
88	Chatten, DLB5-1	252
89	Gefahren durch Referatebörsen im Internet, DLB5-1	253
90	Die multimediale Herausforderung, DLB5-1	254
91	Abschalten, DLB6-1	257
92	Textauszug: Gefahren für Kinder im Netz, DLB6-1	258
93	Kinder und Internet, DLB6-1	259
94	Noch mehr Zeichen, DLB6-1	260
95	Begriffe nachschlagen auf CD-ROM, DSB5-1	262
96	Informationen im Internet suchen, DSB6-1	263
97	Suchbegriffe finden, DSB6-1	263
98	Per E-Mail eine Fortsetzungsgeschichte schreiben, DSB6-1	264
99	Einen Screenshot anlegen, DSB7-1	266
100	Computerviren, DSB7-3	267
101	Ein Computer-Lexikon nutzen, DSB7-3	269

102	Im Internet Informationen suchen, DSB7-3	270
103	Suchbegriffe kombinieren, DSB7-3	271

8.4 Verzeichnis der Abkürzungen

AA	Arbeitsauftrag
Abb.	Abbildung
ALP	Akademie für Lehrerfortbildung und Personalführung Dillingen
AWT	Arbeit Wirtschaft Technik
Jgst.	Jahrgangsstufe
GSE	Geschichte/ Sozialkunde / Erdkunde
GtB	Gewerblich-technischer Bereich
HsB	Hauswirtschaftlich-sozialer Bereich
KbB	Kaufmännisch-bürotechnischer Bereich
KM	Bayerisches Staatsministerium für Unterricht und Kultus
ISB	Institut für Schulqualität und Bildungsforschung
LP 1997	Lehrplan für die bayerische Hauptschule aus dem Jahr 1997
LP 2004	Lehrplan für die bayerische Hauptschule aus dem Jahr 2004
LZ	Lernziel
MIB	Medienpädagogisch Informationstechnische Beratungslehrkräfte
M-Zug	Mittlere-Reife-Zug
PC	Personal Computer
PCB	Physik/ Chemie/ Biologie
PISA	Programme for International Student Assessment
Tab.	Tabelle
URL	Uniform Ressource Locator
WTG	Werken/ Textiles Gestalten
WWW	World Wide Web

9 Literaturverzeichnis

[3sat] (2004). Jeder zehnte Teenager nutzt Computer exzessiv, zitiert nach: http://www.3sat.de/3sat.php?http://www.3sat.de/nano/news/67676 [15.5.2005]

[Adlexikon] (o.J.) Neue Medien Definition Erklärung Bedeutung Glossar, zitiert nach: http://neue_medien.adlexikon.de/Neue_Medien.shtml [01.04.2005]

Akademie für Lehrerfortbildung und Personalführung Dillingen (1999). Freiarbeit und Computer in der Grundschule. Fortbildungsmodell der Akademie für Lehrerfortbildung und Personalführung. Dillingen

Aufenanger, Stefan (1999). Computer und Videospiele – in die Schule! In: Computer + Unterricht Heft 36, S. 6-10. Seelze: Erhard Friedrich Verlag

Aufenanger, Stefan (2001a). Jugendmedienschutz und Internetverantwortung. In: Computer + Unterricht Heft 42, S. 6-8. Seelze: Erhard Friedrich Verlag

Aufenanger, Stefan (2001b). Wie die neuen Medien Kindheit verändern. In: ProJugend Nr. 3/2001. Fachzeitschrift der Aktion Jugendschutz, Ausgabe Bayern. München, S. 4-7

Aufenanger, Stefan (2002a). Miteinander lernen. Interkulturelle Aspekte von Medienkompetenz. In: Computer + Unterricht Heft 45, S. 6-9. Seelze: Erhard Friedrich Verlag

Aufenanger, Stefan (2002b). Medien als Täter? Gewalthaltige Computerspiele und ihre Wirkungen. In: Computer + Unterricht Heft 47, S. 54-55. Seelze: Erhard Friedrich Verlag

Aufenanger, Stefan (2004a). Mediensozialisation. Aufwachsen in einer Medienwelt: Ergebnisse und Ausblicke. In: Computer + Unterricht Heft 53, S. 6-9. Seelze: Erhard Friedrich Verlag

Aufenanger, Stefan (2004b). Informationssuche im Internet. In: Computer + Unterricht Heft 53, S. 42-43. Seelze: Erhard Friedrich Verlag

Bamberger Richard, Ludwig Boyer, Karl Sretenovits, Horst Striezl (1998). Zur Gestaltung und Verwendung von Schulbüchern. Mit besonderer Berücksichtigung der elektronischen Medien und der neuen Lernkultur. Wien: OBV Pädagogischer Verlag

Bauer, Wolfgang (1999). Multimedia in der Schule? Chancen und Gefahren? In: Verband der Schulbuchverlage (1999). Werkstatt Multimedia. Chancen von Multimedia und Internet im Unterricht. Eine Dokumentation zur „Werkstatt Multimedia" Interschul/didacta 1999. Frankfurt, S. 25-31

Bayerisches Staatsministerium für Arbeit und Sozialordnung, Familie und Frauen (2004). Rede von Staatsministerin Christa Stewens "Bilderwelten und ihre Wirkung - Bayerische Initiativen zur Stärkung des Jugend-Medienschutzes" am 10.11.2004, zitiert nach:
http://www.stmas.bayern.de/familie/kinderschutz/stewens.pdf [05.04.2005]

Bayerisches Staatsministerium für Unterricht, Kultus, Wissenschaft und Kunst (1994a). Kriterien zur Begutachtung von Lernmitteln (Stand Juli 1994). München, unveröff. Dokument

Bayerisches Staatsministerium für Unterricht, Kultus, Wissenschaft und Kunst (1994b). Kriterien zur Begutachtung von Lernmitteln, Anlage B Hinweise für einzelne Fächer in der Hauptschule (1994). München, unveröff.

Bayerisches Staatsministerium für Unterricht, Kultus, Wissenschaft und Kunst (1995). Medienpädagogik/Medienerziehung in der Schule. Beschlüsse der KMK. Sammelwerk Medienzeit. München, Donauwörth: Auer Verlag

Bayerisches Staatsministerium für Unterricht, Kultus, Wissenschaft und Kunst (Hrsg.) (1997). Datennetze – Möglichkeiten und Gefahren. Sammelwerk Medienzeit: Basisbaustein. Donauwörth: Auer

Bayerisches Staatsministerium für Unterricht, Kultus, Wissenschaft und Kunst (1997). Lehrplan für die bayerische Hauptschule. Amtsblatt KWMBI I So.-Nr. 1/1997. München

Bayerisches Staatsministerium für Unterricht und Kultus (2000a). Verordnung über die Zulassung von Lernmitteln (ZLV) vom 13. September 2000, S. 3, zitiert nach: http://www.rechtliches.de/bayern/info_ZLV.html [31.03.2005]

Bayerisches Staatsministerium für Unterricht und Kultus (2000b). Kriterien zur Begutachtung von Lernmitteln (Stand: September 2000), o.O.

Bayerisches Staatsministerium für Unterricht und Kultus (2000c). Verzeichnis der zum Gebrauch an Schulen zugelassenen Lernmittel (29.09.2000), o.O.

Bayerisches Staatsministerium für Unterricht und Kultus (2000d), Kriterien zur Begutachtung von Lernmitteln, Anlage B, o.O.

Bayerisches Staatsministerium für Unterricht und Kultus (2000e). Lehrplan für die Grundschulen in Bayern. Amtsblatt B1234A. Sondernummer 1 vom 25.09.2000, München: Oldenbourg

Bayerisches Staatsministerium für Unterricht und Kultus (2002). Bekanntmachung des Bayerischen Staatsministeriums für Unterricht und Kultus vom 28.02.2002 Nr. III/6 - S 1356 - 5/6908; zitiert nach:
http://www.mib-bayern.de/wb/kmbek_III-6-S1356-5-6908.html [26.06.2005]

Bayerisches Staatsministerium für Unterricht und Kultus (2003). LAN-Partys und gewalthaltige Computerspiele an Schulen in Bayern. KMS III.6 - 5 04161 - 6.76168 vom 28.10.2003, zitiert nach:
http://www.alp.dillingen.de/org/info/data/f313.pdf [26.06.2005]

Bayerisches Staatsministerium für Unterricht und Kultus (2004a). Lehrplan für die bayerische Hauptschule, Lehrpläne für die Regelklassen der Hauptschulen Jahrgangsstufen 5 und 6, München: Maiß

Bayerisches Staatsministerium für Unterricht und Kultus (2004b). Lehrplan für die bayerische Hauptschule. Lehrpläne für die Regelklassen der Hauptschulen Jahrgangsstufen 7 - 9, München: Maiß

Bayerisches Staatsministerium für Unterricht und Kultus (2004c). Lehrplan für die bayerische Hauptschule. Lehrpläne für den Mittlere Reife-Zug der Hauptschule Jahrgangsstufen 7 bis 10, München: Maiß

Bayerisches Staatsministerium für Unterricht und Kultus (2004d). Kriterien zur Begutachtung von Lernmitteln, zitiert nach:
http://www.km.bayern.de/imperia/md/content/pdf/lernmittel/9.pdf [01.04.2005]

Bayerisches Staatsministerium für Unterricht und Kultus (2005a). Kinder im Netz. In: Elternzeit 1/2005, zit. nach:
http://www.km.bayern.de/imperia/md/content/pdf/els/ez_1_05.pdf [15.04.2005]

Bayerisches Staatsministerium für Unterricht und Kultus (2005b). Teure Internetseiten – Warnung vor Dialern, zitiert nach:
http://www.km.bayern.de/imperia/md/content/elternrundbrief/warnung_vor_dialern.pdf [12.04.2005]

[Bickel-Sandkötter, Susanne, Seminar Lehrerfortbildung Heinrich-Heine-Universität Düsseldorf] (2000), Zum Lehrgang: Digitale Medien im Schulunterricht, Medienkompetenz, zitiert nach:
http://www.uni-duesseldorf.de/MathNat/Biologie/Didaktik/download/medienko.pdf [10.12.2004]

Blaseio, Beate (2003). Aktuelle inhaltliche Innovationen in Schulbüchern für den Sachunterricht. In: Matthes, Eva u. Heinze, Carsten (2003): Didaktische Innovationen im Schulbuch. Beiträge zur historischen und systematischen Schulbuchforschung, Bd. 2.. Bad Heilbrunn: Klinkhardt, S. 203-219

Bofinger, Jürgen (2001). Schülerfreizeit und Medienverhalten. München: Institut für Schulpädagogik und Bildungsforschung, zitiert nach: http://www.mib-bayern.de/wb/bofinger/slide29.html [05.04.2005]

Bofinger, Jürgen (2003). Neue Medien im Fachunterricht. Eine empirische Studie über den Einsatz von neuen Medien im Fachunterricht an verschiedenen Schularten in Bayern. Arbeitsbericht Nr. 275. München: Institut für Schulpädagogik und Bildungsforschung

Bofinger, Jürgen (2005). Neue Medien im Fachunterricht. München, zitiert nach: http://itworks.schulen-ans-netz.de/dokus/Bofinger_didacta05.pdf [05.04.2005]

Boyer, Ludwig (2003). Schulbuchforschung als gemeinsame Aufgabe von Erziehungswissenschaft, Fachwissenschaft und Fachdidaktik in Österreich. In: Wiater, Werner (2003a). Schulbuchforschung in Europa – Bestandsaufnahme und Zukunftsperspektive. Bad Heilbrunn: Klinkhardt

Breilmann, Sybille (2001). Computer ins Klassenzimmer? In: Computer + Unterricht Heft 41, S. 52-53. Seelze: Erhard Friedrich Verlag

Brennecke, Andreas, Dieter Engbring, Harald Selke (1997). Lehren und Lernen mit Multimedia. Neue Qualitäten in der Schule, in: LOG IN 17, Informatische Bildung und Computer in der Schule, Heft 1, Berlin

Br-online [Bayerischer Rundfunk] (2005). ARD/ZDF-Online-Studie 2004 Über 55 Prozent der Deutschen im Netz, zitiert nach: http://www.br-online.de/br-intern/medienforschung/onlinenutzung/ [14.04.2005]

Büttner, Grit (2004). Raus aus der Traumwelt, 15.11.2004. In: http://www.stern.de/computer-technik/computer/index.html?id=532301&q=schule%20computer%20internet [04.04.2005]

Bundesministerium für Familie, Frauen, Senioren und Jugend (2004). Ein Netz für Kinder. Surfen ohne Risiko ? Ein praktischer Leitfaden für Eltern und Pädagogen, Berlin 2004, zitiert nach: http://www.jugendschutz.net/pdf/Ein_Netz_fuer_Kinder.pdf [05.06.2005]

Dammler, Alex (2001). Was machen Kinder im Internet? – Zu Nutzerverhalten und Motivation der "Online-Kids", zitiert nach: http://www.familienhandbuch.de/cmain/f_Fachbeitrag/a_Kindheitsforschung/s_747.html [19.04.2005]

[Deutsche Presse Agentur] (2004). Studie: Jugendliche durch Pornografie im Internet gefährdet, zitiert nach:
http://portal.1und1.de/de/themen/computer/internet/themadestages/953362,cc=0 000030901000095336211fgiO.html [12.05.2005]

Deutsche Shell (Hrsg.) (2000). Jugend 2000. 13. Shell Jugendstudie. Band 1., Opladen: Leske und Budrich, S. 181-219

Deventer, Karsten; Eva Schmitz-Gümbel (2004). Dumm gespielt, Kinder verwahrlosen am Bildschirm, zitiert nach:
http://www.zdf.de/ZDFde/inhalt/15/0,1872,2223695,00.html [10.03.2005]

Drabe Michael, Detlef Garbe (Hrsg.) (^{2}2000). Schulen ans Netz. Berichte aus der Praxis, Berlin

Dresen, Anne (2002). Schwimmen lernen im Info-Meer. Informationskompetenz erwerben und die gesellschaftliche Relevanz neuer Medien erkennen: ein Unterrichtsprojekt. In: Computer + Unterricht Heft 46, S. 11-15. Seelze: Erhard Friedrich Verlag

van Eimeren,Birgit, B. Maier-Lesch (1999). Internetnutzung Jugendlicher: Surfen statt fernsehen? Sonderauswertung aus der ARD/ZDF-Online-Studie 1999, Media Perspektiven 11/99, zitiert nach:
http://www.br-online.de/br-intern/medienforschung/onlinenutzung/pdf/jugendonline99.pdf [12.02.2005]

van Eimeren, Birgit: (2003). Internetnutzung Jugendlicher. In: Media Perspektiven 2/2003, zitiert nach:
http://www.ard-werbung.de/showfile.phtml/eimeren.pdf?foid=6635 [31.05.2005]

Elschenbroich, Hans-Jürgen; Paul Eschbach (2004). Mit den Schulbuchverlagen im Dialog. Forum Multimedia Köln 2004, zitiert nach: http://www.vds-bildungsmedien.de/pdf/werkstatt/w_04/FMM2004-Elschenbroich-Eschbach.pdf, S. 1 [11.04.2005]

Feibel, Thomas (2005). Ist der Tod ein Computerspiel, 18.03.2005. In: http://www.spiegel.de/netzwelt/netzkultur/0,1518,346377,00.html [08.04.2005]

Feierabend, Sabine; Walter, Klingler (1997). Jugendliche und Multimedia. Ergebnisbericht einer Studie im Auftrag des Medienpädagogischen Forschungsverbundes Südwest. Dokumentation - Heft 6. Baden-Baden

Feil, Christine (2000a). Kinder im Internet. Angebote, Nutzung und medienpädagogische Perspektiven. In: Diskurs 1/2000, München 2000, S. 15-24

Feil Christine (2000b), Barbara Keddi. Das Internet: ein Ort für Kinder. In: Diskurs 1/2000. München, S. 6-14

Feil, Christine (2005). Kinder entdecken das Internet. Interview. In: Thema 1/05 Aufwachsen mit dem Internet, zitiert nach: http://cgi.dji.de/cgi-bin/inklude.php?noNav=1&inklude=9_themen/thema0501/interviewfeil.htm [05.06.2005]

Finetti, Marco(2004). Scharfer Blick ins Klassenzimmer, zitiert nach: http://www.sueddeutsche.de/jobkarriere/berufstudium/artikel/599/44555/3/ [12.01.2005]

Flemmer, Walter (2005). Schöne neue Medienwelt und Innenweltverschmutzung, in: Schulverwaltung 2, Ausgabe Bayern, Heft 2/2005, S. 44ff. Kronach

Flick, Uwe (1995). Qualitative Forschung. Theorie, Methoden, Anwendung in Psychologie und Sozialwissenschaften. Reinbek bei Hamburg 1995

Frederking Volker, Wolfgang Steinig (2000). Früh übt sich. E-Mail- und Chat-Projekte im Deutschunterricht der Grundschule. In: Computer + Unterricht. Heft 40, S. 12-14. Seelze: Erhard Friedrich Verlag

Freller, Karl (2002). Rede des Staatssekretärs im Bayerischen Staatsministerium für Unterricht und Kultus, Karl Freller, anlässlich des Staatsempfangs zur Verleihung des Bayern Online-Preises am 15. Juli 2002 in München, zitiert nach: http://www.km.bayern.de/km/asps/archiv/15_07_bayernonline.pdf

Fritzsche, Yvonne (2000). Modernes Leben: Gewandelt, vernetzt und verkabelt. In: Deutsche Shell (Hrsg.) (2000), Jugend 2000. 13. Shell Jugendstudie. Band 1., Opladen: Leske und Budrich, S. 181-219

Fritz, Jürgen (1998). Kinder und Computerspiele. Was Computerspiele mit der Lebenswelt der Kinder zu tun haben. In: Mitzlaff Hartmut, Angelika Speck-Hamdan (Hrsg.) (1998): Grundschule und Neue Medien. Beiträge zur Reform der Grundschule Band 103, hrsg. v. Arbeitskreis Grundschule – Der Grundschulverband. Frankfurt, S. 124-138

Fußmann Albert, Hans-Jürgen Palme, Annette Sunderer (Hrsg.) (2003). Medienbildung. Beiträge aus Theorie und Praxis von Schule und Jugendarbeit. Gautinger Protokolle Nr. 34. Nürnberg: mwe-Verlag

Ganser, Bernd (2004). Kooperative Sozialformen im Unterricht. Ein unverzichtbarer Beitrag zur inneren Schulentwicklung. Inaugural-Dissertation an der Erziehungs-wissenschaftlichen Fakultät der Friedrich-Alexander-Universität Erlangen-Nürnberg

Ganz, Alexander; Gabi Reinmann (2005). „Intel® Lehren für die Zukunft – online trainieren und gemeinsam lernen". Erste Evaluationsergebnisse des Aufbaukurses (Arbeitsbericht Nr. 9) Augsburg: Universität Augsburg, Medienpädagogik

Gehle, Tobias (1997). Kinder im Internet. In: television 10/1997/2, zitiert nach http://www.br-online.de/jugend/izi/deutsch/publikation/televizion/10_1997_2/gehle.pdf

Gehle, Tobias (1998). Kinder im Netz. Internet-Nutzung zwischen 6 und 12 Jahren. Diplomarbeit, zitiert nach: http://www.netz-kids.de/kinder/index.htm [19.12.2004]

Gläser, Jochen, Grit Laudel (1999). Theoriegeleitete Textanalyse? Das Potential einer variablenorientierten qualitativen Inhaltsanalyse. Berlin. 1999, zitiert nach: http://skylla.wz-berlin.de/pdf/1999/p99-401.pdf [14.11.2004]

Göldner, Hans-Dieter (2004). Neuer Lehrplan für die bayerische Hauptschule. In: Schulverwaltung, 27. Jahrgang, Nr. 5. Kronach: Carl Link Verlag, S. 164-170

[Golem.de IT-News für Profis] (2004). Pisa: Einsatz von Computern an deutschen Schulen mangelhaft - Keine mangelnde Investitionsbereitschaft. (07.12.2004), zitiert nach: http://www.golem.de/0412/35051.html [22.12.2004]

Graff, Bernd (2004). Virtuelles Massaker im Kinderzimmer, zitiert nach: http://www.sueddeutsche.de/kultur/special/95/52043/index.html/kultur/artikel/983/42941/article.html

Gräsel, Cornelia (1998). Neue Medien – neues Lernen? Überlegungen aus der Sicht der Lehr-Lernforschung. In: Mitzlaff Hartmut, Angelika Speck-Hamdan (Hrsg.) (1998): Grundschule und Neue Medien. Beiträge zur Reform der Grundschule Band 103, hrsg. v. Arbeitskreis Grundschule – Der Grundschulverband. Frankfurt, S. 67-84

Gräsel, C., Mandl, H., Manhart, P. & Kruppa, K. (2000). Das BLK-Programm "Systematische Einbeziehung von Medien, Informations- und Kommunikationstechnologien in schulische Lehr- und Lernprozesse". Unterrichtswissenschaft, 28, 127-143.

Hainz, Irmgard (2001). Software statt Stoffbär. In: ProJugend Nr. 3/2001. Fachzeitschrift der Aktion Jugendschutz, Ausgabe Bayern. München, S. 3

Halefeldt, Elke (2001). Deutschlands Schulen auf dem Weg ins Informationszeitalter. In: Schächter, Markus (Hrsg.): Reiche Kindheit aus zweiter Hand? Medienkinder zwischen Fernsehen und Internet. München 2001: kopaed Verlag, S. 21-221,

Hartmut, Jonas (2003). Lernmethoden-Kompetenz. Warum Methoden für das Lernen mit neuen Medien so wichtig sind. In: Computer + Unterricht, Heft 52, S. 6-11. Seelze: Erhard Friedrich Verlag

Hendricks, Wilfried (2004). Buch oder nicht Buch – ist das hier die Frage? Guter Unterricht mit Bildungssoftware. In: Computer + Unterricht, Heft 56, S. 10-11. Seelze: Erhard Friedrich Verlag

Hense, J., Mandl, H. & Gräsel, C. (2001). Problemorientiertes Lernen mit neuen Medien. Warum der Unterricht mit neuen Medien mehr sein muss als Unterricht mit neuen Medien. Computer und Unterricht, 44, 6-11.

Heymann, Hans Werner (2000). Bildung trotz oder mit Internet. In: Pädagogik 9/2000, S. 7-8 Weinheim: Beltz

Hunneshagen, Heike; Renate Schulz-Zander; Frank Weinreich (2001a). Wege ins Netz. Empfehlungen für eine wirkungsvolle Nutzung neuer Medien in der Schule. In: Computer + Unterricht Heft 41, S. 44. Seelze: Erhard Friedrich Verlag

Hunneshagen, Heike; Renate Schulz-Zander; Frank Weinreich (2001b). Die Qualität des Unterrichts verbessern. In: Computer + Unterricht Heft 41, S. 45. Seelze: Erhard Friedrich Verlag

Institut für Schulqualität und Bildungsforschung (2005). Medienzeit aktuell 1/2005, München 2005, S. 3, zitiert nach:
http://www.isb.bayern.de/isb/download.asp?DownloadFileID=5a963fba93647bcb156397e1d903c4e2 [10.06.2005]

Internationale Gesellschaft für historische und systematische Schulbuchforschung (2004). Das Schulbuch zwischen Lehrplan und Unterrichtspraxis, Programm der Jahrestagung 2004, zitiert nach:
http://www.philso.uni-augsburg.de/web2/Paed1/Gesellschaft%20Schulbuchforschung%20Tagung%202004.htm [05.06.2005]

Jörns, Gerald (2003). Counterstrike aus Sicht des Jugendschutzes. In: Florian Rötzer (Hrsg.) (2003). Virtuelle Welten – reale Gewalt. Hannover 2003, S. 118 - 126: Telepolis

Jonas, Hartmut (2003). Lernmethoden-Kompetenz. Warum Methoden für das Lernen mit neuen Medien so wichtig sind. In: Computer + Unterricht, Heft 52, S. 6-11. Seelze: Erhard Friedrich Verlag

[Jugendmarketing aktuell] (2004). "Medien-Verwahrlosung" bei Kindern und Jugendlichen (29.11.2004), zitiert nach:
http://www.jugendmarketing-aktuell.de/index.php?MOD=ARTICLE&id=462 [15.04.2005]

[jugendschutz.net – Jugendschutz in Telemedien] (2005). Chatten ohne Risiko – Zwischen fettem Grinsen und Cybersex, zitiert nach:
http://www.jugendschutz.net/pdf/chatten_ohne_Risiko.pdf [03.04.2005]

Kaenders, Detlef (1998). Kommunikationsmedium Internet: Sozialpsychologische Aspekte von computervermittelter Kommunikation, Hausarbeit, Köln

Kaindel, Christoph (2003). Die Welten der Multiplayer-Spiele. In: Fußmann Albert, Hans-Jürgen Palme, Annette Sunderer (Hrsg.) (2003). Medienbildung. Beiträge aus Theorie und Praxis von Schule und Jugendarbeit. Gautinger Protokolle Nr. 34. Nürnberg: mwe-Verlag, S. 103-108

Kerres, Michael (1999). Potenziale des Lernens im Internet: Fiktion oder Wirklichkeit? In: Hilmar Hoffmann (Hrsg.) Deutsch global? Neue Medien, eine Herausforderung für die deutsche Sprache. Köln: DuMont, zitiert nach:
http://www.lo-net.de/home/lachmann/Potentiale_des_Internets.pdf [03.06.2005]

Kerwer, Jürgen; Uli Knoth; Lothar Scholz (2003). Veränderte Lebenswelten! In: http://www.hlz.hessen.de/polis/polis37.pdf [11.07.2005]

Klippert, H. (^{2}1994). Methodentraining. Übungsbausteine für den Unterricht. Weinheim/Basel: Beltz.

Knoche, Norbert; Detlef Lind (2004). Bedingungsanalysen mathematischer Leistung: Leistungen in den anderen Domänen, Interesse, Selbstkonzept und Computernutzung. In: Neubrand, Michael (Hrsg.) (^{1}2004).

Koerber, Bernhard (1999). Bildung mit Computern – die Wurzeln der Zukunft. In: Verband der Schulbuchverlage (1999): Werkstatt Multimedia. Chancen von Multimedia und Internet im Unterricht. Eine Dokumentation zur „Werkstatt Multimedia" Interschul/didacta 1999. Frankfurt, S. 6-10

Kommer, Sven (2000). Mediendidaktik oder Medienpädagogik. Konzepte zur Computernutzung in der Schule, in: Pädagogik 9/2000, S. 32-35 Weinheim: Beltz

Kruppa, K., Gräsel, C. & Mandl, H. (2001). Verändern neue Medien die Schule? Implementation problemorientierten Lernens mit neuen Medien in der Schule. Computer und Unterricht, 44, 48-51.

Kwiran, Manfred; Werner Wiater (1989), Schule im Bannkreis der Computertechnologie. Deutsches Institut für Bildung und Wissen. Beiträge zur Diskussion 6. Paderborn

Ladas, Manuel (2003). Brutale Spieler? Eine Befragung von 2141 Computerspielern zu Wirkung und Nutzung von Gewalt. In: Florian Rötzer (Hrsg.) (2003): Virtuelle Welten – reale Gewalt. Hannover 2003, S. 26-35: Telepolis

Lautenschläger, Horst, Heinz Peter Meyer (1998). Was die Schule heute versäumt: Medienkompetenz, zitiert nach:
http://www.lernort-internet.de/medien-kompetenz_04.05.1998.html
[13.12.2004]

Lukesch, Helmut; C. Bauer; R. Eisenhauer; R. Schneider (2004). Das Weltbild des Fernsehens, Regensburg: Roderer Verlag, zitiert nach:
http://www.stmas.bayern.de/familie/kinderschutz/lukesch.pdf [05.04.2005]

Mandl, Heinz, G. Reinmann-Rothmeier, G. (Hrsg.) (2000a). Wissensmanagement. Informationszuwachs – Wissensschwund? Die strategische Bedeutung des Wissensmanagements. München: Oldenbourg.

Mandl Heinz, G. Reinmann-Rothmeier (2000b): Lernen mit Neuen Medien, zitiert nach:
http://computerphilologie.uni-muenchen.de/jg00/mandl.html [23.05.2005]

von Martial, Ingbert, Volker Ladenthin (2002). Medien im Unterricht. Grundlagen und Praxis der Mediendidaktik. Hohengehren: Schneider

Matthes, Eva u. Heinze, Carsten (2003). Didaktische Innovationen im Schulbuch. Beiträge zur historischen und systematischen Schulbuchforschung, Bd. 2. Bad Heilbrunn: Klinkhardt

Mattusch, Uwe (1999). Zwischen Interaktion und Narration. Erzählen in digitalen Medien. In: Computer + Unterricht Heft 36, S. 39-43. Seelze: Erhard Friedrich Verlag

Mayring, Philipp (^{8}2003). Qualitative Inhaltsanalyse. Grundlagen und Techniken, Weinheim und Basel: Beltz

[Medicine-Worldwide] (2004): Internet-Sucht
http://www.m-ww.de/krankheiten/psychische_krankheiten/internetsucht.html
[21.04.2005]

Meschenmoser, Helmut (2000). Medien auf einen Blick. In: @bildung + Medien. Vierte Folge der Verlagssonderbeilage des Friedrich Verlages. Seelze, S. 3
Meschenmoser Helmut (2002). Lernen mit Multimedia und Internet. Reihe Basiswissen Pädagogik Unterrichtskonzepte und –techniken, Band 5, Hohengehren: Schneider Verlag

Meyer, H. (1999). Leitfaden zur Schul(programm)-entwicklung. Oldenburg: Universität.

Michel, Gerhard (1995). Die Rolle des Schulbuchs im Rahmen der Mediendidaktik – Das didaktische Verhältnis des Schulbuches zu traditionellen Lernmedien und Neuen Medien. In: Olechowski, Richard (Hrsg.) (1995): Schulbuchforschung, Frankfurt 1995: Peter Lang Europäischer Verlag der Wissenschaften

Mitzlaff Hartmit, Angelika Speck-Hamdan (Hrsg.) (1998): Grundschule und Neue Medien. Beiträge zur Reform der Grundschule Band 103, hrsg. v. Arbeitskreis Grundschule – Der Grundschulverband. Frankfurt 1998

Neubrand, Michael (Hrsg.) (^{1}2004). Mathematische Kompetenzen von Schülerinnen und Schülern in Deutschland. Vertiefende Analysen im Rahmen von PISA 2000. Wiesbaden: VS Verlag der Sozialwissenschaften

Nohn, Georg (2001): China und seine Darstellung im Schulbuch. Landesnatur - Bevölkerung - Landwirtschaft - Industrie/Wirtschaft - Traditionelle Grundlagen - Politisches System, zitiert nach: http://ub-dok.uni-trier.de/diss/diss45/20010213/20010213.htm [12.03.2005]

Nortmeyer, Matthias (2002). Extremismus im Internet. In: Computer + Unterricht Heft 46, S. 42-43. Seelze: Erhard Friedrich Verlag

OECD Organisation für wirtschaftliche Zusammenarbeit und Entwicklung (2004). Lernen für die Welt von morgen. Erste Ergebnisse von PISA 2003. Paris: Elsevier Spektrum Akademischer Verlag

Olechowski, Richard (Hrsg.) (1995). Schulbuchforschung, Frankfurt 1995: Peter Lang Europäischer Verlag der Wissenschaften

Olechowski, Richard; Karl Garnitschnig (Hrsg.) (1999). Humane Schule. Frankfurt a.M.: Peter Lang, S. 272 - 295.

Ortmann, Claudia (2000). Kommunikation von Kindern im Internet. In: Diskurs 1/2000, München, S. 28-31

Palm, Goedert (2004), CyberMedienWirklichkeit. Virtuelle Welterschließungen. Hannover: Heise Zeitschriften Verlag

Palme, Hans-Jürgen; Björn Friedrich (2001). Kinderspuren im Internet. In: Pro-Jugend Nr. 3/2001. Fachzeitschrift der Aktion Jugendschutz, Ausgabe Bayern. München, S. 24-27

Palme, Hans-Jürgen (2003). Medienkompetenz eine neue Kulturtechnik?! In: Fußmann Albert, Hans-Jürgen Palme, Annette Sunderer (Hrsg.) (2003): Medienbildung. Beiträge aus Theorie und Praxis von Schule und Jugendarbeit. Gautinger Protokolle Nr. 34. Nürnberg: mwe-Verlag, S. 25-31

Peschke, Rudolf (2000). Medienkompetenz im Kollegium – eine Frage des Managements? In: Computer + Unterricht Heft 38, S. 62-63. Seelze: Erhard Friedrich Verlag

Pöggeler, Franz (2003), Schulbuchforschung in der Bundesrepublik Deutschland nach 1945, in: Wiater, Werner (2003a): Schulbuchforschung in Europa – Bestandsaufnahme und Zukunftsperspektive. Bad Heilbrunn: Klinkhardt

Pöttinger, Ida; Stefan Aufenanger (2004). Kinder und Jugendliche am Computer. In: Computer + Unterricht Heft 53, S. 33-34. Seelze: Erhard Friedrich Verlag

PISA-Konsortium Deutschland (Prenzel, Manfred; Jürgen Baumert; Werner Blum; Rainer Lehmann; Detlef Leutner; Michael Neubrand; Reinhard Pekrun; Hans-Günter Rolff; Jürgen Rost und Ulrich Schiefele) (Hrsg.) (2004). PISA 2003. Der Bildungsstand der Jugendlichen in Deutschland – Ergebnisse des zweiten internationalen Vergleichs. Münster: Waxmann

Pressedienst Polizeiliche Kriminalprävention (2005). Polizei zu Chancen und Risiken der elektronischen Medien, zitiert nach: http://www.polizei-beratung.de/presse/pressemitteilungen/2005/klicks_momente/ [10.04.2005]

Programm Polizeiliche Kriminalprävention der Länder und des Bundes, Zentrale Geschäftsstelle (2004),.Klicks-Momente. Stuttgart

Reinmann-Rothmeier, G. & Mandl,H. (1998). Lernen mit Multimedia in der Schule. In: H. Kubicek, H. Braczyk, D. Klumpp, G. Mueller, W. Neu , E. Raubold & A. Rossnagel. Lernort Multimedia, Jahrbuch Telekommunikation und Gesellschaft 1998, Bd 6, 109-119.Heidelberg: v.Decker's Verlag

Reinmann Gabi, Alexander Ganz (2005). „Intel® Lehren für die Zukunft – online trainieren und gemeinsam lernen". Erste Evaluationsergebnisse des Aufbaukurses. Universität Augsburg, Medienpädagogik

Reinmann, Gabi (2005). Wissensmanagement und Medienbildung – neue Spannungsverhältnisse und Herausforderungen.
In: http://www.medienpaed.com/05-1/reinmann2.pdf [11.07.2005]

Rötzer, Florian (Hrsg.) (2003). Virtuelle Welten – reale Gewalt. Hannover: Telepolis

Rolff, H.G. (1990). Jahrbuch der Schulentwicklung. Band 6. Weinheim/München: Juventa.

Rubner, Jeanne (2003). Kabelfrei. Warum Bildung und Online-Anschlüsse nicht viel miteinander zu tun haben, SZ-online Artikel vom 10.01.2003, zitiert nach: http://www.sueddeutsche.de/computer/artikel/713/6707/ [02.12.2004]

Rüschoff, Bernd (1999). Neue Medien und Lernen in der Wissensgesellschaft. In: Verband der Schulbuchverlage (1999). Werkstatt Multimedia. Chancen von Multimedia und Internet im Unterricht. Eine Dokumentation zur „Werkstatt Multimedia" Interschul/didacta 1999. Frankfurt, S. 53-62

Schäfer, Ute (2004). Digitale Medien und ihre Bedeutung für den Schulalltag Rede zur "*digita*"-Preisverleihung am 10. Februar 2004, zitiert nach: http://www.ibi.tu-berlin.de/diskurs/Vortraege/schaefer_digi04.htm [01.04.2005]

Schelhowe, Heidi (2003). Digitale Medien in der Schule - Doing Gender, Erstpublikation. In: Beitrag für die Fachtagung "Schwimmen lernen im Netz", Hamburg, zitiert nach: http://beat.doebe.li/bibliothek/t03425.html [30.03.2005]

Schindler, Wolfgang (2003). Qualitätskriterien für Computermedienpädagogik?! In: Fußmann Albert, Hans-Jürgen Palme, Annette Sunderer (Hrsg.) (2003). Medienbildung. Beiträge aus Theorie und Praxis von Schule und Jugendarbeit. Gautinger Protokolle Nr. 34. Nürnberg: mwe-Verlag, S. 51-55

Schindler, Friedemann (2001). Rechtsextreme Spieleszene im Internet. In: Computer + Unterricht Heft 42, S. 36-41. Seelze: Erhard Friedrich Verlag

Schindler, Friedemann (2005). Blick von außen. In: Thema 1/05 Aufwachsen mit dem Internet, zitiert nach:
http://cgi.dji.de/cgibin/inklude.php?inklude=9_themen/thema0501/blickvonaussen.htm [05.06.2005]

Schlegel, Clemens M. [Rez.] (2003). Rezensionen zu neueren Schulbuchforschungen. In: Wiater, Werner (2003a). Schulbuchforschung in Europa – Bestandsaufnahme und Zukunftsperspektive. Bad Heilbrunn: Klinkhardt

Schleicher, Yvonne (2003). Nutzen Schülerinnen und Schüler das Internet auch für die Schule? In: Computer + Unterricht Heft 49, S. 50-51. Seelze: Erhard Friedrich Verlag

Schmidt, Peter (1999). Schule und neue Medien. In: Verband der Schulbuchverlage (1999). Werkstatt Multimedia. Chancen von Multimedia und Internet im Unterricht. Eine Dokumentation zur „Werkstatt Multimedia" Interschul/didacta 1999. Frankfurt, S. 46-52

Schnoor Detlef; Rudolf Peschke (2001). Zwischen Selbsthilfe und Partnerschaft. Medienorganisation in Schulen. In: Computer + Unterricht Heft 43, S. 6-11. Seelze: Erhard Friedrich Verlag

[Schulen ans Netz] (2005). Historie des Vereins, zitiert nach
http://www.schulen-ans-netz.de/san/historie/index.php [26.07.2005]

Schulz-Zander, Renate (2003). Unterricht verändern. Innovative Lehr- und Lernformen mit digitalen Medien. In: Computer + Unterricht Heft 49, S. 6-11. Seelze: Erhard Friedrich Verlag

Seidel, Thomas (o.J.). Wollen Lehrer Computer einsetzen?, zitiert nach:
http://www.cmr.fu-berlin.de/%7Etseidel/Artikel/ComputerundUnterricht.htm [30.05.2005]

Senkbeil, Martin; Barbara Drechsel (2004). Vertrautheit mit dem Computer; in: Prenzel, Manfred; Jürgen Baumert; Werner Blum; Rainer Lehmann; Detlef Leutner; Michael Neubrand; Reinhard Pekrun; Hans-Günter Rolff; Jürgen Rost und Ulrich Schiefele (Hrsg.) (2004). PISA 2003. Der Bildungsstand der Jugendlichen in Deutschland – Ergebnisse des zweiten internationalen Vergleichs. Münster: Waxmann

Spanhel, Dieter (1996), Hubert Kleber. Integrative Medienerziehung in der Hauptschule. Begründung und Merkmale. Quelle: Pädagogische Welt. Heft 8/1996. 1996. S. 359-364, zitiert nach: http://www.mediaculture-online.de/fileadmin/bibliothek/spanhel_medienerziehung/spanhel_medienerziehung.html [16.11.2004]

Spitczok von Brisinski, Ingo (2005). Chancen und Risiken des Internets aus kinder- und jugendpsychiatrischer Sicht; zitiert nach: http://www.bkjpp.de/computer-internet.htm [21.06.2005]

Spitzer, Manfred (2002). Lernen, Gehirnforschung und die Schule des Lebens. Berlin: Spektrum Akademischer Verlag, S. 418-421

Spitzer, Manfred (2005). Vorsicht Bildschirm! Elektronische Medien, Gehirnentwicklung, Gesundheit und Gesellschaft. Stuttgart

SR online [Saarländischer Rundfunk] (2005). Ratgeber Multimedia vom 28.02.2005: Klicksmomente, zitiert nach: http://www.sr-online.de/ratgeber /63/342412.html [14.03.2005]

Stein, Gerd (2003). Vom medien-kritischen Umgang mit Schulbüchern: mehr als nur „eine didaktische Innovation". In: Matthes, Eva u. Heinze, Carsten (2003): Didaktische Innovationen im Schulbuch. Beiträge zur historischen und systematischen Schulbuchforschung, Bd. 2. Bad Heilbrunn: Klinkhardt, S. 233 - 254

Stein, Gerd (2003). Schulbücher in berufsfeldbezogener Lehrerbildung und pädagogischer Praxis. In: Wiater, Werner (2003): Schulbuchforschung in Europa – Bestandsaufnahme und Zukunftsperspektive. Bad Heilbrunn: Klinkhardt

Stewens, Christa (2004). Bilderwelten und ihre Wirkung - Bayerische Initiativen zur Stärkung des Jugend-Medienschutzes, zitiert nach:
http://www.stmas.bayern.de/familie/kinderschutz/stewens.pdf [05.04.2005]

Stierle, Wolfgang (1999). Alles Multimedia - oder was? In: Verband der Schulbuchverlage (1999): Werkstatt Multimedia. Chancen von Multimedia und Internet im Unterricht. Eine Dokumentation zur „Werkstatt Multimedia" Interschul/didacta 1999. Frankfurt, S. 11-16

Süddeutsche Zeitung (2005). Schneider kündigt Korrekturen beim G8 an, Süddeutsche Zeitung, Ausgabe Nr. 134 vom 14.06.2005, S. 46

[Südwest Presse] (2005). 2,5 Milliarden gehen allein fürs Handy drauf, Südwest Presse Ulm, Ausgabe Nr. 140 vom 21.06.2005, S. 5

[Südwest Presse] (2005). Nie mehr Ranzen schleppen. In. Südwest Presse Ulm, Ausgabe Nr. 162 vom 16.07.2005, S. 43

Tulodziecki, Gerhard (2001). Medienkompetenz als Aufgabe von Unterricht und Schule, zitiert nach:
http://www.fwu.de/semik/publikationen/downloads/tulo_vortrag.pdf
[30.05.2005]

Ueckert, Carmen (2004). Treffpunkt Internet. Wie Kinder und Jugendliche das Chatten nutzen. In: Computer + Unterricht Heft 53, S. 46-48. Seelze: Erhard Friedrich Verlag

Verband Bildung und Erziehung (2001). Bildung in der Informationsgesellschaft. Deutscher Lehrertag 2000 Dokumentation. Bonn

Wellenreuther, Martin (2004). Lehren und Lernen – aber wie? Hohengehren: Schneider

Welteroth, Silke [Pressetext Deutschland] (2005). Gehirn unterscheidet virtuelle und reale Gewalt nicht. Brutale Videospiele festigen Verhaltensmuster. Pressemeldung vom 23.06.2005;
zitiert nach: http://www.pressetext.de/pte.mc?pte=050623048 [24.06.2005]

Wiater, Werner (1989). Die Schule – ein Subsystem der Informationsgesellschaft mit pädagogischem Anspruch. In: Kwiran, Manfred; Werner Wiater (1989), Schule im Bannkreis der Computertechnologie. Deutsches Institut für Bildung und Wissen. Beiträge zur Diskussion 6. Paderborn, S. 9-32

Wiater, Werner (1993). Unterrichten und lernen in der Schule, S. 117f. Donauwörth: Auer

Wiater, Werner (2003a). Schulbuchforschung in Europa – Bestandsaufnahme und Zukunftsperspektive. Bad Heilbrunn: Klinkhardt

Wiater, Werner (2003b). Argumente zugunsten des Schulbuchs in Zeiten des Internet. In: Wiater, Werner (2003a): Schulbuchforschung in Europa – Bestandsaufnahme und Zukunftsperspektive. Bad Heilbrunn

Wiater, Werner (2003c). Das Schulbuch als Gegenstand pädagogischer Forschung. In: Wiater, Werner (2003a): Schulbuchforschung in Europa – Bestandsaufnahme und Zukunftsperspektive. Bad Heilbrunn: Klinkhardt

Wissgott, Gerald (1999). Gefahren durch das Internet, Interview mit G. Wißgott durch den Bayerischen Rundfunk, 03.02.1999, zitiert nach:
http://www.wolframs-eschenbach.de/aktuel15.htm [04.06.2005]

Wittig, Christine (2003). Interaktivität im Netz – mehr als Klicken? Soziale Kompetenz im Internet als nächster Bildungsschwerpunkt. In: Fußmann Albert, Hans-Jürgen Palme, Annette Sunderer (Hrsg.) (2003): Medienbildung. Beiträge aus Theorie und Praxis von Schule und Jugendarbeit. Gautinger Protokolle Nr. 34. Nürnberg: mwe-Verlag, S. 73-77

Wolf, Manfred (2002). Von „Intel® Teach to the Future" zu „Intel® Lehren für die Zukunft. Die Adaption des Fortbildungsprogramms für Deutschland. In: Computer + Unterricht Heft 47, S. 12-13. Seelze: Erhard Friedrich Verlag

Wong, May (2004). Drei Tage ohne Nachricht, 11.12.2004, zitiert nach: http://www.stern.de/computer-technik/internet/index.html?id=533537&q=schule%20computer%20internet [09.04.2005]

Aus unserem Verlagsprogramm:

Andreas Michel
Die Didaktik des Französischen, Spanischen und Italienischen in Deutschland einst und heute
Hamburg 2006 / 264 Seiten / ISBN 3-8300-2278-6

Renate Klenk-Lorenz
Chansondidaktik: Wege ins Hypermedium
Impulse für den modernen Französischunterricht
Hamburg 2006 / 318 Seiten / ISBN 3-8300-2171-2

Marios Chrissou
Telekommunikative Projektarbeit im Unterricht „Deutsch als Fremdsprache"
Eine konstruktivistisch orientierte Studie
Hamburg 2005 / 196 Seiten / ISBN 3-8300-2034-1

Meike-Janine Hinzmann, Jana Kannegießer, Heinz-Georg Marten
Einsatzmöglichkeiten, Grenzen und Auswirkungen des Computers im Politikunterricht
Eine empirische Untersuchung an Göttinger Gymnasien und Gesamtschulen
Hamburg 2005 / 262 Seiten / ISBN 3-8300-1807-X

Markus Rank
Medienpädagogik im Sport
Grundlagen und Anwendung eines Kompetenzmodells
Hamburg 2004 / 166 Seiten / ISBN 3-8300-1361-2

Kirsten Wienold
Evaluation onlinebasierter Lehr-/Lernsysteme
Anforderung an Instrumente zur Evaluation Neuer Medien
Hamburg 2004 / 366 Seiten / ISBN 3-8300-1087-7

Doris Kocher
Das Klassenzimmer als Lernwerkstatt
Medien und Kommunikation im Englischunterricht nach der Storyline-Methode
Hamburg 1999 / 317 Seiten / ISBN 3-86064-969-8

VERLAG DR. KOVAČ
FACHVERLAG FÜR WISSENSCHAFTLICHE LITERATUR

Postfach 57 01 42 · 22770 Hamburg · www.verlagdrkovac.de · info@verlagdrkovac.de

Einfach Wohlfahrtsmarken helfen!